SECCIÓN DE OBRAS DE HISTORIA

HISTORIA POLÍTICA DE CHILE, 1810-2010

IVÁN JAKSIĆ
(Editor general)

Historia política de Chile, 1810-2010

Tomo IV
Intelectuales y pensamiento político

SUSANA GAZMURI
(Editora del tomo)

Primera edición, FCE Chile, 2018

Jaksić, Iván
Historia política de Chile, 1810-2010 / Tomo IV: Intelectuales y pensamiento político / Ed. general de Iván Jaksić; ed. del tomo de Susana Gazmuri. – Santiago de Chile: FCE, UAI, 2018
380 p.; 23 × 17 cm – (Colec. Historia)
ISBN 978-956-289-183-7

1. Historia – Chile – Siglo XIX 2. Historia – Chile – Siglo XX 3. Chile – Política y gobierno – Siglo XIX 4. Chile – Política y gobierno – Siglo XX I. Jaksić, Iván, ed. II. Gazmuri, Susana, ed. III. Ser.

LC F3095 Dewey 983.04 h817 V. 4

Distribución mundial para lengua española

Fondo de Cultura Económica
Carretera Picacho-Ajusco, 227; 14738 Ciudad de México
www.fondodeculturaeconomica.com

Registro de Propiedad Intelectual N° 294.510

Coordinación editorial: Fondo de Cultura Económica Chile S.A.
Cuidado de la edición: Emiliano Fekete
Diseño de portada: Macarena Rojas Líbano
Fotografías de portada: Superior: El correo literario, 1858. Biblioteca Nacional Digital de Chile. Inferior: Corporación educacional Valentín Letelier, 1948. Archivo Fotográfico de Editorial Universitaria.
Diagramación: Gloria Barrios A.

ISBN 978-956-289-164-6 (colección)
ISBN 978-956-289-183-7 (Tomo IV: Intelectuales y pensamiento político)

Edición válida exclusivamente para impresión bajo demanda

ÍNDICE

AGRADECIMIENTOS

LA COLECCIÓN *Historia política de Chile, 1810-2010* es el resultado de cinco años de trabajo liderado por el Centro de Estudios de Historia Política de la Universidad Adolfo Ibáñez. Durante dicho tiempo, los editores de los cuatro tomos que conforman la colección recibieron la ayuda material, intelectual y organizativa de un número importante de personas.

En primer lugar, quisiéramos agradecer a la Universidad Adolfo Ibáñez por confiar en este proyecto de largo aliento, tanto a los decanos Leonidas Montes e Ignacio Briones como a la estructura administrativa de esta casa de estudio. Un especial reconocimiento merece Nicole Gardella, coordinadora ejecutiva del Centro de Estudios de Historia Política, quien con admirable diligencia estuvo detrás de cada detalle de las ocho reuniones en las que se basa este trabajo. Agradecemos, asimismo, al Consejo Asesor del Centro de Estudios de Historia Política —conformado por Ignacio Briones, Rodrigo Correa, Gonzalo Delamaza, Klaus Gallo, Rafael Guilisasti, Iván Jaksić, Leonidas Montes, Rodrigo Moreno y Lucía Santa Cruz—, el cual evaluó paso a paso los avances de la colección desde que se decidiera su ejecución en 2013.

Un reconocimiento especial merecen Juan Andrés Camus Camus, Patricia Matte Larraín y Rafael Guilisasti Gana, quienes apoyaron con recursos la preparación de la colección durante estos cinco años. Su generoso apoyo sobresale en tiempos donde el mundo empresarial y la academia parecen estar tomando caminos cada vez más separados.

Agradecemos también a los comentaristas externos de cada tomo: Hilda Sabato (Argentina), Eduardo Zimmermann (Argentina), Rory Miller (Inglaterra) y Carlos Altamirano (Argentina). Su colaboración a la hora de leer borradores y escribir comentarios generales sobre la obra ha sido invaluable para dar cuerpo a la colección. Del mismo modo, agradecemos muy especialmente a Joaquín Fernández, Macarena Ponce de León, Sol Serrano, Eduardo Posada Carbó y Augusto Varas por haber evaluado la pertinencia de publicar una colección de esta naturaleza.

El apoyo editorial del Fondo de Cultura Económica, tanto en México como en Chile, ha sido de suma importancia para la concreción de este proyecto. En especial, agradecemos la colaboración editorial de Emiliano Fekete.

Finalmente, agradecemos a los más de 50 autores de los cuatro tomos que aquí presentamos. Gracias por su participación, su paciencia y, sobre todo, por la calidad de sus respectivos trabajos.

LOS EDITORES
Santiago, abril de 2017

INTRODUCCIÓN GENERAL

Iván Jaksić

Cumplidos dos siglos de vida como nación, Chile parece estar tan pendiente de la política como en los inicios de la república. En principio, esta parecería ser una noticia alentadora, en cuanto a que no hay república posible sin la participación activa de los ciudadanos y que la continuidad es algo que la legitima. Pero, por otra parte, en Chile la política no involucraba —ni involucra todavía— a todos los miembros de la sociedad. Es decir, luego de numerosos ciclos de auge y declive en sus índices de actividad política, Chile experimenta en su bicentenario una serie de preguntas y desafíos, en donde uno no menor es el cuestionamiento de la política misma. Los chilenos encuentran hoy la respuesta a sus aspiraciones en otros ámbitos, principalmente en el mercado, y manifiestan niveles preocupantes de rechazo a los partidos políticos en general y a los personeros políticos en particular.

¿Cómo se ha llegado a tal estado de cosas? ¿Hubo ciclos similares en el pasado? ¿Se entiende por política en el siglo XXI algo diferente a lo que se entendía en las primeras décadas del XIX? ¿O será que la política existe mucho más allá de los partidos y las instituciones diseñadas para regularla e implementarla? ¿En qué sentido la historia puede revelar las claves de cómo ha evolucionado la política hasta el momento y mostrar quizás algunos atisbos de su futuro?

Los cuatro tomos de la *Historia política de Chile, 1810-2010* intentan responder a estas preguntas desde una perspectiva de largo plazo, examinando críticamente las prácticas políticas, la construcción y las transformaciones del Estado en relación con la sociedad, el pensamiento político, los problemas económicos que conducen a conflictos y a nuevas formas de interacción política, y el papel de los intelectuales. Subyace en todos ellos un interés profundo por la política en tanto eje aglutinador de la nación, árbitro de las diferencias y generador de proyectos de largo alcance.

La idea de publicar una obra de esta naturaleza surgió al calor de una serie de discusiones, inspiradas precisamente por el bicentenario de la República de Chile. La manifestación institucional de este proyecto fue la creación del Centro de Estudios de Historia Política (CEHIP) en el seno de la Escuela de Gobierno de la Universidad Adolfo Ibáñez, cuyo propósito central era y sigue siendo ir más allá de la tradicional historia política institucional para incorporar nuevos campos de estudios y nuevos actores. La obra que el lector tiene en sus manos es el producto de cinco años de esfuerzos conjuntos e interdisciplinarios que intentan arrojar luces tanto sobre la historia política del país como plantear nuevas metodologías de investigación. Lo que la inspira es la convicción de que la política se manifiesta en una multitud de dimensiones que van más allá de instituciones y organizaciones, como queda de manifiesto, por ejemplo, en el hecho de que depositar el voto en una urna no es la única manera de participar en un proceso electoral. O que las formas de resistencia ante un régimen autoritario van más allá de las protestas masivas en las que los individuos son apenas elementos constitutivos de una masa. Metodológicamente, esto ha sido posible gracias a que las herramientas tradicionales de la historia social —así como las de disciplinas relevantes como la antropología, la sociología, la economía y la ciencia política— permiten hoy acceder a un amplio campo de la experiencia humana.

Además de la metodología, esta obra se propuso consciente e intencionalmente incorporar diferentes perspectivas. No hay sesgo político o nacional que la caracterice. Por el contrario, busca deliberadamente incorporar las perspectivas de nacionales y extranjeros, como asimismo de académicos tanto en el comienzo como en la plenitud de sus carreras. Esto se refleja en la convicción de que ya no es posible, o siquiera útil, producir grandes interpretaciones a partir de una perspectiva individual, por brillante que esta sea. Hoy en día, lo que se requiere es la colaboración, el intercambio y la confrontación de ideas, lo que sólo es posible cuando se generan los espacios que permiten una discusión libre y un proceso de revisión constante de los textos escritos.

Para ello, se procedió de la siguiente manera: en una primera instancia, se convocaron a cuatro grupos de académicos especialistas en cada uno de los temas tratados por los diferentes tomos de la obra. En ese primer encuentro, un grupo de aproximadamente una docena de académicos presentó algunas ideas preliminares acerca de cómo abordar el tema central de cada tomo desde su particular experiencia académica y perspectiva metodológica. Los editores, por su parte, sugirieron formas prácticas de estructurar los capítulos, de manera que en su conjunto tuvieran alguna coherencia. En particular, invitaron a los autores a considerar tres puntos centrales en la elaboración de cada capítulo.

En primer lugar, la periodización, que no sería impuesta, sino que sería desarrollada internamente de acuerdo a la evolución particular de los temas tratados. El ejemplo más obvio es el de la llamada "república conservadora", que es tradición concebirla como firmemente instalada en el período 1830-1860. Tanto desde el punto de vista de los desarrollos intelectuales como económicos es imposible ceñirse a fechas tan específicas. Asimismo, una interpretación literal de ese período como "conservador" hace imposible entender el surgimiento del liberalismo, como también las bases liberales tanto de la Constitución de 1833 como del Código Civil aprobado por el Congreso en 1855. De la misma forma, resulta imposible definir exactamente cuándo empieza o termina la llamada "transición" democrática de las últimas décadas del siglo XX. En consecuencia, los autores fueron invitados a considerar cuáles eran las fechas y períodos que surgían naturalmente como corolarios de sus estudios.

En segundo lugar, la utilización de rótulos y conceptos ya desgastados por el uso y el abuso. Por ejemplo, la noción de "élite" o "élites" como apropiados para definir grupos de interés, tanto organizados como espontáneos, que han surgido en la historia como respuesta a una constelación de cambios políticos ya sea en el ámbito nacional o local. Los editores conminaron a los autores a buscar e incluso elaborar conceptos apropiados y ajustados a las realidades que describían. Asimismo, los invitaron a considerar la evolución histórica de ciertos conceptos. Por ejemplo, ¿significaba "democracia" en la década de 1820 lo mismo que en 1874, 1973 o 1990? Lo mismo se aplica, como verá el lector, a los conceptos de "república", "liberalismo", "clase", "reforma" o "revolución".

En tercer lugar, los editores invitaron a los autores a que abordaran el reiterado lugar común del excepcionalismo chileno. Si de verdad existe, ¿exactamente en qué sentido? La intención de este particular llamado responde a la notoria ausencia en la historia de Chile de elementos comparativos y transnacionales que afectan a una multitud de naciones y de las que Chile no es una excepción. Embates como la Guerra Fría o las crisis económicas de los treinta o de los ochenta en el siglo XX no son sólo problemas que afectan a Chile, sino que tienen raíces y orígenes en otros ámbitos. La invitación, por lo tanto, era a matizar las conclusiones respecto de Chile cuando son susceptibles de comparación con otras experiencias. En otras palabras, al peso de la noche chilena es preciso agregar el peso de otras noches.

Luego del primer encuentro, los autores de cada tomo procedieron a redactar una versión más completa de sus capítulos, con el compromiso de revisarlos luego de un intenso período de discusión. Con ese fin, se procedió al nombramiento de cuatro lectores y ulteriores comentaristas que opinarían sobre los tomos en general y los capítulos en particular. Quienes generosamente aceptaron cumplir con este papel fueron Hilda Sabato, para el tomo sobre prácticas políticas, Eduardo Zimmermann, para el tomo sobre Estado y sociedad, Rory Miller, para el tomo sobre problemas económicos, y Carlos Altamirano, para el tomo sobre intelectuales y pensamiento político. Todos los autores se sumaron a una segunda ronda de encuentros, en los que tanto los comentaristas como los autores del tomo respectivo hicieron acotaciones específicas a partir de los textos escritos. Luego, el editor o editores de cada tomo resumieron las indicaciones generadas en cada encuentro y los autores procedieron a una redacción final, la que fue nuevamente revisada para producir un diálogo entre los tomos, uniformar las citas, evitar repeticiones y generar una versión final para la editorial. El Fondo de Cultura Económica, como una de las editoriales hispánicas de mayor relieve internacional, fue la primera preferencia de los editores, precisamente para situar a Chile en un diálogo directo con la experiencia de otros países.

Los editores tienen la profunda convicción de que sólo un trabajo colectivo de esta naturaleza puede pretender algún grado de exhaustividad. Con todo, no es su intención proponer una historia definitiva de los últimos 200 años de vida republicana. Lo que sí busca es enriquecer el diálogo, clarificar los conceptos, abrir nuevas puertas para la investigación y, en último término, superar las descalificaciones que lamentablemente abundan sobre la política. Es hora de ponderar seriamente la historia política de Chile: lo que ha hecho y lo que aún es capaz de lograr mediante el principal mecanismo con el que cuentan las democracias modernas para dirimir sus diferencias y construir proyectos comunes de convivencia ciudadana.

INTRODUCCIÓN

SUSANA GAZMURI STEIN

EL TOMO *Intelectuales y pensamiento político* de la colección *Historia política de Chile, 1810-2010*, dirigida por Iván Jaksić, examina las ideas, discursos e ideologías más relevantes que orientaron los proyectos políticos en Chile a lo largo de dos siglos, así como a los hombres y mujeres que las elaboraron o sostuvieron. Los trabajos aquí incluidos se sitúan en el amplio campo de la historia intelectual, entendida como el estudio de las ideas, debates y conceptos políticos, así como de los intelectuales. Esto último es importante, porque implica subrayar que las ideas no son entidades inmanentes, sino que han sido formuladas y transmitidas por seres de carne y hueso, con vínculos sociales, políticos, institucionales y familiares que si no determinan, sí inciden de maneras muy concretas en el campo de la discusión pública. En otras palabras, la historia intelectual y de los intelectuales se ocupa de los conceptos e ideas en contextos históricos específicos, y analiza cómo se relacionan con los grandes procesos de cambio social e institucional, de qué maneras se vinculan con la biografía de los individuos y la trayectoria de las distintas colectividades y agrupaciones que las formulan, sostienen o se inspiran en ellas.

La convocatoria original a los autores fue, por lo tanto, a abordar las temáticas propuestas por el equipo editorial desde la perspectiva de la historia intelectual. En consonancia con la amplitud metodológica y de enfoque que implica el campo, los capítulos revelan gran diversidad de aproximaciones disciplinares y temáticas. Algunos autores acentúan el examen de las corrientes de pensamiento y la evolución de los conceptos y las ideologías, siempre en relación a los contextos en los que estos han sido formulados y en la medida en que orientan también proyectos y debates políticos (Iván Jaksić, Susana Gazmuri, Pablo Toro, Ivette Lozoya, Renato Cristi), otros enfatizan el modo en que estos contextos determinan la formulación, evolución y condiciones de posibilidad de las ideas políticas (Lisa Edwards, Marcus Klein, Joanna Crow y Gonzalo Delamaza), mientras que un tercer grupo de capítulos estudia a los intelectuales, sus lecturas y experiencias formativas, así como los lugares desde donde ejercieron su actividad y los títulos y denominaciones que confieren validez a sus discursos (Claudia Darrigrandi y Marcos González). Si bien con distintos acentos, todos los autores han intentado señalar las relaciones entre las ideas, quienes las elaboraron y las declararon, los campos de actividad en que se desempeñaron y el rol social y político que estas ideas cumplieron.

En el caso de Hispanoamérica, una región que usualmente ha sido vista como "receptora" de las grandes ideas e ideologías formuladas en Europa y Estados Unidos, una aproximación atenta al contexto permite observar el modo en que los conceptos, además de responder a situaciones específicas, pocas veces pueden ser atribuidas a una personalidad individual, sino que son el producto de diálogos, tráficos, necesidades pragmáticas, recepciones y adaptaciones. El examen del escenario en que los principios políticos fueron recibidos, adoptados o formulados, así como la consideración de los propósitos específicos a los que sirvieron muestra, en primer lugar, en qué medida y por qué nociones enunciadas en otros lugares del globo tuvieron resonancia entre los hombres de letras chilenos. A su vez, permite entender los diversos modos en que las ideas son transmitidas, recibidas, adaptadas y utilizadas por quienes suscriben a ellas. En este sentido, el capítulo de Lisa Edwards sobre el pensamiento católico subraya las maneras en que el catolicismo chileno hizo suyas las directrices del Vaticano, y también las formas en que debió responder a los problemas que planteaba el escenario chileno. Por otra parte, las fórmulas utilizadas por la Iglesia para enfrentar el proceso de secularización republicano y mantener su influencia en la sociedad chilena, sirvieron de modelo para los problemas que enfrentó el catolicismo en otras partes del continente. Del mismo modo, Iván Jaksić muestra que el impacto de las ideas positivistas en Chile se debió en buena medida a que su autoridad científica era funcional al proyecto liberal y se transformó en una herramienta estratégica en los debates con el conservadurismo chileno. Igualmente, el capítulo de Pablo Toro exhibe la intensa circulación de filosofías y proyectos educacionales entre Europa, Estados Unidos e Hispanoamérica.

En el campo de las ideas y los conceptos políticos, el tomo examina las principales ideologías que han orientado la discusión pública a lo largo de dos siglos de vida republicana. Iván Jaksić se centra en los procesos y debates centrales del siglo XIX, entre los que destaca el de la laicización del pensamiento, la polémica respecto a la función de la historia patria en la constitución del orden político, y a la ya mencionada influencia de los planteamientos positivistas. Susana Gazmuri, por su parte, propone examinar la raíz republicana de las posiciones que respecto a estos y otros debates tomaron las corrientes liberal y conservadora, en torno a las cuales pueden ordenarse las demás en el siglo XIX. Su trabajo, el de Lisa Edwards y el de Marcus Klein proponen a 1891, el año de la guerra civil balmacedista, como el inicio de un nuevo ciclo político destacado por la irrupción de las ideologías y partidos políticos de izquierda. Su emergencia respondía a procesos de cambio económicos y sociales, determinados por el auge del salitre que enriqueció al Estado y potenció la relevancia política de una nueva oligarquía, la emergencia de la clase media y la aparición de la clase obrera industrial. Se trataba de un Chile cada vez más urbano, comercial e industrial, siempre minero y agrícola.

Los capítulos de Lisa Edwards, Pablo Toro y Joanna Crow pasan revista a ambos siglos. El primero se enfoca en las corrientes intelectuales dominantes entre los católicos y el papel que estas jugaron en su participación en el campo político. Se enfoca, por lo tanto, en el pensamiento conservador decimonónico, y en el siglo XX en la respuesta católica a la "cuestión social" y a la ideología marxista, asuntos que dividieron a los creyentes en una serie de partidos de advocación cristiana que han atravesado todo el espectro político. Las divisiones al interior de la Iglesia católica se fueron acentuando durante este período, y de alguna manera continúan caracterizando el pensamiento católico en el siglo XXI. Pablo Toro analiza los proyectos educacionales y las ideas que los inspiraron, destacando la relación entre ellos y las propuestas políticas que los inspiraron. Al respecto, su trabajo hace patente por qué la educación ha sido una preocupación central durante toda la historia republicana, no sólo en cuanto política pública o derecho social, sino porque esta forma de gobierno pone al centro la necesidad de contar con ciudadanos habilitados para tomar decisiones respecto a su destino común. La definición de cuáles son estas habilidades es una decisión sin duda política. Joanna Crow estudia las ideas políticas mapuche en relación con los conceptos de Estado y nación. Tal como el pensamiento político chileno, se trata de un pensamiento diverso en el que es posible detectar continuidades y rupturas, pero que encuentra su hilo conductor en un objetivo común, habilitar a los mapuche para poder negociar diferentes grados de autonomía y posibilidades de autodeterminación respecto a los Estados chileno y argentino.

Marcus Klein, Ivette Lozoya, Renato Cristi y Gonzalo Delamaza analizan las ideologías de izquierda y derecha que en el siglo XX se caracterizaron por proponer visiones de mundo muchas veces antagónicas e incompatibles, con la consiguiente polarización de los proyectos políticos, sociales y económicos asociados a ellas. No implica esto, en ningún caso, atribuir al campo de las ideas la exclusividad causal de dicha oposición, pero tampoco se las puede relegar a un segundo plano en relación a sus orígenes económicos y sociales. Así, Marcus Klein examina las diferentes ideologías de masa de derecha e izquierda que tuvieron presencia e impacto en la vida política chilena a lo largo del siglo. Su trabajo muestra las formas concretas en que estas ideas fueron adoptadas o inspiraron la creación de partidos y movimientos políticos. Por su parte, Ivette Lozoya se pregunta por el influjo que el pensamiento de los intelectuales chilenos tuvo en el desarrollo de los partidos y las estrategias políticas de izquierda. De acuerdo a su análisis, si bien los intelectuales europeos y latinoamericanos pudieron sustentar y proporcionar bases de cientificidad a las estrategias de sus partidos en el siglo XX, en definitiva no tuvieron mayor peso en la renovación del marxismo del cual terminarían por alejarse. En cuanto a las ideologías de derecha, Renato

Cristi enfatiza el carácter reactivo de estas al afirmar que las más importantes fueron formuladas en momentos de profundos cambios sociales o marcadas crisis políticas. Hasta la década de los ochenta, el pensamiento conservador chileno se habría desarrollado en dos tradiciones centrales, una de carácter nacionalista, centralista y autoritaria y una línea corporativista, que contempla la existencia de instituciones, como los gremios y las profesiones, que tienen por función moderar el excesivo control del poder político por parte del Estado. En las últimas décadas del siglo XX, el gremialismo de Jaime Guzmán realizó una síntesis entre el corporativismo y el pensamiento neoliberal que intentó despolitizar la vida económica. Finalmente, Gonzalo Delamaza estudia las ideas de derecha e izquierda en el contexto de la transición, considerada como un ciclo político. El examen del pensamiento político transicional pone en evidencia de qué formas la situación histórica determina las condiciones en que se generan las ideas políticas como respuesta a desafíos y contextos concretos, y también cómo dibuja su horizonte de posibilidades. De acuerdo a su análisis, el consenso de la transición, marcado por el miedo a la fragilidad del pacto político, trazó los límites del debate intelectual de esas décadas, impidiendo su proyección al ciclo político siguiente.

Es claro que las principales funciones de los intelectuales son plantear, transmitir y debatir ideas, en este caso, políticas. Sin embargo, sus nociones e ideologías operan en diversos niveles. Puede tratarse de visiones omnicomprensivas orientadas a reflexionar en términos generales sobre cuáles son los fundamentos del orden político, como muestra la mayoría de los capítulos de este tomo. Una vez definido ese horizonte, es necesario diseñar el camino más adecuado para realizarlo. En tal sentido, los intelectuales chilenos han optado básicamente por tres vías: el debate, la ley y la revolución (incluyendo también aquí el fenómeno de la contrarrevolución). Respecto a esto último, es evidente que no todas las revoluciones y revueltas han sido inspiradas por las ideas. Una vez consagrada la independencia, en general, los hombres de letras del siglo XIX apostaron por el camino de las leyes y sus reformas, con la notable excepción de los planteamientos de Francisco Bilbao y algunos de sus aliados. Los episodios de violencia política en el primer siglo de vida republicana respondieron más bien a la incapacidad de resolver los conflictos a través del debate y las leyes, y no a una legitimación ideológica de las armas. Los capítulos de Marcus Klein e Ivette Lozoya muestran que esto cambió en el siglo XX, cuando las ideologías de izquierda, entre las que se incluyen las ideas marxistas, socialistas y anarquistas que inspiraron a gran parte de la intelectualidad de izquierda, no sólo legitimaron el uso de la violencia, sino que hicieron de este un camino necesario para la obtención de objetivos políticos. Por otra parte, si bien el pensamiento conservador o de derecha —términos que Renato Cristi entiende como sinónimos— no hizo una reflexión intelectual sobre la violencia política, el respaldo de Jaime

Guzmán a la dictadura y el repudio que de la misma hizo Mario Góngora, parecen mostrar posturas diversas respecto a la legitimidad de su uso en la arena política. En este punto, el capítulo de Lozoya se enfoca en la relación entre los partidos y movimientos de izquierda y los intelectuales que militaron o estuvieron asociados a ellos. Para Lozoya, esta fue una relación en cierta medida simbiótica, pues los intelectuales no sólo aportaban a la reflexión y al debate político de la izquierda, sino que conferían además reputación intelectual a sus planteamientos. Al mismo tiempo, plantea Lozoya, en el siglo XX, el campo intelectual se constituyó y adquirió prestigio en tanto se hizo parte de la crítica político-social de los partidos de izquierda. Con todo, estos vínculos no estuvieron libres de tensiones, pues la participación partidista ponía en cuestión la supuesta independencia intelectual de los profesionales del saber.

En cuanto a los intelectuales como individuos y como un grupo de personas que se distingue por la actividad que realiza, el conjunto de los capítulos permite visualizar cómo apareció y fue cambiando la figura de las personas de saber a lo largo de los dos siglos. Si bien el concepto de "intelectual" no apareció en Occidente sino hasta fines del siglo XIX, desde la Conquista en adelante es posible identificar en Hispanoamérica a un grupo de personas, casi todos hombres, que ejecutaban "las funciones del intelecto". Durante los siglos XVI y XVII, estas labores incluían sobre todo la evangelización, la administración eclesiástica y colonial, la formulación de informes, cartas y peticiones a la Corona, entre otras. Hasta mediados del siglo XVIII, estas fueron ejercidas de manera preferente, pero no exclusiva, por religiosos. Sin embargo, en esa centuria, este grupo comenzó a incluir a los laicos que trabajaban como abogados o funcionaros de la administración imperial. Fueron ellos primordialmente quienes después de la independencia dieron fundamento intelectual al proyecto republicano y debatieron las diversas opciones y problemas políticos que se abrían a la nueva nación independiente. El capítulo de Iván Jaksić muestra que en un inicio se trató de un conjunto de individuos social y culturalmente más o menos homogéneo, que se distinguía por sus lecturas y sus intervenciones públicas en la prensa. Este grupo se fue profesionalizando a lo largo del siglo y ocupó diversos espacios políticos, académicos y públicos: el Parlamento, el púlpito, la universidad, la prensa, entre otros.

A finales del siglo XIX y a lo largo del siglo XX, los cuadros intelectuales se ampliaron en términos educacionales, profesionales, sociales y de género. En un proceso impulsado por el Estado, aparecieron las profesiones modernas, que dieron nuevas salidas a las inquietudes y ambiciones profesionales de los hombres y mujeres de saber[1]. Si bien en el último tercio del siglo XIX

[1] Sol Serrano, *Universidad y nación. Chile en el siglo XIX* (Santiago: Editorial Universitaria, 1994).

las nuevas carreras académicas, como la ingeniería, estuvieron ligadas a las ciencias exactas, muy pronto se sumaron a ellas las ciencias sociales las que, como muestra Marcos González, han tenido un papel fundamental en la legitimación de las orientaciones normativas del Estado y en el respaldo académico de la dirección de las políticas públicas. Desde otra perspectiva, Pablo Toro muestra el impacto que tuvo la profesionalización de la actividad académica en el ámbito educacional, y revela las tensiones que implicó una tecnificación que al pretenderse científica ocultaba sus compromisos ideológicos.

La profesionalización de la actividad intelectual fue un fenómeno paralelo a la ampliación del espectro socioeconómico de quienes podían acceder a la educación secundaria y superior. Esto permitió la diversificación social de quienes contaban con las herramientas y querían participar de los debates públicos. De esta manera, la labor intelectual dejó de ser un feudo exclusivo de quienes tenían acceso a la educación universitaria. Asimismo, la consolidación de la esfera pública, el afianzamiento del sistema republicano, pero también sus crisis, expandieron el espectro social y económico de quienes se hacían parte de la discusión de ideas políticas de modo que esta se hizo más plural. Con todo, en un fenómeno que, dado su carácter global, no es posible atribuir exclusivamente a la dictadura, en el último tercio del siglo XX y en lo que va del XXI, como muestran los capítulos de Marcos González y Gonzalo Delamaza, la discusión intelectual ha vuelto a parecer un asunto de especialistas, alojados y legitimados en los centros de estudio o *think tanks*.

Además de mutar en términos sociales y educacionales, la esfera pública fue multiplicando las plataformas y espacios de discusión y debate. Durante el siglo XIX, la prensa escrita era con mucho la tribuna política más relevante. La *Estadística bibliográfica* de Ramón Briseño prueba que si bien se publicó una buena cantidad de libros a lo largo del siglo[2], las publicaciones periódicas proporcionaron un medio más barato tanto para los escritores como para el público lector, que permitió a los hombres de letras llegar a un mayor número de individuos. Sin embargo, como plantea Claudia Darrigrandi, la prensa fue más que un medio de comunicación y llegó a constituirse en un lugar que permitía establecer "comunidades intelectuales", es decir, un espacio de reunión y discusión ensamblado en torno a intereses o ideas comunes, pero que se caracterizaba también por su condición potencialmente transitoria. Las revistas examinadas por Darrigrandi revelan, además, que aun cuando la actividad intelectual se profesionalizó a lo largo del siglo XX, los hombres y mujeres de saber no se limitaron a ejercer sus actividades específicas, sino que existieron tráficos y diálogos entre las diversas dimensiones de la labor intelectual: el arte, la literatura y la política, es decir,

[2] Ramón Briseño, *Estadistica bibliografica de la literatura chilena, 1812-1876* (Santiago: Biblioteca Nacional, 1965).

entre las diferentes manifestaciones de la cultura en las que se desempeñan los intelectuales.

La universidad en el siglo XIX y hacia finales del XX, los centros de estudio o *think tanks* y el Estado han sido los principales espacios institucionales formales en los que intelectuales y académicos han ejercido su actividad. Estos lugares han validado institucionalmente la función de las personas de saber en la república y han profesionalizado la labor del intelecto, permitiendo hacer de la práctica del pensamiento y la escritura un bien valorizado monetaria, cultural y socialmente. A lo largo de ambos siglos, los intelectuales lograron establecerse como un elemento necesario e importante de la vida política y cultural del país y, como indica Claudia Darrigrandi, se ha reconocido la necesidad de asegurar su autonomía, por ejemplo, mediante iniciativas que buscan que el Estado garantice su actividad. Sin embargo, el proceso de profesionalización y reconocimiento de la labor del pensamiento tiene una doble faz, pues busca consolidar una independencia de carácter normativo, al mismo tiempo que cuestiona las filiaciones institucionales que parecen garantizarla. Observar esta tensión permite a Gonzalo Delamaza otorgar valor analítico a las posiciones institucionales de los intelectuales al momento de dar cuenta de su pensamiento político. En la misma línea, el capítulo de Marcos González da cuenta del modo en que dichos compromisos son uno de los factores indispensables para entender la labor intelectual y las ideas que proponen quienes la practican. Este ejercicio pone en evidencia la futilidad de imaginar a los hombres del saber como seres asépticos y libres de otros compromisos que no sean sus ideas.

CAPÍTULO I
DISCIPLINAS Y TEMÁTICAS DE LA INTELECTUALIDAD CHILENA EN EL SIGLO XIX

IVÁN JAKSIĆ

EN UNA de sus últimas obras, *Letrados y pensadores. El perfilamiento del intelectual hispanoamericano del siglo XIX* (2013), Tulio Halperín Donghi escogió una denominación de lo que hoy entenderíamos por "intelectual", pero que de ninguna manera era difundida o siquiera conocida en el siglo XIX en América Latina. Aunque "letrado" y "pensador" son también denominaciones *a posteriori*, ayudan a definir más precisamente la actividad que separa a quienes escriben y piensan de quienes ejercen otros oficios[1]. En el presente capítulo se agrega un elemento de actividad y participación política que es perfectamente congruente con los dos términos propuestos por Halperín. En efecto, se examinarán los debates de los intelectuales decimonónicos a través de aquellos ejes que más incidieron en el desarrollo político chileno del siglo XIX. Estos ejes incluyen el debate sobre la laicización del pensamiento, la polémica en torno al carácter de la historia como instrumento para la construcción de un orden político, y la recepción e impacto de un positivismo que pretendió superar a la política y ofrecer respuestas científicas a los problemas de la sociedad.

Resulta apropiado en primer lugar hacer un alcance respecto de la periodización en la que se enmarca este capítulo. Es necesario distinguir, como hemos sugerido con Eduardo Posada Carbó, los tiempos de la historia

[1] Tulio Halperín Donghi abordó en una obra anterior la definición del intelectual decimonónico, a quien consideraba heredero del letrado colonial. Según el historiador argentino, perdido el vínculo con las instituciones virreinales, el ahora pensador de la independencia debió abrirse un nuevo espacio dentro de una realidad republicana, en la cual requería apelar a la opinión pública para obtener su legitimidad. Véase Tulio Halperín Donghi, "Intelectuales, sociedad y vida pública en Hispanoamérica a través de la literatura autobiográfica", *Revista Mexicana de Sociología* (1982). Este ensayo fue después incluido en *El espejo de la historia: Problemas argentinos y perspectivas hispanoamericanas* (Buenos Aires: Editorial Sudamericana, 1987), colección Historia y cultura. Por su parte, Carlos Altamirano destacó el carácter ético y moralizante de los intelectuales, tanto en la autodefinición de estos como en la definición que le otorgan los historiadores y sociólogos de la cultura. Véase su *Intelectuales: Notas de investigación sobre una tribu inquieta* (Buenos Aires: Siglo XXI, 2013). Baso mi propia aproximación a los intelectuales chilenos en los aportes de Altamirano y Halperín Donghi.

intelectual y los de la historia política[2]. Existe una clara convergencia de ambos tiempos en la obra de Simon Collier, como también en la de Julio Heise, en torno a un primer período, que va desde 1808 hasta 1833. Sin embargo, para un segundo período se hace necesario ir más allá de la tradicional periodización de una "república conservadora", entre 1833 y 1861, y que culmina con el último de los gobiernos "decenales". Desde el punto de vista de la historia intelectual, no obstante, y hasta al menos 1870, se desarrolla un liberalismo que ya tiene una presencia importante en la década de 1840. El tercer período, de 1870 hasta fines de siglo, pero más precisamente hasta la guerra civil de 1891, muestra nuevas formas de pensamiento que entienden la política a partir de la sociedad y lo que se concibe como las leyes del comportamiento social.

La pugna por la laicización del pensamiento

La independencia fue sin duda un fenómeno revolucionario, como destacó Simon Collier en su clásico estudio de 1965 y, más recientemente, Juan Luis Ossa, puesto que transformó profundamente las bases de la organización política e instaló conceptos con nuevas connotaciones, como los de soberanía y legitimidad, y que ambos autores trazan durante el período que va desde la crisis imperial producto de la invasión napoleónica hasta la Constitución de 1833[3]. Algo similar puede observarse en el pensamiento político (y no solamente político) durante ese período, salvo que en materias de laicización el proceso fue bastante más lento. Este proceso se encuentra estrechamente relacionado con el surgimiento de un nuevo tipo de intelectual (ya no necesariamente clerical), el auge de la prensa escrita y la instalación de renovadas instituciones de educación superior. Estos tres fueron los vehículos más importantes para la elaboración y discusión de nuevas ideas que tendían hacia la secularización del pensamiento.

Es importante señalar que si bien el proceso puede calificarse de "revolucionario" no significa esto que se haya producido mediante quiebres abruptos o reformas profundas de la sociedad o de la economía. Además, los primeros pensadores de la época de la independencia guardaban estrechos lazos con la Iglesia católica. También, el establecimiento educacional más importante de la república, el Instituto Nacional, fundado en 1813, mantuvo un currículo de fuerte sesgo religioso y continuó las funciones de seminario

[2] Eduardo Posada Carbó e Iván Jaksić, "Shipwrecks and Survivals: Liberalism in Nineteenth-Century Latin America", *Intellectual History Review* 23, 4 (2013): 479-498.

[3] Simon Collier, *Ideas and Politics of Chilean Independence, 1808-1833* (Cambridge: Cambridge University Press, 1965); Juan Luis Ossa Santa Cruz, *Armies, Politics and Revolution: Chile, 1808-1826* (Liverpool: Liverpool University Press, 2014). La obra de Simon Collier está traducida al español como *Ideas y política de la independencia chilena, 1808-1833* (Santiago: Fondo de Cultura Económica, 2012).

para la ordenación de sacerdotes[4]. Basta pensar en autores como Juan Egaña y Camilo Henríquez para verificar que el proceso revolucionario no era incompatible con la religión o con la Iglesia católica. Fue sólo gradualmente, y en diálogo con corrientes intelectuales provenientes principalmente de Europa, que el pensamiento laico y el religioso iniciaron un proceso de distanciamiento que culminó con las primeras reformas de 1865 y más definitivamente con las leyes laicas de la década de 1880.

La transformación más importante del Instituto Nacional, en el sentido de una incipiente laicización, la que experimentó altos y bajos, comenzó con el rectorado de Carlos Lozier (1825), el primer rector "civil" del establecimiento. Como matemático de origen francés, no resulta sorprendente que la impronta disciplinaria y la de origen nacional se encontraran reflejadas en sus políticas educacionales. De hecho, fue Lozier quien introdujo la escuela de "ideología" en el país, cuyas ideas ya había difundido durante su estadía en Buenos Aires. Los jóvenes estudiantes chilenos del período, entre los que se encontraban Manuel Montt, José Miguel Varas y Ventura Marín, tuvieron así acceso a las principales ideas de esta escuela, incluyendo los escritos de Condillac. El estudio se tradujo en la colaboración entre Varas y Marín, y tuvo como fruto la obra *Elementos de ideología*, publicada en 1830[5].

Esta obra merece atención, puesto que se concentraba en el estudio de la adquisición de las ideas y se oponía decididamente al escolasticismo que había dominado la educación en el período colonial. Tanto el escolasticismo como los establecimientos de educación superior de la Colonia fueron duramente criticados por el historiador Miguel Luis Amunátegui, quien afirmó que "lo que en ellos se aprendía, era lo mismo que se enseñaba en los conventos y en los seminarios; primero el latín, no para leer los clásicos romanos o los padres de la iglesia, sino para poseer la jerga macarrónica de las controversias escolares: y, en seguida, todas las sutilezas y puerilidades de la teología escolástica"[6]. En un ambiente predominantemente católico como el chileno, el énfasis en la "experiencia" por sobre la revelación que introdujo la ideología puede entenderse como un primer paso en dirección a la secularización del pensamiento. Uno de los expositores más importantes de la ideología en Francia, Pierre Laromiguière, tuvo además una influencia directa en

[4] Sobre el Instituto Nacional, véase Domingo Amunátegui Solar, *Los primeros años del Instituto Nacional, 1813-1835* (Santiago: Imprenta Cervantes, 1889); Guillermo Feliú Cruz, *La fundación del Instituto Nacional* (Santiago: Imprenta Cultura, 1950); Andrés Baeza, "Enlightenment, Education and the Republican Project: Chile's Instituto Nacional (1810-1830)", *Paedagogica Historica: International Journal of the History of Education* 46, 4 (2010).

[5] Obra publicada por la Imprenta de la Independencia. Sobre la escuela de ideología, véase Cheryl B. Welch, *Liberty and Utility: The French Idéologues and the Transformation of Liberalism* (Nueva York: Columbia University Press, 1984). Esta escuela tuvo una importante influencia en Gran Bretaña a través de autores como Dugald Stewart, Thomas Brown y James Mill. Véase Elie Halévy, *The Growth of Philosophical Radicalism* (Nueva York: Kelly and Millman, 1949).

[6] Miguel Luis Amunátegui, *Don Manuel de Salas* (Santiago: Imprenta Nacional, 1895), I, 67.

Chile a través de las enseñanzas de su discípulo Juan Antonio Portés en el Liceo de Chile a partir de 1829.

Cabe señalar que la introducción de la ideología en Chile, si bien cautelosa con respecto a la Iglesia católica, guarda estrecha relación con sus orígenes europeos, en donde representó un puente entre el impacto de la Revolución francesa, que buscó encauzar, y el surgimiento del liberalismo doctrinario con la restauración borbónica en 1814. Entre los ideólogos se encuentran pensadores como Destutt de Tracy, Pierre Jean Georges Cabanis, el conde de Volney, Pierre Daunou y el ya mencionado Laromiguière, quienes propusieron entender los derechos "filosóficamente" a partir de John Locke y rechazaron explícitamente la tradición del derecho natural, que asociaban con la Revolución y con el Terror jacobino. Buscaron en particular principios científicos para fundamentar la acción social y política, sobre todo a través del análisis de las sensaciones y las ideas. Si bien fueron críticos de los excesos de la Revolución francesa, respetaban la legitimidad de sus principios y buscaban afianzar algunos de ellos dentro de un sistema republicano y democrático. En términos filosóficos, su principal impacto en Chile radicó en el estudio empírico de las ideas, pero sin dejar de reflejar un interés por explorar formas modernas de análisis social y político centradas más en lo humano que en lo divino. En Francia, como señaló George Boas en su clásico estudio, la Ideología representó un desafío importante para el dogma católico de principios de siglo[7].

Incluso los pensadores más comprometidos con el pensamiento católico, como Juan Egaña, mostraron una marcada tendencia hacia posiciones laicas, o por lo menos al examen de autores de diversas escuelas. En su obra *Tractatus de Re Logica, Metaphisica et Morali* (1827), Egaña expuso las ideas de autores modernos como René Descartes, Thomas Hobbes, John Locke y Étienne Bonnot de Condillac, sin mayor cuestionamiento. Un autor aún más militantemente católico como Ventura Marín, ya distanciado de la escuela de ideología luego del fallecimiento de José Miguel Varas, expuso en *Elementos de la filosofía del espíritu humano* (1834-35) el pensamiento de autores como Locke, Dugald Stewart y Victor Cousin[8]. La referencia a Stewart es particularmente destacable, puesto que sugiere una importante conexión con la escuela escocesa del sentido común y con el surgimiento del liberalismo doctrinario, que tendría fuertes ecos en Chile durante gran parte del siglo XIX y, sobre todo, en las décadas de 1840 y 1850[9].

[7] George Boas, *French Philosophies of the Romantic Period* (Baltimore: The Johns Hopkins University Press, 1925).

[8] El título completo de la obra es *Elementos de filosofía del espíritu humano escritos por Ventura Marín para el uso de los alumnos del Instituto Nacional de Chile*, publicado en dos tomos por la Imprenta de la Independencia.

[9] Sobre el liberalismo doctrinario, véase Luis Diez del Corral, *El liberalismo doctrinario* (Madrid: Instituto de Estudios Políticos, 1945); Aurelian Craiutu, *Liberalism under Siege: The Political Thought of the French Doctrinaires* (Lanham: Lexington Books, 2003).

La introducción de la escuela escocesa en Chile se debe a dos pensadores que llegaron al país a fines de la década de 1820: José Joaquín de Mora y Andrés Bello[10]. Ambos fueron invitados a desempeñarse en Chile como educadores y funcionarios de la administración pública luego de largos períodos de vida en sus países de origen (España y Venezuela, respectivamente) y de exilio en Londres, donde se conocieron. Mora y Bello llegaron al país gracias a los auspicios del gobierno liberal de Francisco Antonio Pinto, pero asumieron compromisos políticos divergentes. Al tiempo que Mora se enfrentó con Diego Portales, Bello se transformó en aliado del ministro. Ambos dirigieron establecimientos con sellos intelectuales y políticos también divergentes, como el Liceo de Chile y el Colegio de Santiago, que tuvieron una corta duración. Mora debió partir al destierro en 1831, mientras que Bello residió en Chile hasta su fallecimiento en 1865.

En lo que sí coincidían Mora y Bello era en su entusiasmo por la escuela escocesa del sentido común. Mora redactó en Chile su *Cursos de lógica y ética según la escuela de Edimburgo*, aunque su fecha de publicación es de 1832, en Lima. En este texto, Mora examinó con detención las ideas de Dugald Stewart y Thomas Reid, y los destacó porque estos pensadores lograron navegar entre los extremos de la "metafísica" y de la "psicología" al introducir a los estudiantes "en la averiguación de las facultades mentales, y de los medios de dirijirlas con acierto [al conducirlos] al estudio de los fenómenos que ocurren en su interior; y para esto, se procura alejarlos de todo aparato escolástico, y de todos esos enigmas que se han amontonado en los cursos de Filosofía"[11]. Es decir, proporcionó un argumento para desplazar a la teología, y en particular a la escolástica, de los estudios secundarios.

Este tipo de ideas no circularon en un vacío político. En la década de 1830, con un aparato estatal en expansión, el gobierno de Joaquín Prieto buscó reformar el currículo secundario y además establecer un sistema de educación superior más acorde con las necesidades del Estado. Es en tal terreno que afloraron las diferencias con la Iglesia, revelando las contradictorias bases sobre las que se fundamentaba el arreglo constitucional de 1833, que proclamaba, por una parte, al catolicismo como religión oficial y por otra otorgaba al Estado la responsabilidad ("atención preferente") sobre el desarrollo de la educación pública. Dado que la Iglesia, a través de la Universidad de San Felipe, seguía controlando la colación de grados, y particularmente de leyes, la tensión culminó con la clausura del plantel en 1839 y la creación de la Universidad de Chile en 1842[12].

[10] Alamiro de Ávila Martel, *Mora y Bello en Chile, 1829-1831* (Santiago: Ediciones de la Universidad de Chile, 1982).

[11] Mora, *Cursos*. Esta obra carece de paginación; la cita puede encontrarse en la quinta página.

[12] Sobre estos hechos existe una abundante bibliografía, pero es particularmente recomendable la obra de Sol Serrano, *Universidad y nación: Chile en el siglo XIX* (Santiago: Editorial Universitaria, 1994).

Fue precisamente el nuevo rector de la Universidad de Chile, Andrés Bello, quien expuso más exhaustivamente el pensamiento escocés en el país. La publicación póstuma de su *Filosofía del entendimiento* plantea algunas dificultades a la hora de determinar su influencia real durante el período en que Mora y Marín esbozaron sus reflexiones en torno a pensadores como Stewart y Reid. Sin embargo, otros escritos y comentarios del período, más la existencia del discurso inaugural de la Universidad de Chile y una parte sustancial de *Filosofía del entendimiento*, publicada en varios números de *El Crepúsculo* entre 1843 y 1844, permiten reconocer la magnitud del impacto de los pensadores de la Ilustración escocesa[13]. Lo que importa destacar es que, en el caso de Bello, la utilización de las fuentes del sentido común tenía como propósito la reconciliación entre el pensamiento religioso y el laico que surgía con fuerza en Chile a partir de la década de 1820. Esto puede observarse en las bases intelectuales sobre las que se sustenta la creación de la Universidad de Chile, en cuyo discurso inaugural Bello citó específicamente a Thomas Brown, autor de *Lectures on the Philosophy of the Human Mind* (1820), y en la moderación que pidió a los pensadores chilenos respecto de la religión[14]. En cuanto a la universidad, por ejemplo, creó una facultad de teología, a la que entregó como responsabilidad principal la educación moral del pueblo. Respecto de la moderación por la que abogaba, examinaremos en la siguiente sección sus reflexiones sobre el pasado colonial. Por de pronto, podemos observarla en las críticas que dirigió a la obra *Curso de filosofía moderna*, de Ramón Briseño (1814-1910).

Católico ferviente, Briseño estudió en el Seminario adscrito al Instituto Nacional (hasta 1836) bajo la tutela de Ventura Marín. En su *Curso de filosofía moderna*, el autor orientó su argumentación hacia los deberes humanos, entre los cuales el más importante era la práctica de la religión, dado que "íntimamente ligada a la idea de un Dios, Señor absoluto del Universo, la relijión es necesaria e indispensable a la felicidad de los individuos y también a la vida del cuerpo social"[15]. También afirmaba que "toda filosofía que no concluye en el cristianismo es falsa y peligrosa"[16]. Su influencia en el sistema educacional, en el que su texto era obligatorio, es indiscutible a la luz de las ediciones de 1854 y 1866, las que, junto a otros textos de su autoría, se utilizaron por el resto del siglo. Es indudable que con la intensificación del

[13] Véase mi "Orígenes de *Filosofía del entendimiento*: Los aportes de Andrés Bello al periódico *El Crepúsculo*", *Anales de Literatura Chilena* 13 (2010): 53-68.

[14] Andrés Bello, *Todas las verdades se tocan: Discurso pronunciado en la instalación de la Universidad de Chile el día 17 de septiembre de 1843*, edición, prólogo y notas de Iván Jaksić (Valparaíso: Editorial Universidad de Valparaíso, 2015), colección Manifiestos.

[15] Briseño, *Curso de filosofía moderna para el uso de los colegios hispanoamericanos, y particularmente para el de Chile: extractado de las obras de filosofía que gozan actualmente de más celebridad*, 2 tomos (Valparaíso: Imprenta del Mercurio, 1845-46), II, 118.

[16] Briseño, *Curso de filosofía*, II, 216.

conflicto entre Iglesia y Estado a partir de la década de 1850, la obra de Briseño sirvió de fundamento para cuestionar los claros avances de la secularización en materias de pensamiento.

En sus comentarios sobre esta obra, Bello evitó entrar en un terreno directamente confrontacional, pero señaló las deficiencias del texto en la cobertura de la lógica, cuyo sesgo revelaba una deuda, por parte de Briseño, con los procedimientos lógico-deductivos propios de la escolástica, a la que el venezolano consideraba "perdida en abstracciones sutiles que no tenían como las matemáticas aplicación alguna ni a las ciencias naturales, a las ciencias sociales, ni a las artes"[17]. El hijo de Bello, Juan, como miembro de la Facultad de Filosofía y Humanidades de la Universidad de Chile, fue menos diplomático: tanto el texto como la enseñanza del ramo "es la que peor se profesa en el Instituto Nacional, y a su ejemplo en todos los colegios de la República; lejos de adelantarse en este punto se ha marchado en un atraso y una decadencia inexplicables"[18]. Lo que estaba en juego era el carácter mismo de la universidad, puesto que ella proporcionaba las pautas para la educación a nivel nacional. La orientación religiosa, de asumirse plenamente, contradecía otras funciones consideradas igualmente importantes, como el cultivo de las ciencias y la expansión de una educación pública con sello laico.

Otros pensadores rechazaron más abiertamente la conexión que establecieron entre la Iglesia católica y el pasado colonial. Tanto para Francisco Bilbao (1823-1865) como para José Victorino Lastarria (1817-1888) la Iglesia impedía el progreso de Chile, y ambos la responsabilizaban por el retraso y estancamiento en el que, según su perspectiva, yacía la sociedad chilena. Si bien el ensayo de Francisco Bilbao, "Sociabilidad chilena" (1844), que le valió una sentencia judicial por inmoralidad y blasfemia (ambas categorías punibles provenientes de las leyes de imprenta vigentes en ese momento), tenía ciertos rasgos religiosos, el texto representaba un ataque directo a la Iglesia católica como institución. Lastarria, como se verá en la siguiente sección, condenó la estrecha relación entre Iglesia y Estado, que se mantenía sin mayor cambio desde la Colonia, pero manifestó sus críticas con un lenguaje ligeramente más cauteloso que el de Bilbao. A pesar de estas diferencias, ambos representaban una clara tendencia hacia la secularización. Con el estallido de la denominada "cuestión del sacristán" en 1856, el proceso se aceleró considerablemente y tendría fuertes implicaciones para la conformación del sistema político chileno[19].

[17] Bello, *Filosofía del entendimiento*, en *Obras completas*, 24 tomos (Caracas: Fundación La Casa de Bello, 1981-84), I, 529. En citas posteriores utilizaré las siglas OC para referirme a esta fuente.

[18] Juan Bello, "Instituto Nacional", *Anales de la Universidad de Chile* 10 (1853): 399-408

[19] Sobre este período, véase Simon Collier, *Chile: The Making of a Republic, 1830-1865: Politics and Ideas* (Cambridge: Cambridge University Press, 2003); "Religious Freedom, Clericalism and Anticlericalism in Chile, 1820-1920", en *Freedom and Religion in the Nineteenth Century*, ed.

Si bien existían discrepancias notables entre los intelectuales chilenos, estas se referían a temas específicos, como la secularización de la sociedad y la cultura, o las formas de estudiar la historia para aplicarlas a diferentes programas de cambio político. Tales diferencias no giraban necesariamente en torno al eje liberal-conservador. Tanto Antonio García Reyes (conservador) como José Victorino Lastarria (liberal) coincidían en rechazar el legado hispánico, y tanto liberales como conservadores apoyaban decididamente el modelo republicano instaurado después de la independencia. Santiago Arcos, quien es usualmente considerado miembro del segmento más radical del liberalismo, defendía el derecho de la Iglesia de percibir la totalidad del diezmo[20]. Los intelectuales solían además compartir el mismo origen social, educación y redes familiares[21]. Como ha demostrado Enrique Brahm al estudiar los perfiles intelectuales de Antonio García Reyes y Ramón Sotomayor Valdés, el conservadurismo chileno se distingue poco del liberalismo, salvo en la medida en que los primeros tienden a apoyar con mayor fuerza el papel del Estado en la sociedad y la economía, y en concebir la política como un ejercicio concreto antes que teórico[22]. Estas coincidencias derivaron en la creación de la Fusión Liberal-Conservadora, que hizo su aparición luego de la "cuestión del sacristán" y que dominó la política chilena en la década siguiente. Como ha señalado Fernando Silva Vargas, a quien Brahm cita:

> "(...) la larga vida de la fusión liberal-conservadora causó transformaciones de peso en ambos grupos. Los liberales adquirieron el sentido administrativo del que carecían por haber estado en la oposición, así como las prácticas autoritarias del Ejecutivo. Los conservadores, desde que fueron desplazados del gobierno, extremaron su reformismo político. Autonomía municipal, voto acumulativo y defensa de las minorías, incompatibilidades parlamentarias y consolidación de las garantías individuales, fueron las metas más próximas que se propuso esa colectividad"[23].

Richard Helmstadter (Stanford: Stanford University Press, 1997); Sol Serrano, *¿Qué hacer con Dios en la república? Política y secularización en Chile (1845-1885)* (Santiago: Fondo de Cultura Económica, 2008).

[20] Santiago Arcos, *Carta a Francisco Bilbao y otros escritos*, ed. Cristián Gazmuri (Santiago: Editorial Universitaria, 1989), 98.

[21] Este origen no era necesariamente de un estrato socioeconómico alto, como se acostumbra afirmar en fuentes de la historiografía chilena bajo el dudoso concepto de "élite". Ni Lastarria, ni Briseño, ni el mismo Bello o Montt y Varas provenían de orígenes acomodados o aristocráticos. Es la educación la que marca su posición e influencia en el mundo social y político.

[22] Enrique Brahm García, *Tendencias críticas en el conservantismo después de Portales* (Santiago: Instituto de Estudios Generales, serie Estudios Históricos, 1992).

[23] Fernando Silva Vargas, "Expansión y crisis nacional: 1861-1924", en Sergio Villalobos, Osvaldo Silva, Fernando Silva y Patricio Estellé, *Historia de Chile*, 4 tomos (Santiago: Editorial Universitaria, 1974), III, 752-753.

En donde se produjeron diferencias más drásticas fue en la interpretación del pasado.

La pugna en torno a la historia

Según Rafael Sagredo, la obra de Claudio Gay, *Historia Física y Política de Chile*, publicada en 30 tomos entre 1844 y 1871, fue "la primera narración del pasado chileno elaborada en el período republicano"[24]. El mismo Gay se encargó de definir la carencia de historias anteriores al señalar que,

> (...) no obstante los atractivos que ofrece esta historia [la de Chile], los chilenos no pueden todavía lisonjearse de poseerla, porque las de [Alonso de] Ovalle y [Juan Ignacio] Molina y aun la del padre [José Javier] Guzmán no pueden de ningún modo satisfacer las necesidades de la época y a la ilustración del país: la primera es sobrado antigua; la segunda compendia demasiado los hechos y no llega verdaderamente más que hasta el año 1665; y la tercera, aunque más moderna y más completa, sólo puede servir para la instrucción de la juventud, que fue el único objeto que se propuso su digno y venerable autor al publicarla".

Es por ello que Gay decidió aceptar la propuesta del gobierno de Joaquín Prieto de "añadir a nuestras publicaciones de Historia Natural y Geografía, una Historia Civil y Política de Chile"[25]. Se trata de una obra monumental que cubre la historia de Chile desde los comienzos de la Conquista española hasta fines de la década de 1820. A pesar de su novedad y aporte, la recepción del primer tomo de esta obra (1844) no fue particularmente positiva. Comentando esta recepción, Gay manifestó:

[24] Rafael Sagredo Baeza, "De la historia natural a la historia nacional. La *Historia Física y Política* de Claudio Gay y la nación chilena", en Claudio Gay, *Historia Física y Política de Chile*, 30 tomos (Santiago: Cámara Chilena de la Construcción, Pontificia Universidad Católica de Chile, Biblioteca Nacional, 2ª ed., 2007-2008). Véase también Cristián Gazmuri, quien menciona a Gay como "el primer autor de una historia general de Chile escrita durante la república" y como "el iniciador de la escuela narrativa que caracterizó a la historiografía chilena del siglo XIX", en *La historiografía chilena*, 2 tomos (Santiago: Taurus, 2006), I, 48 y 57.

[25] Prospecto originalmente publicado en *El Araucano*, 29 de enero de 1841. Se incluye en Carlos Stuardo Ortiz, *Vida de Claudio Gay, 1800-1873*, 2 tomos (Santiago: Nascimento, 1973-1975), II, 280. En cuanto a la obra del clérigo José Javier de Guzmán, *El chileno instruido en la historia topográfica, civil y política de su país* (Santiago: Imprenta Nacional, 1834-1836), existe una edición recientemente publicada en un tomo por la Editorial Universitaria en 2012. A pesar de apoyar la publicación inicial, el gobierno de Joaquín Prieto no consideró esta obra como suficientemente apropiada para una historia general de Chile, lo que explica el que ampliara su patrocinio de la publicación en ocho tomos de la historia civil y política que redactó Gay.

"Algunos diarios me reprochan el escribir más bien una crónica que una verdadera historia, añadiendo que no conozco bastante la filosofía de esta ciencia [la historia], para ser capaz de publicar una buena obra acerca de este tema. Sin duda, me gustan mucho como a ellos esas brillantes teorías engendradas por la escuela moderna, y con el ejemplo de esos prosélitos yo querría entrar en esas seductoras combinaciones espirituales que dan a los autores de esas obras la actitud de filósofos o grandes pensadores. Pero antes de ahondar esta clase de materias, los señores periodistas debieran preguntarse si la bibliografía americana, y en particular la de Chile, ha avanzado bastante para suministrar los materiales necesarios para este gran cuadro de conjunto y de crítica... Siendo particularmente la historia una ciencia de hechos, vale mucho más, según mi opinión, contar concienzudamente esos hechos, *tal como han ocurrido*, y dejar al lector en completa libertad para sacar él mismo las conclusiones. No es aún ni útil para los países bien conocidos, y es de toda necesidad para los que como Chile están por conocerse"[26].

Aunque Gay no lo nombra, Luis Mizón sugiere que el comentario se refiere a José Victorino Lastarria[27]. Pero también puede aplicarse a Domingo Faustino Sarmiento, quien afirmó en *El Progreso* del 20 de agosto de 1844 que "en América necesitamos, menos que la compilación de los hechos, la explicación de causas y efectos". Es decir, no le impresionaba el acopio documental del tomo y criticaba la carencia de un espíritu filosófico en la interpretación histórica de la obra de Gay[28]. Andrés Bello, quien ya se había pronunciado en el discurso inaugural respecto de la necesidad de investigar la historia de Chile a la luz de documentos originales, intervino en la polémica para señalar que "el prurito de filosofar es una cosa que va perjudicando mucho a la severidad de la historia; porque en ciertas materias el que dice filosofía, dice sistema; y el que profesa un sistema, lo ve todo a través de un vidrio pintado, que da un falso tinte a los objetos". Agregó a continuación que:

[26] Carta de Claudio Gay a Manuel Montt, 7 de septiembre de 1845, incluida en Stuardo, *Vida de Gay*, I, 332. En cuanto a la referencia de Gay sobre los hechos, "tal como han ocurrido", que he destacado en cursiva, nótese la similitud con el dictum de Leopoldo von Ranke, "*wie es eigentlich gewesen*", que se encuentra en el prefacio de su obra sobre los pueblos romanos y germánicos (1824).

[27] Luis Mizón, en *Claudio Gay y la formación de la identidad cultural chilena* (Santiago: Editorial Universitaria, 2001), afirma que el comentario del naturalista francés se refiere a las publicaciones del periódico *El Siglo*, del cual el redactor principal entre octubre de 1844 y mediados de 1845 era José Victorino Lastarria. El mismo Lastarria lo reconoce en su *Recuerdos literarios. Datos de la historia literaria de la América española i del progreso intelectual de Chile* (Santiago: Librería de M. Servat, 2ª ed., 1885), 209.

[28] El artículo de Sarmiento, "*Historia Física y Política de Chile* por don Claudio Gay" se encuentra en *Obras completas de Domingo Faustino Sarmiento*, 53 tomos (Buenos Aires: Universidad Nacional de La Matanza, 2001), II, 162 y 140.

"Si la exactitud y la diligencia son las prendas más esenciales de la historia, no podemos negar a la presente un mérito distinguido entre las que se han dado a luz en nuestro país, sea que consideremos el juicio con que el autor ha hecho uso de sus materiales, que a la verdad no eran escasos, o el celo con que se ha procurado documentos, al paso que raros y nuevos, preciosos por su auténtica originalidad. Con este auxilio, vemos ya rectificados o desmentidos algunos hechos, que pasaban por ciertos, y se nos dan pormenores desconocidos, pintorescos a veces, y siempre interesantes; porque apenas pueden dejar de serlo los relativos al nacimiento, a la historia, a los primeros pasos de la sociedad a que pertenecemos"[29].

El comentario de Bello no zanjó la polémica. Por el contrario, dio pie a la contestación de José Victorino Lastarria durante la presentación de la primera memoria histórica, presentada ante la Universidad de Chile el 22 de septiembre de 1844: "Investigaciones sobre la influencia social de la conquista y del sistema colonial de los españoles en Chile". Según los estatutos de la Universidad de Chile (art. 28°), "se pronunciará un discurso [anual] sobre alguno de los hechos más señalados de la historia de Chile, apoyando los pormenores históricos en documentos auténticos, y desenvolviendo su carácter y consecuencias con imparcialidad y verdad"[30]. Lastarria declaraba cumplir con dichos objetivos, pero su discurso abundaba en condenas del pasado colonial y llamaba a la eliminación de sus legados. El pueblo chileno había padecido una opresión sistemática, por siglos, que se traducía en una incapacidad para generar espacios de libertad. Según él, "bajo la influencia del sistema administrativo colonial, [Chile] estaba profundamente envilecido, reducido a una completa anonadación y sin poseer una sola virtud social, a lo menos ostensiblemente, porque sus instituciones políticas estaban calculadas para formar esclavos"[31]. Lastarria pensaba que la independencia, pero sobre todo el cambio generacional en curso, abría nuevas oportunidades en el presente:

"Los héroes de nuestra independencia terminaron su espinosa tarea destruyendo el poder que nos esclavizaba, y dieron con esto principio a la reacción social que en el día se opera contra lo pasado: a la generación presente y más que todo a los hombres públicos que tienen en sus manos la suerte del Estado, corresponde

[29] Andrés Bello, "*Historia Física y Política de Chile* por Claudio Gay", *El Araucano*, 6 de septiembre de 1844 (continuación en los números del 7 y 14 de marzo de 1845). Se encuentra también en OC, XXIII, 141.

[30] *Anales de la Universidad de Chile* 1 (1843-1844): 9. Cabe señalar que la fecha de impresión es 1846.

[31] Lastarria, "Investigaciones sobre la influencia de la conquista y del sistema colonial de los españoles en Chile" (Santiago: Imprenta del Siglo, 1844). Apareció también en *Anales de la Universidad de Chile* 1 (1843-1844): 199-271. Utilizo la versión publicada en *Miscelánea Histórica i Literaria*, 3 tomos (Valparaíso: Imprenta de la Patria, 1868). El ensayo se encuentra en el tomo I, 3-136, y la cita en página 67.

> apoderarse de esa reacción para encaminarla hasta destruir completamente las resistencias que opone el sistema español antiguo encarnado en la sociedad"[32].

Lastarria aseguró a su público, que aparentemente no reaccionó con la aprobación que él esperaba, que sus conclusiones se basaban en documentos fidedignos de valor indiscutible. Enfatizó que la mera narración de los hechos de la Conquista y la Colonia resultaba inútil para el necesario cambio social y político. La interpretación de los hechos desde un punto de vista filosófico, la identificación de su direccionalidad y la certeza en la perfectibilidad humana guiaban sus propósitos. "No os presento, pues, la narración de los hechos", declaró como una de las principales conclusiones de su discurso, "sino que me apodero de ellos para trazar la historia de su influencia en la sociedad a que pertenecen, cuidando de ser exacto e imparcial en la manera de juzgarlos". Más adelante, en 1847, repitió las mismas ideas en su *Bosquejo histórico de la Constitución del Gobierno de Chile durante el primer período de la Revolución*. En este ensayo, referido al período 1810-1814, explicó que los errores cometidos por los patriotas, que condujeron a la contrarrevolución de 1814-1817, eran el resultado directo del anonadador efecto de las instituciones coloniales.

Esta forma de hacer historia, que contradecía la de Gay y Bello, encontró eco en historiadores de sesgo liberal como Jacinto Chacón, pero también entre conservadores como Antonio García Reyes y Ramón Sotomayor Valdés, quienes compartían el rechazo del pasado hispánico colonial. Chacón fue quien más polemizó acerca de los métodos. Refiriéndose al *Bosquejo*, defendió las ventajas de estudiar la historia "filosóficamente", es decir, para identificar aquello que era necesario erradicar. "Agradezcamos pues al Sr. Lastarria", declaró, "el que se haya apartado de sus predecesores en la tarea de fijar los hechos, como quiere la comisión [evaluadora del ensayo en la Universidad de Chile], y que se haya elevado a un trabajo más importante, dándonos la explicación de estos mismos hechos y remitiéndonos la clave que debe facilitarnos la comprensión de la historia política del primer período revolucionario"[33]. Una vez más, Bello decidió cuestionar una metodología que separaba tajantemente la historia "filosófica" de la "narrativa" y que privilegiaba a la primera:

> "Poner en claro los hechos es escribir la historia; y no merece este nombre sino la que se escribe a la luz de la filosofía, esto es, con un conocimiento adecuado de los hombres y de los pueblos, y esta filosofía ha existido, ha centelleado en las composiciones históricas mucho antes del siglo XIX. No se pueden poner en claro

[32] Lastarria, "Investigaciones", 133-134.

[33] Jacinto Chacón, prólogo a "Bosquejo histórico de la Constitución del Gobierno de Chile durante el primer período de la revolución, desde 1810 hasta 1814", en Misceláneas, I, 138-154. La cita se encuentra en las páginas 146-147.

los hechos como lo hicieron Tucídides y Tácito, sin un profundo conocimiento del corazón humano; y permítasenos decir (aunque sea a costa de parecer anticuados y rancios) que se aprende mejor a conocer el hombre y las evoluciones sociales en los buenos historiadores políticos de la antigüedad y de los tiempos modernos, que en las teorías abstractas y generales que se llaman filosofía de la historia, y que en realidad no son instructivas y provechosas, sino para aquellos que han contemplado el drama social viviente en los pormenores históricos"[34].

Para Chacón, los avances de la historiografía europea, sobre todo la "filosófica", hacían innecesario el recorrido desde la colección anticuaria de datos y crónicas para llegar paso a paso a una historiografía moderna:

"¿Y se quiere que nosotros retrogrademos; se quiere que cerremos los ojos a la luz que viene de la Europa; que no nos aprovechemos de los progresos que en la ciencia histórica ha hecho la civilización europea, como lo hacemos en las demás artes y ciencias que esta nos transmite, sino que *debemos andar el mismo camino, de la crónica hasta la filosofía de la historia*?"[35].

A pesar del énfasis en lo metodológico, es claro que había elementos políticos en juego, dado que el tema de la reforma constitucional adquirió gran fuerza hacia fines de la década de 1840, cuando tuvo lugar el debate historiográfico. Lastarria argumentó en el *Bosquejo* que los primeros intentos de organización política nacional no podían sino ser defectuosos, puesto que los chilenos no habían consumado la destrucción de los legados del pasado colonial. Dado que ese necesario desmantelamiento no había ocurrido hasta la fecha (la década de 1840), el mismo criterio podía aplicarse a la vigente Constitución de 1833, cuya reforma pedía Lastarria en el Congreso en 1849[36]. Para Bello, la conclusión que por su parte extraía Chacón de la obra de Lastarria era errónea, en cuanto a que las constituciones reflejaban

[34] Bello, "Bosquejo histórico", 1981, en OC, XXIII, 223. Este artículo fue originalmente publicado en *El Araucano*, 7 de enero de 1848. El pasaje citado demuestra que Bello no rechazaba completamente la "filosofía de la historia", sino que consideraba importante primero establecer los hechos. Stefan Vrsalovic ha discutido este aspecto, así como los elementos románticos en el discurso predominantemente ilustrado de Lastarria; véase Stefan Vrsalovic, "Las ideas filosóficas en la disputa historiográfica entre José Victorino Lastarria y Andrés Bello" (tesis, Magíster en Filosofía, Universidad de Chile, 2011).

[35] Estas declaraciones aparecieron en *El Progreso*, 25 de enero de 1848, bajo el título "Cuestión sobre la Ciencia Histórica: Contestación al '*Araucano*'". Cursivas en el original. El artículo de Chacón continuó el 28 de enero en "Cuestión sobre la Ciencia Histórica, art. 2°, Consideraciones sobre las Constituciones", y el 29 de enero en "Al *Araucano*: Ratificación Histórica". Véase la discusión de Allen Woll en *A Functional Past: The Uses of History in Nineteenth-Century Chile* (Baton Rouge-Londres: Louisiana State University Press, 1982), 37; Mariano Picón Salas, "Bello y la historia", 1981, en OC, XXIII, liii-lxii.

[36] Junto a Federico Errázuriz, Lastarria publicó *Bases de la reforma* (Santiago: Imprenta del Progreso, 1850), obra en la que proponían una serie de reformas de carácter liberal y sugerían

fehacientemente el estado de avance cultural y político de la sociedad. Para el venezolano, las constituciones eran más bien diseños mutables que podían, mal o bien, responder a los cambios que experimentaba la sociedad[37]. Además, para Bello, el cambio constitucional era menos urgente que el de la legislación civil, en cuya tarea se encontraba concentrado precisamente en ese momento, y que culminaría en el Código Civil que presentó, como autor principal, para su aprobación por el Congreso en 1855.

La descripción y apropiación del pasado para fines políticos siguió siendo fuente de polémica por el resto del siglo, pero la institucionalización de los estudios históricos en la Universidad de Chile tuvo un impacto perdurable debido a la exigencia de basar las memorias históricas en fuentes documentales. A partir de la presentación de Lastarria en 1844, las memorias históricas fueron redactadas con regularidad raramente interrumpida[38].

La copiosa obra histórica de Benjamín Vicuña Mackenna demuestra que el interés por el campo no dependía únicamente de la Universidad de Chile. Todo tipo de motivaciones —sobre todo políticas, pero a veces personales o familiares— inspiraban a los historiadores. Vicuña Mackenna, en particular, fue bastante consistente en su rechazo a la concentración del poder, que los sectores liberales veían encarnada en la Constitución de 1833, como en su rechazo a la "barbarie" que veía como el gran obstáculo para la construcción de la nación, todo ello con gran alarde de exactitud e imparcialidad[39]. Otro

que la ausencia de profundos cambios constitucionales podría derivar en una revolución: "Conservar lo existente con ligeras modificaciones, es hacer necesaria una revolución" (pág. 26).

[37] Véase el ensayo de Bello titulado "Constituciones", que apareció en *El Araucano*, 11 de febrero de 1848, en OC, XIII, 255-261.

[38] Estas incluyen las obras de Diego José Benavente, *Memoria de las primeras campañas de la guerra de la independencia* (1845); Antonio García Reyes, *Memoria sobre la primera escuadra nacional* (1846); Manuel Antonio Tocornal, *Memoria sobre el primer gobierno nacional* (1847); José Hipólito Salas, *Memoria sobre el servicio personal de los indígenas y su abolición* (1848); Ramón Briseño, *Memoria histórica crítica del derecho público chileno desde 1810 hasta nuestros días* (1849); Salvador Sanfuentes, *Chile desde la batalla de Chacabuco hasta la de Maipú* (1850); Ramón Valentín García, *Memoria sobre la historia de la enseñanza en Chile* (1852); Miguel Luis Amunátegui, *La dictadura de O'Higgins* (1853); Alejandro Reyes, *La expedición al Perú de 1820* (1854); Diego Barros Arana, *Las campañas de Chiloé, 1820-1826* (1856); Domingo Santa María, *Memoria histórica sobre los sucesos ocurridos desde la caída de don Bernardo O'Higgins en 1823 hasta la promulgación de la Constitución dictada en el mismo año* (1857); Federico Errázuriz, *Chile bajo el imperio de la Constitución de 1828* (1860); Miguel Luis Amunátegui, *Descubrimiento y conquista de Chile* (1861); Melchor Concha y Toro, *Chile durante los años 1824 a 1828* (1862); Marcial Martínez, *Historia del comercio durante la Colonia* (1864); Adolfo Valderrama, *Bosquejo histórico de la poesía chilena* (1865); Benjamín Vicuña Mackenna, *La guerra a muerte* (1868); Miguel Luis Amunátegui, *Los precursores de la independencia de Chile* (1870); *La crónica de 1810* (1876); Crescente Errázuriz, *Seis años en la historia de Chile* (1881); Ramón Sotomayor Valdés, *Campaña del Ejército chileno contra la Confederación Perú-Boliviana* (1896); José Toribio Medina, *Biblioteca Hispano-Chilena* (1897); *Las medallas chilenas* (1900).

[39] Véase Manuel Vicuña, *Un juez en los infiernos: Benjamín Vicuña Mackenna* (Santiago: Ediciones Universidad Diego Portales, 2009), para quien "Vicuña Mackenna ha resultado una

importante ejemplo es el de Gonzalo Bulnes, hijo historiador del presidente Manuel Bulnes, quien publicó obras de gran densidad documental, como la *Historia de la Campaña del Perú en 1838* (1878), pero con un fuerte sesgo patriótico y, en particular, castrense[40]. Miguel Luis Amunátegui, por su parte, condenaría una y otra vez el pasado colonial aun cuando legitimaba la única institución que le parecía rescatable del período, el Cabildo, que desde su perspectiva era el espacio institucional del que había surgido la independencia, y que por su antigüedad legitimaba el actual papel reformador del Congreso. "La historia municipal del Santiago", sostuvo, "es a la colonia lo que la historia parlamentaria es a la república: la expresión de las ideas y de las aspiraciones de Chile en un período determinado de su existencia"[41]. El esfuerzo del historiador por impactar el ámbito político desde su campo de conocimiento se prolongaría por todo el siglo XIX.

Los intelectuales y el positivismo

El positivismo en América Latina, en el siglo XIX, estuvo lejos de ser una doctrina monolítica, ya que poseía vertientes tanto comteanas como otras más cercanas al evolucionismo de Herbert Spencer. Incluso dentro del positivismo comteano se puede distinguir una rama ortodoxa y otra heterodoxa. El gran difusor de esta escuela positivista en Chile fue José Victorino Lastarria, quien describió su encuentro con esta corriente de pensamiento en su famosa autobiografía intelectual, *Recuerdos literarios: Datos para la historia literaria de la América española i del progreso intelectual de Chile*, publicada originalmente en 1878 y ampliada en 1885. Allí describió su encuentro fortuito con la obra de Auguste Comte en 1868 y relató la impresión que le causó la noción de "progreso" (que Comte definía como el paso sucesivo de la humanidad a través de etapas que denominó "teológica", "metafísica" y "científica"). De las múltiples implicaciones de este concepto, la más útil para Lastarria era la que le permitía considerar a la religión como una etapa susceptible de superación. Gracias al positivismo, pudo concluir que "el imperio de las creencias religiosas está debilitado, y todas las tradiciones

víctima de sí mismo: ayudó a fijar los parámetros de evaluación del trabajo historiográfico en virtud de los cuales, poco a poco, se le iría expulsando de la ciudadela interior de la historiografía chilena, a la par que ésta elevaba sus pretensiones de cientificidad y devaluaba, en el mercado de los productos académicos, las narraciones tributarias de un código estético romántico" (pág. 16).

[40] Véase Juan Luis Ossa Santa Cruz, "Gonzalo Bulnes y su *Historia de la Campaña del Perú en 1838*", en *Seminario Simon Collier 2005*, eds. Nicolás Cruz e Iván Jaksić (Santiago: Instituto de Historia, Pontificia Universidad Católica de Chile, 2005); "Gonzalo Bulnes: Historiador nacionalista, político civilista", *Estudios Públicos* 132 (primavera de 2013): 171-200.

[41] Miguel Luis Amunátegui, *El Cabildo de Santiago desde 1573 hasta 1581*, 3 tomos (Santiago: Imprenta Nacional, 1890-1891), I, 7.

que forman el bagaje del antiguo régimen son contrarias a la justicia social, porque estorban la acción de la libertad y del progreso, que son las leyes de la humanidad"[42].

Lastarria presentó las ideas que consideraba centrales del positivismo durante la fundación del Círculo de Amigos de las Letras (1869) y en la Academia de Bellas Letras (1873), donde su público contaba con destacadas figuras políticas e intelectuales, como Miguel Luis Amunátegui, Diego Barros Arana, José Manuel Balmaceda, Guillermo y Manuel Antonio Matta, Gabriel René Moreno y Benjamín Vicuña Mackenna. Las fechas señaladas son importantes porque coinciden con el auge del conflicto educacional, a raíz del nombramiento como ministro de Abdón Cifuentes, cuyas políticas contemplaban el fin del Estado docente. La remoción de Cifuentes de su cargo debido al conflicto precipitó la salida de los conservadores del gobierno de Federico Errázuriz Zañartu, y al endurecimiento de las posturas liberales y positivistas que promovían el control laico del sistema educacional[43].

El atractivo del positivismo comteano, para Lastarria y sus adherentes, consistía no sólo en la defensa de la secularización, sino en la fuerza argumental de una escuela de pensamiento que decía descansar sobre bases científicas, para la cual la ciencia era el mayor estadio de progreso para la humanidad. Si bien el "progreso" era algo tangible para muchos chilenos, para Lastarria era un instrumento de lucha contra la Iglesia y los sectores políticos más afines al catolicismo. Estos últimos, desde el *Syllabus* de Pío IX (1864), atacaban sistemáticamente al laicismo y al materialismo. Para Guillermo Juan Carter, liberalismo y positivismo, ambos condenables, eran "una misma cosa"[44], mientras que para Joaquín Larraín Gandarillas, entonces decano de la Facultad de Teología de la Universidad de Chile, el positivismo era una "triste filosofía que predica el materialismo y el ateísmo"[45].

El gran campo de batalla para estas ideas opuestas era el ámbito educacional. Como ministro de Instrucción Pública en el gobierno de Aníbal Pinto, Miguel Luis Amunátegui puso un fuerte énfasis en la reforma de la educación secundaria y universitaria, colaborando estrechamente con Diego Barros Arana en la redacción de la Ley de Enseñanza Secundaria y de Educación Superior (1879), que abrió un espacio institucional para la enseñanza de las ciencias. Así, buscaban reducir las clases de contenido religioso, que

[42] Lastarria, *Recuerdos literarios*, 419.

[43] Véase Ricardo Donoso, *Las ideas políticas en Chile* (México: Fondo de Cultura Económica, colección Tierra Firme, 1946); Ricardo Krebs, ed., *Catolicisimo y laicismo: Las bases doctrinarias del conflicto entre la Iglesia y el Estado en Chile, 1875-1885* (Santiago: Nueva Universidad, Pontificia Universidad Católica de Chile, 1981); Sol Serrano, *Universidad y nación*.

[44] Guillermo Juan Carter, "El liberalismo", *Anales de la Universidad de Chile* 53-54 (1878): 87-141.

[45] Joaquín Larraín Gandarillas, "Examen de varias cuestiones relativas a la instrucción pública", *Anales de la Universidad de Chile* 63 (1883): 501-973. La cita aparece en la página 740.

mantenían una fuerte presencia en el currículo[46]. Incluso el tema de la mujer se hizo presente en las discusiones, como parte del mismo esfuerzo positivista por reducir la influencia de la Iglesia. Según Juan Enrique Lagarrigue, la educación femenina era tan importante como la enseñanza de las ciencias, ya que mientras la mujer se mantuviera como "la esclava obligada de las preocupaciones religiosas" los problemas de la sociedad continuarían. Señaló que "la escuela de preceptoras, entre nosotros, está en manos de monjas que sólo saben rezar y orar. Y esas monjas forman a las preceptoras, y las preceptoras a las niñas que han de ser las madres de las nuevas generaciones. ¡Pobre progreso! ¡Pobre Patria!"[47].

El expositor positivista más importante en materias educacionales fue Valentín Letelier (1852-1919). Formado en el Instituto Nacional, su mayor inspiración intelectual provino del historiador Diego Barros Arana, cuya destitución como rector en 1872 le tocó presenciar y que marcó su perspectiva respecto del papel del Estado en la educación. Letelier, que siguió con posterioridad la carrera de leyes, tuvo contacto con las ideas positivistas comteanas a través de la Academia de Bellas Artes. Era también miembro de la masonería y, posteriormente, del Partido Radical (fundado en 1863), cuyas influencias redundaban en una postura claramente agnóstica. Luego de desempeñarse como profesor secundario (en Copiapó) y diputado (por Copiapó y Caldera), fue enviado a Berlín como agregado de la legación de Chile, donde adquirió una serie de ideas pedagógicas que tendrían un significativo impacto en el país. Una vez de regreso en Chile, fue elegido diputado por Talca y nombrado miembro del Consejo de Instrucción Pública (1888-1893 y nuevamente en 1903-1911). Participó en la instalación del Instituto Pedagógico en 1889 y se desempeñó como rector de la Universidad de Chile entre 1906 y 1913.

En *Filosofía de la educación*, obra publicada en 1892 y ampliada considerablemente en 1912, Letelier aplicó a la educación el paradigma positivista de los tres estadios, pero con un fin claramente político. En el contexto de las guerras civiles que padeció el país (junto al conflicto de la Independencia) en 1829-30, 1851, 1859 y 1891, Letelier pensaba que el advenimiento del estadio científico concebido por Comte representaba el mejor escenario para el orden y el progreso del país. Los estadios previos sólo habían logrado dividir a la sociedad y se perpetuarían sin una profunda reforma del sistema educacional. Para Letelier, una concepción científica de la sociedad, impartida en las escuelas, lograría la unidad que consideraba necesaria. Siguiendo la clasificación comteana de las ciencias en una secuencia que transitaba desde

[46] Véase Stephen L. Fogg, "Positivism in Chile and its Impact on Education Development and Economic Thought, 1870-1891" (tesis doctoral, New York University, 1978), en especial 167-220.

[47] Juan Enrique Lagarrigue, "Necesidad de una gran reforma de la enseñanza", *Revista Chilena* 10 (1878): 384-393.

las más generales a las más complejas (matemáticas, astronomía, física, química, biología y sociología), Letelier propuso un "plan concéntrico" de educación que fue aprobado en 1889 e implementado en 1893 en las escuelas del país. Tal sistema era capaz de abarcar "todo lo humanamente posible de conocer"[48], pero su propósito no era puramente cognitivo, en tanto proponía criterios científicos para organizar la sociedad, siguiendo el ideal positivista. Su razonamiento conducía directamente a la secularización y la obligatoriedad de la educación: "La educación no puede unir a las mentes si no es universal, ni puede ser universal si no es pública, ni puede ser pública mientras las inclinaciones democráticas del pueblo no la exija del Estado"[49]. Si bien no vivió para contemplarla, la obligatoriedad de la educación fue introducida durante el gobierno de uno de sus pupilos, Arturo Alessandri Palma. Otro de sus discípulos, Pedro Aguirre Cerda, hizo suyo el lema de Letelier, "Gobernar es educar", durante la campaña presidencial de 1938[50].

Los sectores católicos no dejaron de reaccionar ante la introducción del positivismo. El abogado y después parlamentario Guillermo Cox Méndez (1862-1893), por ejemplo, se refería a esta escuela cuando afirmó que "la Filosofía no es sino la confirmación racional de la teología; la Filosofía que esté penetrada de este principio, es la única filosofía verdadera"[51]. Cox era en este sentido vocero de las preocupaciones del papado, el que bajo León XII promovía activamente las ideas tomistas, como puede observarse en la encíclica *Aeterni Patris* (1879). En Chile, el jesuita Francisco Ginebra, quien enseñó en el Colegio San Ignacio de Santiago entre 1874 y 1899, afirmaba que la doctrina escolástica de Tomás de Aquino "es la única que armoniza la ciencia con la fe, la razón con la revelación y la que disipa de un modo decisivo el cúmulo de errores que hoy traen trastornado el mundo de las inteligencias". Para él, el método escolástico "forma insensiblemente en el joven alumno el hábito de discurrir rectamente"[52].

Otra fuente de oposición al positivismo comteano provino de la vertiente ortodoxa, representada por los hermanos Jorge y Juan Enrique Lagarrigue. Ambos adhirieron a la llamada "religión de la humanidad", propuesta por Comte en la última etapa de su vida, y que concebían como aquella integración de ciencia y fe que lograba superar el estadio teológico en general y el catolicismo en particular. Como señaló Jorge Lagarrigue, "jamás ninguna

[48] Letelier, *Filosofía de la educación* (Buenos Aires: Cabaut, 2ª ed., 1927), 343.

[49] Letelier, *Filosofía de la educación*, 623-624.

[50] Peter Joseph Sehlinger, "The Educational Thought and Influence of Valentín Letelier" (tesis doctoral, Universidad de Kentucky, 1969), 59-60.

[51] Universidad de Chile, "Decretos y otras piezas sobre instrucción pública", *Anales de la Universidad de Chile* 68 (1885): 782.

[52] Francisco Ginebra (S. J.), *Elementos de filosofía*, 2 tomos (Barcelona: Eugenio Subirana, Editor y Librero Pontificio, 6ª ed., 1915-16), I, 5-6. También Rafael Fernández Concha promovía la doctrina tomista en su influyente *Filosofía del derecho o derecho natural*, publicado en 1877 y reeditado en 1888 y 1966.

religión ha podido realizar esta unidad [de ideas] tan completamente como la Religión de la Humanidad, porque ninguna ha podido ligar, como ella, alrededor de su fundamento principal nuestras tres grandes facultades: el sentimiento, la inteligencia y la actividad"[53]. Para los hermanos Lagarrigue resultaba fundamental reemplazar el catolicismo con otras ideas de carácter moral y religioso, como parecía prometer la religión comteana.

En último término, la división entre positivistas ortodoxos y heterodoxos se dirimió en el plano político. Los ortodoxos, como los hermanos Lagarrigue, apoyaron decididamente al gobierno de José Manuel Balmaceda (1886-1891), tal como lo había hecho Comte con Louis Bonaparte con el argumento de la necesidad de los gobiernos fuertes. Los heterodoxos, representados por Letelier, se opusieron de forma igualmente férrea a este gobierno, defendiendo al Parlamento como barrera de contención ante los impulsos autoritarios del Ejecutivo. Letelier, en particular, firmó el acta del Congreso para deponer a Balmaceda, sufriendo prisión por ello (durante la cual escribió la primera versión de su *Filosofía de la educación*). La balanza terminó inclinándose hacia el positivismo heterodoxo gracias al triunfo de la oposición, aunque también por el grado de institucionalización que Letelier, al contrario de los ortodoxos, sí había logrado a través del sistema educacional. El intelectual positivista que triunfó en esta contienda fue el heterodoxo, pero igualmente podría haber sido el opuesto si la relación de fuerzas hubiera sido más favorable al gobierno de Balmaceda.

Conclusión

Las temáticas de interés para los intelectuales decimonónicos aquí tratadas de ninguna manera agotan el amplio espectro de discusiones que pueden documentarse a través de la copiosa producción escrita del siglo XIX. Se han elegido, para los propósitos del tomo y de la colección, aquellos que más directamente impactan al desarrollo intelectual y político del país. Son importantes también las discusiones en torno a la Araucanía y sus habitantes, el americanismo y su destino, las ideas económicas, el pensamiento católico y la reacción ante las políticas del papado, todas las cuales son discutidas en otros capítulos de este tomo.

Lo que aquí se propone es, en primer lugar, una serie de énfasis temáticos que configuran un campo intelectual en relación a lo político. También, que la forma de enfrentar los temas políticos configura un tipo de intelectual: pueden estar comprometidos con ciertas ideologías, ya sean liberales, conservadoras o radicales, pero en gran medida son pensadores que, desde

[53] Jorge Lagarrigue, "Una conversión a la Religión de la Humanidad", *Revista Chilena* 14 (1879): 228-246. La cita se encuentra en la página 236.

la autonomía de la lectura y la opinión, inciden en el mundo político con sus juicios como lectores informados y, en algunos casos más ambiciosos, como guías que pretenden señalar el camino hacia el futuro para la sociedad en su conjunto.

En segundo lugar, se sugiere que el hábitat de los intelectuales pasa de una comunidad letrada informal, o improvisada por diversos actores políticos y la prensa panfletaria, a una creciente institucionalización de sus espacios de actividad: Congreso, púlpito, universidad, prensa de largo aliento, sociedades y círculos literarios. Sin embargo, existe un matiz importante, que es la percepción del intelectual individual como conocedor, juez y guía de los conflictos, debates y destino de la sociedad. Las disciplinas que predominan son la filosofía, la historia y la sociología, todavía en proceso de formación.

Finalmente, importa reiterar que el espacio público se amplió durante el siglo XIX y se hizo más plural. Fue un espacio eminentemente republicano. Es, desde allí en adelante, que los intelectuales pensarían en la democracia, la irrupción del marxismo, la legislación laboral y el cambio constitucional. Es decir, los grandes temas del siglo que se aproximaba.

CAPÍTULO II
DEBATES REPUBLICANOS, LIBERALES Y CONSERVADORES DURANTE EL SIGLO XIX

SUSANA GAZMURI STEIN

PLANTEAMIENTO DEL PROBLEMA

El pensamiento político del siglo XIX estuvo marcado por las profundas mudanzas aparejadas a las revoluciones políticas, sociales y económicas que se sucedieron en Occidente desde fines del siglo XVIII. Se trataba de una serie de procesos que cambiaron la fisonomía social, económica y política de los países que estuvieron involucrados en ellos y fue la actitud y la reflexión en torno a estos cambios los que sellarían las posiciones que entendemos hoy como liberales y conservadoras. Ambas corrientes son, por lo tanto, eminentemente modernas, pues emergen con y proponen ideas respecto a las mutaciones que constituyeron el mundo que, desde el siglo XVIII, es llamado "moderno"[1]. Este capítulo estudia las principales tradiciones de pensamiento político del siglo XIX en Chile a través de algunos de los debates que marcaron la discusión pública en este período. Se trata del republicanismo, el liberalismo y el conservadurismo. No son, como se verá, credos incompatibles ni taxativamente opuestos, sino doctrinas que tienen un sustrato común, la convicción de que la república era el mejor sistema de gobierno, especialmente si se lo comparaba con el régimen que dominó Occidente hasta fines del siglo XVIII y buena parte del XIX: la monarquía. Las diferencias y oposiciones que separaron a republicanos, liberales y conservadores en Chile e Hispanoamérica refieren más bien a los principios que debían primar para que la república pudiese perdurar en el tiempo: orden o libertad, unidad o pluralidad, ciencia o religión[2].

[1] Aunque tradicionalmente la Revolución francesa es usada para datar el nacimiento del mundo moderno, esta fecha es arbitraria si consideramos que muchos de los procesos que condujeron a ella se inician en los siglos XVI al XVIII, cuando no antes. Creo que la "querella de los antiguos y los modernos" es una buena fecha para dar comienzo al período, pues muestra el desarrollo de una autoconciencia de "modernidad" por parte de los eruditos y escritores franceses que los distanció de épocas anteriores, precisamente por el valor que atribuyeron a los progresos de la ciencia y la filosofía en relación con antigüedad. Dan Edelstein, *The Enlightenment: A Genealogy* (Chicago: University of Chicago Press, 2010).

[2] Sobre el problema de la estabilidad en el tiempo del sistema republicano, véase J. G. A. Pocock, *The Machiavellian Moment. Princeton Paperbacks* (Princeton: Princeton University Press, 2003), II.

En Chile, como en América y Europa, estas corrientes de ideas políticas, con sus respectivas variaciones, marcaron el debate doctrinario político a lo largo del siglo XIX. El propósito de este capítulo es presentar cuáles fueron sus principales planteamientos frente a la nueva sociedad que se inauguró con la instalación del sistema republicano y cómo sus programas fueron cambiando de la mano de los desarrollos intelectuales y políticos del pensamiento liberal y conservador en Europa y América, así como en respuesta a los cambios históricos concretos en Chile, Hispanoamérica y Europa. Para ello, se analizan las posturas de los hombres de letras e intelectuales decimonónicos frente a una serie de cuestiones que marcaron los ejes de discusión a lo largo del siglo y que permiten contrastarlos: la tensión entre libertad y orden que singularizó el debate de las décadas de 1830 y 1840 con sus diversas manifestaciones, así como el problema de la concentración del poder, las dificultades que implicó implementar efectivamente la separación de poderes del Estado y la cuestión de la unidad frente a la pluralidad religiosa —que evolucionó a lo largo del siglo hasta transformarse en el problema de la secularización del Estado y su separación de la Iglesia— son sólo algunos de las asuntos que ocuparon la reflexión de los publicistas a lo largo del siglo.

Aquello que es denominado "liberalismo" está constituido por una serie de corrientes de pensamiento, muchas de las cuales dieron "expresión política a las ideas la ilustración", pero que no se limitaron a ella[3]. Como el conservadurismo, tiene un significado relacional en función de la existencia o ausencia de otros movimientos políticos o sociales, especialmente movimientos obreros y corrientes socialistas y comunistas[4]. En el siglo XIX, se caracterizó por la promoción de los principios de igualdad y libertad política y civil, especialmente religiosa, así como por la promoción de la búsqueda de la felicidad individual y colectiva orientada por la guía de la razón y la ciencia. Su expresión política fue el gobierno representativo, fundamentado en la concepción de la sociedad originada en un contrato voluntario entre individuos. Su manifestación económica estuvo asociada a la defensa de la propiedad privada, el mercado y el sistema económico capitalista, si bien cabe recordar que muchos liberales chilenos fueron proteccionistas[5]. Aunque pudo haber tenido una raíz religiosa, es característico del liberalismo separar la esfera de la religión y el Estado y, en general, promover la tolerancia espiritual y adquirir una tendencia laica y secular. La diversidad dentro del liberalismo queda demostrada por los adjetivos con los que los historiadores

[3] H. S. Jones, "Las variedades del liberalismo europeo en el siglo XIX: Perspectivas británicas y francesas", en *Liberalismo y poder. Latinoamérica en el siglo XIX*, eds. Iván Jaksić y Eduardo Posada Carbó (Santiago: Fondo de Cultura Económica, 2011), 43.

[4] Catherine Audard y Philippe Raynaud, "Liberalism", en *Dictionary of Unstranlatables*, ed. Barbara Cassin (Princeton: Princeton University Press, 2014).

[5] Sergio Villalobos y Rafael Sagredo, *Ensayistas proteccionistas del siglo* XIX (Santiago: DIBAM, Centro de Investigaciones Diego Barros Arana, 1993).

y filósofos lo han clasificado: democrático, romántico, radical, revolucionario, etc. De modo más general, se pueden distinguir dos grandes vertientes del liberalismo: el liberalismo inglés, cuyo acento está puesto en las libertades individuales y su protección frente las posibles limitaciones provenientes del Estado o de la sociedad civil; y la otra vertiente, a la que podemos vincular a los primeros liberales chilenos, que es la del liberalismo francés, de carácter más bien antitradicionalista y que busca asegurar la libertad individual a través del "control racional del poder"[6].

El pensamiento conservador, por su parte, parece más difícil de resumir en unas cuantas líneas, en tanto su contenido doctrinario se presenta más impreciso. Aun cuando hay importantes pensadores conservadores en los siglos XVIII y XIX, lo cierto es que no llegó a constituirse en una ideología política sino hasta el siglo XX. Esto puede explicarse por su carácter reactivo o reaccionario antes que proyectual o propositivo. Los conservadores son caracterizados habitualmente como lacónicos, más pragmáticos que teóricos, personas que rechazan las teorías abstractas asociadas al liberalismo y abogan por cambios enraizados en lo que denominan "el mundo real"[7]. Ello no implica tanto una objeción al cambio en sí mismo como a las mudanzas revolucionarias e intempestivas. De acuerdo a estas ideas, para no destruir la sociedad, cuyo fundamento estaría en un orden superior de carácter divino, los cambios deben estar asentados en la tradición. Como se señala en el *Dictionary of Untranslatables*, incluso la etimología del término tiene una raíz religiosa relacionada con los términos latinos *religio* y *pietas*, de acuerdo a la cual "conservar" designa preservar y observar fielmente las creencias tradicionales[8]. En Europa, emergió primero en Inglaterra como una respuesta a las posturas antitradicionalistas favorables a la Revolución francesa, que amenazaban con destruir el Antiguo Régimen. El pensamiento conservador fue, de modo explícito, antirrevolucionario, aunque no necesariamente opuesto al cambio de régimen político, y puso en el centro de su reflexión la cuestión del orden frente a la anarquía política asociada a los comienzos del liberalismo. También se erigió como el defensor del sistema antiguo, sustentado en la voluntad y providencia divina. Devino, desde esta perspectiva, el brazo intelectual y político de la religión frente a la postura laica y tolerantista del liberalismo. Como en el caso del pensamiento liberal, entre las ideas conservadoras es posible distinguir variantes. En su defensa del orden tradicional hay un conservadurismo monárquico, uno autoritario, otro moderado cercano al liberalismo, uno romántico y uno ultramontano que, se verá, fue especialmente relevante desde mediados del siglo XIX.

[6] Jones, "Las variedades del liberalismo", 46-47.

[7] José Luis Romero, "El pensamiento conservador latinoamericano en el siglo XIX", en *Pensamiento conservador 1815-1898* (Caracas: Biblioteca de Ayacucho, 1978).

[8] "Conservative", en *Dictionary of Unstranlatables*, ed. Cassin.

Además de ser entendidos como corrientes ideológicas, el liberalismo y el conservadurismo han sido frecuentemente caracterizados como actitudes políticas de cara a los cambios que trajo la modernidad, el primero promoviéndolo y el segundo con tendencia a resistirlo o moderarlo[9]. De ahí que el adjetivo que por lo habitual asociamos al liberalismo sea "progresista" y al conservadurismo el de "reaccionario"[10]. Aunque evidentemente ambas ideologías son más que una actitud, analizarlas como tales, en especial en los debates políticos hispanoamericanos, es una herramienta que permite clarificar el campo de la disputa de ideas en que es frecuente ver a miembros del Partido Conservador sostener principios liberales, o a ingentes representantes del liberalismo defender posiciones que parecieran pertenecer al campo conservador[11]. La referencia a estas posturas como actitudes políticas ha ayudado a esclarecer la intrincada red de relaciones estratégicas y puntos doctrinarios entre ambas corrientes en Hispanoamérica. Otra buena explicación para este fenómeno es que, en Hispanoamérica, liberalismo y conservadurismo comparten un núcleo liberal y republicano. A diferencia del europeo, el pensamiento conservador latinoamericano nació republicano y defendió el gobierno representativo e incluso democrático. La discrepancia fundamental con los liberales, además de la cuestión de la actitud, habría sido, dentro de este esquema, el privilegio del orden y la estabilidad de la república por sobre la libertad de sus ciudadanos. Igualmente, su conformidad con los resultados concretos del progreso, pero con teorías abstractas de perfectibilidad, y la unidad religiosa, considerada en buena medida como garante de la armonía política.

En esta oportunidad, se ensaya una respuesta que busca complementar o esclarecer las imbricadas relaciones, tráficos y virajes de posición del conservadurismo y liberalismo en el caso chileno a partir de su raíz republicana. Una de las especificidades del conservadurismo en Hispanoamérica es que comparte con el pensamiento liberal una matriz común: el republicanismo. La atención a esta fuente compartida permitirá, como propuso hace unos

[9] Véanse Alberto Edwards, *La fronda aristocrática* (Santiago de Chile: Editorial del Pacífico, 1976), VIII; Michael Oakeshott, "Qué es ser conservador", *Estudios Públicos* 11 (1983); Simon Collier, *Chile, La construcción de una república, 1830-1865: Política e ideas* (Santiago: Ediciones Universidad Católica de Chile, 2005).

[10] En Chile, antes de existir formalmente el Partido Liberal, quienes propugnaban la reforma de la Constitución de 1833, la principal bandera de lucha liberal entre 1830 y 1850, se llamaban a sí mismos Partido Progresista. El primer párrafo de las *Bases de la reforma* de José Victorino Lastarria y Federico Errázuriz comenzaba así: "El partido progresista, que ha tomado sobre sí la defensa de los derechos del pueblo, proclamando como término de sus aspiraciones la realización de la república en Chile..."; José Victorino Lastarria y Federico Errázuriz, *Bases de la reforma* (Santiago: Imprenta del Progreso, 1850).

[11] Sobre las cercanías de las posiciones liberales y conservadoras en Hispanoamérica, véase Iván Jaksić y Eduardo Posada Carbó, "Naufragios y sobrevivencias del liberalismo latinoamericano", en *Liberalismo y poder*, eds. Jaksić y Posada Carbó, 30.

años Luis Barrón, "trascender la dicotomía liberal-conservadora"[12] y destacar aquello que es distintivo de Hispanoamérica, a saber, el origen republicano del pensamiento liberal y el conservador. En el caso chileno esta afinidad se manifestó en la conformación de la alianza liberal-conservadora para oponerse al autoritarismo Manuel Montt, en la adopción de estrategias y principios liberales con que los conservadores ultramontanos enfrentaron el liberalismo secularizador desde mediados de la década de 1860, pero también en la demanda de unidad e intolerancia religiosa y el repudio al laicismo, que tienen una raíz tanto en el catolicismo como en el pensamiento republicano[13].

Una propuesta de periodificación en torno a debates

Habitualmente, la periodificación del pensamiento político chileno se ha establecido en torno a la cronología de la historia política. Sin embargo, como destacan Iván Jaksić y Eduardo Posada Carbó, es necesario hacer un esfuerzo por enmarcar la historia intelectual en una cronología distinta de la historia política, aun cuando en Hispanoamérica este ejercicio se vea dificultado por el hecho de que "existió poca división del trabajo entre los hombres de ideas y los políticos"[14]. Como en otros países del continente, en Chile la historia intelectual dependiente de la historia política habla de un predominio conservador entre 1830 y 1850 y luego uno liberal en lo que queda del siglo, con una nueva arremetida conservadora desde 1864 en adelante. En este capítulo, se propone una periodificación construida a partir de los principales conflictos doctrinarios del siglo. Entre 1810 y 1830, los temas centrales giraron en torno a mejor la forma de gobierno y cómo construir una república duradera. Aunque la guerra civil de 1829 moderó la voz de los liberales, que intentaron implementar un gobierno que armonizaba los principios liberales y la necesidad de establecer un correcto funcionamiento institucional, la Constitución de 1833 recogió la mayoría de los artículos de la Carta liberal redactada por José Joaquín de Mora en 1828. Fueron los dispositivos autoritarios del texto de 1833, las leyes de emergencia y el excesivo poder del Ejecutivo para designar las autoridades de gobierno, y la justificación de estas

[12] Luis Barrón, "Liberales conservadores: Republicanismo e ideas republicanas en el siglo XIX en América Latina", *Latin American Sudies Association* (Washington D.C., 2001); "Republicanismo, liberalismo y conflicto ideológico en la primera mitad del siglo XIX en América Latina", en *El republicanismo en Hispanoamérica: Ensayos de historia intelectual y política*, eds. J. A. Aguilar y Rafael Rojas (México: Fondo de Cultura Económica, Centro de Investigación y Docencia, 2002), 135.

[13] Sol Serrano, *¿Qué hacer con dios en la república? Política y secularización en Chile (1845-1885)* (Santiago: Fondo de Cultura Económica, 2008).

[14] Jaksić y Posada Carbó, "Naufragios", 35.

medidas con el argumento del orden y su recusación con el de la libertad, los que marcarían las polémicas ideológicas entre conservadores y liberales hasta 1864.

El tercer período, 1864-1891, está marcado por el conflicto religioso y el lugar que correspondía a la Iglesia en el Estado. Las repúblicas hispanoamericanas nacieron católicas. Sin embargo, el liberalismo de raíz ilustrada, especialmente el de origen protestante, proponía que para garantizar la libertad de los ciudadanos el Estado debía ser secular y promover la pluralidad. Para los liberales, la libertad de creencias además de ser un derecho, evitaba el conflicto y la emergencia de facciones que ponían en peligro la estabilidad republicana. Hacia mediados del siglo XIX, el carácter católico de la república ocupó el centro de la discusión de las ideas[15]. Hubo razones prácticas y conceptuales para ello. Las de carácter práctico son abordadas por otros autores de esta colección[16]. En términos conceptuales, la discusión remite al fundamento del régimen republicano, a la definición de las libertades políticas y civiles, y a la separación de dos esferas antes vinculada: la política y la espiritual.

En este período, el conservadurismo chileno tomó la causa de la Iglesia y el problema de la secularización como su principal bandera de lucha y, por lo tanto, el centro de su reflexión estuvo en el rol espiritual de la Iglesia en relación a la sociedad. Conformemente, los conservadores defendieron aquellas medidas que permitían preservar el papel social de la religión, aun cuando fueran de carácter liberal, como fue su defensa de la libertad de asociación y enseñanza. Por su parte, el liberalismo, en particular el radical, abocó la ampliación de las libertades públicas y la separación de la Iglesia y el Estado[17]. Su norte no era ya en primer lugar la libertad republicana, sino el progreso social. Esta etapa se cierra en 1891, año en que, de acuerdo a Mario Góngora, concluye el "período portaliano", definido por su concepción liberal-autoritaria del Estado. Con la aprobación de las llamadas leyes laicas (secularización de los cementerios, del matrimonio civil y el registro civil) el ultramontanismo conservador fue definitivamente derrotado. Por otra parte, la guerra civil de 1891 representa la última lucha en nombre de la libertad concretada en la demanda por ampliar la participación electoral. Sin embargo, en ese reclamo por la democratización entraron nuevos actores que serían centrales en las luchas ideológicas del siglo XX: las incipientes clases medias[18]. Después

[15] Hubo propuestas tolerantistas desde 1812 en adelante. Sin embargo, la discusión sobre las consecuencias del carácter católico del Estado adquirieron protagonismo en la discusión pública chilena a partir de la llamada "cuestión del sacristán".

[16] Véase el capítulo de Lisa Edwards en este mismo tomo y en el tomo *Estado y sociedad* de esta colección.

[17] Serrano, *¿Qué hacer con Dios en la república?*, 33.

[18] Mario Góngora, "El Estado nacional chileno en el siglo XIX", en *Ensayo histórico sobre la noción de Estado en Chile en los siglos XIX y XX* (Santiago: La Ciudad, 1981), 24.

de la guerra civil de 1891, el pensamiento conservador volvió a enfrentarse con el liberal respecto a la cuestión de la autoridad y de la Constitución de 1833, pero estos debates estuvieron más ligados a factores económicos, sociales e ideológicos propios del siglo XX que a las luchas doctrinarias del siglo XIX[19].

1. Republicanismo: a la raíz del liberalismo y conservadurismo en Chile e Hispanoamérica (1810-1830)

Tradicionalmente, la historiografía latinoamericana decimonónica planteó que el liberalismo había sido la ideología hegemónica durante el siglo XIX, filosofía política que habría estado detrás del impulso insurreccional que provocó la revolución de independencia. De acuerdo a esta interpretación, las ideas liberales impulsaron la revolución contra los gobiernos monárquicos que dominaban a Europa y sus colonias hasta el siglo XVIII[20]. Ello explicaría por qué una vez alcanzada su autonomía estas antiguas colonias habrían optado por el establecimiento de gobiernos de corte republicano-liberal. Para esta corriente, todo lo que no era liberal se identificaba con un conservadurismo reaccionario que proponía volver al sistema colonial como única solución a la inestabilidad del período de ensayos constitucionales[21].

Sin embargo, la historiografía de las independencias hace tiempo ya que ha demostrado que sus causas no radicaban en este conjunto de ideas, sino en el colapso del Imperio español y la vacancia de legitimidad que se produjo con la prisión de Fernando VII. En cuanto a las tradiciones políticas que habrían provisto sus bases ideológicas, el liberalismo es considerado ahora como una de las corrientes en formación en este período que, por lo tanto, difícilmente podría haber provisto de argumentos a los revolucionarios[22]. El

[19] Ricardo Donoso, *Las ideas políticas en Chile* (México: Fondo de Cultura Económica, 1946).

[20] Georges Lomné, "De la República y otras repúblicas: la regeneración de un concepto", en *Diccionario político y social del mundo iberoamericano. La era de las revoluciones, 1750-1850*, eds. Cristóbal Aljovín de Losada, João Feres Júnio y Javier Fernández Sebastián (Madrid: Fundación Carolina, Sociedad Estatal de Conmemoraciones Culturales, Centro de Estudios Políticos y Constitucionales, 2009), 1253-1269; Alberto Edwards, *La organización política de Chile* (Santiago: Editorial del Pacífico, 1972); Jaime Eyzaguirre, *Ideario y ruta de la emancipación chilena* (Santiago: Editorial Universitaria, 20ª ed.,1991); Góngora, "El Estado nacional ", 7-28.

[21] Sobre la explicación liberal de las independencias, véase Luis Barrón, "Republicanismo, liberalismo y conflicto ideológico en la primera mitad del siglo XIX", en *El republicanismo en Hispanoamérica*, eds. Aguilar y Rojas, 118-137, especialmente la página 120; "La tradición republicana y el nacimiento del liberalismo en Hispanoamérica después de la Independencia. Bolívar, Lucas Alamán y el 'Poder Conservador'", en *El republicanismo en Hispanoamérica*, eds. Aguilar y Rojas, 244-282, especialmente la página 251.

[22] Como bien ha señalado Javier Fernández Sebastián, el primer liberalismo fue producto en buena parte de los experimentos constitucionales que se llevaron a cabo en Hispanoamérica tras el colapso del régimen monárquico e imperial.

caso es que a comienzos del siglo XIX los conceptos de república, soberanía, autonomía y pueblo pasaban por un proceso de redefinición, tanto en Europa como en América, que terminaría por constituir un vocabulario político moderno siempre de carácter polisémico. Los pensadores y publicistas de este período recurrieron a más de una fuente de ideas políticas para articular un pensamiento que nacía y respondía a los desafíos de un mundo moderno en formación. Los términos "liberal" y su correlativo, "conservador", no habían entrado en uso todavía, sino que estaban en proceso de construcción[23].

Para el período fundacional de las repúblicas, la cuestión es entonces comprender los lenguajes políticos con los que publicistas e ideólogos de la época dieron forma a su proyecto de autonomía y gobierno propio y cómo estos contribuyeron a la constitución de las tradiciones liberales chilenas[24]. El recurso a diversas corrientes políticas se explica, en buena medida, por el carácter pragmático de los argumentos revolucionarios, vale decir, por el uso de las varias herramientas intelectuales disponibles para legitimar la acción política[25]. Entre ellas, tanto en Chile como en el resto de Hispanoamérica, varios historiadores han destacado el papel fundamental que habría jugado el republicanismo como corriente de pensamiento que habría ayudado a legitimar la separación de la metrópoli, alegando la perversidad intrínseca del gobierno monárquico para luego plantear la superioridad del gobierno republicano como alternativa para las nuevas naciones independientes[26]. El republicanismo proponía un régimen de gobierno de los ciudadanos por sí

[23] La historiografía liberal calificó de conservador todo aquello que no era liberal. Barrón, "Republicanismo", 118-37, especialmente la página 120; "La tradición republicana", en *El republicanismo en Hispanoamérica*, eds. Aguilar y Rojas, 244-82, especialmente la página 251.

[24] Fue François-Xavier Guerra quien señaló que si bien la separación de la metrópoli y la revolución política que llevó al establecimiento de repúblicas en Hispanoamérica eran fenómenos que estaban estrechamente relacionados, era necesario distinguirlos para poder hacer su correcta interpretación. A partir de esta distinción destacó la coexistencia de las diferentes corrientes políticas presentes en el mundo hispánico al momento de la revolución: los absolutistas ilustrados, los constitucionalistas históricos y los republicanos, que en su lectura serían más tarde los llamados liberales. François-Xavier Guerra, *Modernidad e independencias: Ensayos sobre las revoluciones hispánicas* (México: Fondo de Cultura Económica, 1993).

[25] Gabriel Entin, "Quelle République Pour La Révolution?", *Nuevo Mundo Mundos Nuevos* (2008).

[26] Sobre el republicanismo en Hispanoamérica, véanse D. A. Brading, *Classical Republicanism and Creole Patriotism Simon Bolivar and the Spanish American Revolution (1783-1830)* (Cambridge: Centre of Latin American Studies, University of Cambridge, 1983); Carolina Guerrero, *Republicanismo y liberalismo en Bolívar, 1819-1830: Usos de Constant por el padre fundador* (Caracas: Universidad Central de Venezuela, Facultad de Ciencias Jurídicas y Políticas, Escuela de Estudios Políticos y Administrativos, 2005); Rafael Rojas, *Las repúblicas de aire: utopía y desencanto en la revolución de Hispanoamérica* (México: Taurus, 2009); Entin, "Quelle République"; Gabriel Negreto, "Repensando el republicanismo liberal en América Latina. Alberdi y la constitución argentina de 1833", en *El republicanismo en Hispanoamérica*, eds. Aguilar y Rojas.

mismos. Se trataba de un sistema fundado en la libertad del cuerpo político antes que en la de los individuos que lo componen, como llegaría a proponer el liberalismo. En efecto, el pensamiento revolucionario de la década de 1810 planteó el derecho a la autonomía del cuerpo político y sus ciudadanos antes que de los derechos de los individuos.

El *Catecismo político-cristiano*, manifiesto antimonárquico que circuló en Santiago en la víspera del cabildo abierto de 1810, muestra cómo operaba la apelación simultánea a más de una tradición política al momento de legitimar el derecho a la autonomía. Los argumentos que sirvieron a su autor para justificar la facultad de los vecinos de Santiago para participar en un cabildo pueden adscribirse, como ha mostrado Walter Hanisch, a varias doctrinas: entre ellas, el pensamiento populista escolástico y el contractualismo histórico español, así como la doctrina jurídica hispánica, además de algunos conceptos desarrollados por los filósofos de la antigüedad y las nociones contractualistas ilustradas[27]. Aunque Hanisch nunca mencionó el republicanismo o las ideas liberales, el *Catecismo* mantenía una postura antimonárquica que lo sitúa en el ámbito del lenguaje republicano[28]. Este se caracterizaba desde el siglo XVI en adelante por concebir la monarquía como la peor forma de gobierno. Aunque sus fuentes eran variadas y bebían tanto de la filosofía e historia clásica como del pensamiento escolástico, sus exponentes proponían que el gobierno libre de los ciudadanos era el que mejor garantizaba su bienestar y evitaba las formas tiránicas o ilegítimas de gobierno. Ello no implicaba necesariamente sostener que la república era la mejor forma de gobierno, pero sí que habitualmente lo era[29].

Así como en muchos escritos la independencia fue legitimada con argumentos antimonárquicos de raigambre republicana, muy temprano en la discusión sobre las formas políticas, el gobierno libre fue identificado con la república[30]. Aunque todavía de contornos imprecisos, este sistema fue entendido como una forma de autogobierno fundamentado en la libertad política de los ciudadanos, que implicaba la ausencia de dominación de todo poder externo —España— o interno. A partir de este consenso, era necesario definir

[27] Walter Hanisch, *El catecismo político-cristiano: Las ideas y la época, 1810* (Santiago: Editorial Andrés Bello, 1970).

[28] Vasco Castillo, por ejemplo, propone que el *Catecismo político-cristiano* debe ser considerado uno de los textos fundacionales del republicanismo en Chile. Vasco Castillo Rojas, *La creación de la república: La filosofía pública en Chile, 1810-1830* (Santiago: Lom, 2009), 74.

[29] Martin van Gelderen y Quentin Skinner, eds., *Republicanism: a Shared European Heritage* (Cambridge: Cambridge University Press, 2002), I, 1-6.

[30] El establecimiento de monarquías fue seriamente considerado entre las alternativas de nuevos regímenes de gobierno en Chile. Irisarri, entre los letrados, pensó que era una opción conveniente. Véase Simon Collier, *Ideas y política de la independencia chilena, 1808-1833* (Santiago: Fondo de Cultura Económica, 2012), 254-59. Sin embargo, está opción tenía serios problemas de legitimidad, como demostró en 1818 la actitud de O'Higgins frente a las acusaciones de haber buscado apoyos en Inglaterra para establecer un gobierno monárquico.

cuál de los sistemas republicanos conocidos era el más apto para la patria. Pues si bien esta aparecía como la única alternativa acorde a los principios del autogobierno, la historia de la Antigüedad parecía demostrar que se trataba de un régimen inestable que cedía fácilmente al despotismo y la lucha facciosa. Es por ello que, una vez decididos por la república, uno de los principales debates giró en torno a cómo sostener una libertad que parecía amenazada no sólo por las fuerzas realistas, sino también por el surgimiento de distintas facciones entre los criollos y su recurso retórico a la soberanía popular, es decir, por las pasiones de la multitud y de los individuos. Para contrarrestar la tendencia del gobierno republicano a la tiranía y a la anarquía, el republicanismo identificó al buen hombre con el buen ciudadano, politizando la virtud y haciéndola dependiente de la calidad ético-política de todos los miembros de la comunidad política[31]. En concreto, la virtud de los ciudadanos y un correcto orden institucional podían poner freno a estas amenazas y dar una mayor estabilidad al sistema político. Como ha notado correctamente Ana María Stuven, ya desde los primeros años de vida independiente, la necesidad de estabilidad y orden de la república fue un consenso entre las diversas propuestas políticas[32].

En este sentido, los distintos proyectos de constitución, constituciones efectivamente promulgadas, reglamentos y escritos de reflexión política redactados entre 1812 y 1828 pueden ser interpretados como ensayos para dar con el orden institucional que permitiría coordinar los principios de libertad y soberanía popular con el respeto a las autoridades y las leyes que darían seguridad a la república. Hasta la década de 1820, los escritos públicos parecen coincidir en que el camino a la república moderna debía ser el del gobierno mixto, creado por los hombres para corregir los defectos y conservar las ventajas de los gobiernos simples. De acuerdo a las ideas republicanas, esta forma de gobierno era la única capaz de garantizar la libertad de los ciudadanos, al tiempo que alcanzaba estabilidad bajo la conducción de una aristocracia cívica y virtuosa. La libertad debía tener una expresión sin desórdenes, moderada y bien constituida[33].

Estos papeles fueron formulados por el grupo de hombres de letras que participó de la discusión pública en el período que va desde los últimos años del Gobierno español hasta mediados de la década de 1820. Se trataba de un conjunto de hombres educados a fines de la Colonia y que hasta la crisis del Imperio español se desempeñaba en las instituciones culturales y académicas de la monarquía, fundamentalmente la academia y la administración

[31] Pocock, *The Machiavellian Moment*, 157.

[32] Ana María Stuven y Gabriel Cid, "Orden-Chile", en *Diccionario político y social del mundo iberoamericano. Iberconceptos II*, ed. Carole Leal Curiel (Madrid: Centro de Estudios Políticos y Constitucionales, Universidad del País Vasco, 2014), 117.

[33] Camilo Henríquez, "Traducción de la Memoria de Carnot a Luis XVI", citado por Miguel Luis Amunátegui, *Camilo Henriquez* (Santiago: Imprenta Nacional, 1889), I, 292.

indiana. Con la formación de juntas de gobierno, la situación de este grupo experimentó una transformación profunda. Algunos de ellos abandonaron su rol de funcionarios y pasaron a cumplir un rol más o menos definido en el proceso revolucionario, la de ser los ideólogos, publicistas y autoridades de los nuevos gobiernos. El monopolio de la palabra escrita e impresa fue, a lo largo del período, el sustrato imprescindible de su pretensión a ejercer un magisterio sobre la sociedad. Sus opciones ideológicas fueron variables y complejas y su preferencia por los diversos sistemas doctrinarios estaba marcada por el pragmatismo y la labilidad teórica que se observa en su eclecticismo conceptual y en la ambivalencia discursiva en función de su relación concreta con la cambiante realidad política y con la interpretación que ellos mismos otorgaban a la situación[34].

Aun cuando el republicanismo entendió la libertad como participación política, esto no implicaba proponer una democracia o gobierno directo del pueblo. En este sentido, el pensamiento republicano chileno se caracterizó, como el francés, el británico y el angloamericano, por su oposición a los gobiernos populares. Desde los primeros años de reflexión pública la democracia fue considerada, entre las alternativas republicanas, el peor tipo de gobierno. La asociación entre república, democracia y gobierno representativo no se consagraría sino a mediados del siglo XIX, mucho después de que se afirmara el principio de soberanía popular[35]. Así, por ejemplo, en el artículo "De las diversas formas de gobierno", Camilo Henríquez rechazó la democracia pura, entendida como el sistema en que el pueblo cumplía un rol ejecutivo y legislativo. Para el fraile, las formas simples de gobierno eran las peores porque en ellas imperaba una voluntad sin contrapesos. La democracia inevitablemente tendía al "tumulto de las asambleas", al "imperio de los entusiastas y de los fanáticos sobre la ciega muchedumbre". En consecuencia, Henríquez planteaba que Chile no debía seguir el modelo de los antiguos, sino el de los gobiernos mixtos de Inglaterra y Estados Unidos[36].

Otros, como Juan Egaña y Bernardo de Vera y Pintado, tomaron el paradigma romano para explicar las ventajas de los gobiernos mixtos. Así, las "Ilustraciones" del *Proyecto de Constitución para el Estado de Chile* de 1811, redactadas por Juan Egaña, seguían a Aristóteles al afirmar que el régimen

[34] Annick Lempérière, "Los hombres de letras hispanoamericanos y el proceso de secularización (1800-1850)", en *Historia de los intelectuales en América Latina. La ciudad letrada, de la Conquista al modernismo*, dir. Carlos Altamirano, ed. Jorge Myers (Buenos Aires-Madrid: Katz, 2008), I, 242-266; Jorge Myers, "El letrado patriota: los hombres de letras hispanoamericanos en la encrucijada del colapso del Imperio español en América", en *Historia de los intelectuales*, dir. Altamirano, ed. Myers, 121-144; Jorge Myers, *Orden y virtud. El discurso republicano en el régimen rosista* (Buenos Aires: Universidad Nacional de Quilmes, 1995).

[35] Pierre Rosanvallon, "The History of the Word 'Democracy' in France", *Journal of Democracy* 6, 4 (1995); R. R. Palmer, "Notes on the Use of the Word 'Democracy' 1789-1799", *Political Science Quarterly* 68, 2 (1953): 203-26.

[36] Henríquez, "De las diversas formas de gobierno".

que más convenía a la existencia libre era la república mixta, que combinaba los principios de la aristocracia y la democracia[37]. Muchos de los artículos y principios de esta Carta fueron mantenidos y profundizados en la Constitución de 1823, cuyos preceptos se inscribían en las ideas republicanas acerca de la soberanía del pueblo, la libertad, el balance de los poderes del Estado y, sobre todo, la virtud como principio de actividad de los ciudadanos y sostén de la república. Se trataba, por un lado, de idear un orden institucional capaz de formar al ciudadano virtuoso y, por otro, de evitar el excesivo influjo tanto de los líderes individuales como de la muchedumbre. Además, una de sus preocupaciones fundamentales era cuidar las bases morales y sociales de la nación: la religión y la opinión. Para ello, la Constitución de Egaña procuraba que las instituciones, los cargos gubernamentales e incluso la conducta de los ciudadanos tuvieran su principio de actividad en la emulación de la virtud, haciendo los derechos políticos dependientes de los servicios a la patria. La esencia de su diseño constitucional descansaba en la idea de transformar las leyes en costumbre[38].

A partir de las reacciones que provocó la Constitución de Juan Egaña podemos comenzar a distinguir, en la década de 1820, la aparición de un lenguaje que llegó a ser propiamente liberal, aunque mantuvo raíces bien arraigadas en el republicanismo. Pues si bien es cierto que en términos generales era difícil distinguir entre los planteamientos republicanos y liberales, sus posturas respecto a la tolerancia religiosa y la libertad de prensa los distanciaban con nitidez[39]. En este sentido, las posiciones en relación a la unidad religiosa y la libertad de prensa de 1823 constituyeron respuestas opuestas al problema del fundamento de la libertad republicana y su estabilidad en el tiempo. Para Juan Egaña, la unidad religiosa y la vigilancia de la prensa eran necesarias para mantener la unión sociopolítica que sostenía la comunidad de hombres que constituían la república. El jurista peruano creía que el fundamento más sólido de la tranquilidad y felicidad de los pueblos no eran las leyes, sino las instituciones que hacían virtuoso al ciudadano, es decir, la educación, las costumbres y la religión. "Esta es la decisión unánime de los legisladores, de los filósofos, de todos los griegos y quizás de todas las naciones"[40]. Para los liberales de esos años, en cambio, la tolerancia religiosa y de opiniones eran una herramienta y una manera de vida que permitían

[37] Juan Egaña, *Proyecto de una constitución para el estado de Chile: que por disposición del alto Congreso escribió el Senador D. Juan Egaña en al año de 1811 y que hoy manda publicar el Supremo Gobierno: le precede el proyecto de declaración de los derechos del pueblo de Chile, modificado según el dictámen consultado por orden del mismo Gobierno* (Santiago: Imprenta del Gobierno, D. J. C. Gallardo, 1813), ilustraciones III y XV.

[38] "Examen Instructivo", en *Colección de algunos escritos políticos, morales, poéticos y filosóficos del Dr. Dn. Juan de Egaña* (Burdeos: Imprenta de Vda Laplace y Beaume, 1836).

[39] Jose Antonio Aguilar, "Dos conceptos de república", en *El republicanismo en Hispanoamérica*, eds. Aguilar y Rojas.

[40] Juan Egaña, *Proyecto de una constitución*, ilustración IX.

atenuar los conflictos que, de otra manera, podían llevar al enfrentamiento civil. Así, aunque el liberal español José Blanco White había valorado la Constitución de 1823 por sus principios republicanos, condenó las disposiciones que consagraban la intolerancia religiosa y el control de la prensa, así como su aspiración de revivir las instituciones de la Antigüedad sin considerar la diferencia insalvable entre las repúblicas modernas y los gobiernos griegos y romanos[41].

Hacía 1820, los liberales coincidían en que el pilar de libertad no radicaba, en primer lugar, en la virtud, sino en la ley y en el resguardo de la tolerancia cívica a través de la libertad religiosa y de prensa. Entendieron la autonomía en cuestiones de fe no sólo como un derecho, sino como una salvaguarda contra los conflictos que la diversidad de creencias podía generar. La prensa libre, por su parte, permitía preservar la libertad de los ciudadanos de la potencial interferencia de poderes arbitrarios y controlaba las acciones de la autoridad. Si bien en las discusiones constitucionales de 1827-28 los liberales abogaron por restringir la libertad de imprenta, existía entre ellos un consenso respecto de que la prensa debía ser liberada progresivamente, pues era el más efectivo resguardo para la libertad republicana[42].

En la década de 1820, hubo otras discusiones que permiten observar la distancia que comenzó a producirse en el campo republicano entre quienes se apegaban a la concepción clásica de la república y quienes apostaban por la profundización de ciertos principios que la acercaban a la concepción moderna o liberal de este sistema de gobierno. Entre ellas cabe destacar el debate entre federalismo y unitarismo, las propuestas respecto a la legislatura y la representación nacional, la cuestión en torno a la supresión de la Legión del Mérito y la controversia que produjeron las diversas iniciativas para anular los mayorazgos. Habitualmente, estas disputas han sido leídas en clave liberal-conservadora. De acuerdo a esta interpretación, los pipiolos (liberales) se habrían distinguido por intentar implementar efectivamente los principios de igualdad y democracia, mientras que los pelucones (conservadores) habrían buscado mantener el *statu quo* previo a la independencia, procurando controlar el sistema político y mantener el orden social colonial.

Si bien en estos debates comenzaban a configurarse con mayor nitidez las diferencias que distinguieron a conservadores y liberales en la década siguiente, es posible analizar sus discrepancias a partir de la raíz republicana de ambas corrientes y de la emergencia y consolidación de un lenguaje propiamente liberal, debido a que lo que estaba en cuestión no era el sistema político, sino los principios que debían sostenerlo, el ritmo de su implementación

[41] Joseph Blanco White, *Observaciones sobre varios periódicos y otros impresos hispano-americanos: y en particular sobre la Constitución Política de Chile de 1823: Copiado del Núm. 6 del Mensagero de Londres* (Santiago: Imprenta de la Biblioteca, 1825).

[42] Juan Luis Ossa Santa Cruz, "No One's Monopoly: Chilean Liberalism in the Post-Independent period, 1823-1830", *Bulletin of Latin American Research* (abril de 2016).

y la institucionalidad que lo consagraba. La pregunta sobre la participación electoral remitía al equilibrio republicano entre los derechos políticos de los ciudadanos y la necesidad de garantizar la estabilidad del Estado. Por otra parte, la defensa republicana que Juan Egaña hizo de los mayorazgos negaba que estos mantuvieran privilegios que transgredieran el principio de igualdad republicana y afirmaba, en cambio, que su abolición violentaría el derecho de propiedad, cuya seguridad estaba en la génesis del sistema republicano[43].

La Constitución promulgada en 1828, cuya redacción fue encargada al español José Joaquín de Mora, con su Congreso bicameral y énfasis en las libertades y derechos de los individuos, se inscribía en un paradigma de raigambre claramente liberal. Para los pipiolos, los sistemas políticos de la Antigüedad que habían inspirado a Juan Egaña y a los hombres de la revolución no respondían ya a las circunstancias chilenas. No era suficiente crear instituciones que permitieran adaptar los principios republicanos clásicos de libertad, autogobierno y virtud a las circunstancias modernas[44]. La creación de nuevos Estados en Hispanoamérica había dado lugar a nuevas realidades políticas, económicas y sociales. La suma de estas circunstancias había afirmado nuevos principios y maneras de entender la libertad. El acento estaba ahora en la seguridad de los derechos políticos y civiles de los individuos en el marco de la ley.

En la primera etapa de vida republicana hubo un objetivo político común entre la élite dirigente: conseguir primero la autonomía y luego la independencia política. En ese contexto, el republicanismo se instaló como la ideología más idónea para legitimar la demanda de autonomía y, más tarde, de libertad política. Su concepción de dicho principio como no dominación resultaba un discurso conveniente para naciones que legitimaron su separación política de la metrópoli. Con diversos matices, estas ideas fueron acogidas por quienes postulaban la necesidad de establecer repúblicas independientes y permitió la convivencia en un proyecto común de programas de corte tradicionalista, como la constitución moralista de Egaña, cuyo ciudadano virtuoso constituía una aristocracia republicana, con programas de orientación liberal que a las libertades políticas sumaban las civiles y buscaban construir una nueva sociedad de individuos libres e iguales. Hacia 1830, las ideas de corte republicano, que confiaban en la virtud como garante del orden antes que en la ley, fueron desplazadas por el liberalismo constitucional, que se impuso como el marco común en el que se darán los debates entre liberales y conservadores.

[43] Juan Egaña, *Memoria sobre los mayorazgos de Chile: dedicada al pueblo por algunos sucesores inmediatos* (Santiago: Imprenta de R. Rengifo, 1828).

[44] Esta es la tesis de José Antonio Aguilar. Véase Aguilar, "Dos conceptos de república", 65-66.

2. ORDEN, LIBERTAD Y PROGRESO: EN BÚSQUEDA DEL EQUILIBRIO REPUBLICANO (1830-1856)

Podría afirmarse que después de un período de manifiesto republicanismo centrado en la discusión sobre la forma de gobierno que consolidaría la libertad y, al mismo tiempo, garantizaría la estabilidad de la república, los hombres públicos alcanzaron una suerte de consenso en torno a la república representativa. Ello implicaba establecer un orden en que las leyes fueran garantes de la estabilidad del Estado y la seguridad de los individuos. Más allá de la guerra civil que limitó la discusión política, la Constitución de 1833 consagró un régimen republicano de carácter liberal que garantizaba una serie de derechos civiles —igualdad ante la ley, libertad de movimiento, libertad de trabajo, inviolabilidad de la propiedad privada, libertad de imprenta sin censura previa, entre otras— en un marco de orden, participación política limitada o censitaria, Poder Ejecutivo fuerte y un Parlamento más o menos débil.

En *Bases de la reforma*, texto fundante del que llegaría a ser el Partido Liberal, José Victorino Lastarria describió el sistema político chileno como una democracia representativa que no implicaba democracia absoluta. En 1850, Lastarria y Federico Errázuriz consideraban la democracia absoluta como un sistema indeseable pues no significaba otra cosa que el imperio de la anarquía[45]. Del mismo modo, en este período, el principio de igualdad fue entendido por el republicanismo y el liberalismo chileno esencialmente como igualdad ante la ley, pero no como igualdad política o democracia efectiva. Como ha explicado H. S. Jones, para los liberales, el voto no era un derecho, sino una capacidad determinada por la autonomía del individuo y el interés que demostraba por la sociedad[46]. Así lo entendía Lastarria, quien aceptaba la universalidad del sufragio siempre y cuando esta estuviese circunscrita a "los hombres que son capaces de ejercer sus derechos políticos". "Conceder el derecho a sufragio a todos los habitantes sin distinción" era "lo mismo que condenarnos a sufrir la burla cruel que hasta ahora se ha hecho del derecho electoral con descrédito de la forma republicana y con peligro de su porvenir en la América española"[47]. La posición de Lastarria refleja que la cuestión de la inestabilidad de la república continuó siendo una preocupación central para conservadores y liberales en esta etapa. Además del consenso básico respecto a la forma de gobierno republicana y representativa,

[45] Lastarria y Errázuriz, *Bases de la reforma*.

[46] Jones, "Las variedades del liberalismo".

[47] Lastarria y Errázuriz, *Bases de la reforma*, 12. Bernardo Subercaseaux subraya la influencia de Benjamin Constant en el rechazo a la democracia de Lastarria. Bernardo Subercaseaux, *Sociedad y cultura liberal en el siglo XIX. Vol. 1: Historia de las ideas y de la cultura en Chile* (Santiago: Aconcagua, 1981).

que ha sido descrita por Simon Collier y Enrique Brahms, conservadores y liberales manifestaron una preocupación compartida respecto al potencial de desorden y anarquía que parecía inherente a esta forma de gobierno[48]. Con todo, sus respuestas a este problema fueron diferentes.

Para los conservadores, la solución a la inseguridad asociada a los gobiernos republicanos fue el orden y el respeto a la autoridad. El discurso que dio José Joaquín Prieto al término de su mandato expone bien el conflicto entre libertad y tranquilidad republicana y la solución conservadora. De acuerdo al presidente, la Constitución de 1833 había equilibrado la excesiva protección de las libertades privadas que garantizaba la de 1828. Las facultades extraordinarias del Ejecutivo eran una herramienta que permitía al Gobierno prevenir las contingencias (i.e., desórdenes internos y peligros externos a los que se veían enfrentados los nuevos Estados). Las circunstancias excepcionales que comportaba formar una república requerían de "remedios extraordinarios" que dieran autoridad al Gobierno para garantizar el orden público y administrar el Estado. Con ese propósito, los legisladores de 1833 habían buscado la "armonía" de las leyes fundamentales[49]. Las atribuciones especiales —la prerrogativa para declarar el estado de sitio y suspender la Constitución en caso de conmoción interna—, así como la limitación de la libertad de imprenta, eran medidas que además de ser una efectiva herramienta para mantener a raya a la oposición, traducían en el plano constitucional la preeminencia que tenían para los conservadores los principios de orden, autoridad y estabilidad. Ello implicaba privilegiar la seguridad del Estado por sobre la libertad individual. El énfasis en la necesidad de mantener el orden en la república no era nuevo, sino una actualización de la reflexión republicana respecto a la fragilidad del gobierno libre, inquietud que fue reforzada entre los conservadores por la inseguridad política que había caracterizado la década de 1820. Este conservadurismo republicano no se oponía a la libertad sino que, al menos en teoría, buscaba el modo de armonizar ambos principios.

Con las banderas del orden y la autoridad, el programa de hombres como Diego Portales y Mariano Egaña apuntaba no tanto a preservar la situación social existente, al menos en el nivel de las ideas, sino más bien a encauzar su transformación de manera lenta, paulatina y organizada. Ello se refleja, por ejemplo, en la disposición transitoria de la Constitución que aplazaba hasta 1840 las exigencias de saber leer y escribir requeridas como condición para ejercer la ciudadanía activa. En este sentido, el conservadurismo

[48] Respecto al consenso republicano en torno a los principios de orden y progreso, que será analizado en páginas siguientes, véanse Collier, *Chile, la construcción de una república*; Enrique I. Brahm García, "La discusión en torno al régimen de gobierno en Chile (1840-1865)", *Revista de Estudios Jurídicos* XV (1992-1993).

[49] José Joaquín Prieto, "Exposición a la nación chilena", en *Pensamiento conservador*, eds. Romero y Romero, 169-80.

chileno no se caracterizó en esa etapa por su apego y valoración del pasado colonial, sino por su defensa de su propia obra: la Constitución de 1833. Aun cuando ya desde la década de 1820 los liberales acusaban a sus adversarios de ser los baluartes de la tradición hispánica, especialmente por su defensa de la institución de los mayorazgos, lo cierto es que hacia mediados de siglo su conservadurismo no se identificaba con la apología del régimen colonial, sino con su negativa a reformar la Constitución de 1833. El hecho de que los llamados gobiernos conservadores, por ejemplo, hayan impulsado la inmigración extranjera con la esperanza de que los nuevos habitantes se amalgamasen con el pueblo para promover su industria y moralidad es buena prueba, en realidad, de que no sólo no temían al cambio social, sino que en cierta medida lo promovían[50]. Se trataba, por lo tanto, de un conservadurismo republicano que propugnaba un sistema en que el equilibrio estaba del lado del orden antes que de la libertad, del respeto de la autoridad de los magistrados antes que de la promoción de la participación popular y la libertad. Desde esta perspectiva, tiene claras raíces ilustradas y republicanas, antes que liberales y positivistas, pues es anterior a la definición de la doctrina liberal y a la relevancia que llegó a tener el positivismo en Chile[51]. La identificación del pensamiento conservador con la reivindicación del pasado colonial responde en realidad a la caricatura que los liberales, especialmente Lastarria y Francisco Bilbao, hicieron de ellos. En realidad, fueron estos últimos quienes condicionaron la posesión de la verdadera libertad a la destrucción de los elementos coloniales que pervivían en la sociedad chilena:

> "Un pensamiento ha dirigido su composición, el de combatir los elementos viejos de nuestra civilización del siglo XVI, para abrir campo a los de la regeneración social y política que debe conducirnos al gran fin de la revolución Americana: la emancipación del espíritu, y con ella la posesión completa de la libertad, es decir, del derecho"[52].

Frente a la primacía del orden, protegida por las disposiciones autoritarias que patrocinaban los conservadores, hacia mediados de siglo se articuló un pensamiento liberal de carácter antiautoritario y reformista. José Victorino Lastarria y Federico Errázuriz, ideólogos del Partido Liberal, plantearon que las transgresiones a la libertad republicana permitidas por la Constitución de 1833 podían haber sido aceptables al momento de su redacción, cuando el país venía saliendo de un período revolucionario, pero a casi

[50] Enrique I. Brahm García, "La discusión en torno al régimen de gobierno en Chile entre 1865 y 1971", *Revista Chilena de Historia del Derecho* 18 (1999).

[51] Sobre la importancia del positivismo y su relación con los pensadores radicales, véase el capítulo de Iván Jaksić en este mismo tomo.

[52] José Victorino Lastarria, *Miscelánea histórica i literaria* (Valparaíso: Imprenta de "La Patria", 1868), v.

20 años de aquello, el autoritarismo, legitimado por el principio del orden, no sólo había dejado de ser aceptable, sino que resultaba contraproducente para mantener la paz de la república. Las crecientes demandas de libertad y democracia de los ciudadanos sólo podían ser satisfechas por la reforma de la Constitución. "Las reformas son las únicas que impiden revoluciones", declararon Lastarria y Errázuriz[53]. Esta apuesta por transformaciones realizadas por la vía legal y parlamentaria fue la solución del liberalismo chileno a la cuestión de la estabilidad republicana. Hasta mediados de siglo existió, por lo tanto, un acuerdo respecto a la necesidad de orden para la seguridad de la república y, correlativamente, un rechazo a los cambios de carácter revolucionario. El punto de divergencia era la manera de evitar los desordenes políticos. Mientras que los conservadores autoritarios afirmaban la necesidad de mantener los poderes extraordinarios del Ejecutivo y la centralización del gobierno, los conservadores moderados y liberales progresistas defendían la exigencia de reformar la Constitución en un proceso de paulatina liberalización que aparecía como inevitable en el marco de una Carta republicana. La revolución de 1851 pareció dar la razón a los liberales. Las reformas, sin embargo, tardarían todavía un par de décadas en concretarse.

Otro de los principios en que coincidían liberales y conservadores en el fondo, pero no en el modo de realizarse, fue la necesidad de impulsar el progreso material y moral de la república. La raíz ilustrada de ambas doctrinas consideraba el adelanto y el cambio como una realidad inmanente a todas las sociedades. Por consiguiente, los gobiernos conservadores, como más tarde los liberales, hicieron de este objetivo uno de los principales fines del gobierno republicano[54]. Con todo, fueron sus fundamentos, medios y ritmos los que separaron con meridiana claridad el pensamiento conservador del liberal.

Los conservadores apostaron por un progreso económico, social y político que no prescindía del pasado colonial, sino que hacía de él la base de todo desarrollo futuro, valorando especialmente la religión católica como sostén del orden social y político. No negaban los cambios ni el perfeccionamiento social, político y económico, sino que creían que debían ser el resultado de la evolución espontánea de una sociedad orientada por la buena conducción del Gobierno. Desde esta perspectiva, las "instituciones liberales" y las "luces", de la mano del "carácter nacional", debían fundamentar los progresos de la nación[55]. En esta línea, la Constitución de 1833 había sido

[53] Lastarria, *Miscelánea*. Iván Jaksić y Sol Serrano han destacado el carácter reformista del liberalismo chileno como una de sus particularidades distintivas respecto a otras experiencias liberales en Hispanoamérica. Iván Jaksić y Sol Serrano, "La ruta del liberalismo chileno en el siglo XIX", en *Liberalismo y poder*, eds. Jaksić y Posada Carbó.

[54] Véase Collier, *Chile, la construcción de una república*; Ana María Stuven, *La seducción de un orden: las elites y la construcción de Chile en las polémicas culturales y políticas del siglo XIX* (Santiago: Ediciones Universidad Católica, 2000).

[55] Collier, *Ideas y política*, 35-36.

diseñada para evitar las revoluciones, no el progreso. Pero todo cambio debía provenir de las demandas del cuerpo social y el "desenvolvimiento progresivo de su vida interior"[56].

La centralidad que adquirió la idea de progreso para un sector del conservadurismo permite hacer una distinción entre dos corrientes republicanas conservadoras. Una de corte tradicionalista, primero autoritaria y luego clerical, que en nombre del orden y la estabilidad defendió las prerrogativas de la autoridad encarnadas en un Ejecutivo fuerte, la unión del Estado y la Iglesia, afirmando el papel de esta última como soporte moral de la nación y fundamento social. De ella se separó un conservadurismo progresista, que ha sido bien descrito por Enrique Brahms, caracterizado por su cercanía con el liberalismo moderado, precisamente por su creencia en la idea de progreso, pero también en el régimen representativo, la separación de poderes y su desconfianza ante el autoritarismo del Ejecutivo. Esta línea, que podría ser considerada como un liberalismo moderado, eventualmente se distanció de este último en vista de su convicción en que el adelanto de la nación debía ser una evolución natural a partir de las bases históricas del país y no podía ser forzado por el camino revolucionario. Representantes de esta línea fueron hombres como Antonio García Reyes o Ramón Sotomayor Valdés, cuyas trayectorias ideológicas han sido descritas en detalle por Brahms. Estos políticos se separaron del tronco pelucón y portaliano, acercándose hacia mediados de siglo al liberalismo moderado y progresista que daría origen a la Fusión Liberal-Conservadora, para terminar identificándose con un conservadurismo tradicionalista que adquirió fuerza en el período siguiente a raíz de la disputa por las leyes laicas y el carácter católico de la república[57]. A pesar de tener una raíz ilustrada que se reflejaba en su valoración del progreso, su rechazo a las teorías y abstracciones que se asociaban con la creencia liberal en ese mismo progreso fue una de sus características prominentes. Así, el *Manifiesto del Partido Conservador* de 1851 declaraba que "el Partido Conservador no necesita de programas que den a conocer su espíritu"[58]. Al respecto, acusaban a los liberales de orientar su programa progresista a partir de teorías abstractas que nada tenían que ver con la realidad concreta de la sociedad chilena.

Los liberales, por su parte, postularon que el perfeccionamiento de la república estaba condicionado a la extirpación de todo lo español, incluyendo la religión y las costumbres. Se trataba de un liberalismo inspirado en

[56] Brahm García, "La discusión", 10.

[57] "La crisis del conservatismo chileno en la segunda mitad del siglo XIX. Política, Gobierno y régimen de gobierno en el itinerario intelectual de don Ramón Sotomayor Valdes", *Revista Chilena de Derecho* 19, 1 (1992); "Las ideas políticas de un conservador chileno. Antonio García Reyes (1817-1855)", *Revista de Estudios Histórico-Jurídicos* 14 (1991).

[58] Partido Conservador, "Manifiesto del Partido Conservador", en *Pensamiento conservador*, eds. Romero y Romero, 187.

las ideas de la Ilustración y del Romanticismo francés. Dentro del pensamiento liberal, sin embargo, hubo dos vertientes que se distinguieron en torno a la manera y los ritmos que se debían imprimir a los cambios que conducirían a la emancipación de los individuos y la sociedad. Hombres como José Victorino Lastarria y Federico Errázuriz, a los que podría calificarse de moderados o doctrinarios, pensaban que estas transformaciones debían hacerse vía reformas, mientras que radicales o más cercanos a un incipiente socialismo, como Francisco Bilbao y Santiago Arcos, quien se había formado en Francia al alero de las ideas de Proudhon y Saint-Simon, postulaban la revolución como el mejor, sino el único, camino para una verdadera erradicación de las costumbres y creencias atávicas de una sociedad corrupta política y socialmente por su pasado español[59]. Si para los conservadores la libertad y el progreso eran asegurados por la continuidad entre el pasado y el futuro, para los liberales estas dependían de la ruptura, ya lenta, ya revolucionaria, con un pasado de esclavitud, para permitir la emergencia del verdadero carácter nacional que llevaría a la patria a la realización de su potencial de progreso. Al respecto, decía Bilbao:

> "En donde hay violación de alguna ley natural, allí existe el germen de la revolución. Restablecer el curso progresivo del humano desarrollo, detenido, contrariado o mutilado por la fuerza, por el error o por el engaño y aun por el consentimiento de pueblos embrutecidos o degradados, tal es el fin de todo movimiento revolucionario que debe consignarse como victoria del derecho"[60].

Bilbao y Lastarria coincidían en considerar el antiguo dominio español como un fenómeno que había atentado contra las leyes históricas, que tenían la misma fuerza que las de la naturaleza, las que dictaban el progreso hacia la instauración de la democracia republicana[61]. En *Sociabilidad chilena*, sin embargo, Bilbao se distanció del liberalismo moderado, exigiendo igualdad además de libertad. Con todo y como ha destacado Rafael Rojas, no fue su vertiente igualitarista, que también tenía raíces en el republicanismo, sino sus llamados a la revolución, lo que sitúa el pensamiento de Bilbao aparte del liberalismo y el republicanismo de Lastarria y de la mayoría de su generación[62].

[59] Stuven, *La seducción de un orden*.

[60] Francisco Bilbao, *El evangelio americano* (Buenos Aires: Imprenta de la Sociedad Tipográfica Bonaerense, 1864). El texto clásico de Bilbao que exalta el valor regenerador de la revolución es *Sociabilidad chilena*.

[61] Respecto a la idea de progreso como ley histórica en el pensamiento de Lastarria, véase Bernardo Subercaseaux, *Historia de las ideas y de la cultura en Chile* (Santiago: Editorial Universitaria, 1997), IV. Sobre el juicio de Lastarria a la influencia del pasado colonial, véanse, entre otros, José Victorino Lastarria, *Discurso de incorporación a la Sociedad Literaria de Santiago* (Santiago: La Sociedad, 1849); *Investigaciones sobre la influencia social de la Conquista y del sistema colonial de los españoles en Chile* (Santiago: Imprenta del Siglo, 1844).

[62] Rafael Rojas, "El despotismo del pasado", en *Los derechos del alma. Ensayo sobre la querella liberal-conservadora en Hispanoamérica (1830-1870)* (México: Taurus, CIDE, 2014).

3. Razón, religión y libertad (1856-1891)

La "cuestión del sacristán" (1856), episodio que enfrentó al Estado chileno con el Vaticano y las autoridades eclesiásticas nacionales, además de marcar un hito en las relaciones entre la Iglesia y el Estado, terminó por reconfigurar el panorama político chileno[63]. A raíz de esta disputa, el Partido Conservador se dividió entre nacionales y conservadores. Su escisión puede entenderse como la manifestación de las dos tendencias antes descritas dentro del conservadurismo chileno. Una corresponde, como ya se ha señalado, a su vertiente autoritaria y estatista, expresada en el ideal del orden, y fue la que dio vida al Partido Nacional, que emergió a partir de este episodio. Liderados por el presidente Manuel Montt y su ministro Antonio Varas, los nacionales defendieron la autoridad y prerrogativas del Estado respecto a las excepciones y autonomía que reclamaba la Iglesia. Quienes se quedaron en el Partido Conservador, desde ahora defensor de las libertades eclesiásticas, dieron voz a las tendencias más tradicionalistas del conservadurismo, que consideraban la catolicidad como la raíz espiritual de la república. Fue aquí donde ocurrieron los desarrollos más paradójicos del conservadurismo, pues al mismo tiempo que afirmaba su compromiso con el pensamiento católico, adoptaba banderas y estrategias de lucha liberales para proteger los derechos de la institucionalidad religiosa y la exclusividad del catolicismo como base moral de la sociedad. De este modo, la libertad de asociación, la realización del sufragio universal, la defensa de la libertad de enseñanza, entre otros, se transformaron en sus principales banderas de lucha. El Partido Conservador alojó, además, a los conservadores moderados, cercanos a los liberales doctrinarios. Fue en parte esta cercanía la que propició la formación de la Fusión Liberal-Conservadora, pues unos y otros, y por distintas razones, consideraban necesario limitar las potestades del Ejecutivo, la separación de poderes y la defensa de las libertades civiles y políticas. Este consenso fue consagrado por la formación de la Fusión Liberal-Conservadora, que llevó adelante las modificaciones a la Constitución que los liberales habían reclamado por décadas. De este modo, las reformas aprobadas entre 1873 y 1874 vinieron a desarticular las bases del orden conservador autoritario[64].

Los fundamentos de este pacto probaron ser frágiles, pues después de 1860 los liberales, especialmente en su vertiente radical, extremaron sus posturas respecto a la laicización del Estado. Si los autores de las *Bases de la reforma* (1850) habían afirmado que la Constitución debía proteger la religión del Estado y que su deber era ocuparse de la enseñanza religiosa del

[63] A este respecto, véase el capítulo de Lisa Edwards en este mismo tomo.

[64] Sobre la estrategia de la Iglesia para defender sus derechos como miembro de la sociedad civil, véase Serrano, *¿Qué hacer con dios en la república?*

pueblo, los liberales de 1865 solicitaron a la Cámara de Diputados la supresión del artículo 5° de la Constitución, que consagraba el catolicismo como religión oficial del Estado chileno. Durante la década de 1870, apostaron por la secularización del Estado y la laicización de la enseñanza, que debía quedar exclusivamente bajo la tutela del Estado[65]. De modo que mientras la estrategia de los conservadores para asegurar la independencia de la Iglesia fue defender sus derechos como una institución dentro de la sociedad civil, los liberales se acercaron a la corriente estatista y centralista del liberalismo, al tiempo que los más radicales afirmaron la necesidad de hacer del Estado un espacio secular. La libertad de enseñanza haría saltar los fusibles de esa coalición, con los liberales empeñados en mantener el control del Estado sobre la educación y los conservadores demandando el derecho de la Iglesia a controlar sus propios colegios. Fue así como hacia 1870 el pensamiento conservador se reorientó hacia el problema de las libertades y derechos de la Iglesia. En este proceso, el partido y sus ideólogos se transformaron en el brazo político del catolicismo romano, lo que implicaba que los principios de "orden y autoridad" que habían marcado sus ideas hasta la década de 1860 fueran relegados por los de "libertad". Los conservadores eran conscientes del cambio de orientación ideológica que entrañaba este tránsito, el que se concretó con la aparición de los "conservadores clericales", como los llamaría Mario Góngora[66].

El liberalismo de los conservadores y el autoritarismo de los liberales tenían fundamentos en diversas corrientes del republicanismo. Para los primeros, el régimen republicano tenía su origen en el orden divino. Por consiguiente, resultaba vital preservar el fundamento espiritual que hacía posible la república. Los liberales, en cambio, sostenían que el origen del orden político estaba en un contrato voluntario entre seres racionales. Para ellos, la libertad e independencia filosófica de los ciudadanos se fundamentaba en la teoría de los derechos naturales. Conformemente, los liberales en el poder hicieron una justificación ideológica de su autoritarismo estatista basada en el rol que cabía al Estado no sólo en la protección de las libertades, sino en la promoción de las facultades que habilitaban una vida en verdad libre. Este argumento le permitía a Valentín Letelier distinguir entre el autoritarismo de los conservadores y el de los liberales:

> "Nosotros juzgamos igualmente indispensables uno y otro principio [libertad y autoridad], y nos empeñamos a la vez en fortificar los derechos individuales con el auxilio de la autoridad y en moderar a los gobiernos con el freno de la libertad. Por eso podemos engreírnos, a diferencia de nuestros adversarios, de ser a la vez

65 Góngora, "El Estado nacional", 18.

66 Brahm García, "La discusión".

un partido de orden, del cual nada tiene que temer la autoridad, y un partido de progreso, del cual nada tiene que temer la libertad"[67].

Es así como los liberales buscaron, además de eliminar las prerrogativas de la Iglesia que atentaban contra el principio de igualdad republicana, limitar sus esferas de influencia en la educación y la política, oponiéndose a la libertad de enseñanza, controlando el derecho de asociación y estableciendo, en definitiva, un férreo centralismo y control estatal. Pero fue su propuesta de eliminar el artículo 5° de la Constitución la que mostraba su divergencia de fondo con los conservadores.

En concreto, en esta etapa, los conservadores compatibilizaron en su defensa de los derechos de la Iglesia y de los católicos, argumentos de raigambre liberal con los que podríamos calificar como republicano-católicos. Estos últimos situaban el fundamento del orden político y social, así como el de la libertad, en la religión y no en el individuo. Desde esta perspectiva, el catolicismo no era el enemigo de la libertad, como planteaban los liberales, sino su germen original, pues la primera libertad era la de conciencia. En 1887, Carlos Walker Martínez explicaba que las repúblicas antiguas no habían conocido la libertad, pues en ellas el individuo era obliterado por el poder del Estado. Había sido el cristianismo y la creencia en que los individuos eran creados a semejanza de Dios los que habían afirmado la libertad e igualdad de los hombres. Pero al mismo tiempo, para este político conservador, una república sin religión era una "sociedad sin cabeza" y "sin cimientos morales[68]. La república no era un conjunto de individuos aislados, sino un colectivo, un ser moral.

Para los conservadores, su estabilidad dependía de la vida moral del individuo cuya libertad buscaban garantizar. Este era un argumento católico, pero también republicano, pues ponía de relieve el principio religioso que fundamentaba la existencia y continuidad de la comunidad política. Una nación laica desvinculada de ese orden, estaba condenada a la corrupción y disolución. En este respecto, la religión era el fundamento espiritual del colectivo que debía ser resguardado de las fuerzas destructoras del liberalismo[69]. Los hombres se habían asociado originalmente con el doble propósito de perseguir sus intereses individuales y la utilidad general. El liberalismo, decían, sólo protegía la libertad de asociación privada, pero miraba con sospecha las

[67] Valentin Letelier, *Ellos y nosotros: o sea, los liberales i los autoritarios* (Concepción: Imprenta del Sur, 1893), 8.

[68] Carlos Walker Martínez, "El liberalismo ante los principios religiosos en Chile (Selección, 1887)", en *Pensamiento conservador*, eds. Romero y Romero, 62.

[69] Abdón Cifuentes, "Discurso pronunciado en la sesión inaugural de la Gran Convención Conservadora de 22 de diciembre de 1878 por Abdón Cifuentes", en *La Gran Convención Conservadora de 1878: Manifiestos, discursos, conclusiones*, ed. Enrique Tocornal (Santiago: Imprenta de El Independiente, 1878).

agrupaciones que buscaban el bien público. Era precisamente esta demanda del bien común la que impedía que la libertad individual se transformara en una potencia anárquica y destructiva[70]. "Los hombres aislados son impotentes", afirmaba Clemente Fabres, pero en sociedad adquirían la fuerza necesaria para desarrollar las dotes espirituales y morales que les permitiría progresar de acuerdo a los designios de la Providencia. Un Estado centralizador que importaba teorías foráneas de progreso e intentaba imponerlas por sobre los deseos de los "jefes de familia" no sólo no alcanzaría el progreso que prometía, sino que terminaría por apagar el verdadero espíritu de la nación, fuente de toda libertad y progreso[71]. De este modo, los conservadores reclamaban la protección de las libertades, en particular la de enseñanza, de asociación y municipal para resguardar los fundamentos sociales y espirituales de la sociedad que los errores del liberalismo amenazaban con destruir arrasando, de paso, con las bases mismas de la sociedad y la nación.

Por su parte, para los liberales como Fanor Velasco la aspiración de los conservadores clericales de mantener la unión de la Iglesia y el Estado no era compatible con su demanda por libertad, independencia e igualdad. En rigor, ello le confería un estatus especial al clero, el de una corporación que el Estado debía mantener aunque no podía nombrar a sus funcionarios. Una institución cuyos miembros, además, tenían un estatuto especial, violando el principio de igualdad ante la ley que estaba en el corazón de la doctrina liberal[72]. En *Ellos y nosotros* (1893), el radical positivista Valentín Letelier atacó directamente la "estrategia liberal" de los conservadores al tiempo que explicaba por qué era necesario el autoritarismo estatal para avanzar la causa de la libertad, que sólo podía adquirirse de la mano del progreso. Los conservadores, decía Letelier, sólo aparentaban defender las libertades de la ciudadanía, pues su verdadero propósito era mantenerla bajo el dominio de las creencias religiosas que impedían a los ciudadanos ser espiritualmente autónomos, esto es, pensar libremente. Lo que es más, Letelier no entendía el principio de libertad como autodeterminación y autonomía política al modo republicano, ni como un derecho individual, a la manera del liberalismo clásico. De acuerdo a sus principios positivistas, no era la libertad sino el progreso, entendido como la instauración de una sociedad gobernada científicamente, el que mejoraría la vida de los hombres. En este esquema, la

[70] Es posible observar una cierta continuidad en este tipo de argumentos republicanos de carácter colectivista, entre los planteamientos de pensadores corporativistas de derecha del siglo XX, como Jaime Guzmán, y los de los redactores del *Manifiesto por la república*, Joaquín García Huidobro, Hugo Herrera y Pablo Ortúzar, que rechazan el individualismo neoliberal y enfatizan la necesidad de atender los lazos que unen a la comunidad política.

[71] José Clemente Fabres, "Discurso pronunciado en la sesión inaugural de la Gran Convención Conservadora de 22 de diciembre de 1878 por Don José Clemente Favres", en *La Gran Convención Conservadora*, ed. Tocornal.

[72] Manuel José Irarrázaval, "Lo que no se dijo en el senado (1881)", en *Pensamiento conservador*, eds. Romero y Romero, 200.

libertad se concebía como el principio que permitía el desarrollo de la cultura y las facultades humanas. Se trataba de un medio para alcanzar la felicidad y no ya de un fin en sí mismo. Para Letelier era irrelevante que los conservadores apelaran a las libertades que antaño habían conquistado los liberales; lo único que importaba realmente era que, como aliados de la Iglesia, querían impedir la independencia de pensamiento necesaria para el desarrollo de las facultades humanas que harían alcanzar el progreso:

> "Cosa alguna ha conspirado más en derechura al avasallamiento de algunos pueblos en nuestros tiempos que la absoluta confianza de los liberales en el régimen de la libertad. Convencidos (...) de que ella tiene ciertas virtudes ocultas para curar todos los males, han solido renunciar a toda cooperación de la parte del Estado; e imaginándola dotada de una vida propia, inmortal e independiente de las condiciones sociales, han solido anular los poderes llamados a protegerla i han dejado imprudentemente desarrollarse fuerzas reaccionarias"[73].

Invirtiendo las jerarquías de los principios políticos, el pensamiento radical, una de las vertientes del liberalismo, se desprendía de sus raíces republicanas, poniendo el progreso y el bienestar social por sobre la libertad política y la autonomía del ciudadano. En esta línea, un sistema de gobierno no era mejor que otro en términos absolutos, sino que en relación al estadio y condiciones en que se encontraba la sociedad así gobernada.

El foco del pensamiento positivista en el progreso de la sociedad en su conjunto, antes que en los principios y valores que habían sido centrales para republicanos y liberales no implicó, en ningún caso, que estos dejaran de ser centrales en la discusión e ideologías políticas del siglo XX. Lo que es más, en la prioridad que se le daba al bienestar social resuena todavía la centralidad que la comunidad política tiene para el pensamiento republicano. Sin embargo, la confianza en que la ciencia y los principios objetivos, antes que el debate, el acuerdo o la tradición definían el estándar de bienestar y los fines políticos representaban ideas de nuevo cuño y que atendían a las necesidades de una sociedad de nuevas características. Por otra parte, y como ya se sugirió en la introducción, hacia finales del siglo XIX, cobraron relevancia nuevos actores políticos —las clases medias y el sector obrero—, quienes abrirán otros debates y cambiarán los términos de la discusión política.

Conclusiones

La publicación en 1975 de *The Machiavellian Moment*, del profesor J. G. A. Pocock, puso de relieve la presencia de una tradición de "humanismo cívico"

[73] Letelier, *Ellos y nosotros*, 28.

en Europa, un itinerario de pensamiento diferente y en competencia con el ilustrado-liberal que desembocaba inevitablemente en las ideas de John Locke, las que, decía el relato, proveyeron el sustento intelectual a la independencia de Estados Unidos, la primera república liberal[74]. La tesis despertó entusiasmo entre los historiadores de las ideas, pero también tuvo férreos oponentes entre quienes aun admitiendo la resonancia que los escritos de la Antigüedad tuvieron a lo largo de la historia intelectual de Occidente, consideraban que su espíritu, esencialmente antimoderno, no habría tenido el rol que el historiador de Cambridge le atribuía en la formación del pensamiento político moderno[75]. Las polémicas que desató el libro de Pocock, así como las propuestas metodológicas que lo inspiraron, dieron nuevo impulso al estudio de la historia de las ideas, reencarnada principalmente en lo que hoy se conoce como historia conceptual, y abrió nuevos campos relacionados con ella que ponían el acento en el estudio de los intelectuales y la recepción, entre otros. En Latinoamérica, como en otras partes, desde la década de 1980, pero especialmente a partir de 2000, la discusión en torno a la relevancia y efectividad del republicanismo tiene un papel fundamental en la renovada fuerza que adquieren los campos de la historia conceptual y de los lenguajes políticos, la recepción y los intelectuales.

En esta línea, el presente capítulo sostiene, de acuerdo a lo que también ha propuesto Vasco Castillo en la *Creación de la república*, que en el momento de la independencia los publicistas y escritores constitucionales hicieron uso de ideas y formularon propuestas políticas que se pueden adscribir a un republicanismo clásico, formulado a partir de la lectura de Aristóteles y Platón, Plutarco (en traducción latina o española), Cicerón, Virgilio y Horacio, por nombrar los citados con más frecuencia, así como de una serie de autores ilustrados, entre quienes se cuentan Montesquieu, Rousseau, Mably, Charles Rolling y Jean-Jacques Barthélemy. Dicho de otra manera, un republicanismo cimentado en las fuentes de la Antigüedad clásica pasado por el tamiz de la escolástica y la Ilustración francesa y española, principalmente. La Constitución de 1823 de Juan Egaña, que propuso un gobierno mixto de carácter aristocrático, la forma de gobierno preferida por los republicanos clásicos, muestra el peso que llegó a tener este lenguaje político en Chile, en consonancia con la importancia que tuvo por esos mismos años en el resto de Hispanoamérica[76].

[74] Pocock, *The Machiavellian Moment*.

[75] Véanse, entre otros, Paul Anthony Rahe, *Republics Ancient and Modern* (Chapel Hill: University of North Carolina Press, 1994); Joyce Oldham Appleby, "Liberalism and Republicanism in the Historical Imagination", en *Liberalism and Republicanism in the Historical Imagination* (Cambridge: Harvard University Press, 1992).

[76] Natalio R. Botana, *La tradición republicana: Alberdi, Sarmiento y las ideas políticas de su tiempo* (Buenos Aires: Editorial Sudamericana, 1997), II; Rojas, *Las repúblicas de aire*; Barrón, "Republicanismo, liberalismo"; Myers, *Orden y virtud*.

Como en otros lugares, el lenguaje del republicanismo clásico fue especialmente relevante durante las dos primeras décadas del siglo XIX, aunque fue perdiendo resonancia frente a otras alternativas políticas y sociales que atendían a las condiciones del mundo moderno, especialmente respecto al liberalismo francés y anglosajón. Sin embargo, este capítulo no considera que ello haya implicado la desaparición de los postulados republicanos, sino que, tal y como postulan Kalyvas y Kastnelson en su *Liberal Beginings*, muchos de estos fueron recogidos y absorbidos tanto por el liberalismo como por el pensamiento conservador chileno, que ha sido aquí caracterizado como un conservadurismo republicano antes que como el liberalismo cauto que proponía Mario Góngora[77]. La raíz republicana de ambos es clara, por lo menos hasta mediados de siglo, y puede ser observada en los llamados que unos y otros hicieron a la unidad y estabilidad: los conservadores con su consigna de orden y los liberales cuando defendían que la libertad política era la que garantizaba el compromiso de los ciudadanos con la patria y sus leyes, es decir, la virtud cívica. También se la puede detectar en la reluctancia con la que incluso liberales como Lastarria se aproximaron a la democracia.

Después de la década de 1860, con la intensificación de las demandas de reforma constitucional, los efectos intelectuales y políticos de la guerra civil, la recepción del positivismo y el socialismo, y la polarización de los conflictos en torno a la Iglesia y el Estado, el liberalismo se aleja de sus raíces en el republicanismo, no así el pensamiento conservador. En él, todavía es posible leer que la unidad moral es el fundamento de la libertad republicana.

[77] Andrea Kalyvas e Ira Katznelson, *Liberal Beginnings : Making a Republic for the Moderns* (Cambridge: Cambridge University Press, 2008); Mario Góngora, "Romanticismo y tradicionalismo", *Revista de Ciencia Política* III, 1-2 (1986).

CAPÍTULO III
INTELECTUALES Y PENSAMIENTO CATÓLICO, SIGLOS XIX Y XX

LISA M. EDWARDS

LOS PENSADORES católicos del Chile republicano, como los seculares de cualquier índole, han centrado sus reflexiones una y otra vez en la cuestión de la modernización y en cómo alcanzar el progreso de la sociedad dentro de las tradiciones chilenas. Pero a diferencia de los seculares, también han considerado la independencia de la Iglesia y cómo mantener o aumentar su influencia en la vida sociopolítica y religiosa de la nación, al tiempo que esta ha experimentado una gradual pero notable secularización. Con fuertes conexiones con el pensamiento internacional, los pensadores católicos chilenos han respondido a las coyunturas políticas nacionales e internacionales que han afectado a la Iglesia a lo largo de más de dos siglos de vida republicana. Como se verá, las relaciones Iglesia-Estado han sido centrales en el desarrollo del pensamiento católico, pero este capítulo no atiende esencialmente a la historia de la Iglesia como institución ni de la historia de las relaciones entre la Iglesia y el Estado. Este capítulo trata de las corrientes del pensamiento católico que se desarrollaron durante la época republicana en Chile. Examina la influencia de las ideas católicas europeas y latinoamericanas, las coyunturas políticas de la historia nacional e internacional, y las estrategias para preservar la Iglesia católica como institución y el predominio de las ideas católicas. Aunque durante gran parte del período republicano la mayoría de los chilenos se identificó como católico, lo que distinguió a sus pensadores fue el compromiso con la doctrina y tradiciones católicas, que fueron la guía central de su pensamiento social y político. En este marco se dieron diferencias y conflictos de interpretación, prioridades y estrategias distintas en relación al modo de implementar las ideas sociopolíticas. También es posible observar una presencia importante, aunque no exclusiva del clero.

En este estudio se realiza una periodización del desarrollo del pensamiento católico chileno que busca destacar sus características dominantes en relación a los cambios políticos nacionales e internacionales. En cada período, se distinguen las respuestas y reflexiones de dichos pensadores en torno a coyunturas políticas locales y, con alguna frecuencia, respecto a las situaciones que afectaban a la vida católica en otros lugares del orbe. Es necesario subrayar que la Iglesia católica chilena y sus pensadores nacionales —tanto laicos como clérigos— forman parte de una Iglesia global, de modo que si bien las circunstancias particulares de Chile, en especial las tensiones entre la Iglesia y el Estado, determinaron el pensamiento católico y las estrategias propuestas para enfrentar las tendencias secularistas, este también respondió a las circunstancias mundiales.

El primer período va desde el proceso de independencia a la consolidación del Estado republicano (1810-1856). En esta etapa, el pensamiento católico reflejó las primeras divisiones en el campo republicano con la separación entre liberales y conservadores. Aparecieron y se incrementaron gradualmente las tendencias secularistas en la sociedad chilena, las que más tarde serían el factor definitivo que provocaría la postura defensiva que caracterizó a los pensadores católicos. Aunque con la independencia se redefinieron las relaciones entre el Estado y la Iglesia, el apogeo de los conflictos entre ambas instituciones ocurrió en la etapa siguiente, entre 1856 y 1891. En este período, la pugna en Chile y conflictos similares en Europa y otros países latinoamericanos modelaron el pensamiento político católico y los debates con sus oponentes políticos, así como las diferencias internas entre los pensadores de la Iglesia. También emergió, aunque tímidamente, la orientación social católica, particularmente a partir de la década de 1880. Pero si bien el catolicismo social tuvo sus comienzos en esta etapa, su auge estuvo en el período siguiente. Desde 1891 hasta 1931, proliferaron organizaciones sociales católicas con la participación y el liderazgo del clero y el laicado. Sin embargo, no hubo acuerdo entre los católicos en torno al catolicismo social y la importancia de enfrentar los cambios en el orden sociopolítico de estos años. Ello implicó una serie de conflictos entre los pensadores católicos, los que se agravaron en la siguiente etapa, entre 1931 y 1962, probablemente debido a la exacerbación de los problemas políticos y sociales que marcaron estos años. En este contexto, la jerarquía eclesiástica intentó extender su control sobre los grupos ligados al pensamiento social católico y separar la Iglesia institucional de los partidos políticos. Desde comienzos de los años sesenta, es posible observar la radicalización de los pensadores católicos, tanto de derecha como de izquierda, fenómeno que se agudizó durante las presidencias de Eduardo Frei Montalva, Salvador Allende y la dictadura de Augusto Pinochet. Por último, la reconstrucción de la democracia desde 1989 abrió oportunidades para nuevas orientaciones católicas chilenas que han generado las consiguientes divisiones hacia la derecha y hacia la izquierda.

La era de independencia y la consolidación del Estado republicano (1810-1856)

En la época colonial, el pensamiento político y el religioso convergieron en una teología del derecho divino basada en una serie de tradiciones católicas y en las Sagradas Escrituras. De acuerdo a ellas, la monarquía, junto con la Iglesia, aparecía como garante del orden y estabilidad social[1]. Si bien desde el siglo XVIII el movimiento de la Ilustración buscó restringir la influencia de la Iglesia en el Estado, su vertiente hispanoamericana no rechazó el influjo de la religión ni cuestionó la identidad católica de la sociedad[2]. Siguiendo a Ana María Stuven, antes de 1850, las tensiones entre la Iglesia y el Estado estuvieron marcadas por la discusión en torno al derecho de patronato, pero no hubo propuestas tendientes al establecimiento de un Estado secular. En efecto, el catolicismo fue parte de la identidad chilena durante los primeros años republicanos[3]. En este sentido, el estadista Juan Egaña representó el sentir de muchos cuando sostuvo que la cohesión y estabilidad del Estado dependían de la unidad religiosa. Por eso, decía Egaña, la intolerancia religiosa era necesaria[4]. Este principio se mantuvo vigente, de una u otra forma, hasta la separación del Estado y la Iglesia en la Constitución de 1925.

Aun cuando muchos historiadores han asociado a la Iglesia católica con la preferencia por el gobierno monárquico, esta idea no puede ser sostenida después de un examen detallado del pensamiento católico. Desde la independencia, una parte importante del pensamiento católico chileno se alineó con la causa de la libertad republicana. En los hechos, no hubo ninguna corriente que rechazara públicamente el establecimiento de la república en Chile y, lo que es más, hubo algunos clérigos centrales en la formulación del pensamiento republicano, infundiendo en él elementos teológicos. Fray Camilo Henríquez, por ejemplo, promovió la separación inmediata de España desde el primer periódico chileno, *La Aurora de Chile* (1812-1813), y propuso el establecimiento de un gobierno basado en la soberanía popular y la protección de los derechos individuales[5]. Entre sus influencias estaban los escritos de intelectuales ilustrados europeos y estadounidenses, entre quienes se contaban Montesquieu, Rousseau, Voltaire y Paine[6]. Otros sacerdotes apelaron a distintas tradiciones filosóficas y religiosas para defender la causa republicana. Tal

[1] José Manuel de Ferrari y Maximiliano Salinas Campos, "Las ideas teológicas en Chile", en *Materiales para una historia de la teología en América Latina*, ed. Pablo Richard (San José de Costa Rica: CEHILA, 1981), 110-111; Maximiano Salinas Campos, *Historia del pueblo de Dios en Chile* (Santiago: Rehue, 1987), 136-137.

[2] Ana María Stuven, *La seducción de un orden: Las élites y la construcción de Chile en las polémicas culturales y políticas del siglo XIX* (Santiago: Ediciones Universidad Católica de Chile, 2000), 31.

[3] No obstante, aún a fines del siglo XX, un 70% de los chilenos se autodefinían como católicos. Stuven, *La seducción de un orden*, 56.

[4] Josep-Ignasi Saranyana *et al.*, *Teología en América Latina. Vol. II/2: De las guerras de Independencia hasta finales del siglo XIX (1810-1899)* (Madrid y Frankfurt: Iberoamericana, Vervuert, 2008), 54. Egaña elaboró este punto de vista en su *Memoria política sobre si conviene en Chile la libertad de cultos* (Lima: Imprenta de la Libertad, 1817).

[5] Saranyana, *Teología en América Latina*, 296-297. Simon Collier, *Ideas and Politics of Chilean Independence 1808-1830* (Cambridge: Cambridge University Press, 1967), 140-141

[6] Collier, *Ideas and Politics*, 172-174.

fue el caso de José María Bazaguchiascúa, un franciscano que escribió en *La Aurora de Chile* y recurrió a las Sagradas Escrituras para justificar el principio de soberanía popular[7]. Otro de los argumentos esgrimidos por el clero patriota para cuestionar la autoridad legítima del rey en América Latina fue negar las atribuciones con las que el papa había donado las tierras americanas a la Corona española[8]. El clérigo y patriota José Ignacio Cienfuegos es un buen representante del pensamiento católico republicano e ilustrado. Participó en la comisión constituyente de 1818 y más tarde fue presidente del Senado. Como político, teólogo y luego obispo de Concepción, Cienfuegos se avocó especialmente a la reconciliación del catolicismo con la libertad política, poniendo especial atención, como Henríquez y Bazaguchiascúa, al principio de la soberanía popular[9].

El mayor conflicto entre los pensadores católicos en las primeras décadas del siglo XIX giró en torno a las relaciones entre la Iglesia y el Estado, en particular sobre el derecho a patronato. El patronato era un privilegio que daba al monarca, o al gobierno republicano, el derecho de nombrar a los obispos y administrar la Iglesia dentro de su territorio. Con ello, divorciaba a la Iglesia local del papa. Los regalistas o galicanos consideraban que el gobierno independiente había heredado el derecho a patronato. Sus opositores, los ultramontanos, rechazaban esta herencia. Calificarlos como galicanos o como ultramontanos derivaba de la experiencia francesa, y si bien esta fue fundamental en los discursos de unos y otros, sus argumentos fueron adaptados a las circunstancias particulares de la situación nacional.

Los galicanos defendieron la autonomía de los obispos frente al papa y consideraban que entre los deberes del Estado estaba la defensa de la Iglesia nacional. Los ultramontanos, por su parte, derivaban la autoridad eclesiástica de Roma y, en oposición a los regalistas, preconizaban la independencia institucional de la Iglesia respecto al Estado[10]. En el transcurso del siglo XIX, como ocurrió en Europa y el resto de Latinoamérica, el pensamiento católico chileno adhirió a los planteamientos del Vaticano para defender a la Iglesia

[7] Saranyana, *Teología en América Latina*, 298. Para una examinación más detallada de las bases teológicas de los defensores del gobierno monárquico y republicano de este período, véase De Ferrari y Salinas, "Las ideas teológicas", 109-115.

[8] Argüían que el papa sólo tenía autoridad espiritual. Fernando Aliaga Rojas, "Proyecto ético-político del clero patriota en Chile", *Anuario de la Historia de la Iglesia* 17 (2008): 195. Sobre los usos de la religión para establecer la legitimidad del Estado independiente, véase Gabriel Cid, "Religión, legitimidad política y esfera pública en Chile: el tránsito de la monarquía a la república (1808-1833)", en *La religión en la esfera pública chilena: ¿Laicidad o secularización?*, ed. Ana María Stuven (Santiago: Ediciones Universidad Diego Portales, 2014), 149-185.

[9] No obstante, Cienfuegos también advertía la importancia de dar cuidado pastoral a todos sin tomar en cuenta sus posiciones políticas. Saranyana, *Teología en América Latina*, 299-302.

[10] Nicholas Atkin y Frank Tallett, *Priests, Prelates and People. A History of European Catholicism since 1750* (Oxford: Oxford University Press, 2003), definen el galicanismo como "autonomy given to bishops in relation to Rome and priests in relation to bishops, and in state responsibility for ecclesiastical affairs", 51.

de los ataques liberales[11]. Aunque el galicanismo chileno sobrevivió, de una u otra forma, hasta la década de 1870, lo cierto es que sus posturas fueron difíciles de sostener después de 1845. Ese año, Rafael Valentín Valdivieso, tal vez el más importante de los ultramontanos chilenos, tomó posesión del arzobispado de Santiago. Desde esta posición tuvo enorme influencia, tanto por su rol como mediador entre la Iglesia local y el papa Pío IX, como por su poder para nombrar a los profesores y modelar el currículo del Seminario de Santiago. Durante el arzobispado de Valdivieso, sus profesores, el teólogo argentino y antigalicano Pedro Ignacio Castro Barros y el decano de la Facultad de Teología de la Universidad de Chile, José Manuel Orrego, promovieron el ultramontanismo entre los jóvenes clérigos y teólogos de mediados de siglo[12]. Tal era la confianza del obispo en la formación de los sacerdotes chilenos que nunca envió a sus seminaristas a estudiar al Colegio Pío Latino Americano cerca de la Santa Sede para reforzar el ultramontanismo, como lo hicieron sus pares latinoamericanos. Ello se explica por su certeza en la excelencia de la educación del futuro clero en Santiago, pero también por su relación conflictiva con el fundador del Colegio Pío Latino Americano en Roma, el chileno José Ignacio Víctor Eyzaguirre. Eyzaguirre era un católico liberal que valoraba la libertad política y la creía compatible con el catolicismo, aun cuando criticaba el liberalismo latinoamericano por negar la libertad de la Iglesia. Sus principales referentes fueron los españoles Jaime Balmes y José Donoso Cortés y los liberales católicos franceses Montalembert, Lamennais y Lacordaire[13].

El desarrollo de un catolicismo defensivo: El apogeo de los conflictos Estado-Iglesia y los comienzos del catolicismo social (1856-1891)

Aunque con distintas estrategias y preferencias intelectuales, José Ignacio Víctor Eyzaguirre y Rafael Valentín Valdivieso buscaban la independencia y la libertad de la Iglesia, objetivos que se volvieron más difíciles de alcanzar durante la segunda mitad del siglo. El liberalismo anticlerical amenazaba la Iglesia institucional y el lugar de la religión en la esfera pública en muchas partes de Europa y la América Latina, incluso en Chile[14]. Cuando Pío IX perdió

[11] Atkin y Tallett, *Priests, Prelates and People*, 84.

[12] De Ferrari y Salinas, "Las ideas teológicas", 116.

[13] Salvador Méndez Reyes, "José Ignacio Víctor Eyzaguirre y las corrientes intelectuales de su época", en *América Latina: las caras de la diversidad* (México: UNAM, 2006), 296, 305; Lisa M. Edwards, *Roman Virtues: The Education of Latin American Clergy in Rome, 1858-1962* (Nueva York: Peter Lang, 2011).

[14] Sobre Bilbao y el liberalismo chileno a mediados del siglo XIX, véase Simon Collier, *Chile: The Making of a Republic, 1830-1865* (Cambridge: Cambridge University Press, 2003),

el control de los territorios papales, se desataron los temores por el futuro de la Iglesia. En Chile, la "cuestión del sacristán" agudizó las tensiones entre la Iglesia y el Estado, y marcó el comienzo de un período ultramontano y proclerical. Los pensadores católicos chilenos empezaron a sentir más solidaridad con sus correligionarios afuera. No obstante estas actitudes son generalmente consideradas conservadoras, muchos pensadores católicos refirieron a valores liberales para defender a la Iglesia desde el púlpito, la prensa y el Partido Conservador.

Más allá de las estrategias, los católicos tradicionales no transigieron en sus principios. Insistieron en la independencia eclesiástica, especialmente con la "cuestión del sacristán" en 1856, coyuntura central en el desarrollo del pensamiento católico chileno. En ese momento, un conflicto sobre el personal de la catedral de Santiago recibió la atención de las autoridades civiles. El arzobispo de Santiago, Rafael Valentín Valdivieso, rechazó el recurso de fuerza presentado ante tribunales civiles que lo obligaba a reponer a un sacristán removido de sus funciones y casi resultó exiliado. El incidente cristalizó el conflicto entre los regalistas, que avalaban el patronato, y los ultramontanos, que promovían la independencia de la Iglesia frente al Estado. Las posturas regalistas continuaron teniendo adeptos entre los católicos por algunas décadas más, pero después del asunto del sacristán los ultramontanos dominaron la Iglesia institucional chilena y la mentalidad de los católicos, tanto laicos como clericales[15].

A raíz de este episodio, un gran número de católicos salió en defensa de Valdivieso para mostrar su lealtad a la Iglesia y al principio ultramontano de independencia eclesiástica. Más de 80 clérigos establecieron la Sociedad de Santo Tomás de Canterbury para proteger la autonomía institucional. Escogieron a Santo Tomás como patrono por su carácter de "mártir por la libertad de la Iglesia"[16]. Profesaron que la Iglesia era una "sociedad perfecta e independiente, compuesta de pastores i fieles, sujetos los unos i los otros a la Cabeza Suprema, el Pontífice Romano", y los asociados juraron no usar el recurso de fuerza[17].

La Sociedad de Santo Tomás de Canterbury y otras manifestaciones del ultramontanismo demostraban la fidelidad a la Santa Sede y un compromiso con la independencia de la Iglesia en todas las esferas por parte de los católicos,

especialmente 84-92. Es interesante notar que Bilbao era discípulo de Lamennais, ultramontano y pensador notable francés, pero lo conoció después de su salida de la Iglesia y Bilbao no refirió a los escritos religiosos de Lamennais. Frank MacDonald Spindler, "Francisco Bilbao, Chilean Disciple of Lamennais", *Journal of the History of Ideas* 41, 3 (julio-septiembre de 1980): 489-490.

[15] Sol Serrano nota que en 1856 la derrota del regalismo no era completa todavía, *¿Qué hacer con Dios en la República?* (Santiago: Fondo de Cultura Económica, 2008), 93.

[16] *Boletín Eclesiástico del Arzobispado de Santiago* IV: 274.

[17] Para las bases y los estatutos de la Sociedad, *Boletín Eclesiástico del Arzobispado de Santiago* III: 806-808. Cita en página 807.

mientras que los liberales intentaban coartar los privilegios eclesiásticos y secularizar el Estado promoviendo la implementación de las leyes laicas con la introducción de los registros civiles, matrimonio civil y cementerios civiles. Estos desafíos a la autonomía de la Iglesia y su rol como la protectora de la moral pública, impulsó a los católicos a tomar una actitud defensiva frente a liberales y socialistas, cuyas diferencias la retórica católica tendía a borrar durante la segunda mitad del siglo XIX. La teología conservadora se opuso el liberalismo secular y vio a la Iglesia como sostén del orden social. Los principales representantes de este catolicismo ultramontano fueron el arzobispo de Santiago Rafael Valentín Valdivieso y el obispo de Concepción José Hipólito Salas[18].

Los chilenos ultramontanos no sólo se preocuparon por los problemas de la Iglesia chilena, sino también por el futuro de la Iglesia universal. Los efectos de las revoluciones europeas de 1848 demostraban el avance de las fuerzas seculares. La preocupación de los católicos chilenos por el destino de la Iglesia en Europa se vio reflejada en los eventos que organizaron a lo largo del siglo XIX en apoyo al papado. En 1867, por ejemplo, inauguraron la cofradía del Óbolo de San Pedro, establecida por Pío IX unos pocos años antes con el objeto de colectar fondos para contrarrestar "la guerra implacable suscitada contra la Iglesia por los impíos"[19]. En 1877, la Asamblea Católica de Valparaíso conmemoró el quincuagésimo aniversario de la exaltación al episcopado del papa Pío IX[20]. En la inauguración de un círculo católico ese mismo año, el presbítero Guillermo Juan Carter enfatizó la colectividad de los católicos y en su discurso "pintó la situación de los católicos del mundo entero i los males que aflijen a la Iglesia católica; concluyó haciendo ver la importancia i necesidad de una sociedad eminentemente católica en Copiapó"[21]. Del mismo modo, los periódicos y sermones chilenos subrayaron la importancia de defender a la Iglesia con dinero y preces, recordando a los católicos chilenos que no eran únicos en sentirse perseguidos por la política secularizante del siglo XIX y que eran responsables de ayudar a la comunidad católica universal.

Por otra parte, las mayores facilidades para viajar a Europa permitieron establecer conexiones más cercanas con las figuras del pensamiento católico europeo. Existió una rica red transatlántica de contactos y durante las últimas décadas del siglo XIX creció la solidaridad católica universal. El clero, la jerarquía y los laicos fueron a Europa a recorrer, estudiar, peregrinar y conducir negocios eclesiásticos, como las visitas *ad limina* que la Santa Sede requiere de los obispos. Obispos chilenos, acompañados por ayudantes y

[18] Ferrari y Salinas, "Las ideas teológicas", 118.

[19] *Boletín Eclesiástico del Arzobispado de Santiago* IV: 55; véase también una circular de 1897 reiterando la importancia del Óbolo de San Pedro, en el mismo *Boletín Eclesiástico* XIII: 812-817.

[20] *La Asamblea Católica de Valparaíso* (Santiago: Imprenta de El Independiente 1877).

[21] *La Libertad Católica*, Concepción, 13 de octubre de 1877, 6, 793.

teólogos, asistieron al Concilio Vaticano en 1870 y en 1899 al Concilio Plenario de la América Latina en Roma. En otros momentos, los católicos peregrinaron a España, Francia, Italia y Tierra Santa. Con sus viajes e interés por los acontecimientos europeos, los chilenos contribuyeron sustancialmente a la creación de una comunidad católica transatlántica, particularmente por los contactos personales que establecieron, la fundación del Colegio Pío Latino Americano por el chileno José Ignacio Víctor Eyzaguirre y el Concilio Plenario de la América Latina, propuesto por el arzobispo chileno Mariano Casanova, pero también con la publicación de obras católicas europeas a través de periódicos y libros. En su viaje a Roma para asistir al primer Concilio Vaticano en 1870, el obispo de Concepción José Hipólito Salas y el arzobispo Valdivieso almorzaron en casa de Louis Veuillot, editor de *L'Univers* y defensor del ultramontanismo, y hablaron con el influyente pensador católico francés Félix Dupanloup. Mariano Casanova, arzobispo de Santiago entre 1886 y 1908, también se reunió con importantes pensadores del catolicismo francés en sus viajes a Europa. Dupanloup y Montalembert eran algunos de los más importantes pensadores del catolicismo liberal y sus influencias pueden observarse en los escritos de los obispos y otros pensadores católicos chilenos.

El ambiente católico nacional recibió el influjo no sólo de los ultramontanos y liberales, sino de muchos otros. En los periódicos, folletos y libros chilenos se publicaron las obras de Dupanloup, Montalembert, Veuillot y otros, a veces traducidas por Casanova u otros clérigos[22]. La comunidad eclesiástica e intelectual adoptó las ideas que sirvieran a sus propósitos de dondequiera vinieran. Aunque la mayoría era de origen eclesiástico, también utilizaron fuentes seculares para proteger a la Iglesia y modelar su futuro cuando fue necesario. En su Filosofía del derecho, por ejemplo, Rafael Fernández Concha mostró influencias no sólo de escritores eclesiásticos, sino también de pensadores seculares europeos, incluyendo a Immanuel Kant, Adam Smith y John Stuart Mill[23]. José Hipólito Salas representaba a muchos pensadores católicos chilenos al seguir con cuidado el "movimiento político y religioso universal, interesándose siempre por sus hermanos de España, de Francia, de Estados Unidos, de Inglaterra y de todas partes"[24].

La prensa contribuyó a la solidaridad católica y al desarrollo de estrategias comunes para preservar la Iglesia como guía moral y presencia significativa en las sociedades, experimentando un movimiento hacia la modernidad. En este sentido, más allá de las fronteras nacionales, el pensamiento católico

[22] Adolfo Etchegaray Cruz, "Mons. José Hipólito Salas en el Concilio Vaticano I", *Historia* 2 (1962-1963): 138, 142; Walter Hanisch (S. J.), "Viaje a Europa de Mariano Casanova, 1865-1866", *Anuario de la Historia de la Iglesia en Chile* 16 (1998): 93-94.

[23] Saranyana, *Teología en América Latina*, 771-773.

[24] Observación de un conocido de Salas, véase Etchegaray Cruz, "Mons. José Hipólito Salas", 142.

también contó con los chilenos para desarrollar su sentido solidario. Es así como L'Univers de París publicó una carta redactada por los canónigos involucrados en la "cuestión del sacristán", a la que el arzobispo Valdivieso respondió con un largo escrito publicado por el mismo periódico[25]. En él, no sólo se refirió al incidente y la evolución de los sucesos, sino que también al patronato y al juramento civil de los obispos, cómo operaban y cómo debían funcionar[26]. L'Univers tendía a una postura combativa en defensa del ultramontanismo. Como "el más famoso periódico católico del siglo XIX", tenía mucha influencia en Francia y en otras partes de Europa[27]. De esta manera, el mundo católico europeo tenía conciencia de los eventos que afectaban a la Iglesia chilena. Las noticias nacionales podían tener impacto en el pensamiento católico europeo, reforzando al menos la relevancia de defender la institución eclesiástica y construir una solidaridad católica internacional.

Del mismo modo, los periódicos chilenos publicaron cartas de viajeros con sus observaciones y comentarios sobre el estatus de la Iglesia en otras partes. Como conjunto, este fenómeno contribuyó al sentido del catolicismo como religión y experiencia universal y a hacer patentes las dificultades que la Iglesia enfrentaba en todo el mundo, sugiriendo la necesidad de utilizar una defensa común para proteger a la institución. El arzobispo Mariano Casanova, por ejemplo, mandó cartas a la *Revista Católica* y a *El Independiente*, el periódico del Partido Conservador, durante sus viajes a Europa, Perú y Argentina[28]. Estas publicaciones y otras con orientación católica contribuyeron a la formación de un catolicismo transatlántico. En 1883, en el apogeo de los conflictos Estado-Iglesia, el periódico copiapino *El Amigo del País* publicó un editorial urgiendo la unidad católica. Notó que "los católicos alemanes han vencido porque han sabido mantenerse firmes contra las pretensiones del Gobierno perseguidor de la fé católica. Tomemos ese ejemplo i formemos tambien nuestras lejiones para luchar en el terreno del derecho"[29]. Además, los medios nacionales publicaron artículos y panfletos de escritores europeos, a veces traducidos por chilenos que conocían a los autores y los visitaron durante sus viajes.

Un aspecto fundamental del pensamiento católico chileno y europeo durante el siglo XIX fue, como hemos establecido, la defensa de la Iglesia. Desde Roma, esta protección tomó la forma de la romanización de la Iglesia universal. Aunque algunos historiadores han sido suspicaces de este proceso y lo han considerado bajo una luz negativa, muchos pensadores católicos

[25] Serrano, *¿Qué hacer con Dios en la República?*, 94. Para la carta de Valdivieso, véase *Boletín Eclesiástico* IV: 777-794.

[26] *Boletín Eclesiástico* IV: 778-785.

[27] Traducción de la autora en todo el capítulo. Owen Chadwick, *A History of the Popes* (Oxford: Oxford University Press, 1998), 323-324, 326.

[28] Hanisch, "Viaje a Europa", 93.

[29] *El Amigo del País*, Copiapó, 28 de abril de 1883, 11, 1233.

latinoamericanos lo han considerado como una fase positiva por su habilidad para generar lazos de solidaridad en una época compleja para la vida eclesiástica. Parte de esta transformación consistió en la fundación de seminarios nacionales y regionales en Roma para impartir una sólida educación que sirviera a la institución desde el ámbito local, inculcando a los jóvenes clérigos el espíritu romano. En este contexto, se estableció el seminario para los latinoamericanos del que hemos hablado más arriba. El chileno José Ignacio Víctor Eyzaguirre fundó en 1858 el Colegio Pío Latino Americano, el que contribuyó en buena medida a la creación de una comunidad católica transatlántica y al proceso de romanización que se extendió desde el siglo XIX hasta el día de hoy. Fue la respuesta a la petición que Pío IX hiciera a Eyzaguirre de examinar la situación eclesiástica de América Latina, quien concibió para ello la creación de un seminario para los latinoamericanos en Roma. Durante el próximo siglo y medio, el colegio preparó para el sacerdocio a más de 2 mil jóvenes de toda la región. En Roma, tenían la oportunidad de conocer a eclesiásticos de todo el mundo, insertarse en redes intelectuales y eclesiásticas internacionales y ser educados en los aspectos prácticos, sociales e intelectuales de sus futuros roles. Sus alumnos tendieron a ascender más rápido en la jerarquía eclesiástica que los graduados de los seminarios locales y con frecuencia tuvieron roles de liderazgo en la implementación del catolicismo social en sus países. El obispo José Hipólito Salas y el arzobispo Mariano Casanova mandaron a los primeros seminaristas chilenos a estudiar en Roma a finales del siglo XIX. Durante el siglo XX, más chilenos estudiaron en Roma y desarrollaron lazos con sus colegas latinoamericanos y europeos, como Juan Subercaseaux y Manuel Larraín[30].

La actitud defensiva del catolicismo chileno llegó más allá del periodismo y de los viajes y educación europeos durante la segunda mitad del siglo XIX. La conservación de la Iglesia, sus doctrinas y valores fue un elemento central en los planteamientos del Partido Conservador, fundado en 1857 para apoyar al arzobispo Valdivieso en la "cuestión del sacristán". El Partido Conservador fue leal a la Iglesia y a la protección de su independencia institucional en su doctrina, programa y en sus prioridades parlamentarias a lo largo del siglo XIX[31]. Las relaciones familiares entre los dirigentes conservadores y los miembros del clero contribuyeron a mantener la cooperación institucional entre el partido y la Iglesia. Fue liderado por un grupo

[30] Para la historia del Colegio Pío Latino Americano y sus efectos en las naciones latinoamericanas, véase Edwards, *Roman Virtues*

[31] No obstante, las estrategias de los líderes del Partido Conservador y de los obispos no siempre coincidieron. José Hipólito Salas, por ejemplo, se quejaba de los argumentos hechos por *El Independiente* en su defensa de la Iglesia. Véanse "Cartas del obispo don José Hipólito Salas a don Joaquín Larraín Gandarillas", *Historia* 2 (1962-1963): 210-214, 219; "Cartas de monseñor José Hipólito Salas a monseñor Joaquín Larraín Gandarillas", *Historia* 17 (1982): 398, 433.

bastante pequeño de la aristocracia tradicional, compuesto por religiosos y políticos que participaban de instituciones que incluían la Iglesia, el Congreso, las órdenes religiosas, el Seminario de Santiago y la Universidad Católica. Manuel José Irarrázaval, Enrique Tocornal, Domingo Fernández Concha y sus hermanos, hijos y colegas construyeron el Partido Conservador para servir a los intereses de la Iglesia en el Gobierno y la sociedad. Estos hombres consideraban que su rol político era el cuidado de la Iglesia. Aunque las mujeres no tenían derecho a voto, muchas veces sus hermanas, hijas y esposas participaron de su proyecto político apelando a las autoridades civiles en defensa de los derechos eclesiásticos.

Si bien un numeroso grupo de católicos chilenos —notablemente ultramontano— se mantuvo leal a la Santa Sede y secundó el control papal de los Estados Pontificios y su gobierno esencialmente monárquico, en Chile favoreció la democracia representativa. Para este grupo no había ningún conflicto entre la doctrina católica y la democracia. En el Concilio Vaticano, monseñor Salas sostuvo que el catolicismo era compatible con la libertad y la democracia. Desde la tribuna conciliar, dijo: "Yo vengo de una república, yo soy republicano, pero católico, apostólico, romano y también, perdonadme, ultramontano"[32].

Tanto el clero como el laicado participaron en el proceso político y se insertaron activamente en los debates públicos que abordaban el rol de la Iglesia y su doctrina en la educación y en la sociedad. Los obispos, individualmente y como grupo, hicieron numerosas declaraciones políticas al público o al Congreso para representar los intereses de la Iglesia y de los católicos chilenos. Durante las décadas de 1870 y 1880, cuando las tensiones Estado-Iglesia alcanzaron su punto máximo, los parlamentarios conservadores apelaron a la libertad para preservar los derechos de la institución frente a las propuestas leyes laicas. Hasta bien entrado el siglo XX, el clero predicaba que los católicos estaban obligados a pertenecer al Partido Conservador por el rol que cumplía en defensa de la Iglesia. Desde la dirección de muchos periódicos una cantidad sustantiva de sacerdotes escribió editoriales y promovió la causa católica entre los lectores. Urgió la participación en la fundación de asociaciones católicas y la colecta de fondos para su éxito. Entre las décadas 1860 y 1880, años de apogeo de las tensiones Iglesia-Estado, cuando los católicos chilenos se sintieron más amenazados, nacieron numerosas fundaciones cuyo propósito era la defensa de la Iglesia.

Algunos ultramontanos, especialmente el obispo de Concepción, José Hipólito Salas, no se contentaban con criticar las estrategias de los católicos liberales en la defensa de la Iglesia, a los que consideraban equivocados. Aunque Salas respetaba a Zorobabel Rodríguez, líder conservador y redactor principal del periódico del partido, *El Independiente*, lo criticó tanto a él

[32] Etchegaray Cruz, "Mons. José Hipólito Salas", 147, 153.

como a su publicación por encumbrar el principio de la libertad más allá de lo necesario para la protección de los valores católicos. Salas sostenía que la defensa que Rodríguez hacía de la libertad de enseñanza no debía ser tan absoluta, porque así "¿tendrá el error los mismos derechos que la verdad en materias religiosas y morales?"[33]. En una carta a su amigo y colega Joaquín Larraín Gandarillas, el obispo anotó: "Qué pretende el catolicismo liberal; entre otras cosas: 1.° Amoldar la Iglesia de Dios a lo que llama espiritu moderno; 2.° libertad de cultos en absoluto; 3.° libertad de la prensa también absoluta"[34].

Rodríguez era, tal vez, el más liberal de los católicos liberales. Cuando finalmente los liberales anticatólicos tuvieron éxito y consiguieron aprobar las leyes laicas, propuso la separación pacífica de la Iglesia y el Estado. Ello le valió la pérdida de su posición como redactor y editor de *El Independiente* en 1884. No obstante, el mismo año, los conservadores fundaron un nuevo periódico en Valparaíso, *La Unión*, y lo invitaron a redactarlo. Desde ese medio y a través de una cátedra en la Universidad de Chile, difundió las ideas librecambistas de Courcelle-Seneuil, Adam Smith y Frédéric Bastiat[35]. Durante el resto de su vida, sus escritos se enfocaron en cuestiones económicas más que en problemas de índole política y religiosa[36].

Los últimos años del siglo no fueron buenos para el catolicismo liberal; los obispos chilenos lo condenaron en una pastoral colectiva redactada en 1886. Después de la aprobación de las leyes laicas, los esfuerzos católicos se reorientaron a la "cuestión social" que resultaba de la creciente urbanización e industrialización, procesos que se aceleraron después de 1860. Aunque el fenómeno había empezado a mediados del siglo XIX, en sus últimas décadas los problemas sociales asociados a ellos se volvieron más apremiantes[37]. Los promotores del marxismo trataban de organizar a los trabajadores industriales y mineros, cuestión que los católicos vieron como una amenaza al catolicismo. Con frecuencia, la jerarquía, el clero y otros pensadores católicos se refirieron a sus proyectos socialcatólicos como competencia directa a los marxistas. Entre las herramientas que usaron en esta coyuntura, se pueden considerar la invitación a religiosos y religiosas europeos a establecerse en Chile, la creación de asociaciones católicas de obreros, sociedades para promover la educación y la higiene entre los pobres y hasta la fundación de

[33] "Cartas del obispo don José Hipólito Salas", 219.

[34] "Cartas del obispo don José Hipólito Salas", 430.

[35] Sofía Correa, "Zorobabel Rodríguez, católico liberal", *Estudios Públicos* 66 (otoño de 1997): 390-391.

[36] Correa, "Zorobabel Rodríguez", 391.

[37] En 1865, 75% de la población chilena vivía en áreas rurales. Este porcentaje declinó a 57% en 1895. La mayoría de los migrantes se trasladó de áreas rurales a la capital, cuya población creció de 115 mil a 260 mil entre 1870 y 1891. Véase Rodrigo Hidalgo Dattwyler, Tomás Errázuriz Infante y Rodrigo Booth Pinochet, "Las viviendas de la beneficencia católica en Santiago. Instituciones constructoras y efectos urbanos (1890-1920)", *Historia* 38, 2 (2005): 329.

clubes políticos asociados con el Partido Conservador. En esto también hubo mucha influencia europea. Las asociaciones católicas de obreros y la Unión Católica siguieron los ejemplos franceses y alemanes de manera explícita[38]. Si bien las asociaciones socialcatólicas comenzaron a aparecer desde la década de 1860, los debates sustanciales sobre la implementación del catolicismo social empezaron con la vuelta del siglo.

El catolicismo social y los cambios en el partidismo católico (1891-1930)

La publicación de la encíclica *Rerum novarum* por León XIII en 1891 sirvió como inspiración para la expansión del catolicismo social en muchas partes del mundo católico. En la encíclica, el papa lamentaba los conflictos entre los capitalistas y los trabajadores y buscaba soluciones a la problemática "cuestión social". Condenaba tanto los extremos del capitalismo como los del socialismo, lo que llevó a muchos católicos en Europa y en las Américas a embarcarse en proyectos para enfrentar dicha cuestión. El pensamiento católico chileno adoptó la famosa encíclica de manera mucho más cautelosa que los católicos en otras partes del mundo. Muchos chilenos, particularmente los conservadores y el clero tradicionalista, por décadas miraron con sospecha las orientaciones papales hacia la "cuestión social". Según el sacerdote e historiador Fidel Araneda Bravo, pasaron muchos años antes de que los seminaristas santiaguinos tuvieran autorización para leer la *Rerum novarum*. De igual modo, los directores de *El Diario Ilustrado* se negaron a publicar la *Quadragesimo anno* (1931) —una encíclica social que conmemoraba la publicación de la *Rerum novarum*—, porque creían su deber proteger a los chilenos de las ideas poco recomendables del papa[39]. Muchos de los clérigos y laicos que adoptaron el catolicismo social lo hicieron por sus experiencias personales e inspirados por la lectura de los avanzados socialcatólicos europeos.

El arzobispo de Santiago, Mariano Casanova, presentó la *Rerum novarum* en una carta pastoral, pero fue criticado por apoyar insuficientemente el asociacionismo que estaba en el corazón de la respuesta católica global a la "cuestión social". Algunos, incluso su contemporáneo y líder notable del catolicismo social y del Partido Conservador, Abdón Cifuentes, llegaron a sostener que los laicos protegían mejor a la Iglesia que los clérigos[40]. Una

[38] Ana María Stuven, "El 'Primer Catolicismo Social' ante la cuestión social: un momento en el proceso de la consolidación nacional", *Teología y Vida* 49 (2008), 487.

[39] Fidel Araneda Bravo, *Oscar Larson, el clero y la política chilena* (Santiago: Imprenta San José, 1981), 46, 56-57.

[40] Mariano Casanova, "Pastoral dada al publicar la encíclica de nuestro santísimo padre León XIII sobre la condición de los obreros", en *Obras pastorales del Ilmo. Y Rmo. Señor Dr. don Mariano Casanova, Arzobispo de Santiago de Chile* (Friburgo de Brisgovia: B. Herder, 1901),

buena parte de los obispos y muchos sacerdotes chilenos tenían fuertes lazos con la aristocracia tradicional; aun cuando se embarcaron en proyectos socialcatólicos, querían mantener el orden social sin cambiar el balance de poder socioeconómico. Como muchos conservadores, adherían al liberalismo político y económico[41]. Por estas razones, mantuvieron la mentalidad paternalista ligada a la caridad como paliativo a los problemas económicos y sociales. En contraste, sus críticos consideraban que la caridad no era la solución adecuada para el desequilibrio de poder social existente o para los problemas a largo plazo. Por su parte, el Partido Conservador comenzó a proponer una serie de leyes inspirada por el énfasis social de la doctrina católica, legislación que incluía la protección laboral de las mujeres y los niños y el descanso dominical[42]. Para muchos miembros de la élite católica, el temor al socialismo y los conflictos, posiblemente violentos, entre las clases sociales dominaron los debates sobre la "cuestión social"[43].

De cualquier modo, la búsqueda de soluciones a los problemas económicos y sociales de la industrialización y la urbanización se intensificó durante este período[44]. Es imposible distinguir en qué medida los esfuerzos socialcatólicos después de 1891 estuvieron inspirados en la famosa encíclica o si fueron una expansión natural de las ideas que la precedieron en Chile. No obstante, se pueden categorizar los propósitos de estas propuestas: algunas estuvieron enfocadas en remediar problemas prácticos relacionados con la vivienda o la comida, y otras estuvieron orientadas a la organización política o social del proletariado para asegurar el lugar del catolicismo como base común de la sociedad[45].

210-224. La pastoral consistía en el texto de la encíclica con comentarios de Casanova. Véase Stuven, "El 'Primer Catolicismo Social'", 489.

[41] Sofía Correa, "La opción política de los católicos en Chile", *Mapocho* 46 (1999): 192.

[42] William Thayer Arteaga, *El padre Hurtado y su lucha por la libertad sindical* (Santiago: Editorial Andrés Bello, 1999), 86.

[43] Susana Monreal, "Catolicismo social en el Cono Sur: Genealogía de un ideario", en *Catolicismo social chileno*, eds. Fernando Berríos, Jorge Costadoat y Diego García (Santiago: Ediciones Universidad Alberto Hurtado, 2009), 30.

[44] Ximena Cruzat y Ana Tironi destacan las respuestas católicas y también seculares a la "cuestión social" en "El pensamiento frente a la cuestión social en Chile", en *El pensamiento en Chile 1830-1910*, ed. Mario Berrios Caro (Santiago: Nuestra América Editores, 1987), 129-151. Para ejemplos de actividades, publicaciones, instituciones y escritos que muestran la influencia de la *Rerum novarum* en Chile entre 1892 y 1932, véase Walter Hanisch, "La encíclica Rerum Novarum y cuarenta años de su influencia en Chile 1892-1932", *Anuario de Historia de la Iglesia en Chile* 9 (1991): 67-103. Se debe notar, sin embargo, que algunos ejemplos son generales y dan crédito a la encíclica donde quizás no se le pueden atribuir, mientras otros tratan de asuntos políticos no mencionados directamente en ella.

[45] En su *Catolicismo social en Chile* (Santiago: Ediciones Paulinas, 1991), María Antonieta Huerta Malbrán da breves bosquejos de asociaciones católicas, señalando sus líderes, propósitos y métodos.

Una de las áreas de actividad socialcatólica fue la provisión de viviendas a las familias urbanas marginadas. La Institución León XIII y otras organizaciones construyeron casas para los obreros católicos y sus familias desde la década 1890 hasta la de 1940. Sus metas incluían fomentar la estabilidad del proletariado, mantener a los obreros dentro de la grey católica y subrayar el valor de la propiedad privada en contra de los ideales socialistas[46]. Como muchas instituciones de este período, su fundador fue un laico y miembro de la élite: Melchor Concha y Toro. Aunque Concha y Toro falleció poco después de proponer esta fundación, la compra del terreno en que se construirían las casas y la construcción misma de algunas viviendas fue financiada con su herencia. Más tarde, las donaciones por parte de Emiliana Subercaseaux de Concha, Manuel José Irarrázaval y otros permitieron nuevas edificaciones[47]. Este modelo, de iniciativa y financiamiento de la élite católica, se repitió en numerosas ocasiones, porque los católicos pusieron su dinero al servicio de sus principios.

La cooperación entre el clero y el laicado fue otra de las formas habituales que tomaron los proyectos socialcatólicos. A fines del siglo XIX y comienzos del XX, surgieron en Chile los patronatos, un tipo de asociación originada en Francia y desarrollada en la nación gala y en Bélgica, cuyo fin era la promoción de la educación de los jóvenes de clase obrera. En Chile, fueron implementados por la Universidad Católica bajo la iniciativa de un grupo de sacerdotes y laicos liderados por el profesor Francisco de Borja Echeverría[48]. Más allá de la fuente de financiamiento, en este y otros casos, el apoyo institucional era crítico para el éxito de estos proyectos. El apoyo emanaba del liderazgo del arzobispado y de los obispados dependientes, de los seminarios eclesiásticos, en especial el Seminario de Santiago, de la Universidad Católica y del Partido Conservador. Las orientaciones pastorales de los arzobispos y obispos eran fundamentales, porque debían aprobar las nuevas asociaciones e iniciativas que serían implementadas en su (arqui)diócesis y tenían injerencia en el nombramiento del clero, cuyos miembros funcionarían como líderes o consultores para grupos católicos. Durante las primeras décadas del siglo XX, dominaron las asociaciones católicas con fines de ayuda mutua, educación religiosa y estabilidad de la vida familiar. Estas incluían uniones laborales católicas, círculos de obreros y de estudio, instituciones que habían existido antes, pero que ahora llegaban a más gente.

Francisco de Borja Echeverría conoció el modelo de los patronatos durante su estadía en Europa y, junto con otros con experiencia europea, promovió su establecimiento en Chile. Era frecuente que las instituciones y

[46] Hidalgo *et al.*, *Las viviendas*, 341-343. Véase el *Boletín Eclesiástico del Arzobispado de Santiago* para documentos fundacionales y para correspondencia y documentos sobre los propósitos de las organizaciones social-católicas.

[47] Hanisch, "La encíclica", 69-70.

[48] Huerta Malbrán, *Catolicismo social*, 256-259.

grupos católicos operaran desde parroquias y colegios. Los círculos de estudio, por ejemplo, se basaban en colegios y universidades, entre ellos el Colegio San Ignacio. Desde esta institución jesuita, Fernando Vives del Solar (S. J.) diseminó sus planteamientos de carácter progresista durante muchos años. Irónicamente, los líderes conservadores y la jerarquía eclesiástica que se oponían a sus ideas consiguieron removerlo del colegio dándole la oportunidad de viajar por Europa, donde profundizó su compromiso con la doctrina social de la Iglesia y sus aplicaciones concretas. A su vuelta a Chile, continuó impartiendo estas ideas entre los jóvenes en el Colegio San Ignacio. En la década de 1930, comenzó a dar lecciones de Sociología. Muchos de sus estudiantes asistieron después a la Universidad Católica y algunos le han acreditado el ser la más importante inspiración para la creación del Partido Demócrata Cristiano. Eyzaguirre fue el mentor de muchos, entre ellos Alberto Hurtado, Manuel Larraín, Óscar Larson, Jaime Eyzaguirre y Clotario Blest[49].

En la primera mitad del siglo XX, los estudiantes del Colegio San Ignacio y de otros colegios católicos encontraron en la Universidad Católica a profesores bien versados en la doctrina social de la Iglesia. En su cátedra de Economía Social, Francisco de Borja Echeverría instruyó a la juventud sobre las ideas de los franceses Frédéric Le Play y Albert De Mun. Hacia 1902, Echeverría usaba el método Le Play, que implicaba que los estudiantes examinaran personalmente la situación de los pobres[50]. La docencia de Carlos Casanueva, director espiritual del Seminario de Santiago y después profesor y eventual rector de la Universidad Católica, también impulsaba estas ideas, de acuerdo a las cuales los ricos tenían un deber de acción social que permitiera mantener el orden social[51]. Dicho eso, aún modelada por las experiencias e ideas europeas, la formación de la juventud católica tomó en cuenta la atmósfera chilena. Carlos Casanueva, por ejemplo, lamentaba la falta de mecanismos institucionales para mediar entre los patrones y los obreros y quería una legislación social que evitara copiar lo europeo[52]. Desde el rectorado de la Universidad Católica, Martín Rücker y su sucesor, Casanueva, nombraron a profesores con orientación social católica, quienes modelaron a la juventud durante la primera mitad del siglo XX. Rücker tenía un fuerte compromiso con el catolicismo social, basado en sus experiencias en Europa y contactos con las corrientes teológicas europeas más progresistas. Había conocido los patronatos en Europa, por ejemplo, y los promovió en Chile.

[49] Rosa Bruno-Jofré, "The Catholic Church in Chile and the Social Question in the 1930s: The Political Pedagogical Discourse of Fernando Vives del Solar, S. J.", *Catholic Historical Review* 99, 4 (octubre de 2013): 705-707, 712, 723; Fidel Araneda Bravo, *Historia de la Iglesia en Chile* (Santiago: Ediciones Paulinas, 1986), 665-666.

[50] Bruno-Jofré, "The Catholic Church", 705.

[51] Pilar Hevia Fabres, *El rector de los milagros. Don Carlos Casanueva Opazo, 1871-1957* (Santiago: Ediciones Universidad Católica de Chile, 2004), 36-37.

[52] Hevia Fabres, *El rector*, 61-62.

Pero sus experiencias en el país también fueron determinantes para él: había presenciado la masacre en la Escuela Santa María de Iquique en 1907, cuando cientos de trabajadores murieron durante un conflicto obrero que terminó con la intervención del Ejército[53].

Después de los conflictos violentos entre obreros y sus patrones, que llegaron a su apogeo en las décadas de 1890 y 1900, algunos miembros de la línea progresista del pensamiento católico consideraron elementos de justicia y un modelo más inclusivo de democracia. Rafael Edwards Salas formaba parte de esta línea e impulsó la instauración de una democracia social que iba más allá de la expansión de la democracia política. En el Primer Congreso Científico Panamericano, en 1908, expuso estas ideas y habló de la importancia de realizar estudios sistemáticos sobre la "cuestión social" y la necesidad de buscar soluciones estructurales[54]. También publicó una traducción de *La verdadera democracia. Noción de una democracia cristiana* del italiano Giuseppe Toniolo, cuya corriente de pensamiento expuso en el periódico *El Porvenir*. En la misma línea, urgió a los directores del Partido Conservador a democratizar esta institución para incluir sectores obreros[55]. Desde hacía algún tiempo, el Partido Conservador había abierto clubes y organizado reuniones para los trabajadores y artesanos, pero estos seguían siendo marginales dentro de la organización. En las décadas siguientes prestarían más atención a los trabajadores, realizando esfuerzos por organizarlos en sindicatos cristianos con el objeto de proporcionarles oportunidades para mejorar su situación dentro del ámbito católico. *El sindicalismo* católico fue promovido después de 1918 con la fundación del periódico El Sindicalista, editado por el presbítero Guillermo Viviani Contreras[56].

Esta línea de pensamiento, centrada en la "cuestión social", llegó al liderazgo de la Iglesia chilena a comienzos del siglo XX. El arzobispo de Santiago, Juan Ignacio González Eyzaguirre (1908-1918), mostró un fuerte compromiso con la "cuestión social" y se esforzó por propagar las ideas socialcatólicas durante su arzobispado. En su tiempo, se introdujeron clases de Sociología en el Seminario de Santiago y de Doctrina Social en la Universidad Católica, influyendo con sus orientaciones pastorales en el clero más joven. El arzobispo también pidió a *La Revista Católica* incluir una nueva sección para tratar la "acción social"[57].

[53] Marco Antonio León, "La labor social y pastoral de Martín Rücker Sotomayor en la ciudad de Chillán (1926-1935)", *Tiempo y Espacio* 13, 16 (2006): 104.

[54] Manuel Bastias Saavedra y Camilo Plaza Armijo, "From Control to Social Reform: The Latin-American Social Question in the Latin-American Scientific Congresses (1898-1908)", *Estudios Ibero-Americanos* 42, 1 (enero-abril de 2016): 295, 298.

[55] Saranyana, *Teología en América Latina*, III, 204, 222.

[56] Thayer Arteaga, *El padre Hurtado*, 76.

[57] Juan Ignacio González Errázuriz, *El arzobispo del centenario. Juan Ignacio González Eyzaguirre* (Santiago: Centro de Estudios Bicentenario, 2003), 119-120, 163, 288.

Las nociones socialcatólicas repercutieron en el joven laicado en el Colegio San Ignacio y en la Universidad Católica desde comienzos del siglo XX. Un grupo de jóvenes progresistas que había asistido a estas instituciones introdujo las ideas del catolicismo social en el interior del Partido Conservador. Juan Enrique Concha Subercaseaux lideró la inyección de estos conceptos en el programa del partido en la convención de 1901[58]. En las décadas siguientes, se desarrolló una serie de debates sobre las maneras de implementar el catolicismo social, particularmente las directrices de las encíclicas *Rerum novarum* y *Quadragesimo anno* (1931). Sin embargo, muchos permanecieron indiferentes a la inclusión del catolicismo social en el programa del partido. Según Rafael Luis Gumucio, "las encíclicas simplemente no las conocía ni le interesaban"[59]. Un grupo importante entre los líderes conservadores no las consideraban relevantes para Chile. A pesar de este escenario, algunos sacerdotes comenzaron a persuadir a la juventud católica de la necesidad de pensar sobre la reforma social a través de los Círculos de Estudio, las Semanas Sociales, la ANEC (Asociación Nacional de Estudiantes Católicos) y de la Universidad Católica[60]. Estos jóvenes fueron los que formaron la Juventud Conservadora, que eventualmente se transformó en la Falange Nacional en la década de 1930.

La Acción Católica y las divergencias en el pensamiento político católico (1930-1962)

Alrededor de 1930, arrancó un nuevo período para el pensamiento católico chileno marcado por la profundización del catolicismo social y la agudización de las tensiones políticas y partidistas entre los católicos. En esta etapa, hubo gran ascendiente del pensamiento católico europeo. En los escritos teológicos, sociales y políticos de los católicos chilenos se puede constatar la presencia de las ideas del filósofo francés Jacques Maritain y de la nueva teología francesa, y aparecen ejemplos de soluciones europeas para las cuestiones sociales locales. No obstante, la atmósfera y los problemas chilenos y latinoamericanos también tuvieron roles decisivos en la formulación del pensamiento católico nacional. En la segunda mitad del siglo XX, emerge un pensamiento católico específicamente latinoamericano.

En este período, la generación de 1930 alcanzó su madurez intelectual e introdujo nuevos rumbos en el pensamiento católico chileno. Esto acarreó, como veremos más adelante, importantes conflictos entre los católicos, en

[58] Véase también Juan Enrique Concha Subercaseaux, *Conferencias sobre economía social dictadas en la Universidad Católica de Santiago de Chile* (Santiago: Imprenta Chile, 1918).

[59] Citado en Andrea Botto, "Algunas tendencias del catolicismo social en Chile: reflexiones desde la historia", *Teología y Vida* 49 (2008): 501.

[60] Botto, "Algunas tendencias", 502.

especial respecto a la forma de incorporar el socialcristianismo en el ámbito político. La juventud católica de la generación de 1930, nominada así porque ingresó a la universidad cerca de ese año, se educó al alero de los colegios católicos y en la Universidad Católica. Sus experiencias con el catolicismo social estuvieron basadas en su lectura de la *Rerum novarum* y la *Quadragesimo anno* y modeladas por el pensamiento político y social. Aprendieron y experimentaron la teoría y la práctica del catolicismo social a través de su participación en la ANEC, los Círculos de Estudio, la Liga Social y la Acción Católica[61]. En todos ellos predominaba la preocupación por los trabajadores. Muchos —incluidos el padre Viviani y Fernando Vives— promovieron el sindicalismo cristiano como una de varias soluciones a la "cuestión social"[62]. La generación de 1930 dominó el pensamiento católico en lo que quedaba del siglo XX, aunque sus miembros tomaron distintos caminos en la interpretación e implementación de lo que aprendieron en sus años formativos.

La ANEC, los Círculos de Estudio, la Liga Social y la Acción Católica fueron la cuna del pensamiento católico social. Cada una de estas organizaciones tenía asesores y líderes clericales, pero sus miembros eran laicos, pues sus funciones primordiales eran enseñar los principios del catolicismo social a los fieles y canalizar la provisión de servicios a los trabajadores y a los pobres. Los Círculos de Estudio databan de mediados del siglo XIX y "estaban destinados a la preparación de jóvenes cultos para el servicio público en los distintos campos de su quehacer profesional y público"[63]. Durante las primeras décadas del siglo XX, los jóvenes de los colegios católicos, en especial del Colegio San Ignacio, y los estudiantes de la Universidad Católica interactuaron con sacerdotes progresistas como Guillermo Viviani, Óscar Larson, Fernando Vives, Jorge Fernández Pradel y Alberto Hurtado, quienes estaban interesados por las experiencias del catolicismo social en Europa y transmitieron dicha inclinación a sus estudiantes. El proceso se intensificó hacía 1930, cuando se observa la profundización del compromiso laico con el catolicismo social en el ámbito universitario. En 1928, la ANEC, por ejemplo, tuvo un nuevo asesor en Óscar Larson, quien expuso a los estudiantes universitarios las ideas que había adquirido en su reciente viaje a Europa, donde se había reunido con los directores de la Acción Católica belga y había aprendido acerca de la dirección de los Círculos de Estudio. Muchos profesores de la Universidad Católica ya tenían una orientación socialcatólica y las actividades estudiantiles de Larson reforzaron esa línea con la filosofía

[61] Botto, "Algunas tendencias", 503. Sobre el rol de Vives, la ANEC y las divisiones política de la juventud, véase Álvaro Góngora, Alexandrine de la Taille y Gonzalo Vial, *Jaime Eyzaguirre en su tiempo* (Santiago: Universidad Finis Terrae, Zig-Zag, 2002), 79-88.

[62] Thayer Arteaga, *El padre Hurtado*, 79.

[63] María Angélica Muñoz Gomá, "Abdón Cifuentes, visión de futuro. La orientación práctica de la enseñanza (1836-1928)", *Pensamiento Educativo* 34 (junio de 2004): 280.

belga que usaba el modelo ver-juzgar-actuar[64]. Es decir, observar la situación, evaluarla según las Sagradas Escrituras y actuar para mejorarla. Fernando Vives y Jorge Fernández Pradel, tan comprometidos con el catolicismo social como Larson, también trabajaron con los jóvenes de la ANEC desde 1931[65]. En general, los anecistas eran más progresistas que la mayoría de los católicos chilenos. Muchos habían conocido el catolicismo social progresista en los Círculos de Estudio de sus colegios y en la Liga Social[66]. Cuando el papa Pío XI publicó la encíclica *Quadragesimo anno* para conmemorar el aniversario de la *Rerum novarum*, la revista de la ANEC la publicó mientras que muchos otros periódicos chilenos rechazaron la oportunidad de hacerlo[67]. La ANEC fue incorporada a la fundación de la Acción Católica Chilena[68].

Muchos jóvenes miembros de la ANEC y de la Acción Católica Chilena se integraron también a la Liga Social fundada por el padre Vives. Fernando Vives tuvo una enorme influencia en el desarrollo del catolicismo social del siglo XX. Desde su posición como profesor en el Colegio San Ignacio, como asesor en los Círculos de Estudio y en la Liga Social, y como director del Secretariado Económico-Social de la Acción Católica, su visión de la acción social y la importancia de la democracia social, en la cual era influido por Jacques Maritain, tuvo un gran impacto[69]. Sus discípulos incluyeron a Clotario Blest, Óscar Larson, Jaime Eyzaguirre y Alberto Hurtado.

Alberto Hurtado conoció a Fernando Vives como estudiante del Colegio San Ignacio y de la Universidad Católica antes de entrar a la Sociedad de Jesús. Hurtado llegó a ser uno de los intelectuales católicos más importantes del siglo XX chileno, instrumental en la implementación de nuevas iniciativas socialcatólicas. No participó en política, pero sus ideas y actividades configuraron el catolicismo chileno e indirectamente la política católica de su era. Su formación como jesuita tuvo un carácter internacional y después de su ordenación continuó viajando mucho. Como estudiante en Lovaina, durante la primera mitad de los años treinta y después, durante sus viajes europeos, estuvo expuesto a la nueva teología ("la nouvelle théologie") europea y conoció a teólogos notables como Jacques Maritain, Émile Mersch, Karl Adam y Joseph Lebret. A partir de estas experiencias, desarrolló ideas cristocéntricas

[64] El sacerdote (después cardenal) belga Joseph Cardijn desarrolló esta metodología de ver-juzgar-actuar a fines de la década de 1920 con la organización de jóvenes obreros cristianos. Robert Sean Mackin, "Liberation Theology: the Radicalization of Social Catholic Movements", *Politics, Religion and Ideology* 13, 3 (septiembre de 2012): 337-338.

[65] Araneda Bravo, *Óscar Larson*, 41; *Historia de la Iglesia*, 724-726.

[66] Sobre los Círculos de Estudio, véase Thayer Arteaga, *El padre Hurtado*, 79-80; Botto, "Algunas tendencias", 502.

[67] Araneda Bravo, *Óscar Larson*, 59.

[68] Bruno-Jofré, "The Catholic Church", 718.

[69] Bruno-Jofré, "The Catholic Church", 720.

con un énfasis en la justicia social[70]. Su influencia en el catolicismo chileno derivó de sus extensos viajes por la nación y sus múltiples cargos enseñando a laicos y sacerdotes, además de sus trabajos en el ámbito del catolicismo social, donde llegó a ser director de la Acción Católica[71]. En la universidad estudió las ideas educacionales de John Dewey y les dio una lectura cristiana que sería la base para una reforma educacional durante el gobierno de Eduardo Frei Montalva (1964-1970)[72].

La generación católica de 1930 compartió muchos conceptos comunes en su formación, pero tuvo diferentes estrategias políticas. Andrea Botto ha identificado cuatro grupos dentro de la generación católica de 1930, caracterizados por sus distintas aproximaciones a los problemas políticos y sociales de su época: los que se ausentaron de la política partidista, los conservadores tradicionales, los conservadores "social cristianos" y los socialcatólicos que terminarían por separarse del Partido Conservador para formar la Falange[73]. Todos eran liderados por laicos, pero tenían fuertes lazos con el clero y los obispos. Las lealtades personales y sus entrecruces con las divisiones de estos grupos contribuyeron a las tensiones del catolicismo chileno que perduraron por más de medio siglo. Muchos jóvenes católicos cuestionaban el apego de los partidos tradicionales, tanto el Conservador como el Liberal, al liberalismo económico que seguía las propuestas de Adam Smith a la luz de los problemas sociales y los conflictos de clase que habían emergido con la industrialización y la urbanización.

Un grupo, que Botto llama "los ligueros" por su formación en la Liga Social, prescindió de la política de partido y buscó generar cambios culturales para un nuevo consenso católico. La acción apostólica les parecía más efectiva que la militancia política, la que el padre Vives había desestimado, considerando que el Partido Conservador (el único partido de la época con valores católicos) había decaído. Una parte de estos apolíticos adoptaron un integrismo hispanista que describieron como "purista"[74]. Jaime Eyzaguirre fue uno de los miembros emblemáticos de este grupo y uno de los más importantes intelectuales católicos del siglo XX. Sus actividades públicas y privadas tuvieron la impronta de los principios católicos y la religiosidad de

[70] Fredy Parra, "Teología del Cuerpo Místico, Comunión de los Santos y pensamiento social en San Alberto Hurtado. La influencia de Émile Mersch y Karl Adam", *Teología y Vida* 50, 4 (2009): 797-835. Véase también Mariana Clavero R., "Un punto de inflexión en la vida del padre Alberto Hurtado. Itinerario y balance de su viaje a Europa de 1947", *Teología y Vida* 46 (2005): 291-320.

[71] Samuel Fernández, "¿Reformar al individuo o reformar la sociedad? Un punto central en el desarrollo cronológico del pensamiento social de San Alberto Hurtado", *Teología y Vida* 49 (2008), *passim*.

[72] Jaime Caiceo Escudero, "Historia de la filosofía católica en Chile durante el siglo XX", *Intus-Legere Filosofía* 6, 2 (2012): 147-148.

[73] Andrea Botto delinea estos cuatro grupos en su artículo "Algunas tendencias".

[74] Correa, "La opción política", 194; Botto, "Algunas tendencias", 509.

León Bloy, el presbítero Juan Salas, el espíritu benedictino y el compromiso social de Vives[75]. Eyzaguirre había estudiado en el Liceo Alemán y la Universidad Católica y tuvo la influencia de su profesor Fernando Vives cuando estudió Derecho y participó en la Liga Social y en la ANEC en sus años universitarios. Lo caracterizaba una fuerte orientación hacia el catolicismo social y planteó que el corporativismo cristiano era la mejor solución a los problemas modernos. Criticó a la aristocracia tradicional por haber rechazado la doctrina social católica, y rechazó al Partido Conservador por su apego al liberalismo económico[76]. Eyzaguirre afirmó que "la libertad económica irrestricta es negativa, la economía debe estar al servicio del hombre, debe fundamentarse en principios morales y velar por la justicia social y la caridad social"[77]. Pero no le interesaba reformar el Partido Conservador desde adentro ni militar en otro partido, sino alcanzar la reforma social fuera del sistema partidista. En la dirección de la revista *Estudios*, desde 1934 hasta 1956, fomentó el espíritu de los ligueros como grupo[78]. Su colaborador en *Estudios*, Julio Philippi, también criticó a los conservadores tradicionales, observando su pasividad frente la "cuestión social". Pero Philippi también rechazó a los democratacristianos por monopolizar el catolicismo social[79].

No obstante la importancia de los ligueros, la mayoría de los pensadores católicos sí participó en política en el sistema tradicional de partidos. El Partido Conservador había integrado el socialcristianismo en su programa en la convención de 1901 y se comprometió explícitamente a seguir las orientaciones papales, abordando la "cuestión social" en la convención de 1931. Sin embargo, muchos de sus miembros tradicionales veían el catolicismo social como caridad. Lo que es más, creían que los problemas sociales eran el reflejo de una crisis moral que podía ser resuelta con una caridad robusta. No les interesaba promover la justicia social o la reforma del orden socioeconómico liberal[80]. El presidente del Partido Conservador, Héctor Rodríguez de la Sotta, representante de esta postura, sostuvo en la convención de 1932 que "la existencia de pobres y ricos es parte del plan providencial de Dios, y es bien poco lo que puede hacerse para modificarlo, salvo el alivio proporcionado por la caridad"[81].

Otro grupo de militantes conservadores, que a mediados de siglo llegaron a ser los líderes del Partido Conservador, entre quienes se incluye Sergio Fernández Larraín (eventual presidente del partido) y Rafael Agustín Gumucio,

[75] Góngora *et al.*, *Jaime Eyzaguirre*, 68.

[76] Góngora *et al.*, *Jaime Eyzaguirre*, 61-62, 72.

[77] Citado en Saranyana, *Teología en América Latina*, III, 227.

[78] Botto, "Algunas tendencias", 509-510.

[79] Arturo Fontaine y Lucas Sierra, "Escritos y documentos de Julio Philippi", *Estudios Públicos* 74 (otoño de 1999): 327.

[80] Botto, "Algunas tendencias", 506.

[81] Citado por Botto, "Algunas tendencias", 506.

eran anticomunistas y despreciaban las ideas democráticas de Maritain[82]. Mantenían que el Partido Conservador era el único donde podían militar los católicos y que su desunión sería desastrosa para ellos. Durante los años treinta, este círculo estuvo dominado por jóvenes educados, en su mayoría, en la Universidad Católica. Formaban la Juventud Conservadora y les interesaba abordar la "cuestión social". Después de un tiempo, perdieron una parte de sus miembros más radicales, quienes formaron la Falange. Los que se quedaron querían cambiar el rumbo del partido desde dentro. Las diferencias entre falangistas, "ligueros" y la Juventud Conservadora reflejan que aunque la generación de 1930 tuvo una formación e influencias compartidas, adoptaron diversos caminos para realizar sus propuestas socialcatólicas[83]. Con el tiempo, los conservadores socialcristianos agudizaron sus críticas a los falangistas por su acercamiento a las ideas comunistas, particularmente durante la Guerra Fría[84].

Los falangistas incluían a Bernardo Leighton, Eduardo Frei Montalva y Manuel Garretón[85]. Adoptaron las ideas del filósofo francés Jacques Maritain, mentor de Eduardo Frei, quien tuvo tanta influencia como para que sus ideas llegaran a ser debatidas por la oposición[86]. Hasta 1938, los falangistas militaron en el Partido Conservador como parte de la Juventud Conservadora y trataron de transformarlo desde adentro. Valoraban el corporativismo, el nacionalismo, el hispanismo y la justicia social y, a veces, sus esfuerzos intelectuales y políticos parecían tener un carácter mesiánico[87]. En 1934, la aparición del periódico de estos jóvenes, *Lircay*, señaló el comienzo de su separación definitiva del partido, porque promovía ideas muy alejadas de sus valores tradicionales. Según el líder falangista Alejandro Silva Bascuñán, la juventud que formaba la Falange daba prioridad al catolicismo social y a la búsqueda de un orden socialcristiano y creían que el Partido Conservador

[82] Saranyana, *Teología en América Latina*, III, 226.

[83] Andrea Botto ha notado que las respuestas de estos grupos al catolicismo social y su incorporación en la sociedad chilena representan no sólo diferencias estratégicas, sino distintas visiones de los mundos actuales e ideales. Botto, "Algunas tendencias", 504.

[84] El líder conservador Sergio Fernández Larraín pertenecía a este grupo. Véase Sergio Fernández Larraín, *Falange Nacional, democracia cristiana y comunismo* (Santiago: Imprenta Z.A.I., 1958), en el cual critica a la Falange por sus ideas, que el autor juzgaba demasiado cercanas al comunismo.

[85] Caiceo Escudero, *Historia de la filosofía*, 146; Andrea Botto, "Catolicismo social en Chile, 1930-1960: ¿Un factor de división entre los católicos?", en *Catolicismo social chileno: desarrollo, crisis y actualidad*, eds. Fernando Berríos, Jorge Costadoat y Diego García (Santiago: Ediciones Universidad Alberto Hurtado, 2009), 247-248; Sofía Correa, "El corporativismo como expresión política del socialcristianismo", en *Catolicismo social chileno*, eds. Berríos, Costadoat y García, 279-280.

[86] Sobre la influencia de Maritain en Frei Montalva, véase Luis Moulian y Gloria Guerra, *Eduardo Frei Montalva M. (1911-1982): Biografía de un estadista utópico* (Santiago: Editorial Sudamericana, 2000), capítulo 3.

[87] Moulian y Guerra, *Eduardo Frei*, 28-29.

valoraba la libertad individualista y el liberalismo económico, principios con los que no se podía alcanzar el bien común[88]. Una carta del cardenal Pacelli a los obispos chilenos en 1934 determinó que los católicos tenían la libertad de pertenecer y militar en cualquier organización política de su preferencia mientras continuaran defendiendo los valores católicos[89]. Esta carta alentó a los falangistas a separarse del Partido Conservador para formar un nueva agrupación con identidad católica.

La separación definitiva ocurrió en 1938, cuando rechazaron a Gustavo Ross como candidato presidencial[90]. Criticaban la falta de compromiso de Ross con el orden social cristiano que ellos proponían[91]. La Falange funcionó como partido independiente desde 1938 hasta su unión con otros partidos pequeños en 1957, cuando se formó el Partido Demócrata Cristiano. Después de la Segunda Guerra Mundial, el corporativismo perdió legitimidad como base de organización política. En consecuencia, ajustaron sus principios políticos al comunitarismo. Por su parte, durante la posguerra, los conservadores tradicionalistas adoptaron un integrismo hispanista que alcanzó su forma en el gremialismo vinculado a la Universidad Católica[92].

Muchos falangistas se formaron en la ANEC y en la Acción Católica, establecida formalmente en Chile en 1931. Sus actitudes y acciones fueron reflejo de la importancia que tuvo la participación en este movimiento. Aunque no era capaz por sí misma de cambiar el orden social tradicional, su novedad radicaba en su estructura corporativista y sus métodos, muchos importados de Europa. Para la Santa Sede, la Acción Católica fue el marco preferido para el catolicismo social a mediados del siglo XX. El modelo italiano, favorecido por el Vaticano, organizó a los católicos en grupos según edad y sexo —los hombres, los jóvenes, las mujeres y las jóvenes—. Requería de mayor participación y control del clero que otras formas de catolicismo social, posiblemente para desarrollar proyectos apropiados y evitar la fuga hacia el socialismo. Más tarde, bajo la influencia de la Acción Católica Francesa, introdujo ramos organizados por ocupación para atraer a los trabajadores. El Vaticano, la jerarquía chilena y numerosos clérigos y laicos vieron en el corporativismo una alternativa al liberalismo económico y al socialismo marxista[93]. Además de la profundización del corporativismo en los años treinta y cuarenta, y del compromiso con la acción social, la Acción Católica expuso a sus participantes a nuevas experiencias que más tarde

[88] Alejandro Silva Bascuñán, *Una experiencia social cristiana* (Santiago: ChileAmérica, CESOC, 2008), 20-23.

[89] Silva Bascuñán, *Una experiencia*, 38-40.

[90] Moulian y Guerra, *Eduardo Frei*, 38-39.

[91] Silva Bascuñán, *Una experiencia*, 115-118.

[92] Correa, "La opción política", 194.

[93] Brian H. Smith, *The Church and Politics in Chile. Challenges to Modern Catholicism* (Princeton: Princeton University Press, 1982), 95-96, 104. Correa, "La opción política", 193.

resultaron formativas para los líderes políticos que de ahí surgieron. Por eso, aunque no atrajo a la mayoría de los católicos chilenos, tuvo un gran impacto en la esfera política.

Durante los años cincuenta, llegó a Chile la sociología científica que no sólo impactó a políticos e intelectuales laicos, sino también al pensamiento católico[94]. Entre los católicos, este proceso ocurrió en gran parte en la nueva Escuela de Sociología de la Universidad Católica y en centros de estudio establecidos por la Sociedad de Jesús. El jesuita belga Roger Vekemans, que llegó a Chile en 1957, envió a jóvenes sociólogos chilenos a estudiar en los Estados Unidos e invitó a sociólogos europeos a enseñar en la Escuela de Sociología. Estableció el Centro de Investigación y Acción Social y el Centro para el Desarrollo Económico y Social de América Latina (DESAL), ambos ubicados en el Centro Bellarmino, importante sede jesuita en Santiago, con el objeto de dar a los sociólogos una formación orientada a "la implementación de reformas estructurales en una manera democrática"[95]. Hasta su salida de Chile en 1970, Vekemans fomentó los estudios y actividades que contribuyeran al desarrollo socioeconómico. En los sesenta, criticó a los pensadores católicos que consideraban el marxismo como una solución válida para los cambios sociales que el país requería. Según el arzobispo de Santiago, cardenal Raúl Silva Henríquez, el sociólogo jesuita Roger Vekemans era "el religioso que más y mejor contribuyó a desarrollar el pensamiento de la Iglesia chilena en torno al desarrollo"[96].

La radicalización del catolicismo chileno (1962-1989)

Durante los años sesenta, los grupos católicos inclinados a la izquierda crecieron considerablemente. En el contexto de radicalización política e intelectual de los años sesenta y setenta, el pensamiento católico chileno también se radicalizó. Se trató de un proceso global que en América Latina estuvo marcado por las ideas que venían de las ciencias sociales y las nuevas teorías sobre el desarrollo, el crecimiento de nuevas fuerzas políticas —fomentado por el éxito de la Revolución cubana— y, entre los católicos, por el comienzo del Concilio Vaticano II (1962-1965). Los pensadores y activistas de izquierda, y también los democratacristianos, caracterizados como centristas, tendieron a atribuir los problemas sociales a las desigualdades estructurales que

[94] Véase el capítulo de Marcos González en este mismo tomo.

[95] Edmundo F. Fuenzalida, "The Reception of 'Scientific Sociology' in Chile", *Latin American Research Review* 18, 2 (1983): 104-105; Correa, "Iglesia y política", 141. Sobre el Centro Bellarmino y las instituciones relacionadas, véase Gonzalo Navarro Sanz, "Catholic International Cooperation: Social Research in the Society of Jesus", en *The Politics of Academic Autonomy in Latin America*, ed. Fernanda Beigel (Burlington: Ashgate, 2013), 126-130.

[96] Citado en Correa, "La opción política", 197.

conducían a la pobreza y la marginalización. Los derechistas, por su parte, rechazaron la posibilidad de mezclar la cristiandad con el marxismo y muchos se acercaron aún más hacia la extrema derecha. Fomentaron el liberalismo económico y la distribución tradicional del poder. Unos y otros creían ser los más fieles a la doctrina católica.

En este contexto, el pensamiento católico tuvo que enfrentar la cuestión del desarrollo latinoamericano. En la primera parte de los años sesenta, este enfoque fue respaldado por los trabajos de Vekemans y otros académicos católicos, tuvo una acogida entusiasta entre los católicos de la época y fue secundado por la Alianza para el Progreso. La búsqueda del diálogo entre los grupos sociales y la inclusión de las clases medias fueron planteamientos atractivos para muchos católicos. Vekemans tuvo gran influencia en el gobierno del democratacristiano Eduardo Frei Montalva (1964-1970) y en un artículo publicado en la revista jesuita *Mensaje* en 1966 respaldó la Promoción Popular, programa distintivo del gobierno de Frei Montalva.

Las políticas de Frei descansaron en buena medida en sus creencias católicas, en particular en la filosofía del humanismo cristiano, especialmente como había sido articulada por Jacques Maritain, y en los principios de la justicia social y el nacionalismo. Un número considerable de sacerdotes y pensadores católicos lo apoyaron en sus campañas presidenciales de 1958 y 1964. Los partidos democratacristianos europeos, en especial el alemán, le enviaron apoyo económico, en parte, por su compromiso con la justicia social de vocación católica. Fue este vínculo el que le atrajo las críticas de la derecha y del catolicismo tradicional. Muchos consideraban que la filosofía de Frei era demasiado cercana al marxismo. Si el presidente no comulgaba con el marxismo en sí, reconocía que sus principios de justicia social y su denuncia de los problemas estructurales del liberalismo económico tenían fundamentos justos[97]. Como los marxistas, pero desde el marco filosófico católico, promovió la reforma agraria, la planificación económica estatal y el desarrollo económico independiente de la inversión extranjera basado en la soberanía nacional[98].

El Partido Conservador y los obispos chilenos más tradicionales condenaron a Frei Montalva por lo que veían como un acercamiento a la ideología marxista. Hacía tiempo que el episcopado había sido eclipsado por los laicos como líder del pensamiento católico, porque la mayoría de la jerarquía se mantuvo apegada a las posiciones tradicionales y al Partido Conservador. Sin embargo, entre 1958 y 1962, hubo cambios decisivos en las posiciones políticas y las ideas del episcopado. En particular, se mitigó la primacía del antimarxismo y hubo una apertura a considerar nuevos remedios a los problemas

[97] Sobre el pensamiento de Frei Montalva referente al marxismo, véase Moulian y Guerra, *Eduardo Frei*, 42-43.

[98] Alberto Cardemil Herrera, *El camino de la utopía: Alessandri, Frei Montalva, Allende. Pensamiento y obra* (Santiago: Editorial Andrés Bello, 1997), particularmente capítulo III.

sociales y políticos del momento. Estas transformaciones fueron producto de la llegada de una nueva generación, que vino a reemplazar a la mitad de los obispos chilenos en una década. Los nuevos obispos, especialmente el arzobispo de Santiago, cardenal Raúl Silva Henríquez, y el obispo de Talca, Manuel Larraín, fueron críticos para el impulso de una nueva actitud en la Iglesia. Apoyaron cambios estructurales, como la reforma agraria, para enfrentar la injusticia socioeconómica. Dos cartas pastorales colectivas de 1962, "La Iglesia y el campesinado chileno" y "El deber social y político en la hora presente", marcaron este nuevo rumbo. Ambas misivas identificaban la necesidad de cambios estructurales y mencionaban específicamente la reforma agraria y la protección de los trabajadores. En ellas, se reflejó la influencia de Roger Vekemans, Renato Poblete y otros jesuitas del Centro Bellarmino, quienes redactaron el segundo de estos importantes documentos[99].

Las cartas pastorales de 1962 sugerían que las posturas socioeconómicas de la nueva mayoría de la jerarquía coincidían con la Democracia Cristiana y la campaña electoral de Eduardo Frei Montalva. Los jesuitas Roger Vekemans y Renato Poblete pidieron a los obispos que apoyaran la campaña de Frei para mantener unido el voto católico[100]. Sus aproximaciones a la justicia social coincidieron con los planteamientos de los nuevos obispos progresistas, permitiendo ampliar el proyecto católico de igualdad y justicia.

En contraste con el pasado, eran los sacerdotes más progresistas los que buscaban la unidad católica en las elecciones. Las novedosas posiciones de la jerarquía reflejaron una nueva tendencia dentro del clero chileno. Michael Dodson ha atribuido estos cambios al hecho de que "el contacto directo con los pobres catalizó la politización del clero durante los sesenta"[101]. En 1963, la Misión General de Santiago también buscó extender la llegada de la Iglesia e incorporar más profundamente a los laicos en la vida eclesiástica. Al mismo tiempo, difundió la lucha anticomunista y el mensaje de que los cambios sociales debían ser una misión compartida con la Democracia Cristiana y su candidato Frei Montalva[102]. La alianza del clero con la concepción de un orden social católico a favor de los pobres hubiera sido imposible en otro contexto histórico. En 1970, Silva Henríquez dejó en claro que para un católico era legítimo votar por un candidato socialista para avanzar en la reforma social[103].

[99] Correa, "Iglesia y política", 141-142, 147-148; Smith, *The Church and Politics*, 109-112.

[100] Correa, "La opción política", 197.

[101] "Direct contact with the poor was a catalyst in politicizing clergy during the '60s". Véase Michael Dodson, "The Christian Left in Latin American Politics", *Journal of Interamerican Studies and World Affairs* 21, 1 (febrero de 1979): 54.

[102] David Fernández Fernández, *Historia oral de la Iglesia católica en Santiago de Chile desde el Concilio Vaticano II hasta el golpe militar de 1973* (Cádiz: Universidad de Cádiz, 1996), 162-164; Élodie Giraudier, "Los católicos y la política en Chile en la segunda mitad del siglo XX", *Revista de CESLA* 18 (2015): 219.

[103] Cristián Garay Vera, "Iglesia y transición en Chile: El papel del obispo Raúl Silva Henríquez, 1961-1983", *Aportes* 27, 80 (marzo de 2012): 106.

Estas transformaciones del pensamiento católico en Chile eran reflejo de las mudanzas de la Iglesia latinoamericana, la que empezó a trabajar en concierto con la chilena para implementar las directrices del Concilio Vaticano II e imbuir su espíritu en la región[104]. El encuentro del Consejo Episcopal Latinoamericano (CELAM) en Medellín, en 1968, y la irrupción de la teología de la liberación marcaron una inclinación hacia la izquierda. Los obispos latinoamericanos empezaron a variar su perspectiva a partir de los planteamientos de la teología de la liberación y el problema de la pobreza. El papa Pablo VI dio el tono y el enfoque del encuentro en Medellín cuando lo abrió con una llamada a favor de los pobres[105].

En Chile surgió "una numerosa y diversa izquierda cristiana", que incluía a la Iglesia Joven, el Movimiento de Acción Popular Unida (MAPU), el Grupo de los 80 y los Cristianos por el Socialismo (CPS)[106]. Los definía el diálogo entre el cristianismo y el marxismo cuando no, en algunos casos, una adopción explícita de elementos marxistas. Una movilización de laicos y un pequeño grupo del clero que ocupó la catedral de Santiago en 1968 formó la base para el movimiento Iglesia Joven, que más tarde apoyó al gobierno de Salvador Allende. Sus miembros querían "una Iglesia servidora del pueblo"[107]. El diálogo cristiano-marxista también suscitó rupturas dentro del Partido Demócrata Cristiano, que sin ser confesional incluía a muchos católicos. En 1969, una parte se separó para formar el MAPU y, en 1971, otro grupo constituyó la Izquierda Cristiana. Estos nuevos partidos apoyaron al gobierno de la Unidad Popular. Mientras la Iglesia Joven había sido primordialmente laica, un círculo de sacerdotes liderados por el jesuita Gonzalo Arroyo formó el Grupo de los 80 en 1971, que después creció y se transformó en CPS. Estas organizaciones enfatizaron el concepto de la liberación y criticaron a la jerarquía por su falta de soluciones efectivas[108]. En 1970, algunos sacerdotes y religiosos que antes habían apoyado a la Democracia Cristiana pasaron a respaldar la Unidad Popular. No obstante, la jerarquía fue reluctante respecto a Allende y, después de la confirmación de su elección, declaró que favorecería el trabajo por los pobres mientras Chile no perdiera su "patrimonio espiritual" ni cayera en "dictadura"[109]. A pesar de los cambios en las concepciones políticas de muchos sacerdotes y obispos, permanecieron las

[104] Ernesto Valiente, "The Reception of Vatican II in Latin America", *Theological Studies* 73, 4 (diciembre de 2012): 801.

[105] John Frederick Schwaller, *The History of the Catholic Church in Latin America* (Nueva York. New York University Press, 2011), 246.

[106] Dodson, "The Christian Left", 56.

[107] Fernández, *Historia oral*, 209-210.

[108] Dodson, "The Christian Left", 57; Correa, "La opción política", 199; Gabriela Gómez, "La radicalización católica en Argentina y Chile en los sesenta", *Revista Cultura y Religión* 5, 2 (diciembre de 2011): 63-64.

[109] Gómez, "La radicalización católica", 64.

tensiones dentro de la Iglesia, así como el miedo a los posibles efectos de un gobierno socialista.

Por su lado, la derecha católica también sufrió un proceso de radicalización. Durante los años cincuenta, el Partido Conservador había insistido en su identidad como único partido legítimamente católico. Se opuso a la Democracia Cristiana por cercanía con el socialismo. Sin embargo, muchos católicos migraron al Partido Demócrata Cristiano y lo que quedó del antiguo Partido Conservador se unió con los nacionalistas para crear el Partido Nacional. A raíz de la disolución de aquel partido, emergió una nueva derecha, definida por un pensamiento de carácter corporativista e hispanista[110]. En 1966, algunos derechistas jóvenes, incluido Jaime Guzmán, fundaron la Defensa de la Tradición, Familia y Propiedad (TFP), mejor conocida como Fiducia. Esta nueva formación tenía conexiones con la organización brasileña del mismo nombre que rechazaba las conclusiones del Concilio Vaticano II[111]. El grupo chileno desarrollaba y promovía sus ideas a través de la revista *Fiducia*. Al igual que la Democracia Cristiana, rechazó el liberalismo económico, pero defendía la importancia de la propiedad privada, al mismo tiempo que despreciaba al gobierno de Frei Montalva y el Partido Demócrata Cristiano por abrir el camino al socialismo. Guzmán citaba las enseñanzas pontificias para discutir la propiedad privada como elemento esencial para la libertad personal y rechazaba completamente la reforma agraria, por considerarla socialista y totalitaria[112]. Esta corriente del pensamiento católico chileno, secundada por algunos obispos, apoyó la dictadura que se instaló en 1973. Monseñor Emilio Tagle, de Valparaíso, y monseñor Augusto Salinas, de Linares, rechazaron el Concilio Vaticano II y las conclusiones de la conferencia de Medellín por sus temores a que las reformas abrieran la puerta al comunismo[113]. A pesar de las divergencias de pensamiento de la Conferencia Episcopal frente el gobierno pinochetista, esta protestó contra la violencia política desde los comienzos.

La dictadura tuvo una importante influencia católica cuando planteó las bases para una nueva sociedad. Jaime Guzmán, tal vez el más destacado político de derecha de los años setenta, tuvo un rol notable al respecto. Guzmán era discípulo de Osvaldo Lira, Jaime Eyzaguirre y Julio Philippi. Se opuso a la Democracia Cristiana por su cercanía con el socialismo y encontró un modelo viable en el principio católico de la subsidiariedad que, para él, encarnaba mejor la doctrina social católica que la "tercera vía" entre el capitalismo

[110] Correa, "Iglesia y política", 147.

[111] Giraudier, "Los católicos", 222.

[112] Renato Cristi, *El pensamiento político de Jaime Guzmán* (Santiago: Lom, 2000), 64-66; Giraudier, "Los católicos", 222. También véase Verónica Valdivia Ortiz de Zárate, *Nacionales y gremialistas. El "parto" de la nueva derecha política chilena 1964-1973* (Santiago: Lom, 2008).

[113] Giraudier, "Los católicos", 223-224.

y el socialismo[114]. Según Guzmán, "el Estado no puede asumir ninguna función específica que los individuos u organismos intermedios sean capaces de realizar por sí mismos". Más tarde, aceptó el modelo liberal de libre comercio como base de la política económica. Desde 1983, sus ideas políticas se institucionalizaron en la Unión Demócrática Independiente (UDI), que emergió del ala política del gremialismo. Aunque la UDI no es un partido confesional, su liderazgo ha tenido una gran proporción de individuos con fuertes lazos con el Opus Dei y los Legionarios de Cristo[115].

En los principios católicos que inspiraron muchas de las disposiciones de la Constitución de 1980 y algunas leyes promulgadas por la dictadura, se puede observar la influencia de Guzmán y sus correligionarios. Jaime Guzmán jugó un fundamental rol en la redacción de los primeros documentos del régimen militar y en la Comisión Constituyente. De todas formas, los elementos socialcristianos y corporativistas de la nueva Constitución también se pueden atribuir a la presión del Partido Demócrata Cristiano para tener representación en la comisión, con la presencia de Alejandro Silva Bascuñán y Enrique Evans[116].

Aunque importantes segmentos de la derecha política apoyaron la dictadura, también hubo críticos entre los católicos. Pedro Morandé, por ejemplo, rechazó el neoliberalismo argumentando que en Chile y América Latina no se podían implementar las reformas neoliberales pinochetistas, pues la región no había experimentado un proceso previo de ilustración y racionalización. Como alternativa, propuso restaurar la religiosidad popular y retornar a las fiestas religiosas como base del calendario anual. El historiador Julio Retamal Favereau también rechazó la modernidad. Influenciado por el pensamiento de los conservadores Mario Góngora y Osvaldo Lira, soñaba con el retorno de un Occidente tradicional y premoderno[117].

Otra expresión cardinal de tradicionalismo religioso fue el florecimiento en este período del Opus Dei y los Legionarios de Cristo. Ambos movimientos rechazan los cambios suscitados por el Concilio Vaticano II y, en gran parte, la modernidad. Con todo, aceptan un elemento moderno, el libre mercado, que tenía su correspondencia en las políticas económicas del régimen pinochetista. El principio moderno que separa la Iglesia del Estado, o supone que el Estado tiene primacía sobre la Iglesia, es un anatema para estas corrientes integristas[118]. Su énfasis en la renovación espiritual y la restauración del

[114] Cristi, *El pensamiento político*, 7-8, 24-25. La cita está en la página 25.

[115] Correa, "El corporativismo", 284-285; Juan Pablo Luna, Felipe Monestier y Fernando Rosenblatt, "Religious Parties in Chile: the Christian Democratic Party and the Independent Democratic Union", *Democratization* 20, 5 (2013): 924.

[116] Correa, "El corporativismo", 284-285.

[117] Javier Pinedo, "Conservadores chilenos y su oposición a las reformas neoliberales de Pinochet", *Estudios Interdisciplinarios de América Latina y el Caribe* 13, 1 (enero-junio de 2002).

[118] El Opus Dei es un movimiento español que llegó a Chile en 1950. El sacerdote mexicano

consenso moral basado en la doctrina católica continúa teniendo gran peso en la Iglesia chilena posterior a la transición.

La Iglesia y la reconstrucción de la democracia (1989-2010). Los desafíos de la época contemporánea

Las preocupaciones episcopales sobre los peligros de la liberalización de la moral pública y privada son reflejo de un vuelco en la Iglesia universal y latinoamericana de finales del siglo XX, especialmente bajo el pontificado de Juan Pablo II. Este giro conservador tiene sus orígenes en el anticomunismo de la Guerra Fría que estaba en el corazón del papa y sus temores de que la relajación de los valores condujera a la destrucción de la estructura familiar y social tradicional. Esta nueva ola de conservadurismo también fue una reacción a la teología de la liberación y a los círculos católicos que habían adoptado elementos marxistas durante las décadas de 1960 y 1970. Durante su largo pontificado, Juan Pablo II nombró obispos que tendían a compartir su conservatismo. En Chile, este proceso resultó en una corriente del pensamiento católico ultraconservador que dominó el discurso eclesiástico después de 1990.

El conservadurismo católico de la restaurada democracia chilena se ha manifestado en las instrucciones y políticas del episcopado y en las alianzas políticas de los obispos. Observando con alarma los cambios en la vida familiar, la curia ha deseado restablecer los fundamentos católicos de la familia —definidos como el matrimonio sacramental, la fidelidad matrimonial, la imposibilidad del divorcio, la ilegalidad del aborto—, basada en una división tradicional de la labor entre hombres y mujeres. Con estas prioridades, durante las últimas décadas, la Iglesia se ha aliado con la derecha política para legislar el orden social. Las organizaciones conservadoras católicas como el Opus Dei y los Legionarios de Cristo, ambos movimientos internacionales, han acumulado gran influencia sociopolítica y educacional, especialmente entre la élite que abandonó la opción preferencial por los pobres[119]. Tan importante como la validación del neoliberalismo, ha sido su identidad integrista, que pone la Iglesia por encima de lo civil y quiere "restaurar la sociedad cristiana como existió en la Edad Media inspirándose en el mito de un pasado ideal"[120].

Marcial Maciel fundó los Legionarios de Cristo y el grupo llegó a Chile en 1980. Véase Fabián Bustamante Olguín, "La formación de una mentalidad religiosa de la elite empresarial durante la dictadura militar, 1974-1990. El catolicismo empresarial del Opus Dei", *Revista Cultura y Religión* 4, 1 (abril de 2010): 106, 109.

[119] Giraudier, "Los católicos", 233.

[120] Bustamante Olguín, "La formación", 109.

Cuando el gobierno del democratacristiano Patricio Aylwin, con el apoyo de la Concertación, introdujo legislación enfocada en la protección de la mujer y estableció el Servicio Nacional de la Mujer con rango ministerial, materializó las preocupaciones de los obispos y los pensadores católicos conservadores. Aunque esto en sí no produjo ningún conflicto dentro de la Iglesia, el desarrollo de un programa comprensivo de educación sexual para los colegios provocó alarma en los obispos. Preocupados por la corrupción moral de la sociedad chilena hicieron un llamado a los políticos para detener el programa. El arzobispo de Santiago, cardenal Carlos Oviedo, emitió una carta pastoral en que advertía la crisis de la moralidad nacional. Pocos partidos o sus representantes denunciaron a los obispos por pretender modelar la moral nacional, porque la Iglesia en ese momento tenía mucho peso político y moral. Como han notado algunos académicos, los obispos de los primeros años de la postransición utilizaron el peso moral acumulado por la Conferencia Episcopal gracias a su protección de los derechos humanos durante la dictadura, aun cuando dichos obispos, de manera individual, no hubiesen realizado acciones con este propósito[121].

Mientras algunos partidos políticos aceptaron la denuncia episcopal de la nueva legislación y el programa de educación, la derecha utilizó el momento para mostrar su acuerdo con los obispos respecto a la amenaza que la secularización representaba para la sociedad. Los partidos de derecha Renovación Nacional (RN) y UDI se aliaron con la Iglesia para combatir la disolución de la familia tradicional. Este compromiso fue importante en la década de los noventa en el contexto del debate parlamentario sobre el aborto y el divorcio[122]. El crecimiento de las iglesias protestantes, que aumentó durante el Gobierno militar, continuó después de la transición a la democracia y contribuyó a la tendencia de la Conferencia Episcopal —reforzada por el conservadurismo del papa Benedicto XVI— a buscar alianzas en la ultraderecha para proteger la moral pública y la institución de la familia tradicional. Esta corriente conservadora continúa replicándose en los colegios mantenidos por el movimiento apostólico de Schöenstatt, los Legionarios de Cristo, el Opus Dei y la administración opusdeísta de la Universidad de los Andes[123].

[121] Liesl Haas, "The Catholic Church in Chile: New Political Alliances", en *Latin American Religion in Motion*, eds. Christian Smith y Joshua Prokopy (Nueva York: Routledge, 1999), 50-51; Virginia Guzmán, Ute Seibert y Silke Staab, "Democracy in the Country but not in the Home? Religion, politics and women's rights in Chile", *Third World Quarterly* 31, 6 (2010): 975.

[122] Haas, "The Catholic Church", 52.

[123] Marcelo E. Aguirre Durán, "El factor religioso en la transición política chilena: la apuesta papal por una vía de reconciliación nacional", *Aportes* 27, 80 (marzo de 2012): 120.

CAPÍTULO IV
IDEAS POLÍTICAS EDUCACIONALES EN CHILE, C.1810-C.1980

Pablo Toro Blanco

Introducción

La importancia de la educación, al interior de los lenguajes políticos y los proyectos de organización de la sociedad, se deja ver con facilidad a través del amplio arco temporal que se extiende entre los inicios de la vida republicana y los tiempos presentes. Tanto en los discursos fundacionales de los primeros actores patriotas, plenos de referencias a la noción ilustrada de felicidad pública, como en las demandas de los estudiantes movilizados en 2006, en el contexto de la denominada "revolución de los pingüinos", exigiendo educación pública, gratuita y de calidad (bajo la premisa de que disponer de ella habilita para la movilidad social individual y el crecimiento colectivo), la educación recorrió un sinuoso trayecto a través de la vida independiente de Chile: un camino en que, en términos generales, siempre se la ha reputado como elemento para la construcción de Estado y clave para el progreso, en las diversas advocaciones que esta idea ha tenido a lo largo de dos siglos. Así, su presencia en los discursos políticos ha sido permanente, como una suerte de gramática de ellos. Para reforzar un determinado orden al que se valora como positivo, necesario o natural o, al contrario, para emplearla como ariete en su reemplazo y herramienta en la construcción del "ciudadano virtuoso" o el "hombre nuevo", los discursos políticos siempre la han considerado, con mayor o menor énfasis, como un elemento estratégico.

El amanecer de la prensa nacional y de la difusión de ideas republicanas, en el contexto de las ambiguas primeras etapas del quiebre colonial, ya era ocasión para que la educación fuera mentada como un elemento clave en la explicación del orden político. En un tono transido por la emoción, nuestro primer redactor denunciaba al pasado colonial como un ominoso tiempo de avasallamiento en que "la ignorancia entraba en el plan de la opresión. La educación fue abandonada: la estupidez, la insensibilidad ocuparon en los ánimos el lugar que se debía al sentimiento de su dignidad, al conocimiento de sus derechos (...)"[1]. En los albores de la expresión política con cariz republicano, la educación era empleada como un insumo emocional que, usualmente

[1] "Prospecto", *La Aurora de Chile, Periódico Ministerial y Político*, 1812, 1.

y desde allí hasta el presente, serviría para construir un doble argumento eficaz para la filiación comunitaria: su privación sería experimentada como afrenta y su necesidad, vivida como promesa. En tal sentido, el autor de esas primeras páginas de la prensa nacional se encontraba inserto en una tendencia de mayor escala, propia de la última parte del siglo XVIII y extensible al XIX, en que es posible detectar el reconocimiento y conducción de las emociones (por ejemplo, la ira que debía emerger de su denuncia) como objeto de construcción política, lo que se puede notar en otros procesos de ruptura colonial como, por ejemplo, el de los Estados Unidos[2].

Casi dos siglos después de la producción del texto anterior, un joven dirigente estudiantil del Instituto Nacional, en el contexto del movimiento pingüino de 2006, ofrecía una lectura que, siendo semejante en cuanto a la valoración de la educación, es testimonio de una inversión de los términos: ya no es el pasado educacional un campo baldío; al contrario, aparece como un tiempo añorado. La precariedad educacional denunciada por los estudiantes, en un marco de atomización generalizada de las formas de organización colectiva en el Chile neoliberal, lo lleva a señalar que:

> "Antiguamente, la educación era excelente. Todo este proceso empieza con Eduardo Frei Montalva, la educación es para todos, pero ¿qué calidad de educación le vamos a dar a todos? ¿En qué momento nos despreocupamos de la calidad? Ahí empieza el problema, y peor es cuando se introduce la educación al libre mercado, al sistema neoliberal. Ahí matamos a la educación chilena"[3].

El estudiante entrevistado forma parte de una cadena de preocupación política por la educación, la que tiene larga data y que, de cara a la comprensión de los procesos de movilización política y social, creemos ayuda a ejemplificar lo que un autor inscrito en el campo de los estudios recientes sobre movimientos sociales, incorporando las dimensiones afectivas, ha denominado como "emociones morales", o sea, aquellas que se basan en fomentar y compartir "sentimientos de aprobación o rechazo basados en intuiciones o principios morales; asimismo están relacionadas con la satisfacción de hacer lo correcto (o incorrecto), y también con la de sentir lo correcto (o incorrecto)", siendo una forma de legitimación de la acción política[4]. La educación, en este camino interpretativo, sería un objeto permanente de inspiración de dichas emociones movilizadoras.

[2] Nicole Eustace, "Emotions and political change", en *Doing emotions history*, eds. Susan Matt y Peter Stearns (Urbana: University of Illinois Press, 2014), 174.

[3] "Entrevista a Joaquín Ignacio Valderrama Salinas, estudiante del Instituto Nacional y coordinador de la zona Oriente", en Tamara Gutiérrez Portillo y Cristina Caviedes Reyes, *Revolución pingüina. La primera gran movilización del siglo XXI en Chile* (Santiago: Ayún, 2010), 32.

[4] James Jasper, "Las emociones y los movimientos sociales: veinte años de teoría e investigación", *Revista Latinoamericana de Estudios sobre Cuerpos, Emociones y Sociedad* 10 (diciembre de 2012-marzo de 2013): 48.

Teniendo como portada los dos testimonios citados como hitos de un accidentado pero permanente recorrido, el presente capítulo busca ofrecer una perspectiva general y explicativa de las relaciones entre doctrinas educacionales y el desarrollo político de Chile durante los siglos XIX y XX. Para ello, se ha optado por emplear como nociones fundamentales las ideas de "proyectos educacionales" y "modelos educativos", este último concepto acuñado por Gregorio Weimberg en 1987[5]. Se busca establecer un diálogo entre los primeros (a los que entenderemos principalmente como sistemas de ideas coherentes y con pretensiones de convertirse en guía para la acción, o sea, formulaciones orgánicas concebidas por intelectuales) con los segundos (que expresan iguales pretensiones normativas, establecen lazos con campos como, por ejemplo, la economía, pero incluyen, por su implementación práctica, articulaciones conflictivas entre actores, choques entre intereses, asincronía entre los cambios experimentados en dimensiones tales como ideas, legislación, instituciones, prácticas y vida escolar). El objetivo de esta opción interpretativa es dar cuenta de un conjunto acotado de coyunturas educacionales críticas, que sirven para estructurar las partes del texto, en las que se transparentan las relaciones entre propuestas políticas y educación. Importa relevar, a través del estudio de dichos episodios de discusión y reformulación de la educación chilena, la interrelación entre distintos niveles de análisis: circulación transnacional de ideas y políticas educacionales; rol y naturaleza de pensadores y gestores educativos; dimensión educacional de los proyectos políticos mayores articulados durante la vida republicana; vinculación entre propuestas educacionales y grupos y actores sociales. Complementariamente, interesa explorar, en un ánimo sumariamente prospectivo, algunas dimensiones emocionales de los discursos educacionales republicanos en Chile mediante los hitos de conflicto que son presentados en estas páginas.

Algunas consideraciones generales para el análisis de las relaciones entre pensamiento educacional y procesos políticos

Para comprender mejor la presente discusión es necesario elaborar algunas definiciones. Uno de los primeros problemas que emergen cuando se intenta establecer una vinculación diacrónica entre ideas educacionales y el desarrollo de los procesos políticos tiene que ver con la prelación de los dos elementos en análisis. Así, cabe preguntarse cuál de las dos lógicas ha de subsumir a la otra: una historia de las relaciones educación-política, ¿debiera estructurarse de acuerdo a los ciclos más fácilmente reconocibles de los procesos

[5] Gregorio Weimberg, *Modelos educativos en la historia de América Latina* (Buenos Aires: A-Z, 1995), 99-100.

políticos, esto es, los períodos presidenciales o la primacía de determinadas coaliciones, bloques partidistas o rótulos historiográficos con eje político como la "república parlamentaria"?, o, por el contrario, ¿resulta esclarecedor y comprensible situar en el lugar de privilegio a las transformaciones educacionales (usualmente entendidas por una historiografía más tradicional como cambios de paradigmas de pensamiento en el campo), dejando a los procesos políticos lisa y llanamente en un papel de elementos de contexto?

El problema señalado es desafiante, tanto para la historiografía general como para la de la educación. En este último campo, se han formulado propuestas de comprensión de la realidad educacional que relevan la pertinencia de interpretarla siguiendo un modelo "reticular", que reconoce intersticios y niveles distintos, en vez de privilegiar interpretaciones "totalizadoras", que identifican mecánicamente la historia de la educación con la historia de los ciclos administrativos (gobiernos, por ejemplo), o de emplear períodos cuya coherencia es suministrada por un factor dominantemente institucional o político. En esta misma veta de análisis, el historiador argentino de la educación Mariano Narodowski ha prevenido a los investigadores de caer en la "falacia de la covarianza", o sea, la suposición de que los cambios en educación operan a una misma velocidad e intensidad en los distintos niveles de la realidad y que existe una correspondencia lineal e íntima entre iniciativas de política educativa y prácticas escolares[6]. Ahora bien, el problema de estas advertencias es que operan virtuosamente cuando se emplean "puertas adentro" de la historiografía de la educación, es decir, cuando aconsejan al investigador evitar interpretar la parte por el todo o asimilar mecánicamente los cambios educacionales a modificaciones en otros ámbitos. Sin embargo, no entregan una definición explícita, más allá de la negación, acerca de cómo se ha de vincular educación y política.

Buena parte de las dificultades recién advertidas tienen que ver con las comprensiones más tradicionales de las dos áreas (política y educación) miradas en perspectiva histórica. Si bien estamos lejos de declararnos partidarios *a priori* de cualquier tendencia que alegue superioridad solamente por rotularse como "nueva", sí tenemos a la vista que resulta virtuosa la contraposición (para algunos de fondo y para otros más que nada generacional) entre vieja y nueva historia política. Sumariamente, como bien lo expresa Guillermo Palacios, las tareas de dicha "nueva historia política" deben tener en cuenta al paradigma construido por ella para ser superado (la "vieja historia política"). Por ende, se impone que se aleje de una "historia como aventura del Estado, las gestas heroicas de los fundadores de la nacionalidad, las

[6] Mariano Narodowski, "La utilización de periodizaciones macropolíticas en historia de la educación. Algunos problemas", en *Escuela, historia y poder. Miradas desde América Latina*, comps. Alberto Martínez Boom y Mariano Narodowski (Buenos Aires: Novedades Educativas, 1996), 150.

guerras por la definición y consolidación de las fronteras, los prohombres de la diplomacia, los inmensos estadistas que nos dieron patria"[7]. Ello implica reconocer algo que parece fundamental: si se espera vincular de manera fructífera a esta "nueva historia política" con la historia de la educación, es necesario que esta tenga una mirada igualmente novedosa respecto a sus objetos tradicionales, los que suelen tributar a una perspectiva evolucionista del despliegue de una esencia histórica, el Estado, y también atienden a la concatenación de ideas pedagógicas observadas en su consistencia interna antes que a sus problemáticas relaciones con sus contextos históricos o los procesos de apropiación que experimentan.

En abono de la necesidad recién identificada, baste señalar que algunas de las primeras historias generales de la educación chilena naturalizaban, bajo la imagen del progreso, el desarrollo histórico del sistema educacional. En autores como José María Muñoz Hermosilla (1918) o Amanda Labarca (1939) la educación es guiada por una fuerza "cuya manifestación cimera es la fundación de instituciones y la política educacional de los distintos gobiernos"[8]. Esta impronta se mantiene en buena parte de las historias de la educación chilena durante el siglo XX, lo que plantea la demanda de acometer, al modo de una "nueva historia política" y para establecer lazos con ella, la empresa de mirar a la educación como sitio de conflicto debido a su dimensión pública. En este sentido es que, a partir de un supuesto común (que podría ser la cláusula "la educación fue una herramienta del Estado chileno empleada para crear, progresivamente, las condiciones de posibilidad de un sistema democrático liberal"), las posibilidades de diálogo entre "nueva historia política" e historia de la educación suponen que esta pueda "diferenciar el plano de las representaciones (ideas) del plano de la historia institucional" y brinde, por lo tanto, atención a la apropiación, contingente y polémica, de los diversos sentidos atribuidos a la educación[9].

La derivación de lo anterior plantea una nueva mirada, por ende, al binomio Estado-educación. En tiempos en que se ha instalado una sospecha respecto al Estado, tanto desde el denominado "neoliberalismo", consolidado tras la dictadura civil-militar encabezada por Augusto Pinochet, como desde la celebración de las territorialidades acotadas y la proclamación de la muerte del Estado nación, nos parece interesante no desechar esta unidad

[7] Guillermo Palacios, "Entre una 'nueva historia' y una 'nueva historiografía' para la historia política de América Latina en el siglo XIX", en *Ensayos sobre la nueva historia política de América Latina*, ed. Guillermo Palacios (México: El Colegio de México, 2007), 11.

[8] Pablo Toro Blanco, "La escritura de dos historias de la educación chilena y el difícil proceso de constitución de un campo de conocimiento. José María Muñoz Hermosilla y Amanda Labarca (1918-1939)", en *História da Educação na América Latina. Ensinar & escrever*, eds. José Gondra y José Claudio Sooma (Río de Janeiro: EDUERJ, 2011), 276.

[9] Sandra Carli, "Debates acerca de lo público en la historia de la educación: Cuatro tesis para pensar la relación entre educación y política en el terreno académico", *Historia de la Educación. Anuario* IX (2008): 43-44.

de referencia y, por el contrario, emplearla como atalaya para apreciar los conflictos por la educación, dado que han sido precisamente los vaivenes de la asimilación educación pública-educación estatal parte de los clivajes más permanentes en las relaciones entre política y educación en el Chile republicano. Ello se ha expresado pertinazmente, aunque con matices de sentido importantes, en el tradicional par polar "Estado docente-libertad de enseñanza".

Educación, independencia y primera organización del Estado (c.1810-c.1870)

La vinculación entre los nacientes proyectos políticos republicanos y la educación tiene sus incipientes e intensas modulaciones en estas primeras décadas de vida independiente. Como señala un analista del período, mirando la escala latinoamericana, la dimensión "reproductiva" de la educación (esto es, aquella por la que se le reputa como dispositivo transmisor de jerarquías y reforzador de estructuras sociales a través del tiempo) es acompañada por una dimensión "productiva" que se impone para satisfacer tres grandes desafíos tras el quiebre colonial: consolidar la nueva política, inventar el nuevo orden republicano y reformular las identidades heredadas del pasado colonial, lo que invistió a la educación de un halo casi mesiánico como herramienta de construcción del Estado nación[10].

El discurso independentista temprano manifestaba una comprensión clara de los vínculos virtuosos existentes entre educación y orden político. Así, ante el escenario de tener que configurar a la ciudadanía necesaria para la república, los redactores de *La Aurora de Chile* sostenían como artículo de fe que "las escuelas son la cuna en donde nacen las opiniones para difundirse después en el pueblo"[11]. También era claro para ellos que "la rudeza de costumbres e ignorancia de las letras no puede remediarse sino interviene el brazo poderoso del gobierno y toma a su cargo los primeros fundamentos de la reforma de las escuelas". Sin elaborar todavía normativas específicas, ya se dibujaba en el horizonte el fundamento de la responsabilidad estatal, factor que estaría presente en sucesivos proyectos educacionales desde allí en adelante. Así, de acuerdo a Sol Serrano, en los albores de la vida independiente los primeros gestores del proceso de ruptura colonial, reconociendo continuidad con orientaciones propias del Estado absolutista, consideraron como función legítima del Estado la centralización de la educación, atributo "que no era concebido como antagónico a la educación privada y menos a la religiosa"[12].

[10] Marcelo Caruso, "Latin American Independence: Education and the Invention of New Polities", *Paedagogica Historica* 46, 4 (2010): 412. DOI: 10.1080/00309230.2010.493164

[11] "La importancia de la educación", *La Aurora de Chile. Periódico Ministerial y Político*, 1812, 9

[12] Sol Serrano, *Universidad y nación. Chile en el siglo XIX* (Santiago: Editorial Universitaria, 1994), 41-42.

Es importante constatar que, en general, las primeras formulaciones de proyectos no fueron producto de un conflicto dramático o una ruptura radical en el entorno de los grupos que condujeron el proceso de emancipación nacional. Como ha reconocido la historiografía reciente, en los primeros proyectos educacionales es posible notar una visión pragmática, una lectura cuidadosa respecto al potencial conflictivo que podría implicar la discusión política en torno al campo educativo, siendo el resultado de tal mesura una mezcla entre continuidad colonial (especialmente por el rol cohesionador que siguió manteniendo el discurso religioso) y novedad ilustrada republicana (por la incorporación creciente de referencias admirativas a los planos de lo científico y técnico)[13]. Así se manifestó, por ejemplo, en la modalidad diseñada por Juan Egaña para el Instituto Nacional. Esta presentaba la virtualidad de no solamente servir a la expansión de la causa republicana, sino que ser un apoyo para permitir la pervivencia de valores cristianos tradicionalistas, en la medida que su diseño incorporaba una misión educativa científica, militar, religiosa y técnica[14]. En tal sentido, no deja de ser central entender la fundación y primeros años de las instituciones educacionales republicanas como parte de una operación que representa, en última instancia, la proyección de intereses de los grupos dirigentes. Estos, en su adopción del republicanismo, unieron discursivamente sus intereses con los de la patria naciente, en una lógica de adopción de la modernidad política que buscaba maximizar los beneficios de proyectar una realidad social y cultural de matriz tradicional mediante herramientas propias de la modernidad, de las cuales la escuela es una de las principales[15].

Los elementos fundacionales que destacan en los proyectos educativos tempranos tuvieron importantes desafíos para constituirse propiamente en políticas educacionales. Así, los entusiasmos tempranos de Juan Egaña, Manuel de Salas, Camilo Henríquez y otros actores patriotas interesados en la promoción de la educación tuvieron que enfrentarse a carencias materiales evidentes derivadas de la guerra independentista. El propósito de expandir masivamente la alfabetización como simiente de la futura ciudadanía política fue enfrentado con herramientas educativas que circulaban en la época y que eran tributarias tanto de una tradición de inducción cultural de matriz religiosa como de lógicas de reminiscencias fabriles. Así, el método

[13] Sol Serrano, Francisca Rengifo y Macarena Ponce de León, eds., *Historia de la educación en Chile (1810-2010). Tomo I: Aprender a leer y escribir (1810-1880)* (Santiago: Taurus, 2012): 62-68.

[14] Andrés Baeza, "Enlightenment, Education, and the Republican Project: Chile's Instituto Nacional (1810-1830)", *Paedagogica Historica* 46, 4 (2010): 492. DOI: 10.1080/00309230.2010.495077

[15] Sobre el sentido instrumental de la apropiación del republicanismo de parte de las élites, véase la argumentación de Alfredo Jocelyn-Holt, *La independencia de Chile. Tradición, modernización y mito* (Santiago: Planeta, 1999), 218 y ss.

de enseñanza mutua, conocido también como sistema Lancaster, podría ser considerado como la primera apuesta por unificar la enseñanza para los nuevos propósitos republicanos. En estos tempranos esbozos de ideas educacionales (que no reconocen, todavía, de modo tan explícito la separación entre política y saber técnico como sí sucederá en el siglo XX) es perceptible el modo como su formulación recoge denotaciones emotivas muy singulares, propias de las potencialidades movilizadoras del lenguaje político. Es posible encontrar referencias positivas a emociones flamígeras que la educación ayudaría a desencadenar: una ciudadanía política y emocional pues, como advertía la autoridad al convocar a los padres a llevar a sus retoños al reabierto Instituto Nacional, "sin educación [ellos] serían cristianos tibios, ciudadanos estériles, amigos fríos, parientes insensibles"[16]. La temprana escolarización republicana perdería o, a lo menos, morigeraría en lo sucesivo estas invocaciones movilizadoras, con excepción de la retórica nacionalista a la cual sirvió permanentemente.

El consenso cupular de las primeras décadas republicanas sobre el valor de la instrucción ha sido mirado de manera crítica, a propósito de un enfoque específico sobre la instrucción popular y su asociación directa con los intereses de los grupos triunfantes en la disputa por conducir el proceso de construcción del Estado. Gabriel Salazar lo sintetiza de la siguiente manera: "...la élite mercantil financiera abogó por la formación de un 'sistema educacional' (regido por los Municipios, la Iglesia y el Estado, indistintamente) especialmente destinado a transformar la plebe chilena en un estrato de individuos moralmente sanos y mínimamente formados en el humanismo cultural (cosmopolita) propiciado por ella"[17]. En dicho predicamento está implícita una distinción de base que caracterizaría a la educación chilena durante algo más de un siglo: la segmentación intencional entre una instrucción primaria orientada al mundo popular, principalmente urbano, y una educación secundaria, socialmente selectiva, concebida como semillero de los cuadros dirigentes de la nación.

Se insinúan los quiebres: la década de 1840

A propósito de dicha cisura estructural del sistema educativo es que resulta posible apreciar el contraste propuesto entre proyecto y modelo educacional: el terreno propicio para ello fue la década de 1840 que, de acuerdo a Ana

[16] Francisco Antonio Pérez, "Proclama del senado conservador sobre el restablecimiento del Instituto en 1819: el Senado a los padres de familia", citado en Pablo Toro Blanco, "Close to You: Building Tutorials Relationships at the Liceo in Chile in the Long 19th Century", *Jahrbuch für Historische Bildungsforschung* 18 (2012): 74.

[17] Gabriel Salazar, "Los dilemas históricos de la auto-educación popular en Chile. ¿Integración o autonomía relativa?, *Proposiciones* 15 (1988): 90.

María Stuven, marcó un punto de inflexión al interior de los consensos culturales primigenios con los que se elaboró el primer trecho de organización del Estado nación en Chile. Polémicas sobre los campos del lenguaje, la literatura y la filosofía de la historia expresarían señales de posibles disensos tácticos (y, eventualmente, estratégicos) entre distintos sectores políticos e intelectuales[18]. En el campo educativo, específicamente respecto a los énfasis que resultaban necesarios en la formación del sistema educacional, las diferencias pueden ser sintetizadas en dos grandes campos argumentativos, sin perjuicio de reconocer que esta polaridad esconde matices no menores: un primer enfoque, representado en las propuestas de Domingo Faustino Sarmiento, las que, en el plano estratégico, quedaron formuladas como un proyecto educativo con un eje liberalizador y formalmente más proclive a la disputa y la denuncia como estilo argumentativo y, en la otra cara de la moneda, las atemperadas proposiciones de Andrés Bello que, miradas en su conjunto, terminaron constituyendo las bases del modelo educativo implementado por el Estado chileno desde entonces y por las siguientes décadas. Como señala Stuven, refiriéndose a los cargos que ambos comenzaron a servir en 1842 como director de la Escuela Normal de Preceptores y rector de la Universidad de Chile respectivamente, "la formación de maestros y el desarrollo intelectual de la nación, pilares ambos del desarrollo educacional para la consolidación de la nación, fueron el lazo que unió a los dos gigantes de la palabra" que cumplían un rol de "intelectuales-pedagogos" en un escenario de codificación del debate público en proceso[19].

En el proyecto educacional de Sarmiento habitaba una lectura negativa del legado colonial junto con claras convicciones respecto a la necesidad de una instrucción popular masiva. Esto lo ponía en sintonía con otros representantes en el plano local de un liberalismo con perfiles más doctrinarios, como José Victorino Lastarria, quien fustigaba, por esos mismos años, al pasado colonial a través de su memoria premiada por la Universidad de Chile en la que invocaba a su generación a luchar "hasta destruir, completamente las resistencias que opone el sistema español antiguo encarnado en la sociedad"[20]. En el enfoque de Lastarria se distinguía una apreciación radicalmente distinta a la que propiciaba Andrés Bello, en términos del valor otorgado a "legislación, lenguaje y costumbres", una tríada, relevada por

[18] Ana María Stuven, *La seducción de un orden. Las élites y la construcción de Chile en las polémicas culturales y políticas del siglo XIX* (Santiago: Ediciones Universidad Católica de Chile, 2000), 25 y ss.

[19] Ana María Stuven, "El exilio de la intelectualidad argentina: polémica y construcción de la esfera pública chilena [1840-1850)", en *Historia de los intelectuales en América Latina. Vol. I: La ciudad letrada, de la Conquista al modernismo*, dir. Carlos Altamirano (Buenos Aires: Katz, 2008), 420.

[20] José Victorino Lastarria, *Investigaciones sobre la influencia social de la Conquista y del sistema colonial de los españoles en Chile* (Santiago: Imprenta del Siglo, 1844), 138.

Iván Jaksić, cuya continuidad o modificación paulatina aseguraría un desarrollo político ordenado, en la visión del sabio venezolano y del régimen de Bulnes[21]. No es difícil colegir el rol que para ello tendría la educación.

Parte importante de los juicios de Sarmiento se forjaron gracias a un contexto global en que comenzaba a emerger un campo de conocimiento comparativo sobre las políticas de educación de los distintos países europeos. Tal saber se derivaba de los viajes que, desde fines del siglo XVIII, buscaban estudiarlas, categorizarlas y teorizar sobre ellas a partir de experiencias *in situ*[22]. Así, elaborando juicios comparativos generales sobre los sistemas educativos de países reputados, como Estados Unidos o Francia, producto de sus viajes como comisionado del Estado chileno, Sarmiento había llegado a la constatación de que en los países que eran referentes para Chile "la educación pública ha quedado constituida en derecho de los gobernados, obligación del Gobierno y necesidad absoluta de la sociedad, remediando directamente la autoridad a la negligencia de los padres, forzándolos a educar a sus hijos, o proveyendo de medios a los que sin negarse voluntariamente a ello, se encuentran en la imposibilidad de educar a sus hijos"[23]. De ahí se derivaba la necesidad de impulsar aceleradamente un plan de instrucción pública para generar las bases del sistema democrático. Esta opinión fue refrendada y complementada pocos años después por los hermanos Miguel Luis y Gregorio Víctor Amunátegui, representantes del liberalismo chileno, con argumentos sobre el valor de la educación como garante del orden político, pues sostenían que "la instrucción primaria es el único medio de cegar ese abismo de revoluciones en que la América se pierde"[24]. Agregaban a ese argumento una consideración política, que interpelaba a la anunciada igualdad ante la ley: "la Constitución asegura a los chilenos la admisión a todos los empleos y funciones públicas. Para que esa promesa no sea una solemne mentira, es preciso que todos los chilenos posean cuando menos la lectura y escritura"[25].

En contraste con las posiciones del liberalismo representado por Lastarria, Sarmiento y los hermanos Amunátegui, aunque no necesariamente en discordia con sus propósitos estratégicos, los planteamientos de Andrés Bello relevaban la estabilidad como premisa para el progreso. Bello no contemplaba como prioridad y condición urgente del establecimiento de la

[21] Iván Jaksić, *Andrés Bello. La pasión por el orden* (Caracas: Bid & Co. Editor, 2007), 247.

[22] Noah Sobe, "Travel, Social Science and the Making of Nations in Early 19th Century Comparative Education", en *Internationalisation: Comparing Educational Systems and Semantics*, eds. Marcelo Caruso y Heinz-Elmar Tenorth (Frankfurt am Main: Peter Lang, 2002), 142.

[23] Domingo Faustino Sarmiento, *De la educación popular* (Santiago: Imprenta de Julio Belin y Cía, 1849), 26.

[24] Miguel Luis y Gregorio Víctor Amunátegui, *De la instrucción primaria en Chile: lo que es, lo que debería ser* (Santiago: Imprenta del Ferrocarril, 1856), 64.

[25] Amunátegui, *De la instrucción primaria*, 70.

democracia la expansión acelerada del sistema de instrucción primaria, en la medida que su perspectiva, también liberal en sus consecuencias mediatas, operaba desde una temporalidad cauta, sujeta a un talante realista. Es, sin duda, una excepción en medio del tráfago de la irrupción y expansión de la modernidad republicana en América Latina, en que durante el siglo XIX la experiencia del tiempo histórico como proyecto se radicaliza ya que, en palabras de Mónica Quijada (teniendo como referencia las reflexiones de Reinhardt Kosselleck), "se transforma la percepción del pasado (condicionado por la mirada del presente), el presente (que pasa a verse como transición) y el futuro (que se carga de expectativas)"[26]. En esa disposición cautelosa, el sabio venezolano consideraba un desarrollo jerárquico de la expansión del conocimiento y, por derivación, de las prioridades político-educacionales del Estado chileno. El testimonio de esta opción se trasunta en su célebre discurso al inaugurar la Universidad de Chile: "la instrucción literaria y científica es la fuente de donde la instrucción elemental se nutre y se vivifica; a la manera que en una sociedad bien organizada la riqueza de la clase más favorecida de la fortuna es el manantial de donde se deriva la subsistencia de las clases trabajadoras, el bienestar del pueblo"[27]. Compartían este predicamento otros actores que, cercanos a la posición cauta de Bello, buscaban ir incluso más allá. Un ejemplo es el del muy liberal académico y luego diputado independiente Enrique Cood que, en 1857, advertía que "la educación popular no es una panacea para todas las enfermedades sociales, ni es justo ni conveniente sacrificar a ella de un modo absoluto las demás necesidades públicas" e incluso llamaba a considerar si sería conveniente promover la gratuidad de la enseñanza secundaria y superior[28].

Ahora bien, los matices entre una y otra manera de entender la organización de la educación nacional y las consecuencias políticas derivadas de ella no permiten todavía, al acercarse a la mitad del siglo, percibir un clivaje entre posiciones irreconciliables. Difícilmente puede encontrarse en el plano de las disputas educacionales un conflicto político de suficiente envergadura para trazar los bordes de la arena política, rol que más bien será jugado por las polémicas en torno a la relación entre Estado e Iglesia. De hecho, la primera configuración de un esquema de partidos políticos derivado de la matriz fundacional de pipiolos (liberales) y pelucones (conservadores) es generada a partir de conflictos en torno a los límites de acción e independencia de la

[26] Mónica Quijada, "Sobre 'nación', 'pueblo', 'soberanía' y otros ejes de la modernidad en el mundo hispánico", en *Las nuevas naciones. España y México 1800-1850*, ed. Jaime Rodríguez O. (México: Fondo de Cultura Económica, 2008), 25.

[27] Andrés Bello, "Discurso pronunciado en la instalación de la Universidad de Chile el día 17 de septiembre de 1843", en *Antología de Andrés Bello. Prólogo, selección y notas de Roque Esteban Scarpa* (Santiago: Fondo Andrés Bello, 1970), 36.

[28] Enrique Cood, "Discurso de incorporación a la Facultad de Humanidades", *Anales de la Universidad de Chile* XV (1857): 149.

Iglesia en el nuevo contexto republicano. En 1856, la "cuestión del sacristán", un choque de facultades entre el gobierno de Manuel Montt y la autoridad eclesiástica, provoca una definición más clara de grupos políticos, dando lugar a un escenario tripartito (nacionales o montt-varistas, liberales y conservadores) que luego experimentaría tensiones en la medida que los temas de libertad de opinión y de culto trazaron las líneas centrales del debate político al interior de los grupos dirigentes[29].

La educación como campo de conflicto de grupos privados

Paralelamente al incidente que enfrentó en 1856 a los grupos ultramontanos contra quienes buscaban establecer la supremacía del poder secular (sin necesariamente, por el momento, entrar en conflicto con la influencia cultural de la Iglesia), se originaba una organización civil de fomento a la educación que sería muy representativa de los clivajes emergentes: la Sociedad de Instrucción Primaria (SIP)[30]. Vale la pena traerla a colación pues ayuda a comprender mejor numerosas variables que, para mediados de siglo, estaban configurando las relaciones entre política y educación. De tal modo, el origen y los primeros años de la SIP son representativos de, a lo menos, tres ángulos que nos parece que son relevantes: las alusiones generacionales, los ribetes emocionales y movilizadores del discurso civilizador asociado a la acción societaria y, por último, la divergencia creciente en función del par polar secularización-clericalismo. Respecto a lo primero, resulta importante tener en cuenta que parte significativa de las claves de identidad en la configuración de los actores que emprenderían reformas institucionales que liberalizaron el régimen político usualmente identificado como "portaliano" tuvieron que ver con una dimensión generacional, de grupos menos recelosos (al menos inicialmente) de la incertidumbre asociada al sistema republicano[31]. Así, en torno a la SIP se aglutinaron líderes del reformismo de la década de 1860 que formaban parte de las primeras camadas de actores políticos nacidos ya en tierra independiente. Entre ellos se puede contar a Benjamín Vicuña Mackenna, Domingo Santa María o los hermanos Justo y

[29] Ana María Stuven, "La vida política", en *Chile 1830/1880. La construcción nacional*, dir. Joaquín Fermandois (Madrid: MAPFRE, 2013), 38-39 y 65-66.

[30] Una completa semblanza histórica de esta sociedad se encuentra en Pilar Hevia Fabres, Joaquín Fernández Abara y David Home Valenzuela, *Una experiencia educativa. Sociedad de Instrucción Primaria. 150 años* (Santiago: Origo, 2010).

[31] Una definición apretada, pero significativa, del denominado "orden portaliano" la entrega Mario Góngora: "el régimen portaliano presupone que la aristocracia es la clase en que se identifica el rango social, y todos sus intereses anexos, con la cualidad moral de preferir el orden al caos". Véase Mario Góngora, *Ensayo histórico sobre la noción de Estado en Chile en los siglos XIX y XX* (Santiago: Editorial Universitaria, 2006), 80.

Domingo Arteaga Alemparte. Estos actores políticos compartieron disposiciones emocionales en las que identificaban la promoción de la instrucción primaria como una batalla moral y generacional, proclamando que debían honrar "el juramento de no desertar nunca la bandera donde hemos inscrito ¡Guerra a la ignorancia!, de marchar siempre unidos al grito de ¡Guerra a la ignorancia!"[32].

En síntesis, las vinculaciones entre educación y política que se hacen explícitas en las visiones de los intelectuales señalados, asentadas sobre una sólida confianza en el papel civilizador de la instrucción popular, permiten trazar un panorama claro de los intereses de los sectores dirigentes. Sin embargo, no resulta igualmente accesible de manera directa la información respecto a la perspectiva de grupos subalternos acerca del valor de la educación. Los testimonios provenientes de grupos organizados de artesanos y comunidades de vecinos entregan perfiles acerca de una demanda por educación, pero escasamente presentan diferencias en cuanto a las visiones hegemónicas. En el contexto de este período, por ejemplo, aquello que podría entenderse como un proyecto educacional popular con grados de autonomía no parece tener una sustancia definida. Así, abundan en los manifiestos de las escuelas de artesanos fundadas a partir de 1850 definiciones de objetivos que no parecen aludir a intereses alternativos a los de la moralización perseguida por los sectores dirigentes: "adelanto de los hijos del pueblo", "socorro mutuo", "desarrollo moral e intelectual de los socios" son algunas de las metas buscadas por estas iniciativas educacionales, en las que el rol societario es crucial[33].

De la nación civilizada a la nación homogénea: secularización, modernización, "cuestión social" y nacionalismo (c.1870-c.1920)

En el contexto de una organización estatal en expansión y de un sistema educacional que admitía dos canales inconexos y socialmente distinguibles (la instrucción primaria popular y la educación secundaria), la etapa siguiente puede ser interpretada como de búsqueda de una "nación homogénea", ya no sustentada en la definición excluyente y la marginación como ejes —propios de la "nación civilizada" de mediados del siglo XIX—, sino que orientada a fortalecer un colectivo nacional, cohesionado social y políticamente gracias a la educación, la que haría viables las aspiraciones de orden y progreso, las guías de los sectores dirigentes del largo ciclo liberal-

[32] Discurso inaugural de la SIP, citado en Hevia, Fernández y Home, *Una experiencia*, 23.

[33] Milton Godoy Orellana, "Mutualismo y educación: Las escuelas nocturnas de artesanos, 1860-1880", *Última Década* 2 (1994): 3-4.

parlamentarista[34]. En esta etapa de prácticamente medio siglo, nos interesa relevar hitos escogidos que trasuntan polémicas político-educacionales y/o representan coyunturas de conflicto. Cabe hacer notar que el tema educacional desempeñó un rol significativo en la configuración del campo político, dado que formó parte de los terrenos en disputa al interior del clivaje mayor catolicismo-laicismo, choque que animaría el debate público en el período, especialmente en las décadas de 1870 y 1880[35].

Si bien los términos "Estado docente" y "libertad de enseñanza" pueden haberse invocado en contextos anteriores, no es sino hasta la década de 1870 cuando adquirirán protagonismo como cisuras que definen la arena política. No obstante el aumento sostenido del número de escuelas durante la década de 1850, el censo de 1854 arrojó como resultado que de los niños entre 7 y 15 años, sólo un 9,5% había estado matriculado en una escuela[36]. En virtud de este diagnóstico preocupante, el Estado definió como compromiso político la universalidad de la instrucción primaria al establecer su gratuidad en 1860. Esa medida generó, junto con otros factores, las condiciones para que se avizorara una resignificación del compromiso inicial formulado en las primeras disposiciones provisorias de la época de la independencia y en la declaración de la Constitución de 1833, texto en el que se estableció que "la educación pública es una atención preferente del Gobierno. El Congreso formará un plan general de educación nacional (...)".

Durante la década de 1870 es cuando el conflicto entre grupos laicos y clericales comienza a adquirir sus tonos más agrios en el ámbito educacional. Es importante señalar que la configuración partidista había experimentado algunas transformaciones que serían relevantes para expresar las posiciones en tensión. Así, desde la época de la "cuestión del sacristán" (1856), el tronco tradicionalista se había dividido en dos (nacionales y conservadores) y el liberalismo tendría su propia secesión con la aparición del Partido Radical en 1863. Si bien habría desde entonces una política de alianzas entre las distintas facciones representativas de los grupos dirigentes, el nuevo esquema partidario trasuntó el clivaje catolicismo-laicismo a través del par polar y excluyente conservadores contra radicales. Sería precisamente el campo educacional uno de los primeros en que se batirían estas fuerzas, polarizando incluso a un liberalismo centrífugo en términos organizacionales y, en ocasiones, ideológicos.

[34] Tomamos como referencia, con cierta libertad, la conceptualización desarrollada por Mónica Quijada en su artículo "¿Qué nación? Dinámicas y dicotomías de la nación en el imaginario hispanoamericano", en *Inventando la nación. Iberoamérica. Siglo XIX*, coords. Antonio Annino y François-Xavier Guerra (México: Fondo de Cultura Económica, 2003), 287-315.

[35] Una síntesis, ya tradicional, del núcleo de problemas de esta polémica se encuentra en Ricardo Krebs *et al.*, *Catolicismo y laicismo. Las bases doctrinarias del conflicto entre la Iglesia y el Estado en Chile. 1875-1885* (Santiago: Nueva Universidad, 1981).

[36] Serrano, Rengifo y Ponce de León, eds., *Historia de la educación en Chile*, 111.

El conflicto por los exámenes, en 1872-73, enfrentó a las fuerzas políticas que habían logrado hacerse del poder presidencial apoyando, bajo la figura de la Fusión Liberal-Conservadora, a Federico Errázuriz Zañartu. Ese episodio se originó por la decisión del ministro de Instrucción Pública, el conservador Abdón Cifuentes, de combatir las atribuciones del Instituto Nacional para tomar los exámenes finales de los distintos establecimientos secundarios y permitirles a estos autoevaluarse. Con ello, Cifuentes pretendía debilitar lo que los conservadores percibían como un amenazador monopolio estatal, al cual atribuirían el mote acusatorio de "Estado docente". Detrás de esta maniobra se encontraba, en una perspectiva más general y estratégica, una acción conservadora destinada a minimizar los efectos de la toma creciente del poder parlamentario y de la conquista del Ejecutivo por parte de los grupos con agenda secularizadora. Años después, Valentín Letelier sintetizaría este giro político de la siguiente manera: "la libertad electoral, la libertad de imprenta, la libertad de enseñanza, la libertad municipal, la libertad de reunión, etc. no aparecen inscritas en la bandera que flameó en la Moneda desde 1831 hasta 1871", pero luego sí devinieron en ideales políticos conservadores para frenar los efectos del control de los liberales y radicales sobre el aparato estatal[37]. El choque en torno a la educación fue de tal magnitud que involucró la recomposición de la coalición de gobierno, estableciéndose una Alianza Liberal que significó la salida de los conservadores del Gobierno y su reemplazo por el Partido Radical.

A partir de entonces, el clivaje político mayor entre catolicismo y laicismo, una suerte de *kulturkampf* criolla, se instaló como eje de la vida política nacional por las siguientes décadas. No es fácil identificar que en lo sucesivo uno u otro sector haya logrado una victoria estratégica: si bien en 1874 un conjunto de reformas constitucionales consagró reconocimientos explícitos a varias libertades (entre ellas, la de enseñanza), el enfoque liberal en los planos político y económico constituía un cierto marco compartido por los grupos en disputa. Por ende, si bien los grupos que promovían un mayor control del Estado (alineados bajo el amplio paraguas conceptual del Estado docente) fueron obteniendo avances en su poder regulatorio (v.gr., el establecimiento del Consejo de Instrucción Pública desde 1879 como verdadero timón curricular para la enseñanza secundaria, que tuvo marcada hegemonía liberal-radical), el principio de libertad de enseñanza permitió a los grupos conservadores y a la Iglesia mantener su esfera de influencia en la educación, sobre todo en su apelación a las élites, y beneficiarse de políticas de subvención fiscal. Dado que los grupos en control del poder estatal no tenían en mente una política de obligatoriedad escolar (como sí sucedía en algunos países de Europa y acontecería en Argentina en 1884 con la Ley

[37] Valentín Letelier, *Ellos y nosotros. O sea los liberales y los autoritarios* (Concepción: Imprenta del Sur, 1893), 6.

N° 1.420), se optó por entregar fondos fiscales, en modalidades de montos por institución y contra solicitud, a escuelas tanto religiosas como laicas y también a asociaciones de artesanos y trabajadores[38]. En años siguientes y hasta remontar el siglo XX se apreciaría, mediante el aumento en este ítem, que el Estado no tenía problemas en apoyar pecuniariamente la educación privada.

Desde el campo opositor, tanto la Iglesia Católica como su expresión política, el Partido Conservador, asumieron el conflicto frente al avance secularizador intentando emplear, en ocasiones, herramientas propias del discurso liberal. Por de pronto, una tenaz defensa conservadora de las libertades que, como ya se vio, merecía la crítica de los grupos laicistas. En el ámbito educacional, los grupos clericales mantuvieron un área de influencia importante, apuntando tanto a una trabajosa mantención de su hegemonía histórica en las élites como a participar en los esfuerzos por promover la educación popular. En ambos casos, intentaron mantener el principio del derecho primordial de los padres frente al Estado a la hora de decidir sobre la instrucción de sus hijos y también la subordinación de los aspectos cognitivos a los formativo-religiosos. Un ejemplo de argumentaciones recurrentes en este último sentido lo daba un medio de prensa clerical cuando aconsejaba a sus lectores que "si hay lecturas que recrean, consuelan y dan la vida, las hay también, y por desgracia, muchísimas que envenenan, desesperan y matan. *Valiera más no haber pisado nunca la escuela, si ella nos había de dar un arma para suicidarnos*"[39].

En el contexto de las disputas entre laicos y clericales es relevante apreciar que una nueva arista cobró cada vez mayor expresión pública, gracias a la expansión de una red de prensa y escritos representativos de grupos de artesanos y trabajadores. La educación, relacionada con este segmento, se convirtió en un terreno en disputa para algunas avanzadas de los grupos dirigentes, en la medida que se avizora que establecer escuelas para ellos redundará en una penetración ideológica, una empresa de posibles réditos electorales frente a los rivales políticos y una oportunidad de normalizar e inducir sosiego frente a los conflictos sociales emergentes, asunto nada menor en un contexto en que empiezan a dibujarse en el horizonte las oscuras nubes de la "cuestión social". Es en este escenario que cabe suscribir la distinción hecha por Milton Godoy entre escuelas "para" artesanos (expandidas, con sentido misional, desde las matrices de la filantropía liberal o la caridad religiosa) y escuelas "de" artesanos (gestionadas por sus propias formas asociativas)[40]. En el caso de las primeras, un ejemplo es el de la Escuela

[38] Juan Luis Ossa Santa Cruz, "El Estado y los particulares en la educación chilena, 1888-1920", *Estudios Públicos* 106 (2007), 75.

[39] "Feliz quien sabe leer", *El Mensajero del Pueblo* 2, 18 de junio de 1870, 18. Resaltado en el original.

[40] Godoy Orellana, "Mutualismo y educación", 3-4.

Nocturna de Artesanos Abraham Lincoln, inaugurada a inicios de 1875. En su primer aniversario, uno de sus directivos, el radical Luis Espejo Varas, prometía que "no esclavizaremos nunca la razón del artesano, no le impondremos nunca una doctrina. Deseamos verlo franco, honrado, consecuente con sus opiniones; deseamos verlo practicar sin embozo el catolicismo, si es católico; el racionalismo, si es racionalista"[41]. No obstante, tal como se había visto respecto a organizaciones precedentes que habían tenido prescindencia ideológica en sus inicios (como la Sociedad de Instrucción Primaria en sus primeros lustros de funcionamiento), el conflicto laico-clerical sí era un elemento que separaba aguas y marcaba las afinidades de quienes sostenían materialmente este tipo de escuela[42]. Los benefactores de este establecimiento, en específico, eran ilustres representantes del liberalismo avanzado y del radicalismo.

En un tono distinto, las perspectivas de los artesanos respecto a la educación que querían darse para sí mismos dejaban ver una mirada crítica, sobre todo al influjo cultural de la Iglesia, al que se identificaba en buena parte de la prensa de los trabajadores como un poder alienador. Así, un medio invocaba a sus lectores a que "eduquemos nuestra razón si queremos vivir la vida de los hombres. El primer paso que debemos dar para conseguir tan gran fin es separarnos por completo del influjo sacerdotal. Debemos mirar al sacerdote con prevención, como a un hombre que tiene por misión engañarnos, seducirnos i dominarnos"[43]. Pese a estas impugnaciones, buena parte de los grupos artesanales que aceptaron incorporarse a escuelas "para" ellos o gestaron solidariamente sus propios espacios de instrucción promovían lo que se ha rotulado genéricamente como "ideales de regeneración", asociados a un discurso reformador y moralizador que no se planteaba en términos de conflicto de clases, sino que apuntaba a entender la educación como herramienta para preservar la vida de los trabajadores, promover el combate al alcoholismo y luchar contra lo que se denunciaba como tendencias atávicas de la sociabilidad popular hacia conductas bárbaras[44]. La extensión de una crítica social y política más aguda al plano de las relaciones generales de dominación iría emergiendo, en referencia a lo educacional, con más fuerza hacia las últimas décadas del siglo, especialmente cuando hacia el ocaso e inicios de la siguiente centuria empezaran a circular perspectivas más radicales dentro del mundo popular, como el anarquismo.

[41] Citado en Benjamín Oviedo, *La educación popular en Chile* (Santiago: Imprenta Universitaria, 1935), 15-16.

[42] Sobre los cambios políticos en la Sociedad de Instrucción Primaria, véase Pablo Toro Blanco, "Sociedades para el desarrollo de la instrucción primaria: 1870-1910", *Mapocho* 34 (1993): 144-145.

[43] "Necesidad de la instrucción", *El Guía del Pueblo* I, 2, 26 de junio de 1875, 3.

[44] Sergio Grez Toso, *De la "regeneración del pueblo" a la huelga general. Génesis y evolución histórica del movimiento popular en Chile (1810-1890)* (Santiago: DIBAM, 1997), 440-443.

La educación, la política, el progreso: últimas décadas del siglo XIX

En el último cuarto del siglo XIX, se abría un escenario que planteaba como demanda llevar adelante una transformación educacional basada en un proceso expansivo, secularizador, racionalizador, pero que no involucrara inestabilidad social. Para atender las necesidades de brindar educación nacionalizadora y modernizadora a las masas y para reforzar el proceso de formación de cuadros dirigentes se hacía necesario reforzar ideológica y curricularmente los esfuerzos de los grupos en control del poder estatal. Dadas las circunstancias experimentadas por el país como producto de la superación de un ciclo de contracción económica gracias a la empresa expansiva de la guerra del Pacífico (1879-1883) y, subsecuentemente, en función del aumento sostenido de los ingresos fiscales debido a las exportaciones salitreras, se generaron condiciones para promover una reforma de la educación chilena. Dos de los elementos que configuraron este ciclo reformista, que abarca principalmente la década de 1880, siendo dimensiones curriculares y organizativas trasuntan, sin embargo, relaciones muy transparentes entre decisiones en el plano educativo y visiones generales respecto a los problemas de organización política del país: la influencia del positivismo (mediante, entre otros dispositivos, el Plan Concéntrico de Estudios) y la introducción de un modelo educativo prusiano.

El primero de los factores recién señalados representó un foco de conflicto más entre laicistas y clericales, al proponer una organización "científica" de las asignaturas y relevar una concatenación de ellas destinada a promover un estilo de raciocinio que privilegiaría el conocimiento "positivo" en vez de descansar sobre la tradición de matriz clásica y cristiana. Ciertamente, este plan reactivó las querellas entre la Iglesia y las autoridades educacionales a propósito de la dimensión que se denunciaba como más lesiva del Estado docente, esto es, el control curricular, sirviendo como nuevo episodio que permitió galvanizarse a ambos polos del conflicto cultural y educacional. Lo significativo del plan, más allá de su relevancia pedagógica, es que permite apreciar la puja entre las fuerzas políticas que, valiéndose de la educación, buscaban expandir una comprensión específica de la realidad mediante un currículum al que se le dotaba de rango científico, técnico, racional.

El segundo factor en juego, la reforma alemana, introduce dos dimensiones interesantes. La primera, dice relación con el carácter transnacional que adquirieron las políticas educacionales, el que habría de masificarse en el siglo XX. En segundo lugar, es necesario indicar que el atractivo de la educación prusiana para los grupos gobernantes estaba en directa relación con un proceso crucial para la política chilena de la época: su potencial de orden aparecía como un recurso necesario para una generación que, habiendo luchado contra el autoritarismo del ciclo conservador, al hacerse del poder comprendía que, paradójicamente, para imponer su ideario modernizador tendría que hacer uso de herramientas que enfatizaban el control y la autoridad[45]. Valentín Letelier, adalid de estas reformas, tenía clara esa paradoja, en la medida que entendía que las acciones que podían parecer lesivas a la libertad debían ser leídas en un nuevo paradigma: "la libertad es un bien perdible y perecedero, porque ni conviene a todos los estados sociales ni puede florecer sino a la sombra de la autoridad. En otros términos, la libertad solo existe a costa de la libertad, y para conservarla es menester limitarla"[46]. Este enfoque genera las condiciones para lo que, ya de cara al siglo XX, se conceptualizará como políticas públicas o sociales y también es un antecedente para la reconfiguración del rol del Estado que habría de verificarse ya con mayor claridad con el proceso de cambio institucional de la década de 1920.

La encrucijada de un nuevo siglo y sus descontentos

Ya en la coyuntura del centenario de la independencia de Chile correspondería a un colectivo de académicos y educadores con fuerte raigambre reformista y adscripción a la educación pública levantar lecturas críticas acerca de la situación educacional del país. Al alero de sendos congresos educacionales en 1902 y 1912, se planteó un amplio repertorio de temas en discusión: la evaluación de la reforma alemana; las deficiencias de la educación técnica y comercial; la educación de la mujer; la enseñanza rural. No obstante, grupos de orientación laica e intelectuales de la educación representativos de las clases medias, como Darío Salas, Enrique Molina y Luis Galdames, relevaron una discusión que ya se venía planteando en el mundo docente desde la década de 1880 y que llegó a sus primeras instancias legislativas con un proyecto presentado en 1903: el establecimiento de la obligatoriedad de la instrucción primaria.

La discusión sobre la obligatoriedad escolar nuevamente sintetizó parte de las divergencias políticas medulares que habían recorrido buena parte de la historia del Chile independiente: quienes argumentaban la primacía de la libertad y la restricción del poder regulador del Estado enfrentaban a aquellos que sostenían que se hacía necesario por razones de consistencia nacional y progreso económico y social garantizar un umbral básico común de escolaridad a todos los chilenos. En el primer campo se incluían los conservadores, recelosos de que se lesionara el derecho paternal a guiar la educación

[45] Acerca de la valoración que desarrolla José Abelardo Núñez respecto al orden y la autoridad de la pedagogía alemana, véase William Sywak, "Values in Nineteenth-Century Chilean Education: the Germanic Reform of Chilean Public Education. 1885-1910" (disertación, Ph.D., University of California, 1977), 94.

[46] Letelier, *Ellos y nosotros*, 28.

de los hijos y a que la obligatoriedad expandiera lo que reputaban como "efectos desmoralizadores" de la educación oficial en la población. Es interesante notar que los grupos clericales compartían su cerrada defensa frente a la obligatoriedad con importantes sectores del liberalismo. Así, por ejemplo, a inicios de siglo, un experimentado político liberal, Julio Zegers, presentaba argumentos que coincidían, en lo medular, con el enfoque de los grupos clericales respecto a los perjuicios de la obligatoriedad y, en más amplio espectro, de las regulaciones estatales a la educación. No obstante, Zegers no lo hacía desde el catolicismo, sino que apelando al principio de la libertad, ya que sostenía que la instrucción debía ser ofrecida por el Estado pero "respetando los preceptos naturales y civiles que dan a los padres el derecho de elegir el estado o profesión futura de sus hijos, y de dirigir su educación del modo que crean más conveniente para ellos"[47].

En 1919, en el contexto de la discusión parlamentaria que finalmente establecería la obligatoriedad escolar primaria, Zenón Torrealba, senador del Partido Demócrata, presentaba como antecedente de las demandas populares al respecto las conclusiones del Congreso Social Obrero, reunido en Valparaíso en 1901, que pedía a las autoridades el establecimiento de la instrucción primaria obligatoria. Se hacía ver cómo la atribución decimonónica de valor instrumental de la instrucción para la participación política era ahora apropiada por grupos que estaban, a su vez, instalados en un escenario de conflicto social cada vez más agudo, inscritos en el marco de la "cuestión social". Los obreros miraban con creciente distancia la propuesta de democracia existente "si no se proporciona a todos los llamados a ejercer los derechos y a cumplir las obligaciones del ciudadano, la preparación indispensable por medio de la educación universal del pueblo". Avanzado ya el camino de la organización del mundo laboral, la demanda por instrucción primaria servía también para agregar una nota de crítica denuncia social ya "que con un presupuesto como el de Chile, que alcanza para ayudar con setenta millones de pesos a las instituciones bancarias —que sólo benefician directamente a una determinada clase social— sobraría para establecer la educación de todos sus hijos en cualquier país (...)"[48].

El horizonte democratizador y su crisis (c.1920-c.1980)

La obligatoriedad escolar primaria establecida en 1920 implicó una nueva etapa para los significados atribuidos por distintos actores a la noción de

[47] Julio Zegers, *Instrucción secundaria y superior. Apuntes inéditos redactados en el año 1900* (Santiago: Nascimento, 1936), 58.

[48] Citado en Mario Monsalve, *"...i y el silencio comenzó a reinar". Documento para la historia de la instrucción primaria 1840-1920* (Santiago: DIBAM, 1998), 164.

Estado docente. Si bien el consenso político alcanzado entonces podría ser entendido como la comprensión de los grupos con representación parlamentaria respecto al rol del Estado como agente educador, se requiere hacer dos precisiones importantes, que son iluminadoras respecto a la permanencia de ciertas líneas estructurales de pensamiento político sobre el problema educacional. La primera tiene que ver con que la obligatoriedad debe ser entendida como un gesto estatal que se ejecuta en un contexto de crisis de un modelo político erosionado por fuertes ciclos de protesta social y en condiciones globales de desafío a la hegemonía del liberalismo en su versión más clásica (que sustentó desde mediados del siglo XIX los acuerdos estratégicos, más allá del conflicto cultural, entre los campos liberal y conservador). En tal medida, tiene mucho de respuesta táctica frente a los peligros de pérdida de cohesión nacional, temido fruto de la propaganda ácrata, y de agudización del choque social en el marco de la expansión de la amenaza maximalista, en la visión de algunos actores con vocería parlamentaria. Así, en el contexto de la discusión de la ley de obligatoriedad, el senador conservador Alfredo Barros Errázuriz indicaba en junio de 1919 que "provocar una discusión doctrinaria en momentos en que es nuestro deber tomar medidas urgentes para salvar las propiedades, la vida y el derecho de todos los ciudadanos, me parece que es antipatriótico"[49].

El pavor manifiesto en algunos parlamentarios ante el recrudecimiento del conflicto social estaba en directa relación con la expansión de iniciativas populares de autoeducación. En los años en que se discutía la obligatoriedad y luego comenzaba lentamente su implementación, era visible la existencia de movimientos como las Escuelas Federales Racionalistas, surgidas desde el seno del movimiento obrero. Estas instancias educativas se expandieron desde la crítica social a la falta de atención del Estado y al tipo de educación que se brindaba. En noviembre de 1922, el periódico popular *La Federación Obrera de Chile* denunciaba el papel alienador que entendía que cumplía el sistema escolar formal en que "se somete al hombre a tolerar el injusto y criminal régimen social en que los débiles son mantenidos ahora por toda clase de medios. Por tanto la escuela del Estado y la sectaria de todos modos atrofian las facultades intelectivas del niño para que puedan subsistir las castas"[50]. Si bien las Escuelas Federalistas no pudieron mantenerse en el tiempo debido a varios factores (entre los que se cuenta el proceso de bolchevización del Partido Comunista, que terminó por abortar la potencialidad "autonómica, autogestiva y antiestatista" de esta propuesta educativa), su presencia a lo largo de la década de 1920 y, sobre todo, en el escenario

[49] Citado en María Angélica Illanes, *Ausente, señorita. El niño chileno, la Escuela para Pobres y el auxilio. Chile. 1890-1990* (Santiago: JUNAEB, 1991), 98.

[50] Citado en Leonora Reyes Jedlicki, "Educando en tiempos de crisis. El movimiento de Escuelas Racionalistas de la Federación Obrera de Chile, 1921-1926", *Cuadernos de Historia* 31 (2009): 103.

constituyente de 1924-1925, permite apreciar las demandas populares por educación[51].

El segundo factor que deseamos destacar como elemento estructural presente en la coyuntura de 1920 y los años siguientes tiene que ver con el sentido de transacción programática que implica la obligatoriedad para los actores involucrados. El resultado práctico fue que los grupos que impulsaban una intervención más activa del Estado en la promoción de la educación vieron reforzadas sus expectativas y ampliaron su presencia e intereses en el campo educativo. Ello quedaría expresado en la constitución de un perfil de técnicos y educadores en los aparatos de gestión educacional que iría adquiriendo cada vez más identidad con una cultura laica, estatista, de integración nacional, la que a través de las décadas se encarnaría especialmente en militantes o cercanos al Partido Radical. Es ilustrativa la experiencia ministerial, décadas después, de Bernardo Leighton, quien, como integrante de la Falange Nacional, constató en 1950 la instalación de esta cultura, regocijándose de tener "la suerte de no encontrar en mi tarea ningún tropiezo brotado del recelo que pudo originarse en mi calidad de político católico"[52]. Ahora bien, el refuerzo de las posiciones de los grupos laicos no implicó una derrota de los sectores que defendían la educación privada y argumentaban a favor de la libertad de enseñanza. Una mirada de conjunto permite apreciar que el esquema de provisión de educación siguió teniendo, en lo sucesivo y especialmente hasta inicios de la década de 1960, un perfil mixto, en que la función cooperadora de la enseñanza privada se vio auxiliada por un creciente sistema de subvenciones.

No obstante la discusión y aprobación de la obligatoriedad de la instrucción primaria, otros puntos de la agenda educacional quedaron en vilo durante el período de crisis del sistema parlamentarista. Quienes propiciaban el rol integrador de la educación como cohesionador nacional y herramienta de apaciguamiento de las tensiones sociales también integraban a sus proyectos educacionales la vinculación entre el sistema de enseñanza y las tareas del desarrollo económico social. Para el radicalismo, por ejemplo, la escuela debía formar parte de las soluciones al desafío de transformación de la matriz productiva chilena, especialmente a partir de la constatación de la fragilidad del esquema monoexportador basado en el salitre, cuya crisis apuró buena parte de los procesos de transición hacia un nuevo esquema político en las décadas de 1920 y 1930. Así, Pedro Aguirre Cerda, en su rol de ministro de Instrucción Pública, declaraba en 1918 su convicción de que era necesario inculcar "a los educandos el deber de proteger la industria nacional en todas sus manifestaciones haciéndoles comprender la utilidad social

[51] Reyes Jedlicki, "Educando en tiempos de crisis", 122.

[52] Bernardo Leighton, *Labor falangista en el Ministerio de Educación Pública* (Santiago: Departamento de Prensa y Publicaciones de la Falange Nacional, 1952), 3.

que hay en ello, y si es posible con la visita a los establecimientos respectivos, demostrarles la capacidad que tenemos para llegar a bastarnos a nosotros mismos"[53]. Aguirre Cerda fue un parlamentario tempranamente especializado en temas educacionales. Muestra de ello es su asistencia en 1910 al Congreso Mundial de Educación en Bélgica y su visita a Estados Unidos en 1918-1919, en que se entrevistó con quienes estaban estudiando sus posgrados en educación o haciendo visitas de investigación y actualización, profesores chilenos como Maximiliano Salas, Amanda Labarca y Enrique Molina Garmendia[54]. Su perfil resulta propicio para ejemplificar la atención cada vez mayor que los sectores docentes y el radicalismo le brindaron a la educación como herramienta de crecimiento económico. Es sintomática la concurrencia en Aguirre Cerda de alguien interesado en el desarrollo industrial y agrario, lo que dejó refrendado en publicaciones, así como también su faceta de protagonista en la formalización de los estudios económicos, siendo el primer decano de la Facultad de Comercio y Economía Industrial de la Universidad de Chile en 1935.

Hacia el final del ciclo de gobiernos radicales que condujo el país entre 1938 y 1952, período en el que la educación figuraba como una prioridad en el discurso de las alianzas con eje radical y apoyo policlasista instaladas en La Moneda, se asiste a un escenario en el que nuevamente los actores políticos van a verse polarizados en relación a sus propuestas educacionales. Hay dos grandes nudos de conflicto que sirven de parteaguas de los distintos sectores políticos. El primero de ellos se origina en el escenario de inicios de la posguerra, cuando comienza a hacerse más frecuente que buena parte de los proyectos educacionales esgrimidos por intelectuales, técnicos y actores políticos en nuestro país respondan a las fuerzas de lo transnacional, conforme se asiste a un relativo debilitamiento de las fronteras del Estado nación debido tanto a la circulación de ideas y bienes como al fortalecimiento de mecanismos globales de naturaleza institucional, tales como UNESCO o la Oficina Interamericana de Educación. Así, las políticas locales interactúan de modo cada vez más sincronizado con las de escala global, reflejando una tendencia hacia lo que, desde la historia de políticas comparadas en educación, se rotula como "isomorfismo educacional"[55]. Ello implica, en alguna medida, un clivaje entre tendencias que enfatizan un desarrollo autónomo de las políticas nacionales de educación, pero que, sobre todo, rechazan la creciente influencia norteamericana y aquellas que ven en esta un factor de colaboración para el desarrollo de la educación chilena.

[53] Citado en Monsalve, *"...i y el silencio comenzó a reinar"*, 172.

[54] Ximena Recio Palma, *El discurso pedagógico de Pedro Aguirre Cerda* (Valparaíso: Universidad Católica de Valparaíso, 1998), 13-24.

[55] Francisco Ramírez y John Meyer, "Los currículos nacionales: modelos mundiales y legados históricos nacionales", en *Internacionalización. Políticas educativas y reflexión pedagógica en un medio global*, coords. Marcelo Caruso y Heinz-Elmar Tenorth (Buenos Aires: Granica, 2012), 108.

El otro nudo polémico tiene que ver con la nueva discusión en torno al Estado docente. Instalado ya como un concepto asociado a la tutela curricular y la organización del sistema educacional (aspecto que históricamente había provocado su rechazo por parte de los grupos conservadores), en la década de 1950 se hace manifiesta una segunda dimensión que reactivará disputas políticas, pero en la que, a diferencia del primer ciclo de disputa de la década de 1870, conservadores y liberales (los antiguos actores de aquel conflicto, devenidos ahora en derecha política) enfrentarán como bloque homogéneo la pretensión de implementarlo como provisión efectivamente estatal de educación. Esta expectativa, cuyos principales representantes eran los radicales, encaja dentro de nuestra categoría de proyecto educacional, en la medida que ya en los años cincuenta, y desde ahí en adelante, el radicalismo no tiene la capacidad hegemónica para intentar plasmarla en políticas efectivas y, por otro lado, porque no existe capacidad para articular mayorías políticas y sociales dispuestas a emprender una expansión sostenida del gasto fiscal en educación para hacer efectiva la premisa del Estado docente como Estado propietario y gestor de la oferta educacional.

La nueva discusión por el Estado docente

Por ende, se asiste en la década de 1950 a un proceso en cierto modo anómalo, dado que desde el punto de vista de vocerías en el debate público educacional el radicalismo cuenta todavía con un amplio marco de influencia. Así, harán sentir su crítica cuando el oscilante régimen de orientación nacional popular de Carlos Ibáñez del Campo herede de la gestión de Gabriel González Videla una reforma que se hace cargo de la imposibilidad estatal de sostener la propiedad y administración de la educación y recurra a los privados mediante una nueva ley de subvenciones escolares. Una muestra de ello es el alegato enérgico de Homero Vidaurre Montes, un representante de la tradición educativa del radicalismo, que denunciaba al conjunto del sistema de subvenciones como una "labor insincera, desleal, ingrata y antipatriótica, dirigida a vulnerar los cimientos de la docencia del Estado"[56]. Por su parte, Arturo Lois Fraga, radical y masón, mantenía viva la vieja querella curricular, en medio de un proceso en que los cambios más relevantes no parecían, con todo, estar sucediendo en ese campo. Proponía Lois que "deben suprimirse las subvenciones a escuelas privadas, deben suprimirse las cátedras absurdas e ilegales de religión de las Escuelas Normales y las clases de religión de Liceos y escuelas con sus profesores y dogmáticos

[56] Homero Vidaurre Montes, *Estado docente, libertad de enseñanza y subvenciones* (Santiago: Hiram, 1959), 10-11.

que las realizan; deben derogarse las leyes educacionales contrarias a la Constitución"[57].

El episodio de las subvenciones escolares resulta bastante significativo de las tensiones internas que experimentó la fuerza política que reemplazaría finalmente al radicalismo en su apelación a las clases medias: la Falange Nacional (desde 1957, Democracia Cristiana) participó en las discusiones respecto a las subvenciones, que involucraban, en su sentido último, un freno a la idea de un Estado docente propietario y gestor. En tanto partido con una matriz socialcristiana, la Falange compartía las aprehensiones conservadoras sobre el excesivo protagonismo del Estado en la educación, pero también, en cuanto partido con amplia cobertura en términos de clase, algunos de sus sectores se hacían solidarios de buena parte de las premisas del Estado docente. En diciembre de 1950, representando en la discusión parlamentaria a la primera de estas ramas internas, el diputado Tomás Reyes agregaba un elemento a la discusión que anticipaba parte de las lógicas neoliberales que impondría la dictadura civil-militar varios años después. Proponía el subsidio directo a la demanda, introduciendo (sin aludir explícitamente a la figura) la idea del *voucher*[58]. Defendía "la bonificación por hijo en edad escolar para que la familia elija libremente el establecimiento donde curse sus estudios, debe ser, a nuestro juicio, la fórmula a la que se acomode finalmente la educación en el país"[59].

Democratización acelerada y presión social por educación

Quienes propiciaban enfrentar la demanda creciente por educación a través de la expansión del gasto público, configurando un Estado docente propietario de escuelas y empleador de profesores o aquellos que pretendían evitar la concentración de poder en el Estado debían dar respuestas satisfactorias, desde sus trincheras ideológicas, a nuevas dimensiones de la relación entre educación y política, ya de cara a la segunda mitad del siglo XX. De modo muy diferente, a algo más de un siglo de historia de la educación chilena, en

[57] Arturo Lois Fraga, *Estado docente laico: Conferencia del Presidente Honorario de la Acción Laica América del Sur* (Santiago: s.n., 1958).

[58] El *voucher* se consolidaría en estudios económicos como una herramienta para satisfacer el subsidio a la demanda, precisamente a mediados de la década de 1950, en trabajos académicos de Milton Friedman, según señalan Cristián Aedo y Claudio Sapelli en "El sistema de *vouchers* en educación: una revisión de la teoría y evidencia empírica para Chile", *Estudios Públicos* 82 (2001): 45.

[59] Citado en Pablo Toro Blanco, "Educational Freedom or Teaching State? Political Discussion of the School Subvention Law in 1951. A Key Episode on a Deep Cleavage in the History of Chilean Education", *Hungarian Educational Research Journal* 4, 4 (2014):10.

que predominó un enfoque de tono civilizatorio respecto al rol que debía tener la escolarización (y, por ende, la comprensión que tenían los actores políticos sobre lo educacional), el escenario de la posguerra estaba marcado por varias peculiaridades que vale la pena revisar, de modo de comprender mejor cambios y permanencias en los discursos sobre educación que circulaban en la escena política nacional.

Uno de los factores cruciales que tuvo incidencia en los discursos educacionales de los distintos partidos políticos fue la consolidación, de modo paralelo, de dos nociones. En primer lugar, la comprensión generalizada de la educación como un derecho social (lo que le imprimió un sentido de urgencia a su universalización como oferta, así como a su demanda por parte de sectores sociales activados políticamente, en el marco del conflicto de clases urbano que caracterizó al país durante el período). Además, se consolidó la noción de la educación como recurso indispensable, conforme se difundieron las teorías del "capital humano" como pivote para el desarrollo económico. Ello involucró apropiaciones divergentes de parte de los actores políticos. Así, la primera noción (que ya tenía un arraigo histórico en la izquierda) fue relevada por las coaliciones que, en torno al eje socialista-comunista, promovieron las candidaturas presidenciales de Salvador Allende entre 1952 y 1970, como también permeó en parte importante el discurso de la Democracia Cristiana (fortalecida por el declive de la apelación popular y clasemediera del radicalismo a partir de la década de 1950). En cuanto al segundo elemento, el capital humano, la propia Democracia Cristiana, inserta en una matriz desarrollista, suscribió también su importancia e intentó ponerla en acto durante el gobierno de Eduardo Frei Montalva, apelando retóricamente al poder transformador de la educación en el crecimiento económico, la democratización política y la movilidad social.

Así, en el contexto de las denominadas "planificaciones globales", los distintos sectores políticos señalaban a la educación como portadora del mismo sentido prometeico de casi dos siglos de vida republicana. Sin embargo, las nuevas contraposiciones en torno a la libertad de enseñanza (de sentido curricular en el siglo XIX; con apelaciones a la gestión y propiedad en el XX) separaron en campos irreconciliables a los partidos de izquierda (promotores de una educación socialista y, consecuentemente, un Estado docente propietario, a través del proyecto de Escuela Nacional Unificada durante la Unidad Popular) y de derecha, cuya expresión política rearticulada desde 1966 (el Partido Nacional) tuvo la capacidad de atraer a los sectores de la Democracia Cristiana que recelaban de la creciente estatización de la educación perseguida por el gobierno de Allende. Con todo, la propia derecha portaba en su interior disensos ideológicos respecto a los alcances de la libertad de enseñanza: concebida como ejercicio de un derecho social en el marco de un Estado significativamente orientador de la educación (vertientes nacionalistas y estatistas) o entendida en forma creciente como un bien que agregaría valor a sus beneficiarios acorde a las preferencias y opciones de estos, en el marco de teorías de elección racional (vertiente neoliberal). La crisis política terminal del sistema democrático de masas le entregó a estos últimos sectores la coyuntura para, inconsultamente, convertir sus ideas en políticas públicas, allegándose a los militares en el poder tras el golpe de 1973 mediante asesorías de pretendida asepsia política y alegatos técnicos[60].

Reflexiones finales

A través de lo visto en estas páginas, es posible constatar que dos siglos de vida republicana han sido el escenario para la emergencia de una amplia gama de proyectos educacionales que han tenido distinta fortuna en sus propósitos de devenir en modelos educativos hegemónicos. Numerosos intelectuales, que muestran en sus perfiles formativos la evolución de las disciplinas de las ciencias humanas y sociales en sus relaciones con el poder político (desde un talante integrador de saberes propio de humanistas hasta una índole técnica y fundada en credenciales propias del campo de la economía) han identificado a la expansión de la educación como un requisito indispensable para las tareas de su tiempo: la creación del ciudadano y el establecimiento del orden republicano; la integración social en perspectiva nacionalista y el progreso económico; la democratización creciente de la sociedad y los bienes. En ese conjunto de propósitos, secundado por los intereses de grupos sociales y de opinión cada vez más plurales y numerosos, se ha considerado históricamente como un agente relevante al Estado, lo que se deduce de las bases fundacionales del pacto republicano.

Luego del colapso en 1973 de la democracia política se generó una coyuntura inédita para plantear una relectura radical del rol del Estado y, en lo que a educación se refiere, para proceder al desguace material y conceptual del Estado docente. No fue, con todo, un proceso exento de dramatismo, dadas las condiciones de excepción propias de una dictadura cívico-militar como la que encabezó Augusto Pinochet. Pero, además, era necesario erosionar certezas profundas acerca de los logros de un proceso de acumulación de propuestas político-educacionales que llevaba largamente más de medio siglo. Es posible notar el peso de una tradición de Estado docente, dotado de un halo de respetabilidad tal que llevó al general Gustavo Leigh, uno de los integrantes de la Junta Militar de Gobierno, a plantear con mucha franqueza sus dudas respecto al nuevo esquema educacional que finalmente terminó por imponerse. Frente al triunfo de la libertad de enseñanza, devenida en

60 Una buena caracterización de este proceso en Fabián González Calderón, "Mil días de la Junta Militar de Gobierno. La metamorfosis subterránea de la educación chilena durante los primeros años de la dictadura militar (1973-1979)", *Cuadernos Chilenos de Historia de la Educación* 4 (2015): 34-61.

una suerte de mantra para grupos gremialistas y derecha tradicional que apoyaron las transformaciones del sistema, argumentaba Leigh, desde una valoración histórica y política, que "honestamente, yo me opongo a esto por encontrarlo lo más peligroso que pueda haber. Con esto estamos retrocediendo a la época de las cavernas respecto de educación en Chile. El sistema educacional que ha habido hasta ahora en nuestro país constituye un orgullo para el Estado y para el Gobierno chileno. Es prestigiado, ampliamente idóneo y objetivo; sin ningún criterio sectario, ni dogmático ni partidista"[61]. Sus observaciones, finalmente, quedaron ancladas a la tinta de una de las tantas actas de la Junta de Gobierno.

> "Los Padres de familia dan preferencia notoria a algunos colegios particulares, gravándose con pensiones que no pagarían al Estado. Este hecho y el interés vital vinculado a la educación de los hijos, abonan la instrucción privada"[62].

Esta frase, que podría haber sido dicha por cualquier parlamentario de derecha del período postdictadura (salvo por la elegante sintaxis, tan lejana de nuestros hemiciclos actualmente), permite descubrir las persistencias de una determinada comprensión liberal de las prioridades respecto a la educación. En la refundación educativa que propició la dictadura pinochetista, en el marco más extenso de su revolución capitalista, la visión del congresista Zegers, a inicios del siglo XX, encuentra eco casi un siglo después en las afirmaciones de un asesor del Ministerio de Hacienda, mediadas por un lenguaje de matriz técnica y por una situación de ventaja *manu militari* para la imposición de proyectos educacionales como políticas que forman un modelo educativo. Así habló Jofré:

> "...las familias desean educar a sus hijos y pueden, en principio, sufragar los costos de hacerlo con los mayores ingresos que la educación genera. Con todo, las familias pobres, exigidas por otras urgencias, no están en condiciones de hacerlo. La intervención estatal debe hacerse generando incentivos correctos e intensos. Para ello los subsidios deben aplicarse sólo en Educación General, y créditos a la Educación Superior"[63].

Con todo, pese a la vigencia desde la década de 1980 de firmes matrices de libertad económica aplicadas a la educación, el proceso de disolución del Estado docente pareciera no estar totalmente cerrado. Para algunos actores que han emprendido ciclos de movilización, inéditos en intensidad y alcance en el marco de la *pax* concertacionista, ha existido una recuperación más

[61] *Acta de la Junta de Gobierno 280-A*, 3 de septiembre de 1976, 125.

[62] Zegers, *Instrucción secundaria*, 62.

[63] Gerardo Jofré, "El sistema de subvenciones en educación: la experiencia chilena", *Estudios públicos* 32 (1988): 194.

bien espectral, mítica y emocional de la noción, identificada en ocasiones con otro continente laxo conceptualmente pero eficaz en su pregnancia movilizadora: la defensa de la educación pública. De esta manera, se puede deducir de los efectos del movimiento social de 2006 y sus derivados recientes que es posible que la agenda política educacional pueda ser reordenada a partir de las presiones de movimientos de base que, a su vez, están rediseñando el marco de la participación política[64]. Dado que los conceptos tienen vida propia, no es descartable que el Estado docente vuelva al ruedo incluso luego de muerto, como lo hizo alguna vez el Cid.

[64] Sofia Donoso Knaudt, "Dynamics of Change: the Chilean Pingüino Movement and Its Impact on the Education Agenda" (tesis, M.Ph., Oxford University, 2010), 107.

CAPÍTULO V
SOCIEDAD E IDEOLOGÍAS DE MASAS, SIGLO XX

MARCUS KLEIN

1. A MODO DE INTRODUCCIÓN: LA "VÍA CHILENA AL SOCIALISMO", SUS ENEMIGOS EN LA DERECHA (RADICAL) Y CRÍTICOS EN LA IZQUIERDA (EXTREMA)

Al término de la manifestación del Día del Trabajo convocada por la Central Única de Trabajadores (CUT) en las calles de Santiago en 1973, Jorge Godoy, el presidente de la Central Obrera y después el presidente Salvador Allende se dirigieron a "todos los campesinos, obreros, estudiantes, jóvenes, mujeres, profesionales y técnicos", a "las diferentes representaciones diplomáticas", así como a "una delegación de los países nórdicos", congregados en la Plaza de la Constitución. En sus respectivos discursos, tanto Godoy como Allende se refirieron a la situación política en general y a los numerosos desafíos específicos que enfrentaba el gobierno de la Unidad Popular (UP) después de casi tres años cada vez más conflictivos en el poder. Ambos también defendieron los logros de "la revolución chilena", la que Allende definió como "antiimperialista, antioligárquica y antifeudal", pero de naturaleza democrática, y de manera igualmente categórica atacaron a sus enemigos, quienes deseaban "barrenar la disciplina de las fuerzas del orden, carabineros e investigaciones", "derrocar [el] Gobierno con la violencia" y, en definitiva, ponerle fin a todo el "proceso revolucionario"[1].

Al hablar de lo que él describió como las maquinaciones de los opositores a la UP, en más de una ocasión el premier mandatario —y, anteriormente, en mayor medida el líder de la CUT— se refirieron a "los sectores reaccionarios" y advirtieron sobre la aparentemente ubicua "amenaza fascista"[2], términos tendenciosos típicos de esta atmósfera altamente cargada, más que una descripción significativa de cualquier grupo político opositor al gobierno de la UP, con las posibles excepciones de Poder Femenino y Patria y Libertad[3], que, dicho sea de paso, Godoy identificó explícitamente como una de las

[1] *La Nación*, 2 de mayo de 1973, 1 y 8.

[2] *La Nación*, 2 de mayo de 1973, 1 y 8.

[3] María de los Ángeles Crummett, "El Poder Femenino: The Mobilization of Women against Socialism in Chile", *Latin American Perspectives* 4, 4 (1977): 103-13; José Díaz Nieva, "'Patria y Libertad' y el nacionalismo chileno durante la Unidad Popular, 1970-1973", *Bicentenario* 2, 2 (2003): 155-84.

caras del fascismo en Chile junto con el Partido Nacional (PN). A pesar de esto, ni siquiera la cúpula del Partido Demócrata Cristiano (PDC) se libró de los ataques del líder sindical y miembro del Partido Comunista (PC), quien, todo dicho, era mucho menos reticente que Allende para lanzar acusaciones dando nombre y apellido o adjudicar culpas[4].

Mientras se atacaba a prácticamente todos quienes estuvieran a la derecha de la UP, ese mismo día la coalición gobernante también recibió su propia cuota de acusaciones por parte de grupos que estaban aún más a la izquierda. Eran los anarquistas, claramente superados en número por los partidarios de la UP y, de hecho, en mayor medida por opositores de centro y de derecha, entre quienes por entonces casi no se podía diferenciar. Los anarquistas además estaban divididos en varios grupúsculos que no se guardaban su opinión de Allende. Hablaban del "autoproclamado gobierno marxista-leninista" y su "falso socialismo"[5]. Estaban convencidos de que lo que se necesitaba era "una sociedad de hombres libres sin explotados ni explotadores", "sin fronteras ni tiranos" y "sin amos ni verdugos"[6].

Exhortaban al compañero trabajador, campesino y estudiante a apoyar la lucha por esa utopía anarquista de hombres y mujeres libres, clamor que, por cierto, no fue escuchado, y que apuntaba a la permanente, apasionada y, a la larga, desigual competencia entre los distintos grupos de izquierda para obtener el apoyo de sectores (más) amplios de la sociedad chilena, incluyendo a los principales aliados de la UP: los comunistas y los socialistas. Al mismo tiempo, tenía lugar una lucha casi tan feroz entre las izquierdas y el PDC, es decir el centro (nominal). En este sentido, los ataques de Godoy a los líderes democratacristianos eran reveladores, como también lo era el hecho de que fueran acompañados de insinuaciones "a los dirigentes sindicales D.C." a romper filas con la oposición y unirse al Gobierno. Con estas declaraciones de doble filo, Godoy se hacía eco de los comentarios que su camarada de partido Gladys Marín, secretaria general de las Juventudes Comunistas, había hecho en la misma época[7].

Una agrupación que se mantuvo al margen de esta contienda era el Partido Nacional (PN), la fuerza dominante de la derecha establecida y, probablemente, "la cara más visible e intransigente de la lucha contra la Unidad Popular"[8]. Sólo a comienzos de la década de 1980, con la dictadura ya firmemente arraigada, hubo cambios en la derecha. Estos vinieron de la mano del

[4] *La Nación*, 2 de mayo de 1973, 5.

[5] Citado por Felipe del Solar y Andrés Pérez, *Anarquistas. Presencia libertaria en Chile* (Santiago: RIL, 2008), 66. Aquí, como en todas las otras citas, las comillas están en el original.

[6] Como lo cita Eduardo Godoy Sepúlveda, "1° de mayo de 1973: los anarquistas y el gobierno de la Unidad Popular", *Cuadernos de historia* 39 (2013): 184.

[7] *La Nación*, 2 de mayo de 1973, 5.

[8] Verónica Valdivia, *Nacionales y gremialistas. El parto de la nueva derecha política chilena, 1964-1973* (Santiago: Lom, 2008), 322.

movimiento gremialista y más concretamente de la Unión Demócrata Independiente (UDI), su brazo político. Liderada por Jaime Guzmán, "el principal ideólogo del régimen de Pinochet", quien había comenzado su carrera como activista antirreformista cuando estudiaba en la Universidad Católica en la década de 1960 y, luego, había "llev[ado] a cabo una intensa labor de oposición" a Allende[9], la que trató de ampliar las bases de la derecha chilena atrayendo a estratos sociales que habían sido ignorados por otros grupos de derecha, especialmente en las poblaciones. Como se vio y se verá, con el transcurso del tiempo, lo hizo con bastante éxito.

A fin de cuentas, la UDI buscó de manera activa, y aún busca, el apoyo de los sectores populares de la sociedad chilena sobre la base del gremialismo, el cual se puede describir y entender como una auténtica "ideología de masas". En otras palabras, se trata de una cosmovisión que apela activamente a sectores de la población e intenta obtener su apoyo electoral como un medio para promover sus fines, sean políticos, sociales y económicos. Bajo esta perspectiva, analizaré en el presente capítulo a las potenciales ideologías de masas de todo el espectro político, más específicamente a los diversos partidos y movimientos, a los grupos de interés que las abrazaron, como los sindicatos, y a sus proyectos rivales, que a menudo eran mutuamente excluyentes. Junto al gremialismo, examinaré diversas organizaciones y también a sus líderes, en su mayoría de sexo masculino, y activistas, también predominantemente hombres, que militaron por una parte en el anarquismo y el anarcosindicalismo, el comunismo y el socialismo, y por otra, en el fascismo histórico, con el PDC ubicado en el centro.

En lugar de examinar todos los partidos, movimientos y grupos de interés que adoptaron estas ideologías, aunque sólo brevemente sus variaciones menos influyentes en el transcurso del siglo pasado, exploraré seis períodos durante los cuales algunas ideologías alcanzaron sus máximos relativos y llegaron al apogeo de su influencia, mientras que otras comenzaron y desarrollaron procesos que, en retrospectiva, tuvieron para bien o mal —según se las mire— una influencia duradera. Es un viaje por todo el siglo XX, narrado en el contexto de los sucesos en Chile y el mundo. Comienza con la república parlamentaria y termina con los últimos años del régimen militar (1973-90) y los inicios del período postautoritario, testigo del retorno a la democracia, así como del estado de derecho y, finalmente, la aparición de "un nuevo Estado de compromiso", basado en "la aceptación de reformas políticas negociadas y

[9] Belén Moncada Durruti, *Jaime Guzmán. Una democracia contrarrevolucionaria* (Santiago: RIL, 2006), 50; Alan Angell y Benny Pollack, "The Chilean Elections of 1989 and the Politics of the Transition to Democracy", *Bulletin of Latin American Research* 9, 1 (1990): 4 ("ideólogo"); Pablo Rubio Apiolaza, "Jaime Guzmán Errazuriz y el gremialismo. La refundación de la derecha chilena (1964-1970)", *Revista de Historia* 13-4 (Concepción, 2003-4): 111-26.

graduales" y "una economía de mercado caracterizada por un proceso de reformas limitadas para suavizar sus asperezas"[10].

2. Las agrupaciones de izquierda entre solidaridad de clases, diversificación ideológica y represión estatal

Hacia fines del siglo XIX y principios del XX, la situación era muy diferente. Para empezar, el sistema político del país era restringido y no representativo. "El potencial electoral era" no superior al "10% de la población total", ya que sólo los ciudadanos varones que supieran leer y escribir, fueran mayores de 21 años y estuvieran inscritos en el registro electoral tenían derecho a voto en elecciones que, por cierto, no eran ni justas ni libres[11]. Es más, Chile se caracterizaba por sus profundas y arraigadas desigualdades y carecía de legislación social digna de mención alguna, ya que "cualquier tipo de redistribución dirigido desde el Estado era visto como una intervención arbitraria en el funcionamiento del orden natural". De hecho, el Estado y sus instituciones, controladas por una pequeña élite con sede en Santiago, básicamente se abocaban "a evitar situaciones en las que el orden social [y económico] estuviera en peligro"[12], y aquellos que se atrevían a desafiar el *statu quo* enfrentaban la ira de las autoridades.

Fue en el contexto de esta situación lamentable, pero no única, que las ideas de izquierda echaron raíces, principal pero no exclusivamente dentro del anarquismo y el anarcosindicalismo. Este pensamiento político, sin duda mucho más heterogéneo que lo que el término sugiere, haciendo honor a su caracterización como "una 'corriente' diversificada, un universo de sensibilidades cercanas", se volvió popular sobre todo en ciudades como Santiago y Valparaíso, los centros de la manufactura, la administración y el transporte nacional. Fue allí donde el principio anarquista de "una ruptura revolucionaria que implicaba la destrucción inmediata del Estado y su reemplazo por los productores organizados" encontró adherentes entre artesanos y marinos mercantes[13]; las áreas mineras del norte (Tarapacá y Antofagasta) resultaron

[10] Peter M. Siavelis, "Chile: The Right's Evolution from Democracy to Authoritarianism and Back Again", en *The Resilience of the Latin American Right*, eds. Juan Pablo Luna y Cristóbal Rovira Kaltwasser (Baltimore: Johns Hopkins University Press, 2014), 258-9.

[11] Ricardo Nazer y Jaime Rosemblit, "Electores, sufragio y democracia en Chile: una mirada histórica", *Mapocho* 48 (2000): 216-7 (cita en página 216). Sobre el sistema electoral, véase también el capítulo de Macarena Ponce de León en el tomo *Estado y sociedad* de esta misma colección.

[12] Manuel Bastías Saavedra, "Intervención del Estado y derechos sociales. Transformaciones en el pensamiento jurídico chileno en la era de la cuestión social, 1880-1925", *Historia* 48, 1 (2015): 23-4. Sobre el sistema de seguridad social, véase también el capítulo de Francisca Rengifo en el tomo *Estado y sociedad* de esta misma colección.

[13] Sergio Grez, *Los anarquistas y el movimiento obrero: la alborada de "la Idea" en Chile, 1893-1915* (Santiago: Lom, 2007), 184 y 283.

mucho menos susceptibles a estas ideas y, en el sur, alrededor de Concepción, su atractivo fue sólo levemente mayor[14].

Las ideas anarquistas, que incluían consignas radicales como "el amor libre, es decir la unión afectiva concretada generalmente entre dos individuos sin la venia del Estado y de la Iglesia Católica", llegaron a Chile más tarde que a otros países de América del Sur y no estuvieron acompañadas por la ola de inmigrantes que arribó, por ejemplo, a la vecina Argentina. Dichas ideas se difundieron sobre todo por medio de textos anarquistas que fueron traducidos y publicados por primera vez en Argentina o en Uruguay y, más tarde, reimpresos en la prensa local y en "periódicos" de propiedad de "el reformista Partido Demócrata (PD), la más avanzada en términos socialistas, de las colectividades políticas existentes"[15]. Junto con artículos y editoriales de autores chilenos, como Alejandro Escobar y Manuel J. Montenegro, y de algunas autoras, como Elena Cárdenas, se pueden encontrar en la prensa obrera los trabajos de líderes intelectuales del anarquismo y el anarcosindicalismo, como el ruso Mijaíl Aleksándrovich Bakunin y el francés Pierre-Joseph Proudhon[16].

La influencia de extranjeros en el incipiente movimiento obrero, de inspiración anarquista, se limitaba esencialmente a este aspecto, sin duda importante. Pocos anarquistas extranjeros visitaron Chile, y aún menos tomaron parte activa en la creación y organización de agrupaciones de trabajadores, o en la fundación y dirección de diarios[17]. Chilenos, "casi todos [...] del mundo popular" y muchos que "habían vivido sus primeras experiencias políticas en el Partido Democrático", fueron los responsables de difundir el credo anarquista, a veces en versiones heterodoxas, a través de periódicos, centros de estudios sociales y sociedades de resistencia, todos ellos igualmente efímeros[18].

[14] Julio Pinto, "Socialismo y salitre. Recabarren, Tarapacá y la formación del Partido Obrero Socialista", *Historia* 32 (1999): 319; Jody Pavilack, *Mining the Nation: The Politics of Chile's Coal Communities from the Popular Front to the Cold War* (University Park: The Pennsylvania State University Press, 2011), 34 y 41; Marcelo Valenzuela Cáceres, "La huelga 'grande' del carbón en Lota y Curanilahue de 1920", *Historia Actual Online* 32 (2013): 79-80.

[15] Víctor Muñoz Cortés, "*El Oprimido*, los extranjeros y la prehistoria del anarquismo chileno (1889-1897)", *Portal Libertario OACA* (29 de julio de 2012 [citado el 28 de agosto de 2015], Portal Libertario OACA): disponible en http://www.portaloaca.com/historia/historia-libertaria/5824-el-oprimido-los-extranjeros-y-la-prehistoria-del-anarquismo-chileno-1889-1897.html; Eduardo Godoy Sepúlveda y Víctor Muñoz Cortés, "Por la *Vida Nueva*: la familia en la batalla cultural entre el anarquismo, la Iglesia católica y el Estado (región chilena, 1893-1940)", *Estudios. Revista de Pensamiento Libertario* 3 (2013): 128 ("amor").

[16] Elizabeth Q. Hutchison, "From 'La Mujer Esclava' to 'La Mujer Limón': Anarchism and the Politics of Sexuality in Early-Twentieth-Century Chile", *Hispanic American Historical Review* 81, 3-4 (2001): 527 y 539; Del Solar y Pérez, *Anarquistas*, 33-5; Grez, *Anarquistas*, 51.

[17] Peter DeShazo, *Urban Workers and Labor Unions in Chile 1902-1927* (Madison: The University of Wisconsin Press, 1983), 91; Grez, *Anarquistas*, 191-3.

[18] Max Nettlau, *A Contribution to an Anarchist Bibliography of Latin America* (Buenos Aires: La Protesta, 1926), 11 y 24; Grez, *Anarquistas*, 182-3 (citas).

Las sociedades de resistencia eran las organizaciones preferidas de los anarquistas, ya que no tenían "como objetivo básico la seguridad financiera de los miembros a través del pago de cuotas", como las sociedades de socorros mutuos, que eran por lejos las organizaciones de trabajadores más comunes en Chile en el siglo XIX[19].

Los anarquistas querían mejorar las condiciones de vida de los trabajadores y creían que las huelgas eran el medio para hacerlo y también para lograr el cambio político. Esta convicción iba de la mano con un abierto rechazo al Estado, a todas sus instituciones y a la Iglesia. De hecho, no estaban dispuestos a dialogar con sus representantes o asociaciones de empleadores, descartando la negociación de acuerdos y dejando poco o ningún espacio para maniobras políticas. Su rechazo, así como el de sus correligionarios en todo el mundo, a participar del proceso político era consistente con esta actitud confrontacional. Por lo tanto, no se organizó ningún partido libertario, no se nominaron candidatos y tampoco se alentó a los electores a votar por algún candidato determinado. Otros grupos de izquierda que decidieron adoptar "medios políticos para lograr [sus] objetivos" fueron acusados de "reformismo flagrante y traición a su clase". Esta crítica iba expresamente dirigida al Partido Obrero Socialista (POS), antecesor inmediato del PC, fundado a mediados de 1912 por Luis Emilio Recabarren, el otrora activista del PD que participó en elecciones aunque sin mucho éxito[20].

Sin embargo, las causas ideológicas subyacentes a estos ataques no excluían la cooperación entre los autodenominados anarquistas y los diversos grupos comunistas y socialistas. De hecho, esta fue una característica notable del movimiento obrero chileno hasta el comienzo de la década de 1920. Se podría hablar de "un sentimiento natural de solidaridad de clases" que trascendía las "líneas divisorias"[21]. Este sentimiento se manifestaba cuando había protestas y huelgas o en la forma de denuncia del uso arbitrario de la violencia por parte del Estado en contra de representantes obreros y sus simpatizantes dentro del estudiantado[22]. En la primavera de 1921, en el contexto de conflictos sociales cada vez más profundos y "una fuerte ofensiva patronal en

[19] DeShazo, *Urban Workers*, 89-95 (cita en página 94).

[20] Andrew Barnard, "The Chilean Communist Party 1922-1947" (disertación, Ph.D., University College London, 1977), 19-28 (citas en página 28); Luis Durán, "Visión cuantitativa de la trayectoria electoral del Partido Comunista de Chile: 1903-1973", en *El Partido Comunista en Chile. Estudio multidisciplinario*, comp. Augusto Varas (Santiago: CESOC-FLACSO, 1988), 344-6.

[21] Jackie Roddick, "The Failure of Populism in Chile: Labour Movement and Politics Before World War II", *Boletín de Estudios Latinoamericanos y del Caribe* 31 (1981): 72.

[22] Raymond B. Craib, "Students, Anarchists and Categories of Persecution in Chile, 1920", *A Contracorriente* 8, 1 (2010): 22-5; Vicente Mellado, "¡Por el derecho de asociación y de huelga! La Federación Obrera de Chile (FOCH) y el camino a la legislación laboral (1921-1924)", *Cuadernos de Historia* 42 (2015): 116-7; Víctor Muñoz Cortés, *Armando Triviño: Wobblie. Hombres, ideas y problemas del anarquismo en los años veinte* (Santiago: Quimantú, 2009), 22-5; Roddick, "Failure", 68-72.

contra de las organizaciones sindicales", las federaciones de las distintas facciones de izquierda se unieron para "formar un *frente único defensivo*". La Federación Obrera de Chile (FOCh), central sindical nacional establecida en 1909 bajo el nombre de Gran Federación Obrera de Chile, fue uno de sus miembros fundadores y la rama chilena del sindicato de trabajadores industriales del mundo (IWW), con sede en Chicago, fue otro[23]. Esta fue la primera federación nacional de sindicatos anarquistas y anarcosindicalistas y, "al menos durante sus dos primeros años", "la única orgánica capaz de aunar al elemento ácrata bajo las mismas banderas y consignas"[24].

Pese a esta cooperación, ya se habían sembrado las semillas que producirían relaciones mucho más confrontacionales entre los diferentes grupos, sobre todo entre comunistas y anarquistas: la Revolución rusa y su impacto en Chile. Las tensiones aumentaron a comienzos de 1922, a medida que el POS se iba convirtiendo en el PC y aumentaba su control sobre la FOCh, la cual, al momento de la fundación de la IWW, a fines de 1919, se había manifestado "en favor de la[s] postura[s] revolucionarias" y dos años más tarde adhirió a "la Internacional de Sindicatos, con sede en Moscú"[25]. La crítica anarquista al incipiente régimen soviético, alimentada por la persecución bolchevique a sus camaradas, hizo su parte, al igual que la popularidad y la creciente confianza del PC gracias a los nuevos acontecimientos en la lejana Rusia. De igual importancia fue el hecho de que los comunistas —así como el POS— estuvieran dispuestos a probar suerte en las elecciones y forjar alianzas con otros grupos[26]. Esto todavía era anatema para los anarquistas y anarcosindicalistas, quienes se negaban igualmente a aceptar las leyes sociales aprobadas en la década de 1920. Al contrario de la FOCh, tampoco se comprometieron proactivamente de cualquier otra forma con el Estado[27].

Pese a encontrar seguidores en "una o dos organizaciones de profesores" y tener influencia en la Federación de Estudiantes de Chile (FECh), atrayendo a hombres como "Juan Gandulfo, el dirigente anarquista más importante del movimiento estudiantil del veinte"[28], estas posturas negacionistas, junto con

[23] Mellado, "FOCh", 97-8 (citas en página 98).

[24] Mario Araya Saavedra, "Los *wobblies* criollos: fundación e ideología en la región chilena de la *Industrial Workers of the World* - IWW (1919-1927)" (tesis de licenciatura, Universidad ARCIS, Santiago, 2008), 7.

[25] Mario Garcés y Pedro Milos, *FOCh, CTCh, CUT. Las centrales unitarias en la historia del sindicalismo chileno* (Santiago: ECO, 1988), 23 y 30.

[26] Barnard, "Communist Party", 67-74 y 91; Muñoz Cortés, *Triviño*, 26 (crítica).

[27] Sergio Grez, "El escarpado camino hacia la legislación social: debates, contradicciones y encrucijadas en el movimiento obrero y popular (Chile: 1901-1924)", *Cyber Humanitatis* 41 (2007) ([citado el 11 de septiembre de 2015] Cyber Humanitatis): disponible en http://www.cyberhumanitatis.uchile.cl/index.php/RCH/article/view/10515/10569.

[28] Fernando Castillo, Ana Tironi y Eduardo Valenzuela, *La FECh de los años treinta* (Santiago: SUR, 1982), 70, nota 6; Alan Angell, *Politics and the Labour Movement in Chile* (Londres: Oxford University Press, 1972), 27.

la implacable persecución del Estado, acarrearon la caída del apoyo a los grupos anarcosindicalistas entre las clases trabajadoras y el movimiento obrero en los últimos años de la república parlamentaria y después de la adopción de la nueva Constitución en 1925; la IWW no fue una excepción a esta regla[29]. Esta mala situación empeoró aún más después del establecimiento del régimen liderado por Carlos Ibáñez del Campo en 1927, quien, dicho sea de paso, pudo contar con la colaboración de algunos antiguos anarquistas, como Escobar y Luis Ponce[30]. Esto redundó en una nueva ola de persecuciones y severas restricciones a sus actividades, que se vieron reducidas a algún paro ocasional y a actividades simbólicas, como "la propaganda a través de volantes, como los que se distribuyeron a raíz de la ejecución de [Nicola] Sacco y [Bartolomeo] Vanzetti en Estados Unidos" en agosto de 1927, que hacían eco a protestas anteriores en apoyo a los dos anarquistas italianos[31].

3. Las izquierdas, el Frente Popular y el espectro del fascismo

El anarquismo y el anarcosindicalismo no se recuperaron del corto pero intenso reinado de Ibáñez. Esto fue igualmente válido para las agrupaciones de estudiantes, eficazmente desmanteladas al comienzo de su dictadura. Lo mismo ocurrió con el movimiento obrero, cuyo marco legal y situación política fueron afectados por el nuevo Código del Trabajo. Desunidos y dispersos en diferentes sindicatos y asociaciones, poco a poco fueron perdiendo el escaso apoyo con el que todavía contaban después de julio de 1931, en particular debido a su inamovible "oposición total a los sindicatos legales" y al continuo rechazo a la conciliación y el arbitraje[32]. En general, la década de 1930 puede considerarse como "la etapa de profundización de la decadencia del anarquismo", seguida por "la etapa de los años 40 en adelante, en la que esa tendencia tuvo una existencia bastante marginal"[33].

[29] Muñoz Cortés, *Triviño*, 28; Sergio Grez, "¿Autonomía o escudo protector? El movimiento obrero y popular y los mecanismos de conciliación y arbitraje (Chile, 1900-1924)", *Historia* 35 (2002), 143, nota 195; René Millar, *La elección presidencial de 1920* (Santiago: Editorial Universitaria, 1981), 223-4, nota 212; Craib, "Students", 49.

[30] Grez, *Anarquistas*, 218-9; Jorge Rojas, *La dictadura de Ibáñez y los sindicatos (1927-1931)* (Santiago: DIBAM, 1993), 103, nota 63.

[31] Lisa McGirr, "The Passion of Sacco and Vanzetti. A Global History", *The Journal of American History* 93, 4 (2007): 1091; Anton Rosenthal, "Radical Border Crossers. The Industrial Workers of the World and their Press in Latin America", *Estudios Interdisciplinarios de América Latina y el Caribe* 22, 2 (2011): 47; Rojas, *Dictadura*, 145-6 (cita).

[32] Angell, *Politics*, 28; Castillo, Tironi y Valenzuela, *FECh*, 37-8.

[33] Jaime Sanhueza, "La Confederación General de Trabajadores y el anarquismo chileno de los años 30", *Historia* 30 (1997): 314-5.

Los comunistas corrieron bastante mejor suerte. La FOCh fue restablecida después de la caída de Ibáñez y se convirtió en uno de los miembros fundadores de la Confederación de Trabajadores de Chile (CTCh), la eminentemente política federación de sindicatos creada en 1936. Por primera vez ganaron seguidores entre los estudiantes[34]. Además, el partido mismo, tras haber sido proscrito y sus militantes perseguidos, volvió a surgir después de la dictadura. Algunos de sus militantes más conocidos, como Elías Lafertte, miembro fundador del POS y "eterno candidato presidencial del PC desde 1927", habían pasado la mayor parte de estos años "en prisión o en el destierro". El partido además aportó liderazgo a todas las actividades comunistas, incluyendo el patrocinio de clubes deportivos y sociales en, por ejemplo, los bastiones locales de las comunidades de los mineros del carbón en el sur, donde se desarrolló algo parecido a una subcultura comunista[35].

Si bien tuvo un éxito electoral limitado en las zonas mineras del norte y del sur dentro de un electorado reducido, ya que "quedaban fuera del sistema las mujeres y los analfabetos, los cuales eran la gran mayoría", este ya no era el partido de Recabarren ni el de los años que inmediatamente le siguieron, aun cuando el PC había sido "una organización abigarrada, heterodoxa en sus contenidos político-ideológicos" y "carente de [...] disciplina"[36]. Este partido fue regularizado por el Comintern a fines de los años 1920 y, por lo tanto, estaba completamente bolchevizado —en términos de su estructura, con células y centralismo democrático como bases organizativas; de sus líderes, especialmente su secretario general Carlos Contreras Labarca (1931-46); y, por sobre todo, de su orientación ideológica—. El PC siguió fielmente las políticas de Moscú que, además, durante esos años, comenzó a hacer contribuciones económicas[37]. Esta cooperación tuvo malos y buenos resultados. Durante el Tercer Período de la Internacional Comunista impidió cualquier tipo de cooperación con otros grupos de la izquierda, mientras que luego permitió la adopción de la estrategia del Frente Popular (FP) en 1935. Ciertamente, funcionó bien hasta comienzos de la década de 1980.

Con la estrategia del FP, el PC dejó de lado las "demandas doctrinarias por una revolución inmediata" y optó por "la participación en la política tradicional gradualista"[38]. Esto resultó en un acercamiento proactivo hacia otros

[34] Castillo, Tironi y Valenzuela, *FECh*, 39; Angell, *Politics*, 106-20; Barnard, "Communist Party", 198-9 (CTCh).

[35] Pavilack, *Mining*, 8; Barnard, "Communist Party", 405 y 116.

[36] Rolando Álvarez, "'¡Viva la revolución y la patria!'. Partido Comunista de Chile y el nacionalismo (1921-1926)", *Revista de Historia Social y de las Mentalidades* 7, 2 (2003): 36; Nazer y Rosemblit, "Electores", 219.

[37] Olga Ulianova, "El Partido Comunista chileno durante la dictadura de Carlos Ibáñez (1927-1931): primera clandestinidad y 'bolchevización' estaliana", *Boletín de la Academia Chilena de la Historia* 111 (2002): 385-436.

[38] Paul W. Drake, "The Chilean Socialist Party and Coalition Politics, 1932-1946", *Hispanic American Historical Review* 53, 4 (1973): 626.

grupos políticos de centro y de izquierda, tan vilipendiados durante el Tercer Período. Facilitó la colaboración con el Partido Radical (PR), partido de centro que en 1932 integró la coalición ganadora de Arturo Alessandri (1932-8) y, también, de manera igualmente notable, con el PS. Este nuevo partido, establecido en 1933, fue, de hecho, el grupo no comunista de inspiración marxista más importante de la izquierda: se podría argumentar que remplazó a los anarquistas. También se podía encontrar un buen número de exlibertarios entre los miembros fundadores del PS: Óscar Schnake, otrora miembro de la IWW y líder del ala anarquista de la FECh en la década de 1920, fue el más conocido entre ellos[39].

El PS aglomeró una plétora de pequeños grupos que, por sí solos, no tenían "ninguna relevancia en la escena política"[40]. Su fundación, por tanto, puede entenderse como un intento por ofrecer una alternativa viable de izquierda al PC, que al momento del establecimiento del PS seguía aferrado a sus fallidas y divisivas políticas del Tercer Período y empantanado en luchas internas[41]. A la vez que también luchaba por una "dictadura del proletariado como el paso necesario para la construcción de la sociedad socialista", el PS rechazaba la adhesión incuestionable del PC a la Unión Soviética y su aceptación de la pretensión moscovita de liderar el comunismo internacional. También criticaba lo que percibía como el fracaso del PC para hacer frente a los problemas de la clase obrera chilena, que sin duda había sufrido mucho durante la Gran Depresión. En definitiva, el PS se autodefinía y quería ser considerado una fuerza nacional y nacionalista, antiimperialista, latinoamericanista y, de hecho, anticomunista[42].

Como amalgama de diferentes facciones que con el tiempo llegó a aceptar a comunistas disidentes, como Manuel Hidalgo y el aspirante intelectual Óscar Waiss, el PS fue ideológicamente más heterogéneo que el PC. Esto también es válido para su composición social. Mientras que el PC fue "casi exclusivamente obrero [...] hasta los años 30", el PS "integr[ó] a las clases bajas y medias", donde los miembros de estas últimas tenían un rol destacado "en especial a nivel de liderazgo"; algunos de ellos no marxistas declarados, como el "pintoresco ex comandante de la Fuerza Aérea Marmaduke Grove"[43].

[39] DeShazo, *Urban Workers*, 286.

[40] Benny Pollack y Hernán Rosenkranz, *Revolutionary Social Democracy: The Chilean Socialist Party* (Londres: Frances Pinter, 1986), 11; Julio César Jobet, *El Partido Socialista de Chile* (Santiago: Prensa Latinoamericana, 1971), t. 1, 31.

[41] Mariano Vega Jara, "¿Hidalguismo versus lafertismo? Crisis y disputa por la representación del comunismo en Chile, 1929-1933", en *1912-2012. El siglo de los comunistas chilenos*, eds. Olga Ulianova, Manuel Loyola y Rolando Álvarez (Santiago: Instituto de Estudios Avanzados, USACH, 2012), 106-13.

[42] Benny Pollack, "The Chilean Socialist Party: Prolegomena to Its Ideology and Organization", *Journal of Latin American Studies* 10, 1 (1978): 119-26; Pollack y Rosenkranz, *Social Democracy*, 13.

[43] Drake, "Socialist Party", 621-2; Nicolás Acevedo, "*La Voz del Campo*. La política agraria del Partido Comunista durante el Frente Popular, 1936-1940", en *1912-2012*, ed. Ulianova, Loyola y

En general, el PS parecía más afín a "un estado de ánimo, un estilo, una mentalidad, más ligado a un desarrollo de idea central del país", que un partido homogéneo con una disciplina programática. Como tal, "el socialismo se conectaba con el centro de sentimientos políticos y sociales y con un modo de expresarse que le parecía connatural a una *intelligentzia* cultural muy amplia". Posiblemente, "el más importante intelectual que ha tenido" fue el escritor y académico Eugenio González Rojas[44].

Todos estos factores, sumados al hecho de ser más atractivo electoralmente no sólo para los trabajadores, sino también para los "grupos de clase media", aquellos "estrechamente vinculados a la actividad industrial y gubernamental", dificultaron la relación con el PC; lo que se hizo extensivo, al menos en parte, a los obreros organizados y a la CTCh, cuyos dos primeros secretarios generales fueron socialistas —Juan Díaz Martínez (1936-9) y Bernardo Ibáñez (1939-46)— y, al parecer en menor medida, al movimiento estudiantil[45]. En vista de estas diferencias y tensiones, cuando finalmente se creó el FP en 1936, quedó claro que no se trataba de un matrimonio por amor, sino de una alianza por conveniencia: era la oportunidad de llegar al poder como parte de esta coalición que excedía cualquier reserva, en particular por parte del PS. Por consiguiente, el FP concentró sus ataques en el gobierno de Alessandri y sus aliados de la derecha.

Al mismo tiempo, la lucha contra el fascismo sólo era de importancia secundaria para esta coalición nominalmente antifascista. A fin de cuentas, los fascistas locales del Movimiento Nacional Socialista (MNS) eran demasiado débiles como para representar una amenaza real para el nuevo orden establecido o para los partidos de izquierda. Su mensaje de rejuvenecimiento nacional, adornado con una retórica cuasirreligiosa, y su visión de un Estado supuestamente fuerte, pero sin duda jerárquicamente organizado y eficazmente todopoderoso, encontró escasa respuesta. Los esfuerzos de Carlos Keller, un consolidado y reconocido pensador nacionalista que en su rol de ideólogo nacista trató de sistematizar estas ideas, no sirvieron para cambiar

Álvarez, 206 (Hidalgo); Fabio Moraga, "La Federación de Estudiantes, semillero de líderes de la nación", *Anales de la Universidad de Chile* 17, 6ª serie (2005): 167 (Waiss); Jorge Rojas, "La prensa obrera chilena: el caso de *La Federación Obrera y Justicia*, 1921-1927", en *Anales de la Universidad de Chile* 17, 6ª serie (2005): 61, nota 1127.

[44] Edmundo Serani, "Eugenio González Rojas y su aporte a la doctrina socialista", en *Eugenio González Rojas: socialista, humanista y demócrata*, eds. Juan Guillermo Prado, Edmundo Serani y David Vásquez (Santiago: Ediciones Biblioteca del Congreso Nacional, 2013), 17; Joaquín Fermandois, *La revolución inconclusa: la izquierda chilena y el gobierno de la Unidad Popular* (Santiago: CEP, 2013), 77.

[45] Fabio Moraga, *"Muchachos casi silvestres". La Federación de Estudiantes y el movimiento estudiantil chileno, 1906-1936* (Santiago: Ediciones de la Universidad de Chile, 2007), 606-14; Cristián Pozo, "Ocaso de la unidad obrera en Chile: confrontación comunista-socialista y la división de la CTCh (1946-1947)" (tesis de magíster, Universidad de Chile, Santiago, 2013), 13; Angell, *Politics*, 104-6; Pollack, "Socialist Party", 124 (citas).

eso. Sus seguidores eran esencialmente hombres: adolescentes y adultos jóvenes. Atraídos por la novedad del MNS, en particular por los uniformes y las marchas, profesaban su fe en la causa fascista y seguían a Jorge González, el jefe, que al igual que Keller era un germano-chileno de clase media educada[46]. Es revelador que, a diferencia del PC, su némesis declarada, que contaba entre sus miembros a poetas de renombre como Vicente Huidobro y Pablo de Rohka, los nacistas no tuvieran ningún seguidor de alto perfil de la intelectualidad, sino a lo sumo un "admirador secreto" como Joaquín Edwards Bello[47].

A la larga, el principal problema de los nacistas fue su admiración por el nazismo y todo lo alemán, de lo que el nombre de la facción es sin duda el más revelador ejemplo. Estos aspectos moldearon la percepción pública del grupo y eclipsaron el hecho de que habían incorporado (selectivamente) ideas de la rica tradición nacionalista autoritaria de Chile, como las de Alberto Edwards y Francisco Alberto Encina, quienes afirmaban que "la historia de Chile era una historia de decadencia inexorable desde los grandes días de la república portaliana, cuando un gobierno fuerte había traído orden, jerarquía y progreso ostensible a la nación"[48]. Tampoco es de sorprender que la izquierda los acusara de ser el brazo prolongado del Tercer Reich. Mientras que los hombres que rodeaban a González y Keller rechazaban con vehemencia (y con cierta justificación) esas acusaciones, las mismas ciertamente contribuyeron a su aislamiento en la cada vez más polarizada atmósfera política de la década de 1930[49].

Si bien los nacistas al final se distanciaron del Tercer Reich y ganaron así un mayor espacio de maniobra, lo que no cambió fue la exaltación de la violencia y su abierta disposición a actuar en consecuencia. A través de los años, se vieron involucrados en una serie de enfrentamientos con obreros y con simpatizantes y militantes de izquierda, en particular con los miembros de las Brigadas de Defensa Socialista del PS, "entre quienes marchó incluso Salvador Allende"[50]. Y también fue gracias a su propensión a la violencia que

[46] George F. W. Young, "Jorge González von Marées: Chief of Chilean Nacism", *Jahrbuch für Geschichte von Staat, Wirtschaft und Gesellschaft Lateinamerikas* 11 (1974): 312; Klein, *Carlos Keller Rueff (1898-1974). Sobre sus vidas políticas y obras intelectuales* (manuscrito no publicado).

[47] Magdalena Möller Roth, "El Movimiento Nacional Socialista chileno (1932-1938)" (tesis de licenciatura, Pontificia Universidad Católica de Chile, 2000), 150; Carine Dalmás, "Frentismo cultural dos comunistas no Brasil e no Chile. Literatura, escritores e virada aliancista (1935-1936)", *Projecto História* 47 (2013): 247.

[48] Nicola Miller, *In the Shadow of the State: Intellectuals and the Quest for National Identity in Twentieth-Century Spanish America* (Londres y Nueva York: Verso, 1999), 232 (cita); Klein, *La matanza del Seguro Obrero (5 de septiembre de 1938)* (Santiago: Globo, 2008), 37.

[49] Klein, *La matanza*, 36-60.

[50] Fabio Moraga, "El asesinato de Héctor Barreto y la cultura política de la izquierda chilena en la década de 1930", *Universum* 24, 2 (2009): 124; Verónica Valdivia, "Las Milicias Socialistas (1934-1941)", *Mapocho* 33 (1993): 161-6.

tuvieron un impacto duradero, aunque totalmente inesperado, en la política chilena. Su fallido intento de golpe de Estado en septiembre de 1938 puso en marcha una serie de acontecimientos que resultaron en una coalición *ad hoc* con sus antiguos adversarios del FP y el respaldo a su candidato, el radical Pedro Aguirre Cerda. De esta manera, el abanderado de la derecha y candidato oficialista, el exministro de Hacienda Gustavo Ross, contra casi todo pronóstico y equilibrio de poderes, perdió una elección que debió haber ganado[51].

4. Incertidumbres ideológicas en medio de trastornos internacionales

El MNS ya había entrado en declinación antes del fallido golpe de Estado y los intentos de otros grupos menores por revivir la causa fascista después de septiembre, sobre todo tras la toma de posesión de Aguirre Cerda a finales del año, fracasaron rotundamente. El fascismo nunca atrajo a una masa de seguidores en Chile, ni durante la década de 1930 y menos a comienzos de la de 1940, cuando el decreciente número de fascistas fieles buscaba con cierta desesperación a un salvador terrenal que no aparecía. Uno tras otro fracasaban patéticamente los líderes autoproclamados, como Juan Gómez Millas. A medida que las sucesivas administraciones frentistas resultaron ser reformistas moderadas, en el mejor de los casos, y no representaban un objetivo creíble, y que la derecha tradicional se mantenía fuerte, la única esperanza para las menguantes fuerzas del fascismo chileno hubiera sido una victoria del Tercer Reich en la Segunda Guerra Mundial, pero eso es algo que afortunadamente no llegó a suceder[52].

Para los comunistas, la antigua encarnación del demonio según la opinión de los fascistas, así como de otros de la derecha, la situación era muy diferente. El PC se benefició del "prestigio pasajero, pero enorme de la Unión Soviética" en los años inmediatos de la postguerra, tal como había sacado provecho de sus relaciones con el gobierno de Aguirre Cerda (1938-41) y el de su sucesor, el compañero radical Juan Antonio Ríos (1942-6)[53]. Ni siquiera los afectó su aceptación voluntaria de medidas que equivalían a negarles los derechos políticos a grandes sectores de la sociedad, como sucedió con la orden emitida por el gobierno de Aguirre Cerda para detener la sindicalización de

[51] Klein, *La matanza*, 81-115.

[52] Klein, "The New Voices of Chilean Fascism and the Popular Front, 1938-1942", *Journal of Latin American Studies* 33, 2 (2001): 347-75.

[53] Ernst Halperin, *Nationalism and Communism in Chile* (Cambridge: MIT Press, 1965), 50; Leslie Bethell e Ian Roxborough, "Latin America between the Second World War and the Cold War: Some Reflections on the 1945-48 Conjuncture", *Journal of Latin American Studies* 20, 1 (1988): 173 (cita).

los trabajadores rurales[54]. De hecho, sumaron apoyos en el movimiento sindical, y superaron a los socialistas durante la primera mitad de la década de 1940. También ganaron una mayor porción de un electorado que seguía siendo tan reducido como siempre ya que especialmente las mujeres seguían privadas de su derecho a voto a nivel nacional, a pesar de los anuncios previos del FP. A diferencia de los más inquietos socialistas, el PC tampoco enfrentó disenso entre sus filas, ni mucho menos divisiones[55].

El éxito de los comunistas en las urnas, que alcanzó su mayor punto en las elecciones municipales de 1947 —donde adelantaron ampliamente a los socialistas, siendo sólo superados por los radicales y los conservadores—, fue también un aspecto importante de su perdición. Junto con la creciente agitación obrera de inspiración comunista y las "campañas enérgicas para sindicalizar a los campesinos", que estuvieron acompañadas por ataques a "cualquier funcionario radical [que] se pusiera en el camino"[56], los avances electorales ofrecieron una excusa para, una vez más y por segunda vez después de los años de Ibáñez, excluirlos de la vida política. González Videla, exlíder del FP, quien había ganado las elecciones sólo dos años antes con el apoyo expreso de los comunistas, en particular de Pablo Neruda, uno de los "líderes nacionales más ilustres y convincentes" del partido, que había estado "a la cabeza de la campaña", se encargó de proscribirlos, invocando la Ley de Defensa Permanente de la Democracia, en septiembre de 1948[57].

Además de los sospechosos de siempre de la derecha tradicional, incluso algunos socialistas apoyaron esta "Ley Maldita", "que buscaba eliminar jurídica y políticamente a los comunistas" por medio de, entre otras cosas, su erradicación de los registros electorales y "desmantela[ndo] su presencia en el movimiento sindical"[58]. Un hombre que merece mención especial en este sentido es Bernardo Ibáñez, el excomunista que se convirtió al socialismo y pasó a ser funcionario múltiple socialista y anticomunista. Ibáñez no sólo había estado a la cabeza de la alicaída suerte de su partido; fracasó miserablemente como su candidato oficial a la presidencia en 1946. Durante su mandato como secretario general de la CTCh, la federación de sindicatos

[54] Acevedo, "*La Voz del Campo*", 212-8; Brian Loveman, "Property, Politics and Rural Labor: Agrarian Reform in Chile, 1919-1972" (disertación, Ph.D., Indiana University, Bloomington, 1973), 226-9.

[55] Ver Drake, "Socialist Party", 632-7; Marta Infante Barros, *Testigos del treinta y ocho* (Santiago: Editorial Andrés Bello, 1972), 104-5 (derecho de voto).

[56] Andrew Barnard, "Chilean Communists, Radical Presidents and Chilean Relations with the United States, 1940-1947", *Journal of Latin American Studies* 13, 2 (1981): 365; Durán, "Visión", 352.

[57] Barnard, "Communists", 363-74; Carlos Huneeus, *La guerra fría chilena. Gabriel González Videla y la ley maldita* (Santiago: Random House, 2008), 197-245; Pavilack, *Mining*, 245. Sobre el papel político de Pablo Neruda, véase el capítulo de Ivette Lozoya en este mismo tomo.

[58] Huneeus, *La guerra fría*, 195 y 249.

también se encontraba dividida en un ala minoritaria, dirigida por él y otra mayoritaria, liderada por el diputado comunista Bernardo Araya.[59]

Por haber apoyado esta ley, Ibáñez y un pequeño grupo de seguidores fueron expulsados del PS; sin embargo, apoyados por la administración de González Videla, se les permitió conservar el nombre, mientras que el "conjunto mayoritario, reglamentariamente el legítimo Partido Socialista, pasó a denominarse Partido Socialista Popular" (PSP). Bajo la conducción de Raúl Ampuero, un exlíder de las juventudes socialistas, el PSP "fue quizás el más representativo de los dos grupos socialistas"[60]. Esto quería decir, entre otras cosas, que no era un partido programáticamente consolidado ni estratégicamente coherente. De hecho, al igual que todos los partidos y facciones que se autodefinían como socialistas en las décadas de 1940 y 1950, demostró cierta falta de orientación ideológica y convicción, y halló inspiración en una creciente admiración por variados "ismos", como el peronismo argentino, primero, y después, el titoísmo yugoslavo[61]. En términos políticos de tipo práctico, esta arbitrariedad se expresó en el apoyo a las aspiraciones presidenciales del exdictador Carlos Ibáñez del Campo en 1952, a la vez que despreciaron a uno de los suyos, Salvador Allende, quien le había dado la espalda al PSP precisamente a causa de esta decisión y volvió al PS cuando ya no estaba bajo el control de Bernardo Ibáñez[62].

Cualesquiera que hayan sido las razones para tomar la decisión de respaldar a Ibáñez del Campo, que tal vez podrían atribuirse a "los ecos del peronismo argentino, muy en boga entonces", y a la esperanza de que emularía la experiencia trasandina, como declaró más tarde Alejandro Chelén, un socialista proibañista; e independientemente de lo que el PSP haya pensado que podía lograr al aceptar cargos en el Gobierno, el simple hecho de pasar a integrar un "conglomerado de grupos políticos dispares" que apoyaba al putativo líder populista no atestiguaba la supuesta "firme orientación y el liderazgo de Raúl Ampuero y la distintiva lucidez intelectual de Clodomiro Almeyda"[63]. Por el contrario, demostraba su incapacidad, al igual que la del PS, en general, para formular una alternativa atractiva a los sentimientos antipartidistas que Ibáñez con tanta maestría se empeñaba en avivar y que eran "más importantes que cualquier programa integral que

[59] Jobet, *El Partido Socialista*, I, 196; Pozo, "Ocaso", 12, 36-7, 135 y 162-4.

[60] Pollack, "Socialist Party", 136; Jobet, *El Partido Socialista*, I, 213.

[61] Halperin, *Nationalism*, 136-7; Pollack, "Socialist Party", 137 y 146-7; Karl-Hermann Buck, *Die Sozialistische Partei Chiles 1933 1973* (Fráncfort del Meno: Haag + Herchen, 1978), 87.

[62] Joaquín Fernández Abara, "Populismo, democracia y marxismo. El debate de la izquierda chilena y la candidatura presidencial de Salvador Allende en 1952", *Revista Igualdad y Democracia* 2 (2015): 85-100.

[63] Pollack, "Socialist Party", 141; Jean Grugel, "Populism, Nationalism and Liberalism in Chile: The Second Administration of Carlos Ibáñez, 1952-58" (disertación, Ph.D., University of Liverpool, 1986), 102-3; Alejandro Chelén, *Trayectoria del socialismo* (Santiago: Austral, 1966), 128.

pudiera ofrecer al electorado"[64]; pero lo mismo puede decirse de los partidos de la derecha y del centro.

5. El reformismo democratacristiano, la radicalización verbal de las izquierdas establecidas y el fin de la política de partidos

A pesar de que en relativo poco tiempo las grandilocuentes pero vagas intenciones de Ibáñez se desmoronaron, decepcionando a casi todos, incluidos los militantes de las distintas y minúsculas facciones nacionalistas con sus sueños autoritarios, que inicialmente lo habían apoyado y, a la vez, urdido sus propios planes —entre ellos el ideólogo exnacista Keller[65]—, su presidencia siguió siendo el telón de fondo para significativas realineaciones políticas en la izquierda y también en el centro. Un ejemplo de ello es la fundación de la CUT. Esta federación sindical multipartidista se creó en 1953, liderada por el eterno líder sindical y activista Clotario Blest, y marcó el comienzo de una nueva era de colaboración entre los sindicatos comunistas y socialistas, las dos fuerzas dominantes del movimiento obrero que habían luchado entre ellas tan denodadamente la década anterior[66]. La alianza fue seguida de un acercamiento de las izquierdas a nivel de partidos políticos, culminando con la creación del Frente de Acción Popular (FRAP) en febrero de 1956. Además de algunos grupos de izquierda pequeños, el FRAP reunió a los comunistas —todavía proscritos, pero sin claudicar en su compromiso con el cambio gradual y pacífico— y a los socialistas del PSP y el PS, quienes finalmente se volvieron a reunir a mediados de 1957 bajo la bandera de estos últimos[67].

A fines del mismo mes en que los socialistas enterraron sus antiguas animosidades, se creó otro partido que iba a tener un impacto duradero y, como se vio después, plantearía un desafío formidable a las izquierdas: el Partido Demócrata Cristiano. El PDC fue el resultado de una fusión entre "un grupo de conservadores de avanzada social" y la Falange Nacional (FN), un grupo más grande pero en ese entonces todavía un "pequeño y fraternal partido de elite", que había sido fundado en 1938, cuando "se separó del Partido Conservador debido a la postura reaccionaria de este último en temas sociales"[68].

[64] M. Elisa Fernández, "Beyond Partisan Politics in Chile: The Carlos Ibáñez Period and the Politics of Ultranationalism between 1952-1958" (disertación, Ph.D., University of Florida, Coral Gables, 1996), 114.

[65] Joaquín Fernández Abara, *El ibañismo (1937-1952): un caso de populismo en la política chilena* (Santiago: Instituto de Historia, Pontificia Universidad Católica de Chile, 2007), 127-90.

[66] Jorge Barría, *Historia de la CUT* (Santiago: Prensa Latinoamericana, 1971).

[67] Joaquín Fernández Abara, "Allende, el allendismo y los partidos: el Frente de Acción Popular ante las elecciones presidenciales de 1958", *Revista Izquierdas* 23 (2015), 157-90.

[68] George W. Grayson, "Chile's Christian Democratic Party: Power, Factions, and Ideology", *The Review of Politics* 31, 2 (1969): 149-50.

Dirigida por hombres como Bernardo Leighton, Radomiro Tomic y Eduardo Frei Montalva, todos graduados de la Universidad Católica que fueron "atraídos por los recientes avances en el pensamiento social católico", "las encíclicas papales de León XIII y Pío XI y los escritos de Jacques Maritain", durante la mayor parte de su existencia, la FN había estado "en gran parte confinada a círculos de pequeños burgueses y trabajadores de cuello y corbata" y tenía poca relevancia electoral a pesar de sus "incrementos en la capacidad de captación y difusión" por medio de revistas programáticas, así como "reuniones semanales de asambleas y centros de estudio"[69].

Su suerte comenzó a cambiar en las elecciones generales de marzo de 1957. Sobre la base de este éxito, en los años siguientes, el PDC se convirtió rápidamente en el partido más grande con una formidable presencia en las universidades, en el movimiento obrero "y muchas asociaciones profesionales"[70]. Este desarrollo se vio favorecido, entre otras cosas, por los cambios dentro de la Iglesia chilena que, al reflejar la evolución del catolicismo en el mundo, comenzó a alentar las reformas sociales y a distanciarse del Partido Conservador, su representante político de facto durante gran parte del siglo[71]. También contribuyeron la Revolución cubana de 1959 y el consiguiente temor de que Chile fuera el siguiente país en caer en a las manos de las izquierdas, hecho que parecía muy posible al recordar que en las elecciones presidenciales de 1958 Allende había perdido por muy escaso margen frente al candidato de la derecha Jorge Alessandri Rodríguez (1958-64). El PDC, por cierto, se autoproclamó como la única fuerza capaz de evitar esto. La derecha tradicional terminó por aceptar la idea en 1964 y Estados Unidos hizo lo mismo e incluso fue más lejos, a juzgar por la cantidad de dinero que vertió en el país durante el transcurso de la década de 1960[72].

[69] Jorge Vergara Vidal, "Operación y movilización. Formas de acción colectiva pre-elíticas en la Falange Nacional chilena (1935-1957)", *Polis* 32 (2012): 219-20; Michael Fleet, *The Rise and Fall of Chilean Christian Democracy* (Princeton: Princeton University Press, 1985), 44. Sobre los vínculos entre el pensamiento democratacristiano y la Iglesia católica, véase el capítulo de Lisa Edwards en este mismo tomo.

[70] Wilhelm Hofmeister, *Chile: Option für die Demokratie. Die Christlich-Demokratische Partei (PDC) und die politische Entwicklung in Chile 1964-1994* (Paderborn: Ferdinand Schöningh, 1995), 49; Angell, *Politics*, 218 (movimiento obrero); Alf Ammon, *Die Christliche Demokratie Chiles. Partei —Ideologie— revolutionäre Bewegung* (Bonn: Neue Gesellschaft, 1972), 18.

[71] Sofía Correa, "Iglesia y política. El colapso del Partido Conservador", *Mapocho* 30 (1991): 140-8; Timothy R. Scully, *Rethinking the Center: Party Politics in Nineteenth and Twentieth Century Chile* (Stanford: Stanford University Press, 1992), 117; Paul E. Sigmund, "Revolution, Counterrevolution, and the Catholic Church in Chile", *The Annals of the American Academy of Political and Social Science* 483 (1986): 28-9.

[72] Marcelo Casals, "'Chile en la encrucijada'. Anticomunismo y propaganda en la 'Campaña del Terror' de las elecciones presidenciales de 1964", en *Chile y la guerra fría global*, eds. Tanya Harmer y Alfredo Riquelme (Santiago: RIL, 2014), 89-111; Andrew J. Kirkendall, "Kennedy Men and the Fate of the Alliance for Progress in LBJ Era Brazil and Chile", *Diplomacy and Statecraft* 18, 4 (2007): 747.

Además, estaba el cambiante marco electoral. La introducción de "la cédula única, confeccionada por el Estado y numerada" por la saliente administración de Ibáñez significó que "el sistema de cohecho y fraude entr[ara] por fin en retirada", sobre todo en el campo, que había sido un bastión de la derecha tradicional (y había sido esquilmado por ella). Para los votantes de "los sectores rurales" la medida "introdujo de manera efectiva el voto secreto por primera vez", y los democratacristianos lucharon con éxito por estos votos, compitiendo con socialistas y comunistas, devueltos a la legalidad por Ibáñez en 1958[73]. Al mismo tiempo, el electorado se expandió enormemente después de 1958 debido a "la obligatoriedad de la inscripción electoral"; en especial, aumentó el número de mujeres inscritas[74], a las que sólo se les permitía votar desde las elecciones nacionales de 1949. Y las mujeres, como se vio después, fueron particularmente atraídas por el PDC, ya que "era el partido que mejor les permitía combinar religiosidad con el activismo político". Existía una notable brecha de género entre los democratacristianos y las izquierdas, tal como había sucedido anteriormente en la derecha, como lo demostraron las elecciones presidenciales de 1964[75].

Una vez en La Moneda y después de las elecciones parlamentarias del año siguiente, Frei se propuso llevar a cabo una "revolución en libertad", el lema de su campaña presidencial. Además de las políticas inspiradas en el socialcristianismo, especialmente la "promoción popular", con sus juntas de vecinos y centros de madres, el programa revelaba la clara influencia de las ideas estructuralistas introducidas por los economistas de la CEPAL con sede en Santiago. Lo que Frei quería, por encima de todo, era la modernización de las estructuras económicas del país, y el Estado asumiendo un rol importante en el proceso[76]. En este sentido, la Reforma Agraria fue ejemplar: estuvo acompañada por una campaña de alfabetización para promover las políticas del Gobierno y concientizar a la población rural, y también por medidas legislativas para fomentar la sindicalización en el campo[77]. En cierto modo, fue la quintaesencia de políticas reformistas que no cuestionaban la lógica

[73] Scully, *Center*, 134-5; Nazer y Rosemblit, "Electores", 221.

[74] Ricardo Cruz-Coke, *Historia electoral de Chile 1925-1973* (Santiago: Editorial Jurídica de Chile, 1984), 43 y 110; Nazer y Rosemblit, "Electores", 221.

[75] Paul H. Lewis, "The 'Gender Gap' in Chile", *Journal of Latin American Studies* 36, 4 (2004): 725; Margaret Power, *Right-Wing Women in Chile: Feminine Power and the Struggle against Allende, 1964-1973* (University Park: The Pennsylvania State University Press, 2002), 101.

[76] Gerard van der Ree, *Contesting Modernities: Projects of Modernisation in Chile, 1964-2006* (Ámsterdam: Dutch University Press, 2007), 99-104, Ricardo Yocelevzky, "La Democracia Cristiana chilena. Trayectoria de un proyecto", *Revista Mexicana de Sociología* 47, 2 (1985): 295-6; Power, *Women*, 108-18.

[77] Robert J. Alexander, "Chilean Agricultural Workers' Unionization during the Frei Administration", *Journal of Economic Issues* 6, 2/3 (1972): 21-4; Andrew J. Kirkendall, "Paulo Freire, Eduardo Frei, Literacy Training and the Politics of Consciousness Raising in Chile, 1964 to 1970", *Journal of Latin American Studies* 36, 4 (2004): 687-717; Hofmeister, *Chile*, 75-86.

del capitalismo liberal. Atrás había quedado la década de 1930, cuando Frei, en un tono similar al de los nacistas, hablaba de "una nueva sociedad orgánica y jerárquica", conducida por un gobierno fuerte, que impulsara "una política verdaderamente nacional y orgánica"[78].

A pesar del alcance limitado de estas medidas, las incursiones de los democratacristianos en el movimiento obrero rural, como también su creciente influencia en los "números sin precedentes" de "mujeres pobres" en las poblaciones, contribuyeron al fortalecimiento de las voces más extremas de la izquierda chilena, específicamente en el PS. Ya radicalizado por la Revolución cubana y desilusionado por la derrota de Allende ante Frei en 1964, el compromiso retórico de los socialistas con un camino revolucionario fue atizado por estos proyectos "cuya realización amenazaba minar la base popular de la izquierda, clausurando las posibilidades de un 'gobierno popular'"[79]. La fundación del Movimiento de Izquierda Revolucionaria (MIR) en 1965, por Clotario Blest, exdirigente de la CUT, entre otros, y por Óscar Waiss, uno de los "más destacados teóricos" del PS, jugó un papel, aunque menor, en este proceso; aumentó la presión sobre el PS y ofreció a quienes criticaban a "la izquierda tradicional [...] como electorera y pacifista [...] el único camino posible" para "materializar la revolución", según el MIR, a través del "enfrentamiento armado con la burguesía"[80].

La radicalización verbal del PS alcanzó su punto formal máximo —y su conclusión— en el congreso del partido en Chillán en 1967 cuando, "por la unanimidad de sus integrantes", el partido adoptó una declaración que proclamaba que "la violencia revolucionaria es inevitable y legitima" y "resulta necesariamente del carácter represivo y armado del estado de clase". Al mismo tiempo, el PS, que para entonces ya se autodefinía como "una organización marxista-leninista de cuadros revolucionarios para realizar una política de masas", anunció que "las formas pacíficas o legales de lucha [...] no conducen por sí mismas al poder" —de hecho, no eran más que "instrumentos limitados de acción"— y reafirmó su rechazo a cualquier tipo de cooperación con "la burguesía nacional", ya que era "aliada del imperialismo y de hecho [...] su instrumento"[81]. En este sentido, el PS confirmaba en esencia

[78] Sofía Correa, "El corporativismo como expresión política del socialcristianismo", *Teología y Vida* XLIX (2008): 475.

[79] Tomás Moulian, "Evolución histórica de la izquierda chilena. Influencia del marxismo", *Documento de Trabajo* 139 (FLACSO, 1982): 33; Power, *Women*, 113, Alexander, "Unionization", 24-6 (PDC).

[80] Cristián Pérez, "Historia del MIR. 'Si quieren guerra, guerra tendrán...'", *Estudios Públicos* 91 (2003): 13; Marcelo Casals, *El alba de una revolución. La izquierda y el proceso de construcción estratégica de la "vía chilena al socialismo" 1956-1970* (Santiago: Lom, 2010), 73 y 145, nota 277.

[81] Jobet, *El Partido Socialista*, II, 130-1; Luis Ortega, "La radicalización de los socialistas de Chile en la década de 1960", *Universum* 23, 2 (2008): 162.

políticas del PSP que habían sido adoptadas por el FRAP, concretamente, su rechazo a cualquier tipo de alianza "con los partidos 'burgueses'"[82].

Aun cuando el PS hubiera odiado admitirlo, y posiblemente hubiera desestimado esta aseveración, con esta posición se parecía mucho al PDC. Los democratacristianos y ciertamente la facción dominante que rodeaba a Frei y, entre otros, Jaime Castillo, "el 'principal ideólogo' del PDC en los [años] cincuenta y sesenta", también rechazaban cualquier tipo de cooperación con otros partidos o coaliciones; ellos querían seguir su "camino propio". Del mismo modo, y sin perjuicio de las decisiones unánimes adoptadas en los congresos del partido y su autodefinición como marxista-leninista, el PS aún no era un partido homogéneo ni firmemente controlado, de nuevo comparable en este sentido con el PDC, "el otro partido polimorfo"[83]. En ambos hubo disputas, tenían diferentes corrientes y sufrieron divisiones en la segunda mitad de la década de 1960; el PS en 1967 y el PDC dos años más tarde, tras cada vez más irreconciliables luchas de poder[84].

Si bien la radicalización del PS condujo a "un acercamiento en el terreno doctrinario con las posiciones tradicionales de los comunistas", a medida que "ambos empezaron a actuar dentro de un mismo espacio ideológico"[85], las diferencias sobre cuestiones tácticas y doctrinarias siguieron existiendo; un a veces acrimonioso debate entre los miembros de los respectivos comités centrales de los partidos —por una parte, Luis Corvalán, quien fuera secretario general del PC por un largo tiempo (1958-90), y por otra, su entonces homólogo en el PS, Raúl Ampuero (1961-7)— a comienzos de los sesenta destacó estas diferencias. El que los comunistas continuaran aceptando a Moscú como líder del movimiento revolucionario mundial era motivo de fricción, al igual que su compromiso con la transformación pacífica y gradual de la sociedad y del Estado[86]. Al final de la década, también discutieron sobre su postura con respecto al PDC. El PC quería "atraer el centro político a un programa progresista como lo fue el del FRAP y luego la UP", mientras que el PS "con una política clasista insiste en rechazar al centro político [...] como aliado"[87].

[82] Fernández Abara, "Allende", 162.

[83] Moulian, "Evolución", 34; Hofmeister, *Chile*, 52 y 134.

[84] Esteban Valenzuela, "Cristianismo, revolución y renovación en Chile: el Movimiento de Acción Popular Unitaria (MAPU) 1969-1989" (tesis doctoral, Universitat de Valéncia, 2011), 144-65; Jobet, *El Partido Socialista*, II, 123.

[85] Moulian, "Evolución", 29.

[86] Alonso Daire, "La política del Partido Comunista desde la post-guerra a la Unidad Popular", en *Partido Comunista*, comp. Varas, 190-9; Halperin, *Nationalism*, 144-58.

[87] Daire, "La política", 207.

6. La Unidad Popular, el régimen militar y la dolorosa reconfiguración de las izquierdas

Se podría considerar irónico que Carlos Altamirano, una de las principales voces de la "vía insurreccional", que "hablaba incesantemente de la necesidad de la revolución armada y el agotamiento de las vías que ofrecía la democracia burguesa", se convirtiera en el secretario general del PS (1971-9) después de que Allende ganara en un cuarto intento —aunque sólo por muy poco y, en términos relativos, con menos votos que seis años antes— las elecciones presidenciales en una contienda democrática, justa y libre[88]. Queda claro que la decisión del PS demostraba su continua ambivalencia hacia la democracia y subrayaba las tensiones persistentes que llegaron a obsesionar tanto al partido como a la UP y a su búsqueda de la "vía chilena al socialismo", la cual, basta apuntar aquí, "tendía a centrarse más en la vía *hacia* el socialismo que en la forma y el fondo de una sociedad socialista en sí"[89]. Esto es particularmente válido para el sistema político, ya que la UP no tomó ninguna medida concreta para cambiarlo.

En el plano económico es posible hacer afirmaciones más precisas. La UP estaba empeñada ni más ni menos que en una transformación total del sistema económico, con el Estado como "actor primordial" de este proceso. Y no perdió tiempo en comenzar la nacionalización de empresas en áreas clave. También aceleró la Reforma Agraria, que al igual que las demás iniciativas, en la segunda mitad de la presidencia de Frei había perdido gran parte de su dinámica, con la esperanza de "mejorar la calidad de vida de los campesinos" y, al mismo tiempo, "destruir el poder de los terratenientes y el sistema de latifundios"[90]. Dado que la UP era minoría en ambas cámaras del Congreso —sólo había obtenido una mayoría relativa en las intrascendentes elecciones municipales de 1971— y su ambicioso programa normalmente no recibía apoyo parlamentario, con la única excepción notable de la muy popular nacionalización de las minas de cobre en 1971, "recurrió a algunas medidas poco ortodoxas para implementar sus políticas —tales como [...] el decreto de 1932 para facilitar la expropiación de empresas"[91].

Esta práctica cuestionable, junto con la creciente preocupación sobre el verdadero alcance de las nacionalizaciones y el empeoramiento de la situación

[88] Buck, *Sozialistische Partei*, 133; Cruz-Coke, *Historia*, 110 y 112; Fermandois, *Revolución*, 288.

[89] Van der Ree, *Contesting Modernities*, 133.

[90] Antonio Bellisario, "The Chilean Agrarian Transformation: Agrarian Reform and Capitalist 'Partial' Counter-Agrarian Reform, 1964-1980", *Journal of Agrarian Change* 7, 1 (2007): 13-4; Van der Ree, *Contesting Modernities*, 154.

[91] Alan Angell, "Chile since 1958", en *Chile since Independence*, ed. Leslie Bethell (Cambridge: Cambridge University Press, 1993), 168; Stefan de Vylder, *Allende's Chile* (Cambridge: Cambridge University Press, 1976), 126 (apoyo parliamentario).

económica general, llevaron a una paulatina polarización social que trascendió las líneas divisorias de las clases sociales: no sólo la clase alta se volvió contra la UP, sino que también una parte considerable de las clases bajas y, en particular, de las mujeres de la clase trabajadora se "rehus[aron] a transitar por *La Vía Chilena*"[92]. Ya en 1973, Chile se encontraba irreconciliablemente dividido entre opositores y partidarios de la UP, como lo demostraron las elecciones parlamentarias de ese año —"las más participativas del antiguo sistema democrático"—, mientras que la coalición de gobierno, por su parte, "presentaba la clara imagen de un ejército asediado por el enemigo, agotado por las luchas internas, y bajo el mando de una serie de generales que no podían ponerse de acuerdo entre ellos"[93]. En suma, no había espacio para ningún tipo de compromiso entre los bandos rivales que movilizaban a sus seguidores en números sin precedentes y en un grado nunca antes visto, a veces con el uso de medios violentos para hacer oír sus voces[94].

La magnitud sin paralelos del nivel de confrontación y el grado de violencia se desvanecieron al lado del terror desatado por los militares el 11 de septiembre de 1973. Las Fuerzas Armadas, invitadas por los partidos de la oposición para restaurar el orden constitucional supuestamente subvertido por el gobierno de Allende, se dispusieron a arrebatar la patria de lo que ellos veían como las garras del comunismo totalitario[95]. Los militantes de izquierda y los simpatizantes de la UP, reales o supuestos, fueron las principales víctimas de la ira de los militares y sus colaboradores civiles, con el PS encabezando la triste lista de muertes y desapariciones, así como de presos políticos, seguido de cerca por el PC. El único grupo —considerablemente menor— que tuvo que lamentar un número comparable de víctimas fue el MIR[96]. Al mismo tiempo, también fue la única facción de izquierda dispuesta, al menos en principio, a enfrentar a los militares por medio de las armas, al contrario de los socialistas, quienes siempre habían presumido de su compromiso verbal con la violencia revolucionaria[97].

[92] Camilla Townsend, "Refusing to Travel La Via Chilena: Working-Class Women in Allende's Chile", *Journal of Women History* 4, 3 (1993): 43.

[93] Benny Pollack y Ann Matear, "From Left to Right: The Changing Identity of the Chilean Political Class", *Social Identities* 2, 3 (1996): 378; Nazer y Rosemblit, "Electores", 221. También fueron las primeras elecciones en que los analfabetos pudieron ejercer su derecho al voto.

[94] Henry A. Landsberger y Tim McDaniel, "Hypermobilization in Chile, 1970-1973", *World Politics* 28, 4 (1976): 502-41.

[95] Brian Loveman, *Chile: The Legacy of Hispanic Capitalism* (Nueva York: Oxford University Press, 2a ed., 1988), 310-1.

[96] Comisión Nacional de Verdad y Reconciliación, *Informe Rettig* (Santiago: La Corporación, 1996), II, 945 y 947; Comisión Nacional sobre la Prisión Política y Tortura, *Informe Valech* (Santiago: La Comisión, 2005), 561 y 565.

[97] Víctor Figueroa Clark, "The Forgotten History of the Chilean Transition: Armed Resistance against Pinochet and US Policy towards Chile in the 1980s", *Journal of Latin American Studies* 47, 3 (2015): 498-9; Pérez, "Historia del MIR", 6-9.

En vista del brutal final de su proyecto, sumado al hecho de que toda actividad partidaria formal fue prohibida por los militares durante la mayor parte de la década de 1970, las izquierdas se abocaron a un proceso de autoanálisis. Discutieron cómo y por qué la UP había fracasado y deliberaron sobre las medidas que se podían y debían tomar en contra de la dictadura. Como "el vínculo orgánico entre los partidos y su clientela, estructurados a través de elecciones, se había cortado", estos eran debates intelectuales que se llevaron a cabo principalmente entre los "miembros y organizaciones de una élite política previa"[98], que era en su mayoría de género masculino, con Gladys Marín como notable excepción. En el caso del PS y del PC, estas discusiones contenciosas y a veces infructuosas —más entre socialistas que comunistas[99]— se volvieron más difíciles, porque acontecieron entre líderes en la clandestinidad en Chile y los que estaban en el exilio.

A pesar de estas condiciones adversas, el PC, con su experiencia institucional de represión y por ser ideológicamente el más estable de los dos partidos, se mantuvo notablemente unido durante la mayor parte de la dictadura. El PS, por su parte, una vez más demostró ser propenso a profundas e innumerables secesiones, las que comenzaron en 1979 con la división entre el PS-Altamirano y el PS-Almeyda. Esta "maligna propagación de facciones escindidas" puede considerarse como "la característica sobresaliente del [partido] durante el régimen militar", ciertamente hasta mediados de la década de 1980[100]. Se podría decir que fueron más notables aún los cambios ideológicos, sobre todo en la segunda mitad de la década. En el largo plazo, dichos cambios fueron, sin duda, más relevantes para el partido, que finalmente se volvió a reunir bajo su nombre histórico en noviembre de 1990. Este fue el resultado de una compleja interacción entre diferentes actores —entre grupos en el exilio, la revista reformista *Convergencia* (editada, entre otros, por los aparentemente incontenibles Ampuero y Waiss) y los institutos de investigación de las ciencias sociales de Chile[101]— que operaban dentro del contexto de "la traumática experiencia de la dictadura militar", la aleccionadora experiencia en carne propia de la vida en Europa del Este y, por último pero no menos importante, "([...] la crisis de) los 'socialismos reales'"[102].

[98] Ricardo Yocelevzky, "Chile: Political Parties, Democracy and Dictatorship, 1970-1990)" (disertación, Ph.D., University of Warwick, 2000), 258 (cita); Pablo Rubio Apiolaza, "Reacciones y respuestas de la Democracia Cristiana frente al golpe militar de 1973: ¿Colaboración u oposición?", *Revista de Historia Social y de las Mentalidades* 19, 1 (2015): 49-54.

[99] Ingrid Wehr, *Zwischen Pinochet und Perestroika. Die chilenischen Kommunisten und Sozialisten 1973-1994* (Friburgo de Brisgovia: Friedrich-Bergstrasser-Institut, 1996), 178-9.

[100] Pollack y Rosenkranz, *Social Democracy*, 167.

[101] Wehr, *Zwischen Pinochet*, 203; Cristina Moyano, "Diálogos entre el exilio y el interior. Reflexiones en torno a la circulación de ideas en el proceso de renovación socialista, 1973-1990", *Revista Izquierdas* 9 (2011): 41. Sobre el papel de los centros de investigación en este período, véanse los capítulos de Gonzalo Delamaza y Marcos González Hernando en este mismo tomo.

[102] Ignacio Walker, *Socialismo y democracia. Chile y Europa en perspectiva comparada* (Santiago: CIEPLAN, Hachette, 1990), 174 y 186.

Se puede decir sin temor a exagerar que los socialistas dieron vuelta la hoja. Se distanciaron de sus convicciones marxistas-leninistas, rechazaron la violencia como un medio justificable de confrontación política y abrazaron sin reservas la democracia liberal. Igualmente revelador fue el hecho de que aceptaran de buena gana las ideas económicas neoliberales que la dictadura del general Augusto Pinochet había puesto en práctica en diversas áreas a través de los años con la ayuda entusiasta de sus partidarios civiles. A la vez, se volvieron críticos de los movimientos sociales, en particular de aquellos en las poblaciones y entre los obreros organizados[103]. En todo esto —y ese es otro aspecto— coincidieron con sus nuevos aliados, los democratacristianos, que ya no adherían a la estrategia del camino propio pero, por otra parte, apenas habían cambiado durante el régimen militar (que, además, los había tratado de manera relativamente benigna, en comparación con sus nuevos socios de la izquierda)[104].

La alianza con el PDC, así como la adopción incondicional del neoliberalismo, que reflejaba lo que sucedía en la izquierda moderada europea, sin duda hubieran "dejado perplejos a los socialistas pre-1973" e incluso hicieron que algunos dudaran de que todavía "fuera un partido de izquierda"[105]. Esta postura, por otra parte, también distinguió al PS de su antiguo e histórico gran rival, el PC, que siguió un camino muy distinto. Sin abandonar su compromiso con el marxismo-leninismo de antaño, el partido abandonó su compromiso con las transformaciones graduales y, en su lugar, abrazó la violencia como medio aceptable de confrontación política. Volodia Teitelboim, su secretario general, "quien se encarga[ba] de teorizar los reacomodos de la línea del Partido Comunista", justificó "esa modificación" haciendo referencia a Lenin y a "la tesis tradicional del marxismo sobre la historicidad de las formas de lucha"[106].

La política de la rebelión popular de masas, que finalmente llevó a la formación del Frente Patriótico Manuel Rodríguez (FPMR) como brazo armado del PC en 1983, fue influida por la longevidad de la dictadura y los eventos internacionales, entre otros, "los avances de la guerrilla en El Salvador y la insurrección popular en Irán", a finales de la década de 1970 y principios de la de 1980 —y tan notable como ineficaz[107]—. Además, aisló a los comunis-

[103] Sara C. Motta, "The Chilean Socialist Party (PSch): Constructing Consent and Disarticulating Dissent to Neo-liberal Hegemony in Chile", *BJPIR* 10, 2 (2008): 315-6; Wehr, *Zwischen Pinochet*, 245-7.

[104] Bernardo Navarrete, "Un centro excéntrico. Cambio y continuidad en la Democracia Cristiana 1957-2005", *Política* 45 (Santiago, 2005): 127 y 130.

[105] Jorge G. Castañeda, *Utopia Unarmed: The Latin American Left After the Cold War* (Nueva York: Vintage, 1994), 169; Yocelevzky, "Chile", 290.

[106] Tomás Moulian e Isabel Torres, "¿Continuidad o cambio en la línea política del Partido Comunista de Chile?", en *Partido Comunista*, comp. Varas, 472.

[107] Hernán Venegas Valdebenito, "El Partido Comunista de Chile. La crisis de la Unidad Popular y la trayectoria de la política de rebelión popular de masas", *Revista de Historia Actual*

tas de la corriente principal de la oposición, la cual, aunque con vacilación y no sin reservas, finalmente había aceptado las reglas del dictador para lograr sus propios fines, como quedó establecido en la Constitución de 1980, es decir, el plebiscito de 1988 para definir si Pinochet debería convertirse en presidente por un término de ocho años y extender su mandato hasta 1997. El PC adoptó esta postura con bastante retraso. Jamás se unió al comando del No y tampoco formó parte de la sagaz e innovadora campaña mediática con foco en la televisión que culminó con una convincente victoria de la oposición en una elección que fue testigo de "la más alta inscripción del siglo respecto del potencial electoral"[108].

Aun cuando, siguiendo una larga tradición histórica de cooperación partidaria, los activistas obreros miembros del PC fueron aceptados como socios de los socialistas y de los democratacristianos en la nueva central sindical nacional restablecida bajo el nombre de Central Unitaria de Trabajadores (CUT) en 1988, a nivel de partido, el PC se encontraba aislado como nunca desde el Tercer Período cuando la dictadura llegaba a su tardío final. Esto se hizo dolorosamente evidente en las elecciones legislativas de 1989, en las que, después de todo, los comunistas decidieron participar[109], aunque tuvieron que hacerlo mayormente solos. Únicamente formaron alianzas con los socialistas de Almeyda, que muy pronto se volvieron a unir a los sectores renovados del PS, y algunas facciones más pequeñas. Al mismo tiempo, la oposición, crucialmente agrupada en torno a los democratacristianos, rechazó con vehemencia cualquier tipo de colaboración electoral u otra con los comunistas no reformados[110]. El ala renovada del PS y el Partido por la Democracia (PPD), creado inicialmente por los socialistas para eludir las restricciones al registro de partidos, pero que finalmente cobró vida propia como una agrupación de centroizquierda, compartían esta postura[111].

6, 6 (2008): 35-55; Rolando Álvarez, *Arriba los pobres del mundo. Cultura e identidad del Partido Comunista de Chile entre democracia y dictadura. 1965-1990* (Santiago: Lom, 2011), 180.

108 Nazer y Rosemblit, "Electores", 225; Taylor C. Boas, "Voting for Democracy: Campaign Effects in Chile's Democratic Transition", *Latin American Politics and Society* 57, 2 (2015): 67-90; International Commission of the Latin American Studies Association to Observe the Chilean Plebiscite, "The Chilean Plebiscite: A First Step Toward Redemocratization", *LASA Forum* 19, 4 (1989): 21-22.

109 Angell y Pollack, "Elections of 1989", 6; Paul W. Drake, "El movimiento obrero en Chile: de la Unidad Popular a la Concertación", *Revista de Ciencia Política* 23, 2 (2003): 151-2.

110 Angell y Pollack, "Elections of 1989", 6; Wehr, *Zwischen Pinochet*, 137, 229-37.

111 Rhoda Rabkin, "Redemocratization, Electoral Engineering, and Party Strategies in Chile, 1989-1995", *Comparative Political Studies* 29, 3 (1996): 347.

7. El movimiento gremial y las herencias de la dictadura en la nueva democracia limitada

Dadas las peculiaridades del sistema electoral concebido por el régimen saliente, incluyendo sus sesgos en contra de los comunistas[112], una alianza con la Concertación habría sido, sin duda, beneficiosa para el PC. En la práctica, el porcentaje del voto popular obtenido —dentro del rango bajo a medio de cifras de un dígito— no le permitió instalar ningún parlamentario en el primer Congreso postdictadura, en diciembre de 1989. Ni siquiera algunos resultados encomiables alcanzados en sus bastiones tradicionales de las zonas mineras del norte, como Antofagasta[113], pudieron ocultar el hecho de que los resultados habían sido absolutamente desastrosos para un partido tan imbuido de tradición parlamentaria. Al compararse con los socialistas (el PS y el PPD) que, en conjunto, habían obtenido poco más del 20% en las últimas elecciones previas al golpe, el fracaso del PC se hizo aún más evidente[114].

El hecho de que grupos en el otro extremo del espectro político, como Avanzada Nacional, una pequeña facción de pinochetistas entusiastas y defensores empedernidos de la dictadura, también hayan estado entre los perdedores de las elecciones de 1989 y que les haya ido aún peor que al PC[115] no les sirvió de consuelo. Aún más, se puede asumir que el desconsuelo fue exacerbado, porque uno de los grandes —y sorprendentes— ganadores de la contienda fue ni más ni menos que Jaime Guzmán, el principal ideólogo del régimen, apologista de las graves violaciones a los derechos humanos perpetradas por los militares y sus secuaces, y el arquitecto principal de la Constitución de 1980, cuyo objetivo había sido perpetuar la visión de una democracia limitada y formal en lugar de sustantiva —sin partidos marxistas— más allá del eventual final del régimen militar[116]. Guzmán ganó un escaño en el Senado, y esto sólo fue posible gracias a la inusual ley electoral que él mismo había apoyado e impulsado[117].

[112] Gideon Rahat y Mario Sznajder, "Electoral Engineering in Chile: the Electoral System and Limited Democracy", *Electoral Studies* 17, 4 (1998): 430-1.

[113] Rabkin, "Redemocratization", 343; Wehr, *Zwischen Pinochet*, 141 y 153.

[114] Rabkin, "Redemocratization", 343; Cruz-Coke, *Historia*, 89.

[115] José Díaz Nieva, "Avanzada Nacional: la derecha a la derecha de Pinochet", *Nuevo Mundo Mundos Nuevos* ([citado el 11 de febrero de 2016] Nuevo Mundo Mundos Nuevos): disponible en http://nuevomundo.revues.org/68842.

[116] Robert Barros, *Constitutionalism and Dictatorship: Pinochet, the Junta, and the 1980 Constitution* (Cambridge: Cambridge University Press, 2002), 167-264; Carlos Huneeus, "Jaime Guzmán no fue un defensor de los derechos humanos", *Asuntos Públicos, Informe* 42 (2001); Renato Cristi, *El pensamiento político de Jaime Guzmán: autoridad y libertad* (Santiago: Lom, 2000), 77-160; véase también el capítulo de Cristi en este mismo tomo.

[117] Daniel Pastor, "Origins of the Chilean Binominal Election System", *Revista de Ciencia Política* 24, 1 (2004): 45-54.

Asimismo, su partido, la Unión Demócrata Independiente (UDI), desde su fundación en 1983, el partido oficialista del régimen militar en todo menos en nombre y el más férreo defensor de lo que se consideraba como la modernización del país, obtuvo otro senador, así como un puñado de diputados. En marcado contraste con su aliado, Renovación Nacional (RN), "la sucesora principal del Partido Nacional" y, en términos ideológicos, el más moderado de los partidos de derecha, "casi todos [los] parlamentarios de la UDI [...] provenían de [...] distritos de clase trabajadora" en el gran Santiago[118]. De hecho, en los barrios pobres, los demócratas independientes superaron a los partidos de izquierda, siendo sólo superados por el PDC, claro ganador de las elecciones. Los falangistas se adjudicaron la mayoría relativa de los escaños y, lo más importante, aseguraron la presidencia para Aylwin, el antiguo opositor declarado de Allende y defensor inicial de la dictadura que había llegado "a desempeñar un papel fundamental [...] en la transición hacia un gobierno civil democrático"[119].

Por sorprendente que pudiera parecer el éxito de la UDI en las poblaciones, en vista de la historia de la derecha chilena y también comparada con la derecha latinoamericana en general[120], no se trató de una casualidad. Fue el resultado de años de trabajo constante que, dicho sea de paso, había sido inspirado por el PDC, el cual, al mismo tiempo, era considerado un rival[121]. Desde su creación, la UDI se había concentrado en los pobres urbanos; basándose en la experiencia obtenida por los militantes gremialistas más jóvenes, a menudo de la Universidad Católica, como los falangistas anteriormente, y los contactos que habían forjado mientras trabajaban para el régimen militar[122]. Lo hizo por medio de centros juveniles, así como de centros de madres y juntas de vecinos, mientras otros grupos políticos, como la izquierda o, en

[118] Patricia Hipsher, "The New Electoral Right in Chile and the Poor: Strange Bedfellows", *South Eastern Latin Americanist* 39, 3/4 (1996): 23; Timothy R. Scully y J. Samuel Valenzuela, "De la democracia a la democracia. Continuidad y variaciones en las preferencias del electorado y en el sistema de partidos en Chile", *Estudios Públicos* 51 (1993): 201 (RN).

[119] Genaro Arriagada, "Chile's Successful Transition: From Intense Polarization to Stable Democracy", en *Democratic Transitions: Conversations with World Leaders*, ed. Sergio Bitar y Abraham F. Lowenthal (Baltimore: Johns Hopkins University Press, 2015), 59; Rubio Apiolaza, "Reacciones", 55-7 (dictadura); Klein, "The Unión Demócrata Independiente and the Poor (1983-1992): The Survival of Clientelistic Traditions in Chilean Politics", *Jahrbuch für Geschichte Lateinamerikas* 41 (2004): 319 (poblaciones).

[120] Nina Wiesehomeier y David Doyle, "Profiling the Electorate: Ideology and Attitude of Rightwing Voters", en *The Resilience of the Latin American Right*, ed. Luna y Rovira Kaltwasser, 63.

[121] Jaime Guzmán, "Análisis crítico de la Democracia Cristiana chilena", *Realidad* 5, 53 (1983): 29-45.

[122] Carlos Huneeus, *El régimen de Pinochet* (Santiago: Editorial Sudamericana, 2000), 330-1; Marcelo Pollack, *The New Right in Chile 1973-97* (Basingstoke y Nueva York: Macmillan, 1999), 54-5. Respecto al vínculo entre la Universidad Católica y los jóvenes gremialistas, véase el capítulo de Lisa Edwards en este mismo tomo.

menor grado, los democratacristianos, eran perseguidos o acosados por la dictadura y el país era sacudido por las protestas en contra[123].

La defensa incondicional de los supuestos logros del régimen, acompañada de una virulenta retórica antimarxista, constituía el núcleo del mensaje de la UDI en los barrios populares, mientras que otros aspectos de su programa —una amalgama de principios neoliberales defendidos originalmente por los "Chicago Boys" y el conservadurismo católico social, representado por el papa Juan Pablo II, pero sin las ideas corporativistas retrógradas que había adoptado originalmente[124]— no tuvieron un rol demostrable. En cualquier caso, sin duda fue más importante su labor social, esencialmente apolítica en el sentido amplio de la palabra, facilitada en gran medida por el acceso prioritario de la UDI al Estado y sus recursos bajo la dictadura. Después de la transición a la democracia, el partido recurrió con éxito a las donaciones privadas de sus aliados y simpatizantes en la comunidad empresarial y entre los grupos católicos conservadores. Esto le dio "una importante ventaja competitiva" frente a los partidos de la Concertación, que ya casi no tenían presencia en las poblaciones. Por cierto, en la década de 1990, la UDI era "el único partido con una estrategia de organización de bases"[125], hecho que se debe tener en cuenta para explicar su notable crecimiento en el transcurso de la década, que culminó con una victoria en las elecciones legislativas de 2001.

8. Conclusión

Cuando dos años antes, en la primera vuelta de las elecciones presidenciales de diciembre de 1999, Joaquín Lavín, "un ex acólito de Pinochet" y secretario general de la UDI a finales de la década de 1980, obtuvo más votos que cualquier candidato de la derecha desde Ross, en 1938, y estuvo a punto de vencer al candidato socialista de la Concertación, Ricardo Lagos, "los analistas chilenos y las izquierdas de todo el mundo quedaron estupefactas" e inmediatamente se plantearon algunas preguntas sobre las razones de este resultado[126].

[123] Klein, "The Unión", 315 y 317; Hipsher, "The New Electoral Right", 26.

[124] Juan Pablo Luna, Felipe Monestier y Fernando Rosenblatt, "Religious Parties in Chile: the Christian Democratic Party and the Independent Democratic Union", *Democratization* 20, 5 (2013): 922 y 924; Pollack, *New Right*, 47-67 (Chicago Boys); Klein, "The Unión", 315-7.

[125] Julia Paley, *Marketing Democracy: Power and Social Movements in Post-Dictatorship Chile* (Berkeley y Los Ángeles: University of California Press, 2001), 10; Juan Pablo Luna, "Segmented Party-Voter Linkages in Latin America: The Case of the UDI", *Journal of Latin American* 42, 2 (2010): 325-6 y 342 (ventaja); Paul W. Posner, "Popular Representation and Political Dissatisfaction in Chile's New Democracy", *Journal of Interamerican Studies and World Affairs* 41, 1 (1999): 68-74 (presencia).

[126] Peter Winn, "Lagos Defeats the Right – By a Thread", NACLA *Report on the Americas* 33, 5 (2000): 6.

Se presentaron explicaciones diversas y contrapuestas respecto a por qué Lagos, que había sido miembro del PS con Allende, destacado activista en contra de la dictadura, ministro de una coalición que había gobernado el país con éxito por casi una década, según la mayoría, había obtenido una estrechísima victoria. Una explicación era que no "tenía la típica amabilidad política", mientras que Lavín era "jovial", "halagüeño" y le "gusta[ba] saludar 'dando la mano'"[127].

Sean cuales sean las razones, el muy disímil pasado de ambos candidatos fue, a lo sumo, un tema secundario[128]. De hecho, fue notable que antes de la primera vuelta y también en las semanas previas a la segunda vuelta, cuando Lagos finalmente ganó en enero de 2000, tanto la izquierda como la derecha evitaran la confrontación, se abstuvieran de utilizar tácticas de miedo y "evitar[an] revolver el pasado —o los temores de un retorno al caos y el desorden del período de la Unidad Popular o la brutalidad y el terror de los años de Pinochet—". Ya no se trataba de una elección dominada por la yuxtaposición entre autoritarismo y democracia. Los principales temas fueron considerablemente más profanos, primando el desarrollo económico, la pobreza, la educación y las cuestiones de seguridad[129].

Además, es indicativo de la medida en que el país había cambiado y "la política chilena [había] llegado a ser extremadamente moderada", "Lagos y Lavín defendieron la orientación neoliberal de la economía chilena y el papel limitado del Estado en una sociedad orientada al mercado"[130]. Entre los dos candidatos no había desacuerdos importantes respecto al modelo de desarrollo, posiblemente menos incluso que entre las coaliciones que los respaldaban. Las diferencias que aún existían a nivel de partido giraban en torno a cuestiones institucionales y sobre los derechos humanos[131], pero eso era de esperar y, sin negar la particular importancia de las violaciones a los derechos humanos, de ninguna manera socavaron el consenso político y social respecto a cuestiones fundamentales que llegaron a ser características en Chile al final del siglo.

127 Arturo Fontaine Talavera, "Chile's Elections: The New Face of the New Right", *Journal of Democracy* 11, 2 (2000): 71.

128 Winn, "Lagos", 7.

129 Alan Angell y Benny Pollack, "The Chilean Presidential Elections of 1999-2000 and Democratic Consolidation", *Bulletin of Latin American Research* 19, 3 (2000): 376-7 (cita en página 376); Manuel Antonio Garretón, "Chile's Elections: Change and Continuity", *Journal of Democracy* 11, 2 (2000): 80.

130 Patricio Silva, "Towards Technocratic Mass Politics in Chile? The 1999-2000 Elections and the 'Lavín Phenomenon'", *European Review of Latin American and Caribbean Studies* 70 (2001): 37.

131 Ricardo Gamboa, Miguel Ángel López y Jaime Baeza, "La evolución programática de los partidos chilenos 1970-2009: de la polarización al consenso", *Revista de Ciencia Política* 33, 2 (2013): 443-67.

CAPÍTULO VI
LOS INTELECTUALES Y LAS IDEOLOGÍAS DE IZQUIERDA EN EL SIGLO XX

IVETTE LOZOYA LÓPEZ

EN ESTE capítulo analizaremos la relación entre la izquierda y los intelectuales en Chile en el período en que ambos tuvieron mayor presencia y legitimidad, entre 1930 y 1990. Durante esos años, en el país se constituyó un campo intelectual propiamente tal, se amplió el espacio público donde estos intervenían y la izquierda se construyó orgánicamente desde dos partidos, el Partido Socialista (PS) y el Partido Comunista (PC). Estos fenómenos estuvieron imbricados y se potenciaron mutuamente, pues los intelectuales se constituyeron como tales y adquirieron prestigio al hacerse parte de la crítica social emanada de los partidos de izquierda[1] y estos, a su vez, se prestigiaron y promovieron sus proyectos con la colaboración de intelectuales reconocidos.

Asumiendo entonces como premisa que existió una importante relación entre los intelectuales y la izquierda marxista en el siglo XX, intentaremos dilucidar qué elementos atrajeron a los intelectuales chilenos hacia esos partidos, qué funciones cumplieron las organizaciones partidistas en esta relación y cuál fue la política que establecieron hacia los intelectuales. En un nivel más complejo, nos preguntaremos por las tensiones que generó la militancia de los intelectuales en los partidos políticos. Asimismo, nos interesa saber si existió un "compromiso de la obra" y qué significó para el proceso creativo de los intelectuales. Finalmente y en una pregunta que hace dialogar la historia intelectual con la política, nos interesa saber de qué manera los aportes al marxismo que realizaron los intelectuales durante el siglo XX nutrieron el desarrollo de los partidos de izquierda, sus definiciones políticas y las estrategias en cada período. Para abordar estas preguntas buscaremos establecer una relación entre los partidos, las trayectorias biográficas de los intelectuales y su producción intelectual.

[1] Claudia Gilma, *Entre la pluma y el fusil. Debates y dilemas del escritor revolucionario en América Latina* (Buenos Aires: Siglo XXI, 2003), especialmente el capítulo III, "Historias de familia".

Los intelectuales de izquierda: definición e identificación

Entendiendo que los intelectuales de izquierda son una categoría amplia, es necesario aclarar que revisaremos la trayectoria de los intelectuales públicos. Tomando la definición de Carlos Altamirano, son aquellos que se conciben como un ciudadano "que busca animar la discusión de su comunidad y que se rehúsa por igual tanto al consenso complaciente como a la simplificación, sean las del mesianismo político, sean las del discurso mediático"[2].

Esta primera delimitación permite acercarnos a una definición operativa de nuestro objeto de estudio: los intelectuales de izquierda. Analizaremos aquí el actuar público de aquellos sujetos que se dedicaron a la actividad cultural identificándose con el pensamiento de izquierda, prestando especial atención a aquellos que establecieron una relación orgánica con el PS, el PC y la Nueva Izquierda.

Aquí observamos una primera tensión con la definición de intelectual público que propone Carlos Altamirano, ya que los intelectuales militantes de la izquierda que estudiaremos asumieron y defendieron las definiciones mesiánicas de sus partidos. El conflicto se producía al establecer el vínculo de los intelectuales con la política concreta, con aquella que debe materializarse en decisiones. En esa relación, al parecer, dejaba de existir la separación entre el intelectual que piensa la utopía y los políticos que deben adaptarla para su aplicación. Evidenciar la tensión es importante porque la relación entre intelectuales y política es tan cotidiana como conflictiva durante el siglo XX. Las adscripciones masivas a las gestas nacionales durante la Segunda Guerra Mundial son una prueba de eso, y reconocer este vínculo implica superar la definición de "sabio" y de "conciencia moral" de las sociedades y aceptar al intelectual público como un intelectual comprometido.

También es importante hacer la advertencia, porque si bien en Chile, durante un largo período, las ideologías de izquierda y los intelectuales comprometidos tuvieron amplio prestigio, con el fracaso o la imposibilidad de la materialización del proyecto socialista, este vínculo decae. Lo que es más, dentro de su campo comienzan a ser responsabilizados por la derrota del proyecto, culpándolos del uso dogmático del marxismo por su adscripción al leninismo y por ser parte de la fractura y el enfrentamiento de la izquierda que habría llevado al golpe de Estado en 1973[3].

[2] Carlos Altamirano, *Intelectuales: Notas de investigación para una tribu inquieta* (Buenos Aires: Siglo XXI, 2013).

[3] Las reflexiones de la renovación socialista van en esa dirección; véase Cristina Moyano, *El MAPU durante la dictadura: saberes y prácticas políticas para una microhistoria de la renovación socialista en Chile, 1973-1989* (Chile: Ediciones Universidad Alberto Hurtado, 2010); Darcy Ribeiro, radicado en Chile por esos años, expresó esa crítica de manera magistral, de igual manera algunos artículos publicados por Tomás Moulian.

Finalmente, es menester realizar algunas apreciaciones respecto a la relación entre intelectuales y marxismo. Para Eric Hobsbawm, la influencia del marxismo en los sectores periféricos del capitalismo no se dio de manera extendida antes de 1930[4]. En Chile, esta vinculación se fue dando de manera creciente desde 1936, cuando Neruda, en su oposición al fascismo, se situó del lado de los comunistas. Con todo, que los partidos de izquierda se declararan marxistas no implicaba que sus militantes intelectuales tuvieran una estrecha relación con dicho pensamiento o que este orientara su obra. El marxismo comenzó a influir de manera más determinante a partir de la década del cincuenta, y lo hizo primero en las llamadas ciencias económico-sociales que se desarrollaban en la CEPAL y, luego de su institucionalización, desde las universidades[5]. En la década del sesenta asistimos a su expansión, que se manifiesta en una fuerte influencia en la obra de intelectuales de distintas áreas disciplinarias. A partir del golpe militar, los intelectuales se fueron alejando del marxismo, argumentando que no era una herramienta pertinente para el análisis de la realidad social.

Los intelectuales y las gestas de la izquierda nacional e internacional. Sovietización y Frente Popular (1930-1945)

Hacia inicios de la década del treinta, el PC de Chile, fundado en 1922, estaba terminando su primera proscripción y el comunismo internacional había conquistado ya a intelectuales prestigiosos en el mundo. Ambos elementos favorecieron la expansión de su influencia hacia los sectores medios, los que comenzaron un rápido desarrollo a partir de esta fecha al alero del Estado también en crecimiento. Por su parte, el PS, fundado en 1933, contaba en sus orígenes con varios y destacados "trabajadores intelectuales". Ambos partidos se declaraban marxistas, aunque el Socialista se desmarcaba de la ortodoxia comunista planteando la necesidad de reconocer la teoría como guía para la acción, la que debía ser concordante con las condiciones sociales de la realidad chilena y latinoamericana[6].

Otros aspectos a considerar en el desarrollo del mundo intelectual chileno son, por un lado, la expansión del campo editorial, lo que permitió el

[4] Eric Hobsbawm, *Cómo cambiar el mundo: Marx y el marxismo 1840-2011* (Barcelona: Crítica, 2011), 276. Esto es crucial dado que los intelectuales son parte de ese sector.

[5] Eduardo Devés, *El pensamiento latinoamericano en el siglo XX. Desde la CEPAL al neoliberalismo (1950-1990)* (Buenos Aires: Biblos, 2003), II; Manuel Antonio Garretón, "Las ciencias sociales en Chile: situación, problemas, perspectivas", en *Las ciencias sociales en América Latina en perspectiva comparada*, coord. Hélgio Trindade (México: Siglo XXI, 2007).

[6] Julio Cesar Jobet, *El Partido Socialista de Chile* (Santiago: Ediciones Prensa Latinoamericana, 1971).

desarrollo de espacios de difusión, circulación y redes y, por otro, la creación de una red de latinoamericanistas bastante densa a partir de la residencia temporal o permanente en el país de importantes intelectuales extranjeros exiliados[7]. Ejemplo de ello son los intelectuales peruanos, con mayor o menor cercanía al APRA, como los poetas Magda Portal, Serafín Delmar, Julián Petrovick y algunos venezolanos[8]. También es importante destacar la radicación definitiva de intelectuales españoles que llegaron huyendo de la Guerra Civil española.

Se trató de un período en América Latina y Chile de convulsiones sociales, crítica política profunda y de pérdida de hegemonía de la política oligárquica. Pese al ambiente de crisis, los partidos políticos de izquierda aún no eran atractivos para los intelectuales y sólo algunos adoptaron una postura militante. La mayoría tuvo más bien sensibilidad social frente a la crisis, lo que se puede explicar, entre otras cosas, porque los propios partidos no habían desarrollado hasta entonces una política de vinculación con los intelectuales.

La "comunidad" literaria se articulaba en espacios de socialización, como cafés y salones, y en espacios académicos, como el Instituto Pedagógico o la Escuela de Derecho de la Universidad de Chile, donde muchos de los intelectuales en formación se relacionaron con algunos maestros pertenecientes a generaciones intelectuales de más edad. En 1932, el grupo de intelectuales que circulaba en esos espacios estaba integrado, entre otros, por Ángel Cruchaga Santa María, Rafael Orrego, Tomás Lago, Joaquín Edwards Bello, Rosamel del Valle, Alberto Rojas Jiménez, Rubén Azocar, Pablo de Rokha, Mariano Latorre, Francisco Salinas, Diego Muñoz, Ricardo Latcham, Samuel Letelier Maturana, Juan Uribe, Julio Barrenechea, Augusto Santelices, Vicente Huidobro y un joven Volodia Teitelboim, muchos de ellos con sensibilidades de izquierdas, pero pocos con militancia.

Existían también tertulias más politizadas, como la que se desarrollaba en la casa de Manuel Hidalgo, uno de los fundadores del PS y senador de la república, que reunía a jóvenes estudiantes con intelectuales como Hernán Cañas Flores, el ecuatoriano Rafael Augusto Aguilar, René Frías Ojeda o Astolfo Tapia Moore[9].

Más allá de los grupos de socialización de los intelectuales, podemos categorizar los tipos de relación que existían entre estos y las ideologías de izquierda en este período de escasa definición orgánica. Proponemos la

[7] Bernardo Subercaseaux, "Editoriales y círculos intelectuales en Chile 1930-1950", *Revista Chilena de Literatura*, 72 (2008): 221-233.

[8] Ricardo Melgar Bao, "Huellas, redes y prácticas del exilio intelectual aprista en Chile", en *Historia de los Intelectuales en América Latina*, ed. Carlos Altamirano (Buenos Aires: Katz, 2010), II.

[9] Óscar Waiss, *Chile vivo: memorias de un socialista, 1928-1970* (Santiago: Centro de Estudios Salvador Allende, 1986), 43.

existencia de tres grupos. El primero se caracterizaba por no tener militancia ni definición, aunque estaba influido por los valores y sensibilidades de izquierda. Era un grupo preocupado por su contribución estética, hedonista, bohemia, que fue definiendo su lugar en la política conforme los tiempos no dejaban espacio a indefiniciones. Neruda perteneció a este círculo hasta su estadía en España como cónsul. Se integró en 1921 al ambiente cultural de Santiago, pasando rápidamente a ser una figura reconocida y con amplio liderazgo sobre el resto de los intelectuales jóvenes de su época. Publicó, como muchos de ellos, en la revista *Claridad*, importante espacio de difusión de la producción cultural de la época que operó como un órgano político generacional. En 1932, Neruda, aún sin definirse políticamente, escribía:

> "Una ola de marxismo parece recorrer el mundo, cartas que me llegan me acosan hacia esa posición [...] En realidad, políticamente, no se puede ser ahora sino comunista o anticomunista [...] Yo fui anarquista hace años, redactor del Periódico sindico-anarquista Claridad en donde publiqué mis ideas y cosas por primera vez. Y todavía me queda esa desconfianza del anarquismo hacia las formas del Estado, hacia la política impura. Pero creo que mi punto de vista de intelectual romántico, no tiene importancia. Eso sí, le tengo odio al arte proletario, proletarizante. El arte sistemático no puede tentar, en cualquier época, sino al artista de menor cuantía. [...] yo sigo escribiendo sobre sueños [...]"[10].

Años más tarde, fue la brutalidad del fascismo en España lo que empujó a Neruda a alinearse políticamente.

Otro de los grupos es aquel formado por los militantes comunistas. De ellos también es posible diferenciar entre quienes fueron militantes disciplinados en lo personal y en lo intelectual, defendiendo y difundiendo el realismo socialista y adscribiendo a las concepciones estéticas del partido, como Volodia Teitelboim y quienes, siendo disciplinados y obedientes, crearon obras que respetaban las temáticas, pero no las concepciones estéticas del partido, como Pablo de Rokha. Finalmente, se puede distinguir a aquellos que sin ser militantes se sentían comunistas, pero defendían su independencia creativa, manteniendo una relación conflictiva o ambigua con el partido, como Vicente Huidobro.

Huidobro desarrolló una temprana sensibilidad política. Su obra y compromiso se expresaron por distintos medios y declaraciones. Uno de ellos fue la publicación del *Balance patriótico* en 1925, que representó con profundidad el reclamo de una generación contra lo viejo y los viejos. También a través de la dirección del periódico *Acción*, "Diario de purificación nacional", y con su candidatura a presidente de la república apoyada por la FECh en 1925.

[10] Citado en David Schidlowsky, *Neruda y su tiempo, las furias y las penas* (Santiago: RIL, 2008), 201.

Además, perteneció al Sindicato Profesional de Trabajadores Intelectuales de Chile, conducido por el PC[11].

Otro poeta que se identificó con las ideas de izquierda y las del comunismo fue Pablo de Rokha. Si bien se ha cuestionado la militancia de Huidobro y De Rokha, la discusión pierde importancia cuando analizamos la época y entendemos que el PC no tenía una real política hacia los intelectuales y estos establecían vínculos con el partido a partir de su condición especial de intelectuales[12]. En cualquier caso, la libertad creadora de ambos poetas nunca estuvo restringida por las directrices estéticas del sovietismo, aun cuando Huidobro escribiera una *Elegía a Lenin* y haya nombrado Vladimir a su hijo.

Volodia Teitelboim, en cambio, fue tan precoz en sus afanes literarios como en los políticos. Ya a los 18 había escrito su *Antología de poesía chilena nueva* (1935), en coautoría con Eduardo Anguita, y militaba en las Juventudes Comunistas. La vinculación de Volodia con el partido fue formal. Escribió en su principal órgano de difusión, la revista *Principios*, haciendo comentarios sobre ideología y cultura.

El tercer grupo fue el de aquellos intelectuales que fundaron y nutrieron al PS. Aquí no hubo una relación del partido con los intelectuales, sino que los intelectuales eran el partido. Esta situación es muy parecida a la que se dio en el origen del APRA en Perú, a cuya fundación asistieron universitarios e intelectuales. Probablemente, el más destacado de los intelectuales fundadores del PS fue Ricardo Latcham. En 1933, volvió del exilio que le había valido su oposición a la dictadura de Carlos Ibáñez del Campo y se dedicó al activismo político y a la escritura, aunque paulatinamente fue dejando lo primero para dedicarse exclusivamente a escribir, no sin antes ser regidor y diputado.

Fueron los procesos sociales de Chile, América y, sobre todo, Europa, los que impulsaron a los intelectuales a superar la vanguardia estética y buscar convertirse en vanguardia política. Sin duda, el incentivo más importante estuvo en el desarrollo del fascismo y nazismo en Europa y la Guerra Civil española. La sensibilidad de intelectuales frente a la situación española fue acompañada, además, por un cambio en la política del PC. Hasta 1934, el partido había optado por aliarse exclusivamente con los trabajadores, distanciándose de otras clases sociales y otros partidos. Un ejemplo clásico de esto es su rechazo a asociarse con el PS, cuya definición nacionalista y latinoamericanista le parecía cercana al fascismo. Sin embargo, la definición de la Política de Frentes Populares desde la Internacional Comunista permitió el vínculo entre distintos sectores de izquierda. Por otra parte, la identificación de un enemigo común —el fascismo— simplificó su unión. Los intelectuales,

[11] Volodia Teitelboim, *Huidobro: la marcha infinita* (Santiago: Lom, 2016).

[12] Respecto a la militancia de estos poetas en el PC, véase Faride Zerán, *La guerrilla literaria: Huidobro, De Rokha, Neruda* (Santiago: Bat, 1992).

muchos sin adscripción política, concurrieron a la formación de frentes o alianzas contra el fascismo o por la defensa de la cultura y quedaron alineados con la izquierda. La experiencia de Neruda es ejemplificadora de este fenómeno, pues se incorporó a las filas activistas y luego a las militantes a partir de lo vivido en España, marcado por la represión fascista a los intelectuales del Frente Popular español.

La expresión orgánica nacional de la unidad de los intelectuales de izquierda fue la formación de la "Alianza de intelectuales antifascistas por la defensa de la cultura", que emuló en Chile a la que ya se había conformado en España. Presidida por Pablo Neruda, convocó a un grupo de intelectuales chilenos comprometidos con la causa del Frente Popular y la férrea oposición a las experiencias vividas en España, Alemania y Austria con los regímenes de Franco y Hitler[13]. La alianza se constituyó en Santiago el 7 de noviembre de 1937 y el manifiesto inicial fue firmado por cerca de 150 intelectuales chilenos y extranjeros residentes en Chile, de diversas disciplinas artísticas y académicas. En el núcleo fundador estuvieron escritores como Andrés Sabella, Óscar Castro, Alberto Romero, Juvencio Valle, Ángel Cruchaga, Humberto Díaz-Casanueva, Judith Weiner, Francisco Coloane, Gerardo Seguel; académicos como Luis David Cruz Ocampo, Gabriel Amunátegui y Guillermo Labarca; políticos socialcristianos como Bernardo Leighton y Sergio Larraín. Se trataba de un arco que iba desde comunistas hasta liberales. También se les unieron intelectuales extranjeros como Luis Alberto Sánchez, Manuel Bedoya, Alejandro Lipschutz, Eleazar Huerta, Manuel Seoane y Pareja Diez Canseco[14].

La fundación de la alianza fue el primer paso para una serie de actividades que paulatinamente llevaron a muchos intelectuales a compromisos más concretos, y a los partidos a diseñar estrategias para atraer a los intelectuales. Entre ellas podemos contar el Congreso de Solidaridad con la España Republicana, celebrado el 12 de octubre 1938, donde coincidieron Neruda, De Rokha y Raúl González Tuñón como figuras principales. En esa época, De Rokha y González Tuñón ya eran militantes, el primero del PC chileno, el segundo del PC argentino.

La trayectoria de los intelectuales muestra que a medida que avanzaba el siglo fueron definiendo sus posturas políticas en relación a los partidos. Sin embargo, también es necesario desentramar la relación inversa entre los partidos y los intelectuales, es decir, preguntarnos por el interés de las organizaciones políticas en los intelectuales y qué tipo de relación establecieron con ellos.

[13] Mariano Ruperthuz Honorato, "¡Salvemos a Freud!: Juan Marín, Pablo Neruda, la Alianza de Intelectuales y las vicisitudes de un intento de asilo político al creador del psicoanálisis en Chile (1938)", *Nuevo Mundo Mundos Nuevos* (2014) ([citado el 4 de enero de 2017] Nuevo Mundos Mundos Nuevos). DOI: 10.4000/nuevomundo.67241.

[14] Waiss, *Chile vivo*, 42 y 43.

David Caute ha establecido lo que denomina "principios de utilidad" para referirse al interés del PC en los intelectuales. Su lista de principios está compuesta por cinco funciones útiles que los intelectuales desempeñaron al interior del partido: prestigio, manejo del marxismo para influir y formar a otros intelectuales, agitación política, periodismo político y guía y formador de las masas. En mayor o menor grado, estas fueron también las funciones que cumplieron los intelectuales en los partidos de la izquierda chilena. Curiosamente y al igual que en el caso europeo, el aporte ideológico que los intelectuales podían hacer al partido no siempre fue ni requerido ni bien considerado. Del mismo modo, los intelectuales no siempre vieron su función social como un aporte al partido y militaban en tanto ciudadanos y no como intelectuales[15].

Si aplicamos esta matriz a la relación de los intelectuales y los partidos en Chile, podemos hablar del prestigio que para el PC significó la militancia de Neruda. Schidlowsky, en su libro *Neruda y su tiempo: 1904-1949*, ha señalado que "la importancia de Neruda para el Partido Comunista era grande. Con él llegaba también a todo un grupo de intelectuales, como Diego Muñoz, Tomás Lago, Rubén Azócar. Contrariamente a Huidobro y De Rokha: el primero miembro del partido pero sin deseo de perder su independencia, y el segundo, obediente y humilde pero de difícil trato, Neruda ofrecía una participación mayor"[16].

Las otras relaciones de utilidad que implicaban una adhesión más definida y permanente, se articularon a partir de la existencia de los medios escritos editados por los partidos de izquierda. La izquierda apostó siempre a la educación de las masas para su liberación, es por eso que intentó estimular la lectura a través de las revistas o periódicos en que participó, transmitir las doctrinas políticas de izquierda y moralizar el comportamiento de las masas. En todas estas labores los intelectuales de izquierda resultaron fundamentales. Así, por ejemplo, durante los años treinta se fundó la revista *Principios* y, si bien en su definición no aludía a la relación con el PC, esta fue editada por militantes y simpatizantes de dicha organización. De Rokha participó en su etapa fundacional, la que luego de los 12 primeros números adoptó una línea editorial más informativa que de agitación y propaganda[17]. Además de la función educadora en el marxismo que la revista otorgaba a los intelectuales, les asignó otros cometidos y espacios. Uno de estos, que resultó clave, fue la difusión del realismo socialista, ensalzando el arte y la literatura proletaria y atacando la estética burguesa. De Rokha criticaba de manera enfática a los escritores chilenos que sólo eran funcionarios de la

[15] David Caute, *El comunismo y los intelectuales franceses (1914-1966)* (Barcelona: Oikos-tau, 1967).

[16] Schidlowsky, *Neruda*, 352.

[17] Manuel Loyola, "Primera época de la revista *Principios* (1933-34) y la construcción del espacio intelectual marxista en Chile", *Revista Izquierdas* 13 (2012): 29-46.

burguesía[18], mientras que otros críticos y comentaristas de arte y literatura distinguieron la esencia del arte burgués, que sólo se mueve por cuestiones estéticas, de la del arte proletario, que tiene su origen en la realidad de la vida misma.

La discusión se hizo más compleja a partir de 1935, en la segunda época de *Principios*, cuando los intelectuales que participaron parecían estar autorizados para elaborar teoría respecto a estos ámbitos. Así, un texto de Volodia Teitelboim matizaba la distancia con el arte burgués planteando: "Obreros, todo lo mejor del pretérito es nuestro camaradas, sin distinción de la clase a que ha pertenecido. El proletariado no puede ni debe substraerse de esta herencia. Pero tiene que dominarla de tal modo que ésta no pueda adueñarse de su alma, como el capital muerto gobierna el espíritu burgués; debe ser solamente un arma en manos de la clase obrera"[19].

A través de las páginas de la revista podemos ver también las intenciones de organizar y articular a los intelectuales en torno a la gesta socialista. En la primera época encontramos referencias a la existencia de un Frente de Escritores de Izquierda[20]. En mayo de 1934, *Principios* informaba de la creación de la Asociación de Artistas y Escritores Revolucionarios y daba cuenta en los sucesivos números de sus encuentros. En el mismo año, la revista señalaba la creación de la Sociedad de Amigos de la Unión Soviética, donde participaban personalidades, obreros y representantes de la cultura[21].

Pese al renombre que llegaron a alcanzar algunos intelectuales dentro del PC y a que en períodos determinados ocuparon posiciones políticas importantes al interior del mismo o como parlamentarios, no llegaron a incidir en sus definiciones políticas. El PC esperaba de sus intelectuales reconocimiento del vínculo, labor propagandística, pero no grandes elaboraciones teóricas.

La llegada al gobierno del Frente Popular coincidió con la madurez de un grupo de intelectuales sensibles y comprometidos políticamente que han sido agrupados por los estudiosos de la literatura como la "generación del 38" o "generación del 42". La crítica social fue un rasgo fundamental de este grupo en un contexto en que las ideologías de izquierda se hicieron cada vez más prestigiosas, tanto por su propuesta de redención social, como por el rechazo a su contraparte ideológica, el fascismo. Esta generación estuvo compuesta por varios poetas y escritores que compatibilizaron su pasión por las letras con el compromiso político expresado a través de la militancia, entre ellos, Omar Cáceres (militante comunista) y Héctor Barreto (militante socialista). La adhesión de la intelectualidad al Frente Popular se dio como continuidad del vínculo que ellos establecieron con la lucha antifascista,

[18] Loyola, "Primera época".

[19] "Arte-literatura. Revolución y herencia estética", *Principios* 1, 2 (mayo de 1935): 29.

[20] Loyola, "Primera época".

[21] Loyola, "Primera época", 44.

pero más allá de eso, a fines de la década del treinta y principio de los cuarenta, existió una generación que hizo una síntesis del latinoamericanismo de la época, de la sensibilidad obrerista y del compromiso político concreto. La generación literaria del 38 o 42 superó la condición de vanguardia estética para instalarse en el desafío de la vanguardia política.

Intelectuales y Guerra Fría (1945-1965)

A partir de 1945, comenzó a desarrollarse un enfrentamiento explícito entre dos ideologías contrapuestas. En este contexto, la propaganda y los intelectuales jugaron un rol muy importante, ya que la identificación con uno de los bandos en conflicto implicaba compromisos concretos y una vinculación partidaria más estrecha. En estas acciones de identificación, los intelectuales de izquierda formaron el Consejo Mundial de la Paz en 1949, que denunciaba la política belicista de Estados Unidos, lo que significaba que la izquierda se arrogaba la causa pacifista. El consejo organizó una serie de reuniones de comités permanentes a los que se iban sumando nuevos miembros a través del tiempo, estas reuniones y comités estaban formados principalmente por comunistas y otros intelectuales sin militancia a los que se llamó "compañeros de ruta"; los chilenos participantes de manera más o menos permanente fueron Volodia Teitelboim, Gabriela Mistral y Pablo Neruda. Otros intelectuales participaban de manera itinerante[22].

El símil de esta entidad en Chile fue el Congreso Continental de la Cultura. Celebrado en Santiago en 1953, el encuentro se presentó como una reunión amplia de intelectuales sin vinculación política alguna. Sin embargo, el evento generó la suspicacia de intelectuales de derecha y falangistas, porque asociaron su convocatoria con la Internacional Comunista. La estrategia adoptada por aquellos que pertenecían al PC y los "compañeros de ruta" fue la amplitud de las convocatorias a partir de consignas y causas que aparecían como universales, lo que no evitó, sin embargo, las denuncias de instrumentalización de los eventos.

Los intelectuales que emergieron en Chile en este período fueron encasillados como parte de la "generación del 50", que se desprendió del criollismo de la generación anterior y desarrolló una literatura oscura y escéptica, influenciada por el existencialismo europeo[23]. Los representantes de la generación anterior, como Manuel Rojas, Nicomedes Guzmán y Marta Brunet, aún estaban vigentes y surgieron otros, como Enrique Lafourcade, José Donoso, Enrique Lihn, que no siguieron su literatura de denuncia. Esto no

[22] Germán Alburquerque, *La trinchera letrada: intelectuales latinoamericanos y Guerra Fría* (Santiago: Ariadna, 2011).

[23] Eduardo Godoy, "La generación del 50 en Chile: razones y efectos de una polémica", *América: Cahiers du CRICCAL* 21 (1998): 369-375.

era un real conflicto político ya que el partido no le pedía nada a los intelectuales que no fuera la lealtad al pueblo.

A partir de los años cincuenta, la institucionalización de las ciencias sociales permitió incorporar otro actor a la izquierda intelectual: los cientistas sociales[24]. Además, el marxismo comenzó a tener mayor presencia y a hacerse más explícito en sus obras. Expresión de ello fue el surgimiento de la historiografía "marxista clásica", de orientación estructuralista y economicista. "El hito fundacional generalmente se sitúa en el *Ensayo crítico del desarrollo económico-social de Chile* de Julio César Jobet, publicado por primera vez en 1951"[25]. En este ensayo, el historiador marxista explicaba la utilidad del estudio del pasado para la transformación, haciendo un llamado a los nuevos historiadores a ponerse al servicio de "la enorme tarea de analizar y comprender el pasado nacional en su verdadera raíz, con el objeto de poder presentar más exacta y realmente el momento actual"[26]. Estas afirmaciones revelan un cambio en la relación entre intelectuales y partidos, pues ya no se trataba sólo de estética o propaganda, sino también de la elaboración de teorías concordantes con las estrategias partidarias.

Jobet fue desde muy joven militante del PS y formó parte del Comité Central. Su trayectoria político-intelectual estuvo ligada a la revista *Arauco*, órgano oficial del PS, editada desde 1959, y la revista de la masonería, *Occidente*. Ejerció como docente en la Universidad de Chile y en la Universidad Técnica del Estado. Con esta misma militancia, aunque con menos influencia en la cúpula, desarrollaron sus obras Jorge Barría Serón y Marcelo Segall, el primero dedicado al análisis de la organización obrera[27], y el segundo definiendo una explicación histórica del desarrollo del capitalismo en Chile y el origen y trayectoria de la lucha de clases[28].

El otro representante de la historiografía marxista clásica fue Hernán Ramírez Necochea[29]. Sus tesis sobre el desarrollo histórico de Chile sustentó la estrategia de la revolución por etapas definida por el PC bajo las directrices emanadas desde la Komintern. La definición de la formación económico-social chilena como feudal, según el PC, significaba tener que avanzar en la

[24] Sobre la institucionalización de las ciencias sociales, véase el capítulo de Marcos González en este mismo tomo.

[25] Julio Pinto y María Luna Argudín, *Cien años de propuestas y combates: la historiografía chilena del siglo XX* (México: Universidad Autónoma Metropolitana, 2006).

[26] Julio César Jobet, *Ensayo crítico del desarrollo económico-social de Chile* (Santiago: Editorial Universitaria, 1955), 18.

[27] Jorge Barría Serón, *El movimiento obrero en Chile: síntesis histórico-social* (Santiago: Ediciones de la Universidad Técnica del Estado, 1971).

[28] Marcelo Segall, *Desarrollo del capitalismo en Chile: cinco ensayos dialécticos* (Santiago: Ediciones del Pacífico, 1953); *Biografía social de la ficha salario* (Santiago: Ediciones Revista Mapocho, 1964).

[29] Cristián Gazmuri, *La historiografía chilena, 1842-1970* (Santiago: Centro de Investigaciones Diego Barros Arana , 2009), II, 87.

materialización de la revolución burguesa, por lo que era necesario el pacto con la burguesía nacional.

Uno de los discípulos más destacados de Ramírez fue Fernando Ortiz Letelier, también militante comunista y miembro del Comité Central del partido. Jobet y Ramírez Necochea contribuyeron, además, a la elaboración de la historia de sus respectivos partidos, lo que obviamente no se puede ver sólo como un simple relato de acontecimientos, sino como la elaboración de las historias oficiales desde las respectivas orgánicas. Ambas comenzaban con el despertar de la conciencia proletaria y culminaban en el punto más álgido de la organización obrera: la fundación de sus respectivos partidos[30]. Volviendo sobre la interpretación que hace Caute de los principios de utilidad que unen a los partidos con sus intelectuales, podemos decir que los historiadores nombrados no sólo jugaron el rol de propagandistas de la izquierda, brindando prestigio a través de su reconocimiento académico, sino también que cumplieron el papel de formadores.

Esta historiografía comprometida se desarrolló a la par con las ciencias sociales en Chile. Con categorías científicas y pretensión de objetividad, las ciencias sociales se instalaron en las universidades y sostuvieron un proceso de izquierdización como el resto de los espacios intelectuales. Respecto a la trayectoria de la teoría social y económica en Chile, podemos señalar que tiene sus antecedentes en algunos intelectuales que analizaron y categorizaron la realidad social y política. Óscar Waiss, vinculado al PS desde su fundación, fue uno de ellos. Waiss reflexionó y teorizó sobre la práctica, lo que permite entender de mejor manera algunos virajes desarrollados por los partidos de izquierda o sus facciones. En 1956, surgió la editorial Pla, que tuvo un rol importante para la circulación del pensamiento de izquierda. El primer libro que publicó fue *Socialismo y nacionalismo* de Waiss, en el que discutía algunas tesis fundamentales de su partido y teorizaba sobre lo que, a la postre, fue denominado como "populismo latinoamericano".

Las ciencias sociales fueron uno de los primeros ámbitos intelectuales en los que se expresó la voluntad de transformación radical de los tiempos. Si bien el proceso cubano fue un influjo importante para el surgimiento del impulso revolucionario, también lo fue el agotamiento del modelo de desarrollo promovido desde los nacionalismos y/o populismos en el continente. En este contexto, los cientistas sociales de izquierda que surgieron vinculados con el mundo político, colaborando con el proyecto desarrollista, reconocían las limitaciones de este y, leyendo la realidad desde el marxismo, propusieron la teoría de la dependencia[31]. En Chile, los espacios privilegiados de recepción de la teoría de la dependencia y las nuevas lecturas del

[30] Pinto, *Cien años*.

[31] Respecto a la teoría de la dependencia, véase Aldo Marchesi, "Imaginación política del antiimperialismo: intelectuales y política en el Cono Sur a fines de los sesenta", *Estudios Interdisciplinarios de America Latina y el Caribe* 17, 1 (Israel, 2006): 135-160.

marxismo fueron las escuelas de ciencias sociales y los centros de estudios inaugurados desde fines de la década del cincuenta. Los más destacados fueron el Centro de Estudios Socioeconómicos de la Universidad de Chile, el Centro de Estudios de Realidad Nacional de la Universidad Católica de Santiago, las Escuelas de Ciencias Sociales de la Universidad de Concepción y FLACSO, donde Enzo Faletto, principal exponente chileno de la teoría de la dependencia, desarrolló su trabajo[32].

Como conclusión de este período podemos decir que Chile, al no ser parte de las zonas calientes de la Guerra Fría, experimentó el proceso entre 1945 y 1960 de manera similar al resto del mundo, es decir, a través de declaraciones, amenazas y solidaridades. La tensión máxima se vivió al inicio de esta etapa, cuando el Frente Popular dio un giro a la derecha y declaró enemigo interno al PC. Para los intelectuales de izquierda esto significó persecución, presidio y exilio, para luego pasar a formar parte de la serie de congresos y encuentros en rechazo a la política norteamericana. En paralelo, desde 1956, los intelectuales se integraron a las actividades de campaña de la coalición de la izquierda, el FRAP, que después de varios intentos logró instalar en el gobierno a Salvador Allende.

La revolución como aspiración (1965-1973)

Este período marca una intensificación de la relación entre el intelectual como sujeto público y el compromiso de la obra, por lo que las adhesiones políticas comenzaron a expresarse de manera explícita en la producción intelectual de cientistas sociales, escritores y artistas. Los intelectuales interpretaron el marxismo desde sus espacios de producción e intentaron revolucionar su campo.

En este período, podemos establecer algunas diferencias en la relación entre intelectuales y política respecto a etapas anteriores. Una de esas diferencias tiene que ver con la institucionalización de las disciplinas que se produjo a fines de los años cincuenta. Esto implicó la especialización de las expresiones intelectuales y una diferenciación de los aportes que estos hicieron a los partidos y a los proyectos políticos. Como segundo punto, en esos años, los intelectuales desarrollaron un importante proceso de introspección. Literatos, artistas y cientistas sociales se reconocían como intelectuales y discutieron su rol como tales a la luz de la necesidad de la revolución. Finalmente, la diferencia con los períodos anteriores es que si antes la izquierda estaba representada por los partidos clásicos, a partir de 1965 surgieron otros

[32] Su principal obra fue escrita en coautoría con Fernando Henrique Cardoso. Fernando Henrique Cardoso y Enzo Faletto, *Dependencia y desarrollo en América Latina. Ensayo de interpretación sociológica* (México: Siglo XXI, 1969).

espacios de militancia denominados genéricamente como "nueva izquierda". Esto produjo nuevos vínculos y desafíos militantes para los intelectuales. Debido a su estrategia política, las nuevas organizaciones se configuraron como partidos de cuadros con estructura celular y cuando decidieron unirse a ellos, los intelectuales asumieron esta dinámica. Es relevante establecer que en Chile, a diferencia de otras realidades nacionales, no se desarrolló una actitud antiintelectualista, sino que se valoró el aporte específico de este actor en su condición de pensador o propagandista de la revolución[33]. El Movimiento de Izquierda Revolucionaria (MIR) y el Movimiento de Acción Popular Unitaria (MAPU) respondían a esta definición y estructura[34].

Desde 1966, el exilio intelectual en Chile nuevamente adquirió importancia para el desarrollo de la intelectualidad local. Al igual que en los años veinte, comenzó a llegar a Chile un importante grupo de académicos y personajes de la cultura que habían sido expulsados o habían huido de los regímenes dictatoriales instalados en sus países (argentinos y brasileños principalmente). En otros casos, llegaron atraídos por la infraestructura académica existente en el país (Roger Vekemans, Franz Hinkelammert, André Gunder Frank, Armand Mattelart) y, en otros, sobre todo a partir de 1970, encantados por el proceso político que vivía Chile. Estos intelectuales tuvieron influencia sobre los chilenos y, al igual que los intelectuales locales, adscribieron a los partidos y proyectos políticos existentes. Los centros de estudios, escuelas de arte, revistas literarias, etc., se llenaron de militantes de diversas nacionalidades[35].

Buscando definir el rol de los intelectuales en los procesos revolucionarios, tomó relevancia la discusión sobre la visión leninista, luxemburguista y gramsciana. Otro debate relevante fue el del compromiso del intelectual, para el que Jean-Paul Sartre fue una referencia obligada, mientras que Frantz Fanon fue una guía respecto a la violencia en los procesos de transformación. Finalmente y como expresión de una crítica a la sovietización y al realismo socialista, la intelectualidad de la época desarrolló una discusión respecto al compromiso y la calidad de la obra. De la mano de estas discusiones se desarrollaron algunas tensiones en torno a la emergencia del caso del cubano Heberto Padilla o la carta a Neruda por la visita que este había realizado a Estados Unidos.

[33] Hay que aclarar que nos estamos refiriendo a las cúpulas partidistas, lo que no implica que las bases militantes o los frentes sociales hayan tenido la misma percepción.

[34] El MAPU fue fundado en 1969.

[35] Ivette Lozoya, "Debates y tensiones en el Chile de la Unidad Popular. ¿La traición de los intelectuales?", *Pacarina del Sur* 17 (2003), ISSN: 2007-2309 ([citado el 4 de enero de 2017] Pacarina del Sur): disponible en www.pacarinadelsur.comindex.php?option=com_content&view=article&id=812&catid=45&Itemid=229; "Intelectuales y política en la década de los 60. Diálogo con Cristóbal Kay", *Historia, Voces y Memoria, ImagoMundi* 6 (2013); "Theotonio Dos Santos, un intelectual revolucionario", *Izquierdas* 25 (2015). Sobre centros de estudios y revistas, véanse los capítulos de Marcos González y Claudia Darrigrandi en este mismo tomo.

Los intelectuales marxistas hicieron suya la premisa de que el capitalismo estaba en su etapa terminal y que había que construir la transición al socialismo. Así, mientras los cientistas económico-sociales intentaban definir la categoría de transición y caracterizar las formas que debía adquirir la formación socioeconómica, artistas y literatos inventaban la revolución desde las letras y las artes, y en el teatro se iniciaban las experiencias de los talleres experimentales, como el vinculado a la Escuela de Teatro de la Universidad de Concepción (TUC) o el ICTUS en Santiago[36].

En ese contexto, los escritores también buscaron lo nuevo, particularmente lo latinoamericano. La denominación de "tercer mundo" era bien acogida por los intelectuales de la región y daba pie para una búsqueda más profunda de identidad[37]. En este sentido, los intelectuales chilenos tuvieron la oportunidad de vincularse a sus pares continentales en una serie de congresos, el primero de ellos celebrado en Concepción en 1962, al que le siguieron las Jornadas del Tercer Mundo y Comunidad Mundial en Génova en 1965, y el Congreso de Escritores Latinoamericanos celebrado en México en 1968. En este último, los chilenos Manuel Rojas y Enrique Lihn formaron parte de la discusión respecto a la adscripción y autodenominación de los intelectuales del continente. Los lazos con la izquierda no eran aceptados por todos, aunque finalmente todos rechazaron el imperialismo norteamericano y soviético, la guerra de Vietnam y el bloqueo a Cuba[38]. A Rojas y Lihn se sumó Roberto Matta en el Congreso Cultural de La Habana, al que acudieron "intelectuales de setenta países de todos los continentes y no escasearon los del primer mundo"[39].

En 1970, en Santiago, Concepción y Valparaíso, se llevó a cabo el Encuentro Latinoamericano de Escritores del cual emanó la Declaración de Viña del Mar. El encuentro desató la polémica porque desde la izquierda se acusaba que el presidente Frei aprovecharía el evento para simular el apoyo de los intelectuales a su proyecto político. Así, la revista *Punto Final* dedicó una de sus páginas, en la edición N° 82 de 1969, para señalar que lo que encontrarían los escritores en Chile sería una Universidad de Concepción violada en su autonomía y una ciudad de Puerto Montt con una masacre obrera. La nota estaba firmaba por el escritor chileno Hernán Lavín Cerda, que un año más tarde recibió el premio Vicente Huidobro por una de sus compilaciones de poemas. El período permite ver el compromiso del intelectual que se expresaba en el contenido de su obra, pero también en las adhesiones y denuncias políticas de las que se hacía parte.

[36] Marta Contreras, Patricia Henríquez y Adolfo Albornoz Farías, *Historias del teatro de la Universidad de Concepción: TUC* (Concepción: Universidad de Concepción, 2003); Alejandra Costamagna, "Apuntes sobre el teatro chileno en la década del 60. Testimonios de cuatro protagonistas", *Cyber Humanitatis*, 5 (1998).

[37] Alburquerque, *Trinchera letrada*.

[38] Alburquerque, *Trinchera letrada*.

[39] Alburquerque, *Trinchera letrada*, 264.

Abordar este apartado desde la perspectiva de la relación entre partidos e intelectuales permite evaluar las vinculaciones orgánicas que los partidos desarrollaron con los últimos. La Comisión Nacional de Cultura del PC se creó en 1963 recogiendo la especificidad del trabajo de las artes, la literatura y la cultura en general. Antes de eso, no existía una política específica hacia los intelectuales, sino más bien una relación basada en los "principios de utilidad" expresados por Caute[40]. La tarea de la comisión era defender la herencia cultural de la clase obrera realizando el papel de vanguardia en el rescate de la música folclórica, por ejemplo, como símbolo de lo popular y nacional[41]. Esta débil y un tanto burda definición de la cultura, muestra que si bien entre los intelectuales había una discusión respecto a qué era la cultura, este debate ocurría fuera del partido. El PC tenía una relación utilitaria con los intelectuales, a los que no pedía más que fidelidad a la clase obrera, sin intervenir en su producción.

Por su parte, el MIR, uno de los representante locales de la nueva izquierda, se fundó con la participación de algunos intelectuales locales influidos por el trotskismo y las nuevas perspectivas revolucionarias que abría Cuba, que renegaban de la izquierda tradicional y sus alianzas[42]. Los intelectuales que participaron en la fundación del MIR fueron Óscar Waiss y el historiador Luis Vitale. En el primero podemos reconocer las tensiones y variaciones de la izquierda desde los años treinta y en el segundo, la reflexión teórica e histórica que dio sustento a la nueva izquierda latinoamericana. Vitale realizó una lectura de la realidad que discutía las tesis levantadas por Jobet y Ramírez Necochea respecto al modo de producción existente en Chile, abogando por las características propias y particulares del desarrollo capitalista en la región[43]. Esta tesis tenía implicancias políticas y sustentaba la estrategia de la izquierda armada. El texto, de publicación temprana, se convirtió en la base de la obra más reconocida de Vitale, *Interpretación marxista de la historia de Chile*, obra que dialogaba de manera armónica con la teoría de la dependencia, pues reconocía la existencia de un capitalismo dependiente en América Latina, rechazaba la tesis de la revolución por etapas, reforzaba la idea socialista de la vía latinoamericana y aportaba una caracterización distinta de la burguesía local.

La política del MIR hacia los intelectuales fue tan ambigua como la del PC, si bien no era un partido antiintelectualista y los incorporó a la militancia solicitándoles tareas de acuerdo a su experticia. Sin embargo, esas tareas no

40 Alburquerque, *Trinchera letrada*.

41 *Principios* 117 (1967).

42 Hay pocas publicaciones sobre el MIR y su relación con los intelectuales. Una reciente, que toca la temática tangencialmente, es de Eugenia Palieraky, *¡La revolución ya viene!: el MIR chileno en los años sesenta* (Santiago: Lom, 2014).

43 Luis Vitale, "América Latina ¿feudal o capitalista? ¿Revolución burguesa o socialista?", *Estrategia* 5 (1966).

redundaron en una definición respecto a cuáles eran las funciones de los intelectuales en los procesos de transformación. No obstante, en el MIR, a diferencia del PC, existieron intelectuales en las cúpulas de dirección, entre ellos, el brasileño Ruy Mauro Marini y Pascal Allende, que hasta 1969 era académico en la Universidad Católica y fundador del Centro de Estudios de la Realidad Nacional (CEREN). Otro intelectual vinculado a la cúpula mirista fue Theotonio Dos Santos, que si bien no fue militante, participaba de las reuniones de la Dirección Nacional, que tenía como objetivo discutir la política de la organización tomando como base sus análisis coyunturales[44].

Respecto al PS, pese a que su relación con los intelectuales era más masiva, eso no se materializó en la creación de una política hacia los intelectuales o la definición de una función específica. Como el resto de los partidos de izquierda, el PS gozó de prestigio intelectual y se constituyó en un espacio intelectualizado, pero no fue su afán atraerlos de manera específica. "Llegaron solos, así como también se fueron por diversas circunstancias y en diversos momentos [...] hay muchos aportes de militantes socialistas en visiones acerca de múltiples problemas de la sociedad chilena pero eso no logra conformar una visión socialista de la sociedad chilena"[45]. En la década del sesenta, se crearon los primeros grupos de estudio, uno de los cuales estaba integrado por Pedro Vuskovic. Estos grupos tendieron a ser fuerzas centrífugas que expresaban las diferencias en las visiones del proyecto. En definitiva, aun cuando en 1967 el partido se declaraba marxista-leninista, su intelectualidad más que adscribir a los principios del centralismo democrático y respetar la disciplina militante, se comportaba de manera liberal[46]. La pelea era por el poder, no por la interpretación de la realidad.

La definición de Germán Alburquerque sobre el intelectual critica la relación que pudiera existir entre intelectuales y poder, señalando que "cuando los intelectuales se ubican junto al poder político, puede darse muy rápidamente una situación en la que al compromiso con la verdad y la razón se le sumen intereses políticos. El discurso acerca de la libertad frente a la autoridad se verá entonces influido y hasta sustituido por los imperativos políticos. Sin embargo, cuando analizamos a literatos, cientistas sociales y artistas en los sesenta, observamos que tuvieron una relación muy estrecha con el poder, ya sea porque militaban formalmente en partidos que aspiraban a él, porque dentro de esos partidos se desarrollaban estrategias para alcanzar cargos de dirección o porque teorizaban en torno al poder elaborando insumos que servían para tomarlo o construirlo. De acuerdo a Albuquerque, ninguno de estos sujetos sería de verdad un intelectual.

[44] Lozoya, "Theotonio Dos Santos".

[45] Entrevista realizada por la autora a Luis Ortega, historiador y militante socialista, en junio 2016.

[46] Entrevista a Luis Ortega.

Una aproximación distinta, pero también en clave crítica, es la que realiza Alfredo Jocelyn-Holt, para quien la relación con el poder es consustancial a la definición misma de intelectual. Para este historiador, los intelectuales han girado en torno al poder reconvirtiéndose en políticos. Cada vez que se ofrece un espacio que puedan llenar, los intelectuales lo ocupan por el bien común; pero también hay quienes piensan que no es el bien común lo que atrae a los intelectuales al poder, sino el poder mismo. Desde esa perspectiva, estos no tendrán ningún problema en traicionar sus convicciones de ayer "para acomodar a nuevas circunstancias su indesmentible vocación de poder, su única constante"[47]. Esta es sin duda, una reprimenda a los intelectuales revolucionarios del período que estamos tratando.

Según Jocelyn-Holt los intelectuales de los sesenta fueron aquellos que:

> "irrumpen en la escena pública a partir de la reforma universitaria [...] asumen un fuerte protagonismo desde el seno de las administraciones de Frei Montalva y Allende, se les reconoce como los principales artífices de proyectos totalizadores de país [...] se plantean, por lo general, en contra de la dictadura y, por último, asumen un notorio papel en la década pasada. [Estamos] ante intelectuales que, en su momento, surgieron de la Democracia Cristiana y sus variadas escisiones, apoyaron a la Unidad Popular, luego revisaron y renegaron de sus posturas socialistas a causa del exilio y/o del derrumbe de los socialismos reales, para terminar 'consensuados' con sus otrora opositores de los 60 y 70 cuando no con quienes se identifican con el legado dictatorial"[48].

Para el historiador, la "revolución en libertad", la revolución socialista y la revolución neoliberal serían partes del mismo proceso "revolucionario". Como vemos, los juicios a los intelectuales de este período son tantos como los juicios al período mismo.

Hay dos procesos que marcaron el claro y concreto compromiso de los intelectuales y su obra en el período. El primero fue la adhesión a la candidatura y al gobierno de Salvador Allende, el otro fue la adhesión a la revolución. El segundo de estos significó un apego crítico al gobierno de la Unidad Popular y el desarrollo de contradicciones que, según los defensores de la vía no armada, terminaron haciendo caer a la experiencia socialista chilena. Respecto al compromiso con el allendismo, la cuarta postulación a la presidencia de Allende estuvo marcada por la contribución masiva de muchos intelectuales y artistas que aportaron con su presencia en actos de campaña. Estos sujetos también asumieron el rol de actores relevantes en la proyección del gobierno de la Unidad Popular, toda vez que entendían que el

[47] Alfredo Jocelyn-Holt, "Los intelectuales políticos chilenos. Un caso de protagonismo inequívoco", en *Intelectuales y política en América Latina: el desencantamiento del espíritu crítico*, ed. Wilhelm Hofmeister y H. C. F. Mansilla (Rosario: Homo Sapiens, 2003), 171.

[48] Jocelyn-Holt, "Los intelectuales", 172.

período presidencial abría la puerta a la construcción de una nueva realidad. En ese sentido, no era sólo un acto propagandístico, sino de creación y diseño de la nueva sociedad[49]. El documento donde se detallaba el programa de la Unidad Popular (UP) señalaba que "las profundas transformaciones que se emprenderán requieren de un pueblo socialmente consciente y solidario, educado para ejercer y defender su poder político, apto científica y técnicamente para desarrollar la economía de transición al socialismo y abierto masivamente a la creación y goce de las más variadas manifestaciones del arte y del intelecto"[50]. El texto se refería a los creadores de la cultura y a los receptores de esta. Respecto a los primeros señalaba que "si ya hoy la mayoría de los intelectuales y artistas luchan contra las deformaciones culturales propias de la sociedad capitalista y tratan de llevar los frutos de su creación a los trabajadores y vincularse a su destino histórico, en la nueva sociedad tendrán un lugar de vanguardia para continuar con su acción[51]". La "vía chilena al socialismo" les asignaba tareas a los intelectuales.

La proyección hacia el socialismo era evidente en el documento "que un grupo de escritores entre los que se encontraban Enrique Lihn, Alfonso Calderón, Poli Délano, Luis Domínguez, Ariel Dorfman, Jorge Edwards, Cristián Huneeus, Hernán Lavín, Hernán Loyola, Germán Marín y Waldo Rojas"[52] firmaban en 1970 y que llevaba como título "Por la creación de una cultura popular nacional". La propuesta del gobierno socialista era llevar la cultura a las masas, lo que generó una discusión similar a la que se dio en Cuba luego del triunfo de la revolución: ¿Qué cultura? ¿Hay que darle acceso al pueblo a la cultura burguesa y elitista? ¿Son los gustos populares los que hay que masificar o hay que "educar al pueblo" en una nueva cultura? En el documento se evidenciaba esa discusión y se preguntaba:

> "¿Cuál debe ser el papel responsable del intelectual y del artista que se demuestren como tales en el curso del proceso? Un complejo papel orientador. El de vanguardia del pensamiento; el de crítico permanente de un presente conflictivo; el de conciencia vigilante de los hitos alcanzados y de las proyecciones auténticas que vayan resultando como conclusiones. Si estos tres momentos pueden diferenciarse, no por ello dejan de conformar una unidad inseparable: la del trabajo intelectual"[53].

[49] Cesar Albornoz, "La cultura en la Unidad Popular. Porque esta vez no se trata de cambiar un presidente", en *Cuando hicimos historia: la experiencia de la Unidad Popular*, coord. Julio Pinto (Santiago: Lom, 2005).

[50] Salvador Allende, *La vía chilena al socialismo. Discursos de Salvador Allende* (Santiago: Fundamentos, 1971).

[51] Allende, *La vía chilena al socialismo*.

[52] Óscar Galindo, "Metatextos e imaginarios identitarios en la literatura chilena (1950-1970)", *Estudios Filosóficos* 43 (2008): 101-114 ([citado el 4 de enero de 2017] SCIELO): disponible en http://www.scielo.cl/scielo.php?script=sci_arttext&pid=S0071-17132008000100007.

[53] Revista *Cormorán*, 8 de diciembre de 1970.

Uno de los firmantes, Enrique Lihn, un año después de la asunción de Allende y frente al bullado caso Padilla en Cuba, cuestionó la censura y manipulación de los intelectuales pero, sobre todo, evidenció las contradicciones de la construcción del socialismo en la isla. Lihn no apelaba a la independencia del intelectual, sino a la inconsistencia de la política de Cuba con los intelectuales, libertaria en un primer momento hacia adentro y totalmente liberal hacia fuera, con el fin de captar adhesiones de los intelectuales europeos[54]. La censura a Padilla implicaba un cambio en la política que terminaba con el ambiente creativo y revolucionario e instalaba el burocraticismo soviético. Más tarde, en una entrevista en 1990 Lihn dijo que "el único intelectual era Fidel, nadie podía pensar sobre él". La crítica no era poco importante toda vez que había recibido el premio Casa de las Américas y que había trabajado unos años en dicha institución. Esta visión crítica, según él años más tarde, había sido la razón por la cual su adhesión al allendismo era desde la autonomía partidaria.

La relación del gobierno de Allende con los cientistas sociales fue aún más directa. Ante la falta de cuadros políticos que asumieran responsabilidades, muchos intelectuales y académicos fueron convocados a asumir cargos en el Gobierno, entre ellos Jacques Chonchol, Pedro Vuskovic y Clodomiro Almeyda[55]. Esta relación entre pensamiento social y elaboración de políticas públicas no era nueva. La DC ya había establecido este vínculo a través de Roger Veckemans y otros. El proyecto socialista impactó muy fuerte en los centros de estudio donde reconocían como uno de sus objetivos la transformación social. Con una gran presencia de militantes de izquierda e influidos por el marxismo, estos centros en una primera época se habían abocado a la caracterización de la formación económica social. Asumido el gobierno de la UP, orientaron sus esfuerzos al análisis del tránsito al socialismo, intentando definir la categoría y comprender cómo se articulaba el poder, qué rol cumplía el Estado, cuáles eran las medidas económicas adecuadas. Para el cumplimiento de estos objetivos realizaron investigaciones y encuentros académicos, pero también participaron en seminarios políticos y debatieron con los actores del mundo político a través de publicaciones como *Punto Final* y *Chile Hoy*[56].

Los intelectuales de izquierda del período reconocían las tareas de propaganda y análisis para el desarrollo del proyecto como su obligación. A esto se sumaba la defensa frente a la crisis social, política y económica a la que se enfrentaba el experimento socialista chileno luego de su primer año de experiencia. Al respecto, uno de los esfuerzos en los que se comprometieron fue al montaje de una gran muestra pictórica y de otras expresiones artísticas

[54] "Enrique Lihn opina sobre el caso Padilla", *Proyecto Patrimonio*, 17 de mayo de 1971.

[55] Esta labor no sólo fue reservada a los cientistas sociales. El poeta Gonzalo Rojas fue nombrado embajador en China y encargado de negocios en Cuba por el gobierno de Salvador Allende.

[56] Lozoya, "Debates y tensiones".

con obras donadas por artistas de diversas partes del mundo[57]. Este proyecto nació de la "operación verdad" implementada por el gobierno de la UP en 1971 y que consistía en invitar a intelectuales y artistas de diversas partes del mundo para que vinieran a Chile a conocer la realidad local y contrarrestar la campaña de desprestigio que, según el Gobierno, realizaban el periódico *El Mercurio* y el Departamento de Estado norteamericano[58].

Mientras un grupo de intelectuales y artistas chilenos establecían vínculos con sus pares de distintos lugares del mundo para la defensa del gobierno socialista de la Unidad Popular, otros, desde una perspectiva analítica distinta y apelando a otra estrategia, planteaban la necesidad de dar el salto revolucionario superando los límites del Estado burgués. Esta línea era defendida por los intelectuales miristas y algunos socialistas que analizaban "el desarrollo de las contradicciones" y especulaban respecto a las formas de construcción del socialismo. Estos debates se habían planteado ya al interior de espacios como el CEREN y el Centro de Estudios Socio-Económicos de la Universidad de Chile (CESO), y en los encuentros académicos que se habían organizado entre ellos[59].

Para Rogelio Hernández, en América Latina en los años sesenta, se puso fin a la tradición de los cientistas sociales que intervenían para la promoción del desarrollo económico y social que se había instalado desde mediados del siglo XIX. Desde los sesenta, dice Hernández, "diversos factores coinciden tanto para reforzar la participación política [de estos intelectuales] como, lo más delicado, cubrirla de ideología y pervertir sus funciones"[60]. Sanciona además que "tal vez las discusiones no habrían abandonado las aulas y los congresos académicos de no ser porque en aquellos años las ideas se apoderaron de la realidad"[61]. Hernández, sin señalar nombres, plantea que muchos cientistas sociales que no adscribían al marxismo debieron abandonar sus países porque no encontraban espacios para desarrollar su trabajo. A diferencia de esta realidad, en Chile había más bien una división de espacios con poco diálogo y discusión.

Independientemente de la crítica que, en retrospectiva y a modo de ajuste de cuentas, realicen los intelectuales respecto a su quehacer durante los sesenta, es posible coincidir con la siguiente cita:

[57] Constanza Robles Sepúlveda, "Resistencia y vanguardia: el particular caso del Museo de la Solidaridad Salvador Allende", *Rufián* (8 de septiembre, 2013 [citado el 4 de enero de 2017], Revista Rufián): disponible en http://rufianrevista.org/portfolio/resistencia-y-vanguardia-el-particular-caso-del-museo-de-la-solidaridad-salvador-allende-2/.

[58] Guillermo Machuca, cur., *Operación verdad o la verdad de la operación* (Santiago: Ediciones Universidad Diego Portales, 2014).

[59] Los congresos se denominaron "Transición al socialismo y experiencia chilena", fueron dos y se desarrollaron en 1971 y 1972.

[60] Hofmeister y Mansilla, *Intelectuales y política*, 51.

[61] Hofmeister y Mansilla, *Intelectuales y política*, 52.

> "Las democracias constitucionales, con todas sus imperfecciones, aportan las condiciones más adecuadas para el desarrollo de la actividad intelectual, pudiéndose establecer una relación directa entre los sistemas democráticos estables y la presencia frecuente de escritores, científicos y artistas en la esfera pública sin sufrir restricciones ni censura por parte de los poderes públicos"[62].

Las militancias, alineamientos, defensas y disensos en Chile antes del golpe militar de 1973 no generaron exclusiones, exilios ni persecuciones, por el contrario, este fue un espacio de refugio para quienes sí lo experimentaban en sus países de origen.

El 11 de septiembre de 1973, los intelectuales, al igual que los otros actores de izquierda que proyectaban el gobierno socialista, sufrieron el impacto de la derrota y las consecuencias de la persecución y regresión política, luego de lo cual realizaron sendas introspecciones, evaluaciones y recriminaciones. Uno de los extranjeros radicados en Chile en el período, Darcy Ribeiro, escribió luego del golpe:

> "Lo más doloroso de mi experiencia chilena fue ver la soledad de Allende. ¿Dónde estaban, entre tantos teóricos, los efectivamente capaces de ayudarlo a definir los requisitos específicos de explotación de la vía chilena? ¿Dónde estaban, entre tanto marxólogos y politicólogos, tan habladores, los de hecho capacitados a diagnosticar los problemas concretos y a formular soluciones asequibles? ¿Dónde entre tantos izquierdistas facciosos, los cuadros indispensables para llevar a la práctica, en las bases, las palabras de orden de Allende? [...] Lo que vi fueron los mejores teóricos —porque habían leído más esa tontería exegética que se autodenomina marxismo— deambulando por Chile como si estuviera en la luna, incapaces de percibir y entender el proceso revolucionario que tenían delante suyo porque a sus ojos ciegos tratábase de un mero reformismo, unos y otros exorcizaban más que combatían, en actos más simbólicos que concretos y se alimentaban recíprocamente de su palabrería"[63].

Ribeiro definía como izquierda desvariada y alienada a aquella que fue testigo de la muerte de Allende, poniendo especial énfasis en la crítica a sus colegas intelectuales.

[62] Josep Picó y Juan Pecourt, *Los intelectuales nunca mueren: una aproximación sociohistórica (1900-2000)* (Barcelona: RBA Libros, 2013), 161-162.

[63] Darcy Ribeiro, *La Opinión*, 20 de enero de 1974.

Exilio, insilio y resistencia de los intelectuales de izquierda, los últimos estertores de las utopías (1973-1985)

El golpe militar conducido por Augusto Pinochet evidenció la imposibilidad de la construcción hegemónica por parte de la izquierda independiente del prestigio que adquirió su ideología en los años anteriores. Esta afirmación se sostiene en la nula respuesta al golpe mismo y en la desarticulación de las bases ideológicas que sustentaban el proyecto sociocultural de la izquierda que terminó, a largo plazo, con la reconversión de los intelectuales. Un grupo importante debió salir al exilio y organizó desde otros países un movimiento cultural en solidaridad con Chile. Otros, permanecieron en el país redireccionando su labor intelectual. En ambos casos, el sello fue la resistencia.

La relación de los intelectuales con los partidos comenzó a disolverse en la medida que estos últimos comenzaron a caer producto de la persecución y represión a sus militantes. Las estructuras orgánicas dejaron de existir y los vínculos con sus militantes se fueron convirtiendo en una adhesión simbólica y de principios más que un compromiso en torno a un proyecto concreto. Esto se transformó en una realidad permanente.

En el exilio, después de sostener la necesaria discusión sobre su responsabilidad y actuar en el fracaso de la Unidad Popular, los partidos se reordenaron y redefinieron, aunque todos ellos tuvieron procesos diferentes. El MIR fue casi aniquilado, pues se negó a buscar asilo. Los militantes y dirigentes que sí lograron salir del país buscaron la forma de volver a Chile para participar en la resistencia armada; el PS y el MAPU renegaron de esa opción y se volcaron rápidamente hacia la renovación[64]; el PC, en tanto, con más experiencia en procesos de clandestinidad, activó sus redes y logró articular un importante movimiento de solidaridad en el exterior[65].

Más allá de la descripción de algunas trayectorias, podemos encontrar momentos, formas, espacios y temáticas para la acción de los intelectuales de izquierda durante la dictadura que nos sirven para dar un panorama general. Respecto a los momentos, podemos identificar un primer instante de autocrítica un tanto autoflagelante por la derrota vivida, un segundo instante de resistencia y denuncia de la dictadura y un tercer momento de activismo por la democracia hacia fines de los años ochenta.

Respecto a los espacios, la división básica es dentro o fuera del país. Los intelectuales que habían compartido experiencias militantes confluyeron en los distintos lugares de exilio y organizaron diversas actividades artísticas y

[64] Cristina Moyano, *El Mapu durante la dictadura. Saberes y prácticas políticas para una historia de la renovación socialista, 1973-1989* (Santiago, Universidad Alberto Hurtado, 2010).

[65] Olga Ulianova, "El exilio comunista chileno, 1973-1989", *Estudos Ibero-americanos* 39, 2 (2013): 212-236.

culturales. También definieron algunos centros de la cultura del exilio; París, Roma y Leipzig fueron los más destacados. Desde dichos lugares, se publicaron revistas de difusión de la creación cultural chilena, como *Araucaria* y *Literatura Chilena*, las que se convirtieron en un espacio de discusión intelectual y difusión de la obra de importantes autores. *Araucaria* reunía textos de distinta índole; allí se publicaban historiadores, poetas, novelistas, filósofos y cientistas sociales[66]. Según declaraban sus editores, la revista esperaba "convertirse en una expresión exigente y unificadora de la intelectualidad chilena avanzada que vive dentro y fuera de las fronteras [contribuyendo a] desarrollar la continuidad del proceso intelectual chileno"[67]. Otros esfuerzos editoriales tuvieron un cariz más político y menos literario, aunque escribieron importantes intelectuales ligados a las ciencias sociales. Uno de ellos fue la revista *Chile-América*, publicada desde Roma por militantes de élite del PS, la DC, el MAPU y la Izquierda Cristiana (IC).

El exilio comunista fue diverso como el de otros partidos, pero pensando en los intelectuales y su realidad tras el golpe, es imposible no referirnos a la realidad de escritores y académicos en la República Democrática Alemana (RDA). En torno a esa experiencia hay que señalar dos cosas importantes, la primera es que ha sido objeto de múltiples críticas debido al proceso de "proletarización" a la que habrían sido sometidos los intelectuales. De esta crítica, la más difundida ha sido la de Roberto Ampuero a través de su novela autobiográfica *Nuestros años verde olivo*[68]. Por otro lado, la experiencia personal del exilio y la observación en primera persona del socialismo real generaron miradas nostálgicas y cargadas de dolor, como la representada en la novela *Morir en Berlín* de Carlos Cerda, y varias disidencias políticas, como la del mismo Cerda y la de José Rodríguez Elizondo.

Se puede resumir el aporte de los intelectuales de izquierda en el exilio en el juicio que Rubi Carreño hizo a los críticos de literatura en el exterior en este período: haber logrado construir un proyecto estético y político capaz de permitir el desarrollo del pensamiento crítico disidente dentro y fuera de Chile; haber inaugurado líneas de investigación que aun hoy tienen relevancia y, finalmente, haber creado redes internacionales que muestran la posibilidad de repensar las relaciones de la academia en el contexto global[69].

Al interior del país, los espacios que habían albergado la creación artística e intelectual fueron intervenidos, por lo que se desarrollaron otros lugares y circuitos desde los cuales pensar y actuar. En su análisis de 1986 sobre la literatura en Chile durante la dictadura, Rodrigo Canovas señalaba que,

[66] La revista *Araucaria* se comenzó a editar en 1978. Su consejo de redacción funcionaba en París y se editaba e imprimía en Madrid. Su director era Volodia Teitelboim.

[67] Revista *Araucaria*.

[68] Roberto Ampuero, *Nuestros años verde olivo* (Santiago: Planeta, 1999).

[69] Rubi Carreño, "El exilio de la crítica chilena: aportes para una nueva agenda literaria", *Anales de Literatura Chilena* 12 (2009): 129-144.

durante este período, "el sujeto contestatario se presenta ante la siguiente dificultad, ¿cómo verbalizar un discurso que está prohibido?; más precisamente, ¿cómo generar el habla de un discurso cultural censurado?"[70]. Es una pregunta muy relevante si entendemos al intelectual como aquel que interviene en el espacio público, ¿cómo se puede ser intelectual en un contexto donde la expresión pública y libre del pensamiento está restringida? ¿Puede el silencio ser una forma de expresión o de valoración del intelectual? Esta cuestión adquiría sentido con la muerte de Pablo Neruda, el 23 de septiembre del mismo año del golpe militar: el intelectual había representado por décadas la figura del militante de letras y acción comprometidas y, a diferencia de otros intelectuales, era un poeta muy reconocido por el mundo popular. Cientos de miles asistieron a su funeral y acompañaron el cortejo por las calles de Santiago abarrotadas de militares. La despedida al poeta militante se hizo al compás de un quejumbroso y triste canto de "La Internacional"[71].

La dictadura fue violenta y censuradora, por lo que esa verbalización a la que hacía alusión Canovas emergió desde espacios protegidos o alternativos, como FLACSO y las ONG. Desde FLACSO escribía el mismo Canovas y también José Joaquín Brunner, quien en 1981 publicó *La cultura autoritaria en Chile*. En la presentación del texto, Raúl Zurita, intentando caracterizar la crisis del período escribió:

> "[...] no se borra un país (eso sería solamente una idea), lo que se borra es la consistencia de su lenguaje; el correlato de realidad que acompañaba su proyecto mayoritario. [...] Si hay representación del mundo es porque los sueños no van nunca mucho más allá de las historias concretas. Por eso la lucha por el poder es también la lucha por alterar el contenido de las palabras, vale decir, por transformar la capacidad de representación del lenguaje, y la utopía es, análogamente, la máxima capacidad de contención que puede tener ese lenguaje. De allí la tentación utópica, ella siempre se resuelve en el futuro, que es por definición, intocable. Por eso, seguramente, el 'venceremos' de aquellos años se fue manchando poco a poco con la tragedia que le iban imponiendo las condiciones concretas"[72].

En 1981, el texto de Zurita estaba en la bisagra entre un espacio intelectual que experimentaba la derrota y trataba de explicarla y transitaba hacia la construcción de un nuevo relato de sí mismo, del país y la cultura.

En 1982, el PC difundió un documento dedicado a los intelectuales titulado "Un puesto en el combate", en que realizaba un diagnóstico de las condiciones de la intelectualidad bajo la dictadura, destacando la represión, la

[70] Rodrigo Cánovas, *Lihn, Zurita, Ictus, Radrigán: literatura chilena y experiencia autoritaria* (Santiago: FLACSO, 1986).

[71] Sergio Villegas, *Funeral vigilado: la despedida a Pablo Neruda* (Santiago: Lom, 2003).

[72] Raúl Zurita, "Presentación", en José Joaquín Brunner, *La cultura autoritaria en Chile* (Santiago: FLACSO, 1981).

precarización del sector y la imposibilidad de crear y de decidir en los ámbitos que les competían. En términos concretos, el llamado era a la unidad combativa y amplia con trabajadores y estudiantes, a exigir sus derechos, a desarrollar métodos alternativos para la difusión de la cultura y hacer llegar el arte a las masas populares: "Les ofreceremos, no la tranquilidad ni la promesa de una vida fácil —que está negada al pueblo de Chile mientras subsista la tiranía—, sino un puesto en el combate"[73].

En este nuevo contexto político e intelectual, se comenzó a fundar una serie de ONG que se convirtieron en un espacio de refugio de los cientistas sociales. Bajo su alero y financiados por organismos internacionales, politólogos, economistas, antropólogos, periodistas, sociólogos, trabajadores sociales e historiadores podían realizar análisis del contexto y combinar las evaluaciones sobre el fracaso de la experiencia socialista a la chilena, el análisis de las nuevas condiciones, con la intervención social en talleres, escuelas populares y diversas acciones comunitarias. Retomando el concepto de momento bisagra, es posible observar el cambio de época en los talleres de ECO (Educación y Comunicaciones) o en las publicaciones de SUR. En ellas podemos ver cómo las duras categorías del marxismo estructuralista fueron reemplazadas por el lenguaje del marxismo occidental y, luego, por los conceptos del experto[74].

Como expresión de resistencia y evidencia del cambio de las identidades políticas, comenzaron a desarrollarse en el seno de dichas ONG reflexiones y discusiones sobre actores políticos cuya definición no provenía únicamente de la clase. La juventud, los pobladores y las mujeres fueron las principales identidades sobre las cuales trabajaron estas organizaciones.

Para mediados de los años ochenta, la izquierda chilena tenía una gran gesta, la de derrotar a la dictadura. En torno a ese proyecto se fueron desdibujando las fronteras de la militancia[75]. Pero, además, la labor intelectual ya no tenía el prestigio y capacidad de atracción que había tenido en las décadas anteriores y, como ocurrió en otras partes del mundo, los intelectuales comenzaron a alejarse de los partidos, que empezaron a ser vistos por los literatos como jaulas que inhibían la capacidad creadora y por los cientistas sociales como sesgos que impedían la mirada objetiva sobre la realidad. Además, la intelectualidad comenzó a criticar el actuar de los partidos políticos, sintiéndose alejados de ellos y responsabilizándolos por la derrota de la izquierda.

[73] Partido Comunista de Chile, "Un puesto en el combate" (julio de 1982 [citado el 4 de enero de 2017], Centro Documental Blest): disponible en http://www.blest.eu/doxa/pc_julio82.html.

[74] Cristina Moyano, "ONG y conocimiento sociopolítico durante la dictadura: La disputa por el tiempo histórico de la transición. El caso de los talleres de análisis de coyuntura en ECO, 1987-1992", *Izquierdas* 27 (2016). Sobre las ONG en Chile, véanse los capítulos de Gonzalo Delamaza y Marcos González en este mismo tomo.

[75] Un ejemplo es la conformación de la revista *Chile-América*, que permitió la convergencia de políticos que habían estado en bandos distintos durante la Unidad Popular.

Esta difuminación de la relación militante con los partidos permitió que la comunidad de intelectuales de izquierda se ampliara. Así, la transformación del golpe militar en prolongada dictadura, hizo que algunos que habían deseado una "intervención militar" que terminara con la experiencia de la UP, coincidieran luego con intelectuales de izquierda en la lucha contra la dictadura. Figuras como Nicanor Parra, Mario Góngora y Jorge Millas confluyeron en espacios y demandas con artistas e intelectuales que habían sido partidarios de la UP.

La concurrencia amplia en torno a la democratización permitió un movimiento cultural diverso en expresiones y composición, nutrido por varios intelectuales, como José Balmes, Poli Délano —que habían vuelto al país—, Enrique Lihn y Raúl Zurita, a los que se sumaron otros intelectuales jóvenes, como Pedro Lemebel y Andrés Pérez. Locales y "retornados" desarrollaron en julio de 1988 "Chile crea", un encuentro intelectual, artístico y cultural que reunió a personalidades del ámbito intelectual y la cultura de todas partes del mundo y que se realizó en Chile, en distintas sedes, y también en España[76]. El encuentro había sido pensado y materializado por Raúl Zurita y los ya nombrados Délano y Balmes con el objetivo de que "resuene la voz potente y clara con que la inteligencia del mundo propone saludar a un pueblo que avanza definitivamente a su libertad"[77]. Balmes, militante comunista, fue el presidente de la comisión organizadora.

¿Cómo cambió la literatura en este período, cuál fue el rol de los intelectuales? Utilizando las categorías de análisis del movimiento social, podemos decir que durante la dictadura la intelectualidad de izquierda pasó de la acción proyectual a la resistencia. Si durante los años sesenta y hasta el golpe, los intelectuales de izquierda participaron del proyecto de su sector, que implicaba la superación del capitalismo revolucionando desde la cultura, las artes y las ciencias, la dictadura restringió sus propósitos a la defensa de lo existente antes del golpe y a la denuncia de la censura y la represión. Los intelectuales siguieron siendo la consciencia crítica, pero fueron transitando, junto con la izquierda, a la adopción de posturas que se alejaban del marxismo hasta desaparecer de escena junto con el referente teórico que los sostenía en los sesenta.

Los intelectuales, el mercado y la democracia

Desde la segunda mitad de los años ochenta, asistimos a la definición de un nuevo tipo de intelectual profesionalizado, más especialista y técnico y a un

[76] Agradezco la información entregada por Jorge Montealegre.

[77] Manuel Délano, "Intelectuales se reúnen en Santiago de Chile y Madrid contra el régimen de Pinochet", *El País* (12 de julio, 1988 [citado el 4 de enero de 2017] El País): disponible en http://elpais.com/diario/1988/07/12/cultura/584661607_850215.html.

nuevo sujeto de izquierda, cada vez menos vinculado a los partidos y más "progresista" y crítico de las experiencias de antaño. Si bien la caída del muro de Berlín marcó simbólicamente a la izquierda, el proceso de reconversión o renovación de la intelectualidad es anterior y derivó en una despartidización y una desaparición del intelectual como se había presentado durante el siglo XX para ser reemplazado por un experto profesionalizado.

Tratando de explicar la desaparición del intelectual en general y el de izquierda en particular, diremos que la intervención militar de las universidades después del golpe convirtió a estas instituciones en espacios de debate académico y experto, quedando fuera las discusiones sobre proyectos sociales amplios. Así, si bien historiadores, cientistas sociales y literatos de izquierda volvieron a la universidad luego del retorno de la democracia, lo hicieron a una universidad distinta, masificada en lógicas de mercado. Además, en los noventa, las disciplinas se especializaron, disgregando los ámbitos del saber que dejaron de ser concebidos como instrumentos al servicio de la transformación, para convertirse en un saber experto. Esto implicó que los académicos que opinaban públicamente o elaboraban insumos para la definición de las políticas públicas tuvieran una legitimidad basada en la utilidad práctica de sus aportes.

En 2002, en las páginas del diario electrónico *El Mostrador*, se desarrolló una polémica entre dos importantes intelectuales: Tomás Moulian y José Joaquín Brunner[78]. La discusión tuvo como centro "qué es ser de izquierda", cuáles eran los símbolos, los objetivos y las tareas del sector. Lo relevante del debate fue que se desarrolló entre quienes formaron parte de la intelectualidad revolucionaria de los sesenta y luego vivieron la resistencia y transformación en los ochenta, para instalarse como académicos e intelectuales orgánicos desde los noventa. Si bien a fines de los sesentas ambos militaron en el MAPU, desde los noventa Brunner se convirtió en uno de los ideólogos de la transición, mientras que Moulian llegó a ser candidato a presidente por el PC. En el debate, Brunner definió ser de izquierda como la adscripción a una serie de valores que constituían una identidad que encontraba sus raíces en "autores y libros, en ciertas experiencias compartidas dentro de un círculo existencial —dolores y fracasos incluidos— y en determinadas acciones y conversaciones que van enlazando a las personas con una tradición cultural"[79]. Para Brunner, ser de izquierda no implicaba ya aspirar a la construcción del socialismo, porque este había muerto. Moulian respondió que si bien estaba de acuerdo en que ser de izquierda no era "una esencia fijada o cristalizada para siempre", el decretar la muerte del socialismo implicaba afirmar la pervivencia eterna del capitalismo, por lo que Brunner caía en el

[78] José Joaquín Brunner y Tomás Moulian, "Brunner v/s Moulian. Izquierda y capitalismo en 14 rounds", *El Mostrador*, 2002.

[79] Brunner y Moulian, "Brunner v/s Moulian", 10.

mismo razonamiento dogmático al que decía oponerse. La izquierda de la que hablaba Brunner era aquella postideológica, que aspiraba a la convocatoria amplia sin discriminar a nadie que se sintiera atraído por esa identidad. Ambos se reforzaban y complementaban en algo, presentándose como críticos acérrimos de las experiencias socialistas. Esto los hermanaba, además, con la mayoría de los intelectuales que se reconocían de izquierda, entre quienes existían muchos fervientes defensores del capitalismo con responsabilidad social, como Brunner.

La polémica en *El Mostrador* revirtió en parte la desaparición de discusiones en espacios públicos en torno a temas amplios, ideológicos y programáticos, pero fue una excepción a la regla. Los intelectuales de izquierda se convirtieron en lo que Norberto Bobbio denomina como "consejeros del príncipe". Por eso, Brunner criticaba la versión platónica del intelectual que representa Moulian, "el intelectual ascético que en los tiempos favorables a la crítica dispara en contra del poder y aquellos desfavorables se refugia en la micropolítica, sin ensuciarse las manos, sin ser parte de las tensiones reales de la política"[80]. Utilizando las categorías esgrimidas por Hannah Arendt, diremos que desde los noventas vemos la aparición en la escena pública de antiguos comunistas y excomunistas. Brunner, junto a otros como Fernando Mires y Jorge Castañeda, pertenece a los ex, aquellos que en su rechazo a la experiencia anterior siguen viendo el mundo de manera dicotómica. Ellos más que nadie, que fueron parte del monstruo que amenazaba a la democracia, son quienes deben defenderla[81].

El divorcio definitivo entre intelectuales e ideologías de izquierda —por lo menos lo que durante el siglo XX había significado ser de izquierda— queda de manifiesto cuando Nicanor Parra se enteró, a principios de 2000, que había sido aceptado su ingreso a la Sociedad de Escritores de Chile. Parra exclamó: "Se murió Lenin: me aceptaron en la SECH".

Conclusiones

Resulta interesante advertir que la definición histórica de la categoría de intelectual es siempre un ejercicio de introspección que han realizado los propios intelectuales en distintos momentos y que ha servido para saldar cuentas con su propio campo en relación a las funciones que estiman debían haber cumplido en distintos contextos. Al parecer, los intelectuales se asignan a sí mismos mayor responsabilidad y protagonismo en el desenlace de los procesos que el que realmente han tenido.

[80] Brunner y Moulian, "Brunner v/s Moulian", 84-86.

[81] Hanna Arendt, *Ensayos de comprensión, 1930-1954: escritos no reunidos e inéditos de Hannah Arendt* (Madrid: Caparrós, 2005).

Los intelectuales son actores que trascienden contextos específicos y, debido al saber que poseen y el lugar desde donde obran, tienen la posibilidad de hablar y establecer juicios sobre sí mismos y su actuación en el pasado sin que otros intervengan. Si analizamos a pobladores, a políticos, a trabajadores, son otros —los intelectuales— los que harán los juicios respecto a su actuación. Pero en el caso de los intelectuales, son ellos mismos los que analizan su propia acción. Es por eso que cuando recurrimos a escritos que analizan la trayectoria de este actor lo que vemos es un eterno ejercicio de introspección donde, desde distintos presentes, se califica y enjuicia. Es muy difícil, por tanto, hacer un estudio de los intelectuales sin enfrentarse a lo que ellos mismos han dicho de su actuar en el pasado y que han definido como verdad porque tienen el poder que les otorga su función.

Durante el siglo XX, los intelectuales y los partidos políticos de izquierda se potenciaron gozando, en el caso de los primeros, del prestigio que adquirió la utopía socialista luego de la Revolución rusa y en concordancia con los avances y retrocesos que iba viviendo. Aquellos que se vinculaban al marxismo hicieron suya la máxima que decía que, hasta el momento, los filósofos se habían dedicado a interpretar el mundo cuando de lo que se trataba era de transformarlo. Esta aspiración se fue construyendo hasta que llegó a su punto máximo durante la década del sesenta. Desde ahí se derrumbó, junto con las estructuras que sostenían al socialismo.

La relación entre intelectuales e ideologías de izquierda puede ser analizada partiendo desde dos perspectivas: la aproximación o filiación que tuvieron estos con las ideologías de izquierda, o desde el interés que los partidos de izquierda tuvieron en los intelectuales. En este capítulo hemos analizado las dos direcciones de la relación.

Los partidos políticos de izquierda se convirtieron durante el siglo XX en un espacio de elaboración de ideas, conformación de redes y difusión de ambas. Antes de su fundación, la referencia a las ideologías de izquierda podría ser más bien amplia y difusa. El vínculo se fue partidizando en tanto avanzaba el siglo, para volver a autonomizarse de las orgánicas hacia la década del noventa. En este sentido, los intelectuales de izquierda chilenos siguieron la trayectoria de los intelectuales de izquierda en el mundo, alentados y tensionados por los acontecimientos mundiales y nacionales. Esto nos ha permitido definir una cronología propia, pero en diálogo con los procesos externos.

A pesar del prestigio que adquirió la izquierda durante el siglo XX y de la relevancia de la adscripción de los intelectuales a sus partidos, más allá de sus gestas y de que la cultura de izquierda parecía tener la hegemonía, el golpe y la instalación rápida de las ideas neoliberales que permearon incluso el ámbito intelectual, demostró que dicho predominio nunca fue conseguido y fue más bien una aspiración. Independientemente de la evidente derrota militar y política que sufrió la izquierda en Chile, una de las conclusiones a las que podemos llegar respecto a la trayectoria de los intelectuales de esta línea es que si bien estos fueron importantes militantes y difusores de las políticas de izquierda, su participación al interior de los partidos no fue políticamente relevante. Eso implica que si bien podían elaborar insumos o realizar su producción bajo las directrices del partido, no formaron parte —salvo algunas honrosas excepciones— de sus espacios de decisión.

Durante todo el período, el marxismo en general vivió un proceso de enriquecimiento a partir de los aportes que realizaron diversos intelectuales europeos y latinoamericanos. Pero si bien algunas lecturas permitieron sustentar o darle bases de cientificidad a la estrategia de sus partidos, en el largo plazo no tuvieron ningún peso en la renovación del marxismo, del cual terminaron alejándose ya sea porque no lo consideraron una herramienta pertinente para el análisis de la realidad social o porque se le dejó como una figura decorativa, una imagen a la que se recurre sólo en términos simbólicos.

Hacia finales del siglo XX, la izquierda era otra, la utopía socialista había sido derrotada o se había desvirtuado, convirtiéndose en algo que ya nadie quería reivindicar. Los intelectuales de izquierda fueron perdiendo figuración en la medida que la izquierda en general se sepultaba. Lo complejo es que no sólo desaparecieron los intelectuales de izquierda, sino que los intelectuales mismos. Curiosamente, cuando la educación se masificó, las publicaciones se multiplicaron por miles y los medios de comunicación lograron hacer circular ideas de manera muy masiva, ya no había intelectuales públicos que opinaran sobre la realidad amplia.

CAPÍTULO VII
LOS INTELECTUALES Y LAS IDEOLOGÍAS DE DERECHA EN EL SIGLO XX

RENATO CRISTI

PARA determinar las características esenciales de la ideología de derecha en Chile es necesario situarla en su contexto histórico[1]. Son momentos de profunda crisis los que impulsan la producción intelectual de los pensadores de derecha. Se pueden reconocer por los menos tres momentos de crisis en el siglo XX. Un primer momento es la llamada "crisis del Centenario", a comienzos de siglo, que queda marcado por el deterioro del dominio oligárquico y el ascenso de la clase media. La crisis social se agudiza en las décadas del veinte y treinta y trae consigo una radicalización de la derecha que coincide con el ascenso en Europa tanto del autoritarismo católico (Salazar en Portugal, Dollfuss en Austria, Degrelle en Bélgica) como del fascismo de Mussolini y Hitler. La Guerra Civil en España, en particular el carlismo, y la respuesta de la Iglesia católica juegan un papel preponderante en esa radicalización. En Chile, dos intelectuales de derecha, Alberto Edwards y Francisco Antonio Encina, inspirados en Oswald Spengler y Herbert Spencer, refuerzan la vertiente nacionalista de orientación conservadora. En su ensayo *Bosquejo histórico de los partidos políticos en Chile* (1903), Edwards critica el régimen parlamentario y da origen así a una extendida crítica al liberalismo, al que responsabiliza por las deficiencias del parlamentarismo. En 1828, Edwards revisa y expande su argumento en *La fronda aristocrática en Chile*, un libro notable que inspira a un gran número de intelectuales nacionalistas, entre ellos el más influyente es Encina. El nacionalismo de estos autores motiva su apoyo entusiasta y activo a la dictadura del coronel Ibáñez del Campo (1927-1931), inspirada en las dictaduras fascistas europeas.

Un segundo momento es al término de la Segunda Guerra Mundial, cuando la Guerra Fría se manifiesta en América Latina por la efervescencia política y social que genera principalmente la Revolución cubana. A esto hay que añadir la renovación religiosa que inicia la encíclica *Mater et magistra* de Juan XXIII y la promulgación de *Gaudium et spes* al término del Concilio Vaticano II. Inspirado en el pensamiento de Maritain, Eduardo Frei conduce

[1] Para un examen más detallado de los intelectuales conservadores estudiados en este trabajo, véase Renato Cristi y Carlos Ruiz, *El pensamiento conservador en Chile* (Santiago: Editorial Universitaria, 2ª ed., 2015); Renato Cristi, *El pensamiento político de Jaime Guzmán: Una biografía intelectual* (Santiago: Lom, 2010).

el ascenso de la Democracia Cristiana, que culmina con su elección a la presidencia de la república en 1964. La convulsión social que desata la Reforma Agraria revitaliza la vertiente corporativista de la derecha chilena que habían propuesto dos intelectuales conservadores, Osvaldo Lira y Jaime Eyzaguirre, en la década del treinta. Inspirados en la encíclica *Quadragesimo anno* y en dos pensadores carlistas, Juan Vásquez de Mella y Víctor Pradera, dan impulso al movimiento gremialista que funda formalmente Jaime Guzmán en 1967 en la Universidad Católica.

Finalmente, en el tercer momento, la oposición al gobierno del presidente Allende es liderada por Guzmán, quien se inspira en el ideario carlista para instigar un golpe de Estado que destruye la Constitución de 1925 e inaugura la dictadura soberana de Pinochet. Un documento fundacional promulgado en marzo de 1974, la "Declaración de Principios de la Honorable Junta Militar de Gobierno", es redactado por Guzmán, quien logra armonizar las dos vertientes conservadores: la nacionalista y la corporativista. Durante el curso del Gobierno militar, Guzmán elabora una nueva síntesis doctrinaria enfatizando el constitucionalismo y el neoliberalismo, dos tendencias que tienen cierta afinidad con la *thèse nobiliaire*, que examino más abajo. En 1981, Mario Góngora, el más erudito de los intelectuales conservadores de derecha en Chile, rechaza la tendencia neoliberal del Gobierno militar y reafirma el ideario nacionalista. Mi propósito en este ensayo es presentar la obra de estos seis autores: Edwards, Encina, Eyzaguirre, Lira, Guzmán y Góngora, a quienes considero las figuras intelectuales principales de una bien consolidada tradición de pensamiento conservador en Chile durante el siglo XX[2].

Para ilustrar las vertientes principales que determinan el desarrollo del pensamiento de derecha es clarificador exponer a dos escuelas de pensamiento político en Francia durante el reinado de Luis XIV. Estas dos escuelas apelaban a la historia de Francia y no a consideraciones jurídicas, filosóficas o teológicas, para defender sus posturas. Lo mismo ocurrió en Chile, en que sus intelectuales de derecha apelaban mayoritariamente a la historia y muy secundariamente a la filosofía política. En Francia, esta disputa enfrentó a germanistas y romanistas[3]. Mientras que los germanistas derivaban el origen

[2] Mario Góngora, *Ensayo histórico sobre la noción de Estado en Chile en los siglos XIX y XX* (Santiago: Editorial Universitaria, 1986); Bernardino Bravo Lira, *De Portales a Pinochet. Gobierno y régimen de gobierno en Chile* (Santiago: Editorial Jurídica, 1985); Renato Cristi y Carlos Ruiz, "Pensamiento conservador en Chile (1903-1974)", *Opciones* 9 (1986): 121-144; "Conservative Thought in Twentieth Century Chile", *Canadian Journal of Latin American and Caribbean Studies* 15 (1990): 27-66.

[3] Esta disputa, planteada en el ámbito de la historia, reproduce la disputa en los albores de la modernidad entre partidarios del Estado absolutista (Jean Bodin y Thomas Hobbes) y los monarcómacos, como Althusius, en defensa los derechos estamentales (Schmitt, 1985). La misma disputa dividió a los conservadores en Prusia con posterioridad a la Revolución francesa.

de la tradición política francesa de la institucionalidad feudal, los romanistas la veían determinada por el dominio absoluto de los emperadores romanos[4]. La intención de los germanistas, representados por François Fénelon, Henri de Boulainvilliers y Pierre de Boisguilbert, era lograr un aumento de la presencia de la aristocracia feudal en el Gobierno en una época definida por una monarquía absoluta, fuerte y centralizadora, y asegurar una mayor libertad económica. Esta postura corresponde a lo que historiadores posteriores denominarán *thèse nobiliaire*. Para doblegar el poder del monarca, la nobleza de toga enfatizó el papel jugado por los francos, que habían invadido Francia en la Edad Media bajo el liderato de Clovis. Eran tribus que elegían a sus monarcas y gobernaban con la participación de parlamentos y Estados generales. Los romanistas, representados por Jean-Baptiste Du Bos, defendían el régimen absolutista. Es lo que con posterioridad se llamará *thèse royale*. Esta tesis presentaba a los reyes franceses como sucesores de los emperadores romanos que en ningún caso fueron elegidos por el pueblo.

Esta bifurcación en el pensamiento histórico francés es visible en Chile. Hay una línea de pensamiento nacionalista que favorece un sistema autoritario de gobierno, fuertemente centralizado y con acceso a la totalidad del poder político, y una línea corporativista que contempla la existencia de instituciones, como los gremios y las profesiones, que tienen por función moderar el excesivo control del poder político por parte del Estado. El nacionalismo y el corporativismo social constituyen los dos canales formales que orientan el argumento conservador. ¿Dónde situar al neoliberalismo en esta división entre gremialistas y nacionalistas? Es necesario dirigir nuevamente la atención a Francia donde asistimos al desarrollo, en ese mismo siglo, de una variante de la *thèse nobiliaire* que, en lugar de buscar difundir la actividad política y concentrarla en la aristocracia y las asociaciones intermedias, intentaba la total despolitización de la esfera económica. Representante de esta particular corriente corporativista es Pierre de Boisguilbert, quien distingue en su teoría económica entre el precio de mercado y el precio natural, y afirma que el precio de mercado sólo se puede constituir si se permite *laisser faire* a la naturaleza, una postura que Adam Smith radicalizará más adelante al sostener que el precio de mercado automáticamente gravita hacia el precio natural.

Véase Karl Mannheim, "Conservative Thought", en *From Karl Mannheim*, ed. Kurt Wolff (Nueva York: Oxford University Press, 1971), 177 y ss.

[4] Friedrich Meinecke, *Historism. The Rise of a New Historical Outlook*, trad. J. E. Anderson (Londres: Routledge & Kegan Paul, 1922), 132-143; Albert Mathiez, "La Place de Montesquieu dans l'histoire de doctrines politiques du XVIIIe siecle", *Annales historiques de la Révolution française* (1930): 99-100; Jacques Barzun, *The French Race* (Port Washington: Kennicat, 1932); Nannerl Keohane, *Philosophy and the State in France. The Renaissance to the Enlightenment* (Princeton: Princeton University Press, 1980).

La vertiente nacionalista: Edwards y Encina

En Chile, tanto Edwards como Encina defendieron una versión modernizada de la thèse royaliste. Apoyaban la legitimidad presidencial y deploraban la supremacía alcanzada por las frondas parlamentarias que habían erosionado el poder y prestigio de los presidentes. Estos autores intentaron redimir la reputación del ministro Portales (1793-1837) e interpretaron el régimen que había fundado este como una continuación del autoritarismo de los gobernadores coloniales[5]. La dictadura de Ibáñez del Campo (1927-1931) constituyó a la vez el triunfo y la estrepitosa derrota de estas ideas.

Alberto Edwards (1874-1932)

Edwards desarrolló un argumento conservador que tenía como propósito terminar con la hegemonía del liberalismo en Chile, al que responsabilizaba por la decadencia del dominio aristocrático en Chile. El término efectivo de ese dominio tuvo lugar en la década de 1920, pero los síntomas de la decadencia ya se habían dejado sentir antes. En 1903, Edwards tuvo clara consciencia de la generalizada parálisis política que había hecho ineficaz al régimen parlamentario chileno. La aristocracia controlaba su maquinaria, pero un inmovilismo legislativo, una incapacidad decisoria, la corrupción y un tedio generalizado habían hecho inoperante al Gobierno. Edwards estimaba que la causa principal de esta situación era el ocaso de la tradición de gobiernos fuertes iniciada por el ministro Portales, y que más adelante había continuado el presidente Montt (1851-1861).

La política durante el siglo XIX se caracterizaba por la lucha entre dos concepciones políticas conservadoras. Una, representada por los pelucones, defendía la legitimidad de un estilo monárquico de gobierno que se arrastraba desde la Colonia. La otra línea conservadora defendía la legitimidad aristocrática y jerárquica, y aspiraba al gobierno de los terratenientes, en oposición a los gobiernos fuertemente centralizados. Esta última forma de legitimidad dio curso al clericalismo y ultramontanismo del Partido Conservador. Este esquema de cosas reproduce la distinción entre la *thèse royale* y la *thèse nobiliaire*. El régimen portaliano significó el triunfo de la primera sobre la segunda, y permitió el desarrollo sin trabas de la sociedad civil, pero al mismo tiempo dejó las riendas del poder político en manos de presidentes autoritarios. La guerra civil de 1891, en la que combatieron segmentos de

[5] Este patrocinio del caudillismo y oposición al constitucionalismo impersonal coincide con aquellas interpretaciones conservadoras que ven en ello la "constitución orgánica" de América Latina. Véase Eduardo Posada-Carbó e Iván Jaksić, "Shipwrecks and Survivals: Liberalism in Nineteenth-Century Latin America", *Intellectual History Review* 23, 4 (2013): 479.

una aristocracia dividida[6], significó la derrota de la *thèse royale*. Cualquiera que hubiese sido el contexto social de la disputa, los ganadores impusieron una forma parlamentaria de gobierno, que interpretaron como la abolición de la independencia y autonomía del Poder Ejecutivo. Esto fue celebrado como el triunfo del liberalismo político, pero en verdad tenía que ver más con un conservatismo tradicionalista.

En una primera etapa, el pensamiento político de Edwards desplegó un proyecto conservador liberal. Su propósito era esclarecer las condiciones sociales que permitieran consolidar un régimen aristocrático en Chile. Estas condiciones eran dos: el desarrollo de una economía de mercado en la que la aristocracia tuviera un papel dominante y la dictadura legal de una figura presidencial carismática. En 1927, la situación social y política de Chile cambió drásticamente con el ascenso al poder del coronel Ibáñez del Campo. Esto marcó una segunda etapa en su pensamiento. Los segmentos aristocráticos triunfantes que impusieron el parlamentarismo en 1891 no habían calculado adecuadamente la eficacia de este sistema para asegurar el dominio oligárquico. El potencial democrático del sistema aceleró su declinación y permitió a las clases medias, a las que Edwards contemplaba con desprecio, obtener mayor influencia. Ni un parlamento infectivo, ni la debilitada autoridad presidencial estaban ahora en condiciones de revertir ese proceso. Ello forzó a Edwards a revisar radicalmente sus opciones políticas. Adoptó una postura radical y se involucró en el experimento cesarista del coronel Ibáñez. Su lectura de Spengler le permitió interpretar ese experimento de acuerdo a una matriz conservadora revolucionaria[7]. Spengler, ávidamente leído por Edwards, define la política como el arte de lo posible y opta por un realismo político, un decisionismo legal y le otorga un papel decisivo a líderes carismáticos[8].

En *La fronda aristocrática*, publicada en 1928, una mirada spengleriana más realista y resignada le permitió a Edwards ver con claridad como se había difundido el espíritu del liberalismo por todo el ámbito social. "Los cambios sufridos por las grandes instituciones sociales en los últimos siglos denuncian el espíritu pecuniario y contractual de los burgueses. Así ha sucedido con el matrimonio, la familia, la herencia, la propiedad. Aún la forma técnica del Estado moderno recuerda el mecanismo directivo de las

[6] Maurice Zeitlin, *The Civil Wars in Chile* (Princeton: Princeton University Press, 1984), 71 y ss.

[7] Fritz Stern, *The Politics of Cultural Despair* (Berkeley: University of California Press, 1975), 7; Jeffrey Herf, *Reactionary Modernism: Technology, Culture and Politics in Weimar and the Third Reich* (Cambridge: Cambridge University Press, 1984), 35-7.

[8] Alberto Edwards, "La sociología de Oswald Spengler", *Atenea* 43 (1949): 310-11; Cristián Gazmuri, "La influencia de O. Spengler en el pensamiento histórico de Alberto Edwards", en *Perspectiva de Alberto Edwards V.*, ed. María Ignacia Álamos *et al.* (Santiago: Aconcagua, 1976), 71-3.

sociedades anónimas"[9]. Y más adelante escribe: "Se despoja primero al matrimonio de su carácter místico y se le conserva sólo el de un contrato civil de negocios"[10]. En los términos propuestos por Maine, es el contrato, y no el estatus, lo que determina ahora toda relación social. Esto define, desde Edmund Burke, la esencia del pensamiento conservador. Edwards reemplazó su fe aristocrática, primero, por la asignación de una primacía a la política por sobre otras consideraciones y, segundo, atribuyéndole un papel privilegiado al héroe político: el caudillo.

La primacía de la política se manifiesta en *La fronda* por la adopción de una postura puramente política, desconectada de una raíz social legitimante. La dictadura de los presidentes portalianos era legal y legítima en tanto que encontraba un apoyo en la fuerza social de la aristocracia. "La viejas aristocracias ennoblecieron la espada, porque eran clases a la vez guerreras y políticas". Pero la dictadura del coronel Ibáñez no contaba de ninguna manera con ese apoyo.

> "La burguesía, con su desdén israelita por todo lo que no es oro o lo produce, con la cortedad mercantil de su visión social, ha estado muy dispuesta a no ver en los militares sino 'asalariados en uniforme'. Este y otros fenómenos análogos demuestran a las claras que nuestra aristocracia, aún la más feudal y campesina, debió sus blasones, no a las cruzadas, sino al mostrador"[11].

Su dictadura, por tanto, debía afirmarse fácticamente y su legitimidad podía asumir sólo un carácter negativo —representaba el último bastión de defensa frente a la dictadura proletaria—. La primacía de la política se manifestaba por su autonomía frente a la situación social que debía regular. Esta actitud ilumina la preferencia que demostraba Edwards por soluciones de fuerza, por golpes de autoridad.

Un segundo aspecto define el temple revolucionario que Edwards adoptó de Spengler. Según Spengler, el producto inevitable de la transición de una cultura a una civilización era la emergencia del cesarismo[12]; y definía "cesarismo" como "aquel tipo de gobierno, que a pesar de su formulación constitucional, carece de forma en su esencia interna... Todas las instituciones han perdido significado y peso... Sólo un poder exclusivamente personal tiene sentido, el de un César o de cualquiera que sea capaz de su ejercicio"[13]. El advenimiento de una civilización, es decir, la decadencia y muerte de una

[9] Alberto Edwards, *La fronda aristocrática* (Santiago: Editorial Universitaria, 1982), 284

[10] Alberto Edwards, "La sociología de Oswald Spengler", *Atenea* 25, 291-292 (septiembre-octubre de 1949): 341.

[11] Edwards, *La fronda aristocrática*, 289.

[12] Oswald Spengler, *Der Untergang des Abendlandes. Vol. II: Welthistorische Perspektiven* (Munich: Beck, 1923), 518-521.

[13] Spengler, *Der Untergang*, 537-38.

cultura, se determina fundamentalmente por el advenimiento del liberalismo. Esto no representa una dificultad pasajera y ocasional, sino que define cabalmente la esencia misma de lo que Edwards, en acuerdo con Spengler, concebía como la "gran revolución espiritual de los tiempos modernos". Frente a ella, Edwards experimentaba un estado de ánimo auténticamente spengleriano. Confesó un "terror de alta mar". Una cultura entera se había desplomado y no aparecía en lontananza nada que la reemplazara: "El mundo ha llegado a unos de estos momentos solemnes en que la fe de los más atrevidos nautas vacila, y en que cada cual se pregunta si el derrotero que nos lleva con fatalidad inflexible, conduce a otra parte que al caos y a la muerte"[14]. Se abría ante nuestros ojos un abismo insondable, pero ante ese abismo se alzaba "un hombre justo y fuerte, de espíritu recto, de sanas intenciones, no enfeudado a partido alguno, y que, además, mejor que nadie garantiza lo que para el país es ahora esencial: la permanencia de una autoridad normalmente obedecida y respetada"[15]. Para Edwards, el autoritarismo de Ibáñez marcaba el fin de la política parlamentarista liberal en Chile: "La autoridad del Ejecutivo dejó de ser una mera fórmula escrita en la Constitución para convertirse en un hecho"[16].

Francisco Antonio Encina (1874-1965)

En 1911, Encina publicó *Nuestra inferioridad económica*. Su argumento en esta obra está determinado por una interpretación del desarrollo histórico que toma de Herbert Spencer. Al igual que Spencer, Encina distinguía dos tipos sociales: el militar y el industrial[17]. Así, Encina comprendía el período colonial chileno como una manifestación del tipo militar, cuyo término estaba marcado por una transición hacia lo industrial. Esto no ocurrió por un desarrollo interno al sistema colonial mismo, sino como consecuencia de un factor externo: la inmigración vasca. El industrialismo incipiente que había generado la iniciativa y espíritu mercantil vasco se paralizó temporalmente durante las guerras de la Independencia, pero con Portales, y su tendencia antimilitarista, el industrialismo renace, y desde ahí en adelante

[14] Edwards, *La fronda aristocrática*, 135.

[15] Edwards, *La fronda aristocrática*, 291.

[16] Edwards, *La fronda aristocrática*, 276.

[17] Spencer distingue entre dos tipos sociales: el militar o militante y el industrial. Las sociedades militantes se caracterizan por esquemas de cooperación coercitiva, por líneas de mando jerárquico, por una economía dirigida y un decisionismo legal. En las sociedades industriales la cooperación es voluntaria, las funciones sociales son voluntarias, la economía es fundamentalmente mercantil. Según Spencer, todas las sociedades evolucionan desde una etapa militante a una industrial. Herbert Spencer, *Principles of Sociology*, ed. Stanislav Andreski (Londres: Macmillan, 1971), 154-65; David Wiltshire, *The Social and Political Thought of Herbert Spencer* (Oxford: Oxford University Press, 1978), 243-256.

Encina comprobará una vigorosa expansión industrial que se detiene sólo en 1870, cuando los liberales logran la hegemonía política. Estos no abrazaron los ideales del liberalismo clásico, sino que combinaron principios liberales con políticas democráticas que se expresaban principalmente en el sistema educativo que propiciaban. El intento de establecer acceso universal a la educación general buscaba la formación de ciudadanos ilustrados, y no de trabajadores y técnicos disciplinados. Lo que realmente importaba, según Encina, era la producción industrial y no un desarrollo literario artificioso. Sólo un Estado fuerte podía anular "las vaciedades sonoras de libertad, igualdad, progreso, derecho y gobierno democrático representativo" proclamadas por los liberales, quienes ignoraban en absoluto "la existencia de la lucha internacional por el predominio y la supervivencia"[18].

Al aplicar el esquema evolutivo a Chile, Encina se centró en las posibilidades conservadoras que ofrecía la filosofía social de Spencer. El papel afirmativo que le entregaba al Estado nacional, su admiración por Portales, héroe conservador por excelencia, y su oposición a la reformas liberales de 1870, son clara muestra de su temple conservador. Tres aspectos de su comprensión del desarrollo social de Chile pueden explicar su peculiar conclusión conservadora. Esos tres aspectos corresponden a trabas que encuentra el tipo social industrial en el intento de desplazar al tipo social militar. Encina enfatizaba una dimensión nacionalista, ausente en Spencer, pero cuyo argumento se sostiene en una generalización basada en el desarrollo industrial inglés. La primera traba es lo recalcitrante que resulta ser la psicología militar. Encina percibía en los chilenos una obsesión "por la fortuna de un golpe, ganada en un barretazo o en una aventura extraña... la fortuna caída del cielo"[19]. Este es un rasgo atávico heredado de los conquistadores. El tipo militar es incompatible con la actividad metódica y racional, incompatibilidad que Encina, consistente con el racismo que inspira toda su obra, derivaba de nuestros ancestros hispánicos: el español ha siempre demostrado gran capacidad "para la cooperación más primitiva: la militar"[20].

La segunda traba tiene que ver con el pasado colonial de Chile, donde el libre mercado no echaba raíces. Encina reconocía que la evolución de lo militar a lo industrial podía ser espontánea. En el caso de Chile, esa evolución venía determinada por su ubicación continental, específicamente su vecindad con Argentina, que imponía reservas con respecto al libre comercio internacional y demandaba un fuerte Estado nacional interventor. Encina se opuso así a Zorobabel Rodríguez[21]. Como doctrinario del libre cambio,

[18] Francisco Antonio Encina, *Nuestra inferioridad económica: sus causas, sus consecuencias* (Santiago: Editorial Universitaria, 1981), 216 y 219.

[19] Encina, *Nuestra inferioridad económica*, 67.

[20] Encina, *Nuestra inferioridad económica*, 69.

[21] Zorobabel Rodríguez, observaba Encina, fue discípulo de Courcelle-Seneuil, un "liberal convencido" pero dotado a la vez de un fuerte "sentido de la realidad". Por ello, Courcelle-

Rodríguez pensaba que el proteccionismo era causa de la estagnación económica. Proponía, por tanto, la explotación de las riquezas naturales —las industrias extractivas y la agricultura rendían mejor resultado que la industria manufacturera—. El proteccionismo dificultaba la explotación de la riqueza natural y creaba industrias fabriles que producían artículos de mala calidad y caros[22]. Encina se opuso también a Malaquías Concha, para quien la ausencia de derechos aduaneros elevados era causa de la estagnación. Fundado en Friedrich List, Concha sostenía que las naciones más débiles serían dominadas por las más fuertes si no acudían a la protección que les brindaba el arancel elevado[23].

La tercera traba, groseramente racista, se refería al pueblo mapuche que, según Encina, no había completado aún su evolución a partir de la Edad de Piedra. Su desprecio por el trabajo manual y su disposición bélica natural hacían imposible una política industrial uniforme a lo largo del país para competir con éxito en "la lucha internacional por el predominio y la supervivencia"[24].

Escribe Encina:

> "Nuestra raza, en parte por herencia, en parte por el grado relativamente atrasado de su evolución, y en parte por la detestable e inadecuada enseñanza que recibe, vigorosa en la guerra y medianamente apta en las faenas agrícolas, carece de todas las condiciones que exige la vida industrial"[25].

Esto vendría a demostrar que las causas de la inferioridad económica en Chile eran menos complicadas que lo pudiera sugerir una consideración económica abstracta. Había razones "más hondas y más permanentes" cuya solución tomaba en cuenta el papel que jugaban los sentimientos nacionalistas. Encina ilustraba su argumento con lo que consideraba ser la evolución económica y moral de Prusia. Quien así proceda "no necesita de reflexiones para darse cuenta del papel que la voluntad colectiva de vencer y de ser grande juega en el crecimiento material"[26]. Mientras que la educación prusiana "es un cántico al sentimiento de la nacionalidad, no interrumpido por una sola nota discordante", nuestros ideales de una educación liberal no había hecho más que debilitar "el espíritu de nacionalidad".

Seneuil pudo percibir "el absurdo que iba a resultar de la aplicación práctica de los principios políticos de la Revolución, a una sociedad que en sus clases dirigentes estaba a la altura de la Europa del siglo XVII, que carecía de clase media y cuyo grueso fondo social estaba distanciado por fases enteras de la evolución". Véase Encina, *Nuestra inferioridad económica*, 215.

[22] Encina, *Nuestra inferioridad económica*, 30.

[23] Encina, *Nuestra inferioridad económica*, 31.

[24] Encina, *Nuestra inferioridad económica*, 219.

[25] Encina, *Nuestra inferioridad económica*, 32.

[26] Encina, *Nuestra inferioridad económica*, 207.

En 1934, en su *Portales*, Encina acreditó a Portales con la creación de un Estado nacional fuerte, que se alzaba frente a la sociedad y podía controlar sus tendencias facciosas. "Una dictadura impersonal, velada bajo la forma republicana"[27]; así definía Encina la dictadura de Portales. En defensa suya, apeló a la terminología spengleriana de Edwards. La creación de Portales era un "Estado en forma" en tanto que se fundaba en "fuerzas espirituales". La constitución y las leyes eran "simples tiras escritas de papel, si no están respaldeadas [sic] por ellas"[28]; y citaba a Spengler para confirmar esta idea. Según Encina, esas fuerzas espirituales estaban encarnadas en la aristocracia, formada en Chile por la confluencia de los conquistadores castellanos y los mercaderes vascos arribados en el siglo XVIII. De acuerdo con Edwards, Encina pensaba que esta aristocracia retenía la tendencia feudal de desafiar a la autoridad central y afirmaba así sus derechos señoriales. Su "alma vasca" manifestaba una aversión natural por la "forma romana del gobierno"[29].

Fiel a la tradición del pensamiento conservador, Encina usaba la historiografía como plataforma para exponer sus ideas políticas. De hecho, uno de sus biógrafos ha descrito su *Portales* no como el trabajo "de un historiador o un literato, [sino] la obra de un pensador que hacia el final de una vida de meditación filosófica y científica, se asoma por curiosidad a la historia"[30].

Encina ha sido objeto de fuertes y aun vehementes críticas por sus logros como historiador[31]. Es innegable que como pensador conservador ha gozado de gran éxito. Fue capaz de rescatar al nacionalismo y al autoritarismo como ideas políticas respetable después de la caída de la dictadura de Ibáñez. Su prestigio aumentó en la posguerra con la publicación de su *Historia de Chile*, extendiendo allí el argumento que desarrolló en su *Portales*. Los nacionalistas de los años cincuenta y sesenta emplearon sus opiniones para reforzar la recepción de sus objetivos políticos. En 1974, 40 años después de la publicación de *Portales*, la *Declaración de Principios* del gobierno militar de Pinochet usó una frase suya: declaró que el principal objetivo del nuevo gobierno era "hacer de Chile una gran nación"[32].

[27] Francisco Antonio Encina, *Portales. Introducción a la historia de la época de Diego Portales (1830-1891)* (Santiago: Nascimento, 1934), II, 291.

[28] Encina, *Portales*, 219.

[29] Encina, *Portales*, 240.

[30] Gillermo Feliú Cruz, *Francisco A. Encina. Historiador* (Santiago: Nascimento, 1967), 193.

[31] Véase Ricardo Dávila Silva, "Portales, por don Francisco A. Encina", *Atenea* 29 (1935); Ricardo Donoso, *Francisco A. Encina, simulador* (Santiago: Neupert, 1969).

[32] Gobierno de Chile, *Declaración de Principios del Gobierno de Chile* (Santiago: Editorial Gabriela Mistral, 1974), 22; Encina, *Portales*, II, 281.

La vertiente corporativista: Lira y Eyzaguirre

Eyzaguirre, Lira y sus colaboradores en la revista conservadora *Estudios*, que se publicó durante las décadas de 1930 y 1940, asumieron los lineamientos postulados por la *thèse nobiliaire*. Estimaban necesario contrapesar la acción del Estado de la misma manera en que la aristocracia en Francia luchó por limitar el poder monárquico absoluto. En tanto que la aristocracia francesa pretendía restaurar sus derechos señoriales, Eyzaguirre y sus colaboradores enfatizaban el papel de las asociaciones intermedias, como los gremios y otros organismos profesionales, por medio del corporativismo social. Adhirieron a la doctrina social de la Iglesia, manifestada en las encíclicas *Rerum novarum* y *Quadragesimo anno*, que interpretaban de acuerdo a las enseñanzas doctrinarias del carlismo español. En oposición al corporativismo político o estatista[33], su versión social tenía por objetivo reemplazar las funciones productivas asumidas por el Estado de acuerdo al principio de subsidiariedad proclamado por la doctrina social. Un número de circunstancias dan cuenta del ascenso de esta opción conservadora en esos años. La derrota del nacionalismo autoritario en 1931 y el fracaso del corporativismo estatista hicieron atractiva una alternativa que prometía menor presencia estatal y mayor participación de la clase media. Además, el orden profesional propuesto por la encíclica *Quadragesimo anno* (1931) tiene una orientación corporativista. La dictadura de Franco en España, inspirada en el carlismo, legitimaba el corporativismo social, aun después de la derrota fascista en la Segunda Guerra Mundial y la consagración de la legitimidad democrática.

En la España decimonónica, el gremialismo se configuró en torno al carlismo como un movimiento político de masas que perduró por muchas décadas con el apoyo de sectores de la aristocracia terrateniente y el clero. El derrumbe de la monarquía constitucional en 1931 y el nacimiento de la Segunda República fue celebrada por el carlismo como una oportunidad para constituirse en el eje central del monarquismo contrarrevolucionario. "En un momento en que el carlismo estaba más debilitado, su absurda y agotada profecía se había verificado súbita y sorpresivamente"[34]. Juan Vásquez de Mella logró darle al carlismo una cierta sistematización doctrinal. Fundado en *Rerum novarum*, Vásquez elaboró un modelo corporativista que denominó "sociedalismo jerárquico"[35]. Distinguía entre soberanía política y

[33] Paul Drake, "Corporatism and Functionalism in Modern Chilean Politics", *Journal of Latin American Studies* 10 (1978): 83-116.

[34] Martin Blinkhorn, *Carlism and Crisis in Spain: 1931-1939* (Cambridge: Cambridge University Press, 1975), 3.

[35] Pedro Eduardo González Cuevas, *Historia de las derechas españolas de la Ilustración a nuestros días* (Madrid: Biblioteca Nueva, 2000), 201.

soberanía social, con el objeto de negarle al Estado el monopolio de las fuentes del derecho. Consideraba que por sobre el Estado había asociaciones naturales que expresaban la natural sociabilidad humana y eran la mejor garantía de la libertad. El carlismo marcaba la diferencia con las cámaras corporativas fascistas insistiendo en otorgarle autonomía a corporaciones y regiones. Su corporativismo era más social que político.

Osvaldo Lira (1904-1996)

En Chile, el carlismo fue estudiado y difundido por Osvaldo Lira. En marzo de 1939, Lira escribió *Nostalgia de Vásquez de Mella*, que completó en tres semanas, como reconocería más tarde. Esto coincidió con el término de la Guerra Civil española, cuando el ejército de Franco acababa con la última resistencia republicana en Alicante, el 1° de abril. Es un secreto a voces que, pocos meses más tarde, Lira participó desde las sombras en el golpe frustrado de Ariosto Herrera, el 25 de agosto, contra el Frente Popular, que gobernaba Chile desde 1938. Aunque Lira se había opuesto a la candidatura conservadora de Arturo Alessandri Palma, a quien consideraba materialista y ateo, buscaba ahora replicar la conspiración armada del carlismo contra el Frente Popular en España, en 1936, que había iniciado la Guerra Civil. Su orden religiosa decidió exiliarlo de Chile y Lira partió rumbo a España en 1939. Regresó a Chile en 1952 y se dedicó a actividades docentes. Conoció a Jaime Guzmán y le impartió lecciones de Metafísica y Filosofía Política. Difundió el ideario carlista a través de la revista *Tizona*, fundada por su discípulo Juan Antonio Widow en 1958[36].

En su juventud, Lira había adherido a las tesis filosófico-políticas de Jacques Maritain. Pero la impronta empiricista del pensamiento conservador encuentra en la historia, no en la filosofía, un medio de expresión adecuado. Si Lira percibió la necesidad de reformular filosóficamente el ideario conservador era porque había descubierto en el humanismo cristiano de Maritain un rival al que era necesario refutar en su propio plano de ideas. La opción de Maritain por la democracia liberal y su rechazo de concepciones orgánicas de la democracia marcaron el distanciamiento definitivo de Lira con respecto a su pensamiento político.

El punto de partida de la sistematización de Lira se encontraba en una original concepción de la persona humana. Lira definió a la persona como substancia individual racional. Como tal, su nota característica era la autonomía y la libertad. La sociedad, que para Lira se constituía como nación, debía respetar esa autonomía. La persona era norma y arquetipo de la nación

[36] Cristián Garay Vera, "Teoría política y carlismo en Chile. Osvaldo Lira SSCC y el hispanismo", *Aportes* 8 (1993): 63-73.

y, en este sentido, era posible concebirla independiente de la nación. La nación como "un todo accidental... no puede subsistir en sí misma debido a que es accidental"[37]. Pero esta falta de sustantividad no implicaba un modo de ser precario y fugaz. Por el contrario, Lira estimaba que el momento colectivo tendía a fortalecerse cuando la nación se desarrollaba y se preservaba en la tradición que definió como "el sufragio universal de los siglos"[38].

Según Lira, la persona humana tiene una doble referencia social. Por una parte, es elemento integrante de una sociedad estatal cuya característica es poseer una jurisdicción universal y última en el ámbito territorial de una nación. Por otra parte, los individuos participan en una serie de sociedades subordinadas, intermedias entre el Estado y los individuos. Estas sociedades intermedias armonizan "la unidad que debe reinar... en el terreno político con la variedad que... debe dominar en la estructura social"[39]. Esta distinción entre Estado y sociedad civil se expresa en la sistematización desarrollada por Lira mediante las nociones de soberanía política y soberanía social. Estas nociones, que constituyen la clave de su sistema, permiten determinar el grado de autonomía de las asociaciones intermedias compatible con la necesaria concentración autoritaria en el Estado. Lo que Lira intentaba es, en último término, compatibilizar dentro del palio conservador a las dos posturas que se han venido examinando: la *thése royale* y la *thése nobiliaire*.

La noción de soberanía social expresa la complejidad del cuerpo social, complejidad a la vez anatómica y fisiológica que se concreta por una parte en municipios, comarcas y regiones y, por otra, en corporaciones y clases sociales. Todas estas asociaciones reposan en la familia, que constituye la célula y organismo fundamental del organismo social[40]. La función ideológica que Lira le adscribía a la noción de soberanía social era la de neutralizar la centrifugacidad que el liberalismo le imprime a la sociedad moderna. El reconocimiento formal de asociaciones intermedias soberanas le permitía rescatar una serie de instituciones típicamente feudales que se extinguieron con el absolutismo y luego con el dominio sin contrapesos de la institución parlamentaria.

La soberanía social la ejercen los gremios, las corporaciones, los municipios y las regiones, mientras que la soberanía política es la que ejercen los monarcas. Pero no monarcas absolutos, sino limitados por la soberanía de la institucionalidad social. Se trata, por tanto, de una monarquía democrática. Si para Vásquez esto no resultaba contradictorio era porque concebía a la democracia como un régimen esencialmente aristocrático, es decir, jerárquico. Lira lo explicaba así: "La democracia de Vásquez de Mella, la misma

[37] Osvaldo Lira, *Nostalgia de Vásquez de Mella* (Santiago: Difusión, 1942), 35.
[38] Lira, *Nostalgia*, 79.
[39] Lira, *Nostalgia*, 37.
[40] Lira, *Nostalgia*, 39-40.

de la España medioeval, realista, y objetiva, es jerárquica. Debía necesariamente serlo ya que no [hay] nada más real y más efectivo que la desigualdad accidental de los seres humanos y la subordinación —libre o forzada, poco importa— en que unos se encuentran respecto de otros"[41]. Y reiteraba: "la realidad nos está diciendo a gritos que lo más general e irremediable que hay en el mundo es la desigualdad; que la desigualdad... exige la subordinación jerárquica; que en esta, los mejores deben estar en la cumbre; que las cumbres son mínimas en su extensión... La realidad exige, pues, que la dirección se halle entregada a los menos"[42].

En consonancia con la *thése nobiliaire*, Lira intentaba resucitar a las Cortes españolas del Medioevo. Se cuidaba de mantener que entendía las Cortes tradicionales a distancia no sólo de los parlamentos modernos, sino también de las cámaras corporativas fascistas; pero reconocía que "la diferencia con estas últimas es mucho menor...". La llamada "representación por fuerzas vivas" o "representación por clases" constituía un factor que las aproximaba. Estas Cortes no constituían ciertamente entidades políticas: "no gobiernan, [sólo] exponen necesidades e indican soluciones; no son órganos de soberanía política"[43].

Jaime Eyzaguirre (1905-1968)

En 1948, Eyzaguirre publicó *Fisonomía histórica de Chile*, un proyecto de largo aliento que buscaba interpretar el decurso histórico chileno a partir de un principio fundamental del ideario carlista: la distinción entre soberanía política y soberanía social. En el capítulo tercero de su libro, que tituló precisamente "Soberanía política y soberanía social", Eyzaguirre describía la organización colonial que presidía la monarquía española en los siguientes términos:

> "Una doble corriente se genera así al través del enorme organismo: la que desciende del monarca y actúa por medio de sus agentes hasta el último súbdito, y la que sube de éste a la Corona por conducto de los cabildos. Es la refracción al campo americano de toda la antigua estructura político-social de España, cuya estabilidad ha dependido del equilibrio que sepan guardar los dos poderes fundamentales: la Corona y la comunidad"[44].

[41] Lira, *Nostalgia*, 137.
[42] Lira, *Nostalgia*, 138-9.
[43] Lira, *Nostalgia*, 66.
[44] Jaime Eyzaguirre, *Fisonomía histórica de Chile* (Santiago: Editorial Universitaria, 1973), 62-3.

Más adelante, en su *Ideario y ruta de la emancipación chilena*, Eyzaguirre elaboró detalladamente esa "antigua estructura político-social". Las líneas centrales de esa antigua estructura eran ya visibles en el ideario que articuló Isidoro de Sevilla para el funcionamiento del feudalismo. Isidoro reconocía la autoridad sacra de los monarcas, pero no se trataba de una autoridad absoluta, sino limitada tanto por la ley natural como por el pueblo organizado. Esto correspondía a la naturaleza del Estado medieval que presidían monarcas de soberanía limitada por la soberanía social que ejercía la comunidad organizada en municipios. En Castilla, en particular, existía tradicionalmente un agudo espíritu de libertad e independencia, y es allí donde "los municipios se multiplican... y con ellos los fueros o conjuntos de normas jurídicas reguladoras de su existencia, en que las garantías individuales y los derechos de la persona se consagran cuidadosamente"[45]. Se percibe aquí una clara afirmación de la *thèse nobiliaire*. El fortalecimiento del poder real, como lo describe la *thèse royaliste*, se abrió camino a fines del siglo XV con la reunión de las coronas de Castilla y Aragón, y este predominio real se mantuvo con los monarcas de la casa de Austria y luego la de Borbón. Esto coincide con el nacimiento de la filosofía política moderna, en el siglo XVI, a partir del impacto que tuvo en Europa el nacimiento del capitalismo y la recuperación del derecho romano. A partir de Jean Bodin, Hugo Grotius y Thomas Hobbes, nace una filosofía política que supone la desarticulación de la institucionalidad feudal, constituida a partir de la caída del Imperio romano.

Su muerte, en 1968, no le permitió a Eyzaguirre presenciar la revitalización del corporativismo social durante los años setenta, cuando un pensador gremialista, Jaime Guzmán, lideraba un movimiento de resistencia al gobierno de la Unidad Popular que conduciría a su derrocamiento.

Síntesis nacionalista-gremialista

Con Jaime Guzmán y Mario Góngora, el pensamiento conservador chileno completa su evolución durante el siglo XX. Guzmán adhirió inicialmente al ideario carlista de Lira e Eyzaguirre y asumió una postura social corporativista o gremialista. Su actividad intelectual no fue de naturaleza teórica, sino que se orientaba a la política contingente. Participó así activamente como opositor a los gobiernos de Frei Montalva y Allende, como inspirador del pronunciamiento militar carlista de 1973 y, luego, como principal artífice de la institucionalidad que puso en pie la dictadura militar de Pinochet. El ideario antiestatista del gremialismo continuó agregando fuerzas bajo la

[45] Jaime Eyzaguirre, *Ideario y ruta de la emancipación chilena* (Santiago: Editorial Universitaria, 1957), 16.

influencia de la filosofía liberal individualista de Friedrich Hayek[46] y la Escuela de Chicago[47].

Góngora, por su parte, adoptó inicialmente el ideario carlista de Lira e Eyzaguirre y colaboró con ellos en la revista *Estudios*, pero luego de una breve participación política, se abstuvo de participar directamente en la vida partidista y desarrolló una intensa actividad teórica dedicada a la investigación historiográfica. Su pensamiento, inicialmente gremialista, evolucionó hacia el nacionalismo de Edwards y Encina. En tanto que Guzmán logró asimilar el gremialismo de sus primeros años con el neoliberalismo, Góngora acentuó su postura nacionalista y criticaba la orientación económica neoliberal de Guzmán[48].

En Chile, el conservatismo tradicionalista triunfó en 1973, consolidando un régimen militar fundado en un acuerdo tácito entre la vertiente nacionalista y la gremialista. Lo que no resultaba muy claro en un comienzo, pero fue evidente algunos años más tarde, era que el gremialismo integraba las ideas neoliberales de Hayek[49] en su programa de acción. Esto fue posible gracias a la mediación de Guzmán, quien, en el curso de la campaña presidencial de 1970, participó como miembro del comando electoral de Jorge Alessandri, el candidato de derecha. Durante esa campaña, y también con posterioridad a la derrota de esa candidatura, Guzmán se reunió asiduamente en el Centro de Estudios Socio-Económicos (CESEC) con un grupo de economistas que también participaba en ese comando electoral[50]. Liderados por Sergio de Castro, eran economistas graduados de la Universidad Católica con estudios de postgrado en la Universidad de Chicago. El resultado de esa colaboración fue un documento programático titulado "El Ladrillo", que más tarde, en 1973, serviría para delinear el sistema económico que implementó la Junta Militar.

La necesidad de brindarle apoyo ideológico a la dictadura de Pinochet generó una notable convergencia en el movimiento conservador chileno. Por una parte, se logró una fusión entre el corporativismo social y el nacionalismo, visible en la *Declaración de Principios del Gobierno de Chile* (1974). Un análisis

[46] Renato Cristi, "Friedrich Hayek. Teórico del liberalismo individualista", *Mensaje*, 291 (1980): 402-07.

[47] Carlos Ruiz Schneider, "Neólibéralisme et conservatisme dans la pensée politique de la droite chilienne", *Raison Presente*, 88 (1988): 81-102.

[48] En Estados Unidos, el pensamiento de derecha tradicionalista ha sido desplazado en las últimas décadas por un conservatismo libertario fundado en la idea del individuo soberano y que propicia la autorregulación del mercado. A partir de la presidencia de Ronald Reagan en 1980, su agenda se limita a reducir los impuestos como manera de confinar de manera radical la acción del Estado.

[49] Bruce Caldwell y Leonidas Montes, "Hayek y sus dos visitas a Chile", *Estudios Públicos* 137 (2015): 87-132.

[50] Karin Fischer, "The Influence of Neoliberals in Chile before, during, and after Pinochet", en *The Road from Mont Pèlerin. The Making of the Neoliberal Thought Collective*, eds. Philip Mirowski y Dieter Plehve (Cambridge: Harvard University Press, 2009), 313-4.

de ese documento muestra que la demanda nacionalista por un Estado autoritario fuerte se articula bien, por lo menos en el plano ideológico, con la organización corporativista de la sociedad civil. Por otra parte, los pensadores afines al corporativismo social comprueban una afinidad con el neoliberalismo de Hayek, fundados en lecturas puramente negativas del principio de subsidiariedad. De este modo, a fines del siglo XX, es posible caracterizar al pensamiento conservador de derecha como hegemónicamente neoliberal. Aunque Hayek rechazaba explícitamente su adhesión al conservatismo, concordaba con el principio de subsidiariedad y la idea de un orden social espontáneo como el auspiciado, como él mismo reconoció, por pensadores conservadores como Maistre, Bonald y el carlista Donoso Cortés[51].

Jaime Guzmán (1946-1991)

El compromiso de Guzmán con el carlismo es visible en sus escritos juveniles[52]. Este compromiso se manifestó en 1965 cuando, como miembro del movimiento tradicionalista Fiducia, encabezó la oposición a la Reforma Agraria promovida por el gobierno de Eduardo Frei Montalva. Guzmán percibía que la redistribución agraria era una grave amenaza para la continuidad de la sociedad jerárquica que permitía la pervivencia de la tradición aristocrática. Advirtió que la defensa del tradicionalismo implicaba no sólo un cambio del gobierno vigente —ello "no es sino una parte muy limitada de la solución"[53]—, sino también una transformación política mucho más profunda. Sólo una implementación política del gremialismo carlista podía revertir los efectos de la democratización en Chile. Luego de participar en la oposición a la Reforma Agraria, Guzmán dirigió su atención a la tarea de aplicar las ideas gremialistas al ámbito universitario. Fue uno de los fundadores del gremialismo en la Universidad Católica y en su memoria de prueba (1970) defendía un modelo de gobierno universitario que privilegiaba un orden jerárquico inspirado en el carlismo[54].

[51] Friedrich Hayek, *The Constitution of Liberty* (South Bend: Gateway, 1960), 399-400.

[52] En su sobresaliente trabajo acerca de la vida y obra de Jaime Guzmán, José Manuel Castro cubre el período comprendido entre 1946 y 1973. Véanse José Manuel Castro, *Jaime Guzmán (1946-1973): Corporativismo, gremialismo, anticomunismo* (Santiago: Bicentenario, 2016), I; Belén Moncada Durruti, *Jaime Guzmán: El político de 1964 a 1980* (Santiago: RIL, 2006).

[53] Jaime Guzmán, "El miedo. Síntoma de la realidad político social chilena", *Portada* 2 (1969): 14.

[54] El corporativismo social o gremialismo de Guzmán encuentra sus raíces directas en el carlismo y no en el fascismo. Véase Blinkhorn, *Carlism*, 163-182. La finalidad esencial del carlismo es la restauración de la sociedad feudal. Así, en la conclusión de su libro *El Estado nuevo*, Pradera afirmaba: "En este estudio del Estado nuevo... hemos descubierto que el nuevo Estado no es otro que el Estado español de los Reyes Católicos". Véase Víctor Pradera, *El Estado nuevo* (Madrid: Cultura Española, 1941), 276.

En 1970, Guzmán vio la oportunidad de ampliar el radio de acción de su tradicionalismo contrarrevolucionario. Saltó de la palestra universitaria a la política nacional y, luego del triunfo electoral de la Unidad Popular, encabezó el movimiento gremialista de oposición al gobierno de Salvador Allende. Durante los tres años de la Unidad Popular, su actividad intelectual se inspiró en dos nociones políticas claves que había desarrollado el carlismo durante el siglo XIX: la legitimidad dual de origen y de ejercicio, y el derecho de rebelión, nociones que expresaban el carácter eminentemente conspirativo de este movimiento. Estas ideas guiaron su accionar político, que desembocó en el pronunciamiento militar del 11 de septiembre de 1973.

Esencial para la actividad constituyente de Guzmán fue la noción de poder constituyente. En esta idea se fundamentan los llamados decretos leyes fundacionales, a saber, los Decretos Leyes N° 128, 526 y 788, en cuya redacción y promulgación Guzmán jugó un papel fundamental. Inicialmente accedió a este concepto a través de la obra de constitucionalistas chilenos como Enrique Evans y Alejandro Silva Bascuñán. A su vez, el pensamiento jurídico de estos autores era tributario principalmente de la obra de juristas españoles como Luis Sánchez Agesta y Luis Legaz y Lecambra, y argentinos como Segundo Linares y Germán Bidart Campos, todos los cuales eran conocedores de la obra del jurista alemán Carl Schmitt[55].

Tanto el carlismo como el neoliberalismo repudian la noción de soberanía estatal y limitan drásticamente las funciones regulativas y productivas del Estado reduciéndolo a operar como mero agente de protección. Pero el carlismo y el neoliberalismo difieren fundamentalmente en sus respectivas ontologías sociales. El carlismo postula la existencia natural de organismos sociales (familias, gremios, regiones y naciones) que lo aproximan a una ontología comunitaria. El ser humano es social por naturaleza y, por ello, la comunidad tiene prioridad sobre los individuos. El neoliberalismo, en cambio, presenta al mercado como la asociación humana primordial y afirma la prioridad ontológica de los individuos. Apela a la figura del contrato para justificar los lazos sociales entre los individuos cuya característica esencial es ser propietarios. En vistas de esta radical incongruencia filosófica, ¿cómo podía Guzmán justificar filosóficamente la síntesis conservadora/liberal que sostiene su obra constitucional? ¿Anticipaba Guzmán, en los años setenta, la evolución futura del pensamiento conservador en Estados Unidos?

[55] Schmitt da cabida en su teoría constitucional al principio monárquico, que reconoce al monarca como sujeto de poder constituyente, con lo que anula la exclusividad del pueblo como sujeto de ese poder. Véase Renato Cristi, "Carl Schmitt on Constituent Power and the Monarchical Principle", *Constellations* 18 (2011): 352-364. Sánchez Agesta sigue a Schmitt en este respecto cuando afirma que "titular del poder Constituyente, dada su específica naturaleza histórica, no es quien quiere o quien se cree legitimado para serlo, sino más simplemente, *quien puede*, esto es, quien está en condiciones de producir una decisión eficaz sobre la naturaleza del orden"; véase Luis Sánchez Agesta, *Lecciones de Derecho Político* (Granada: Prieto, 4ª ed., 1951), 342.

Me parece que la respuesta a estos interrogantes se encuentra en la lectura que hizo Guzmán de la doctrina social de la Iglesia, particularmente de la encíclica *Mater et magistra*. Esto ocurrió en los años sesenta, antes de que se manifestara el neoliberalismo en Chile como fuerza intelectual y política. En *Mater et magistra* encontró la pieza fundamental que le permitía fusionarse al neoliberalismo. Se trata de una concepción del ser humano, postulada por Juan XXIII, que le otorga prioridad ontológica y de finalidad al individuo por sobre la sociedad y el Estado. Sobre este principio se fundan, según Guzmán, tres nociones claves de la doctrina social de la Iglesia, tal como es expuesta en esa encíclica: la noción de bien común, el principio de subsidiariedad y el derecho de propiedad privada. En lo que sigue, examinaré separadamente el principio de la prioridad ontológica y las tres nociones derivadas tal como las expuso Guzmán y que constituyen los elementos de lo que llamaba "concepción del hombre y la sociedad"[56].

Prioridad ontológica del individuo

En su ensayo "El capitalismo y los católicos de la tercera posición", publicado en la revista *Fiducia* en 1965, Guzmán analizó el parágrafo §109 de *Mater et magistra*, en el que Juan XXIII afirmaba la "prioridad ontológica y de finalidad" de los individuos[57]. Para Guzmán, esta prioridad ontológica y de finalidad se explica por la teoría de los entes relacionales, que defiende el carácter substantivo de los individuos en oposición al carácter meramente relacional de la sociedad y el Estado:

> "El hombre ha sido creado a imagen y semejanza de Dios, en orden a su fin sobrenatural. Tiene, por ello, prioridad ontológica y de finalidad sobre la sociedad y el Estado. El hombre es un ser substancial con un destino eterno, mientras que el Estado es un ser relacional, que deriva de la dimensión social del hombre, y perecedero. Puede haber hombres sin Estados, pero no puede haber Estados sin hombres"[58].

Esta doctrina pontificia fue oficialmente reconocida por la Junta Militar en 1974 en la *Declaración de Principios del Gobierno de Chile*, redactada por Guzmán. Ahí se lee:

> "Tanto desde el punto de vista del ser como desde el punto de vista del fin, el hombre es superior al Estado. Desde el ángulo del ser, porque mientras el hombre es

[56] Gobierno de Chile, *Declaración de Principios del Gobierno de Chile*, 13.

[57] Jaime Guzmán, "El capitalismo y los católicos de tercera posición", *Fiducia* III, 20 (1965): 4; Juan XXIII, "Mater et magistra", en *Encíclicas sociales* (Santiago: San Pablo, 1995), 52.

[58] Guzmán, "El capitalismo", 4.

un ser sustancial, la sociedad o el Estado son sólo seres accidentales de relación. Es así como puede concebirse la existencia temporal de un hombre al margen de toda sociedad, pero es en cambio inconcebible, siquiera por un instante, la existencia de una sociedad o Estado sin seres humanos. Y también tiene prioridad el hombre desde el prisma del fin, porque mientras las sociedades o Estados se agotan en el tiempo y en la historia, el hombre los trasciende, ya que vive en la historia pero no se agota en ella"[59].

Bien común

Guzmán postulaba la prioridad ontológica de los individuos con respecto al Estado, y sobre este fundamento la Declaración de Principios determina que la finalidad del Estado es el bien común.

> "El fin del Estado es el bien común general, definido por la propia Junta de Gobierno en un reciente documento público, como 'el conjunto de condiciones sociales que permita a todos y a cada uno de los chilenos alcanzar su plena realización personal'[60].

Guzmán obtuvo esta definición de la doctrina pontificia que encontró en Mater et magistra. Con ella pretendía sentar una vía media entre dos extremos: el liberalismo y el colectivismo.

> "Esta definición traduce una concepción del bien común, que difiere por igual de la que sustentan el individualismo liberal y el colectivismo totalitario. El individualismo liberal concibe al bien común como la simple suma de los bienes individuales, que cada cual procura obtener con casi total prescindencia del de los demás. El colectivismo totalitario se sitúa en el extremo opuesto, y entiende el bien común como un concepto referido al todo colectivo o estatal, frente al cual el bien individual de cada persona desaparece por completo... La verdadera idea de bien común se aparta de ambos extremos, y los supera"[61].

Guzmán insistía en que su concepción del bien común era de naturaleza filosófica. Entendida de esa manera, hay que concebir el bien común "como el bien de un ser accidental, de relación, que le permite a todos los seres humanos alcanzar sus objetivos; pero que le permite a todos y cada uno, no a algunos de ellos". El ser accidental o de relación a que se refería Guzmán corresponde al Estado. Como tal, el Estado carece de substantividad y, por

[59] Gobierno de Chile, *Declaración de Principios del Gobierno de Chile*, 14.
[60] Gobierno de Chile, *Declaración de Principios del Gobierno de Chile*, 14.
[61] Gobierno de Chile, *Declaración de Principios del Gobierno de Chile*, 14-15.

ello, todo su ser está dirigido a la realización y perfeccionamiento de los individuos que aparecen como portadores de derechos fundamentales inalienables. Por ello, Guzmán afirmaba que el respeto a los derechos humanos fundamentales imprescriptible era "una directriz indispensable, dentro de ese concepto del bien común".

Subsidiariedad

En 1969, Guzmán publicó en la revista *Portada* un artículo titulado: "El miedo. Síntoma de la realidad político-social chilena"[62]. Allí, Guzmán fijó su atención en el estatismo, que veía como el peligro más grave que se cernía sobre la humanidad. Al estatismo, Guzmán oponía el subsidiarismo. Pensaba que en el estatismo se conjugaban posiciones tanto liberales como socialistas, pero que el subsidiarismo podía salvaguardar al individuo y proyectar la individualidad en las sociedades intermedias.

Elaboró así, fundado nuevamente en *Mater et magistra*, los lineamientos de una teoría acerca del papel del Estado. Tres son las respuestas que se dan a la relación individuo-Estado, pero ellas pueden reducirse a dos. Tanto las respuestas del liberalismo como del socialismo derivan en un estatismo, que concentra poderes omnímodos dirigidos contra los individuos. La única alternativa es el subsidiarismo católico que funda la autonomía y libertad del individuo en una metafísica de la persona. La dignidad del individuo y de sus derechos como tal se derivan de haber sido "creado a imagen y semejanza de Dios"[63]. Su individualidad se funda en la prioridad ontológica de la persona con respecto a la sociedad.

> "El hombre goza de una prioridad ontológica y de finalidad respecto de la sociedad. De ello deriva que el Estado es un instrumento que debe estar al servicio del hombre, y no al revés. Ya que, mientras el hombre –ser substancial– tiene un destino eterno, el Estado –ser relacional– agota su existencia perecedera dentro del tiempo"[64].

En la *Declaración de Principios*, Guzmán conectó con la idea de bien común definida por *Mater et magistra* para introducir el principio de subsidiariedad: "El bien común exige respetar el principio de subsidiariedad"[65]. Con la interpretación que Guzmán le dio a este principio, su argumento se aproximaba al punto de vista conservador neoliberal.

[62] Jaime Guzmán, "El miedo. Síntoma de la realidad político social chilena", *Portada* 2 (1969): 5-7.
[63] Guzmán, "El miedo", 256.
[64] Guzmán, "El miedo", 256
[65] Guzmán, "El miedo", 16.

"Siendo el hombre el fin de toda sociedad, y emanando ésta de la naturaleza humana, debe entenderse que las sociedades mayores se van formando para satisfacer fines que las menores no pueden alcanzar por sí solas. El ser humano forma una familia para alcanzar fines que no puede lograr solo. Da vida luego a diversas formas de agrupación social más amplias, para lograr objetivos que la familia es incapaz de conseguir por si... Tal idea matriz es lo que da origen al llamado principio de subsidiariedad"[66].

La idea de que el individuo es el "fin de toda sociedad" presupone la prioridad ontológica del individuo. Si esto es así, la sociedad sólo puede ser vista como un instrumento para los fines del individuo. Esta instrumentalización de lo social se confirma cuando Guzmán escribe: "El ser humano forma una familia para alcanzar fines que no puede lograr solo"[67]. El individuo tiene así prioridad ontológica sobre la familia. Pero esto ignora el comunitarismo de la doctrina tradicional de la Iglesia que afirma ciertamente al individuo, aunque al individuo entendido como ser social. Lo social es un accidente, pero un accidente necesario. Esto es lo que le permite a la Iglesia postular una vía media entre el liberalismo y el colectivismo. Cuando el principio de subsidiariedad no es entendido como un principio comunitario, queda puesto al servicio del neoliberalismo.

Propiedad privada

Guzmán fijó tempranamente su atención en el concepto de propiedad privada en un artículo publicado en la revista *Fiducia*[68]. Primero, expuso lo que consideraba ser la doctrina católica de la propiedad. La noción de propiedad está estrechamente unida a la noción de libertad. Concebía ese derecho como condición de la posibilidad de realizar la libertad personal y citaba las enseñanzas pontificias según las cuales resulta moralmente imposible la existencia de personas sin la existencia de la propiedad privada. Al mismo tiempo, reconocía que esas doctrinas pontificias le asignan una función social a la propiedad. El verdadero sentido de la doctrina católica consistía, según Guzmán, en afirmar el derecho de propiedad privada y denegar a quienes pretendieran "encontrar y desarrollar el aspecto social de la propiedad en detrimento de su carácter individual"[69]. Este énfasis en la privacidad de la propiedad lo condujo a reducir su función social a su carácter individual. De este modo, definía la propiedad como un derecho real y no como un derecho

[66] Guzmán, "El miedo", 16-17.
[67] Guzmán, "El miedo", 16.
[68] Jaime Guzmán, "El derecho de propiedad y el proyecto de reforma constitucional", *Fiducia* II 14 (1964): 9.
[69] Guzmán, "El derecho", 9.

personal y, con ello, quedaba eliminada la posibilidad de un reconocimiento intersubjetivo al momento de su génesis.

> "Podría decirse, pues, aunque parezca paradójico, que uno de los aspectos del derecho de propiedad de más relevancia social es el carácter individual. Sólo la relación personal, directa, con facultad de disposición razonable entre un hombre y una cosa, constituye acabadamente a la propiedad. La relación hombre-cosa debe tener esa inmediatez que dentro del Derecho Civil tradicional caracteriza a los derechos reales, por oposición a los derechos personales"[70].

Los derechos reales (*iura in rem*) se definen por la inmediatez de la relación entre una persona y una cosa externa. Sin la mediación de otra subjetividad, ese derecho se constituye como absoluto. Era consistente Guzmán cuando reducía la función social de la propiedad al momento individual, pero con ello se apartaba de la concepción católica de la propiedad[71] y se aproximaba al liberalismo posesivo de John Locke y Robert Nozick, quienes también definían la propiedad como un derecho real. Concebir la propiedad como un derecho personal es relativizarla, pues en su constitución se incluye ahora un reconocimiento intersubjetivo. Este reconocimiento mutuo es lo que se encuentra en la base de la función social que le confiere la doctrina católica tradicional a la propiedad.

En la *Declaración de Principios*, la propiedad es el punto de llegada de la derivación filosófico política que Guzmán titulaba su "concepción del hombre y la sociedad"[72]. De este modo, "el derecho de propiedad fluye como una consecuencia ineludible de la concepción del hombre y la sociedad antes esbozada, como asimismo del principio de subsidiariedad que de ella se deriva"[73]. Como todo este entramado conceptual depende, en último término, de la prioridad ontológica y la finalidad de los individuos, resulta lógico concluir que la "forma natural es la propiedad individual, pudiendo aceptarse también como expresión de ella la propiedad en común, en cuanto sea libremente pactada y mantenida"[74]. La propiedad pública, en la concepción de Guzmán, no era natural, sino contractual, otra manifestación del individualismo que lo aproximaba al conservatismo neoliberal y que se fundaba, en último término, en la prioridad ontológica que él le reconocía a los individuos.

En suma, la prioridad ontológica de los individuos, una noción de bien común que se reduce al bien de los individuos, un énfasis en el principio de

[70] Guzmán, "El derecho", 9.

[71] Véase Renato Cristi, "La génesis de la Constitución de 1980 y sus claves conceptuales: función social de la propiedad y bien común", en Renato Cristi y Pablo Ruiz-Tagle, *El constitucionalismo del miedo: propiedad, bien común y poder constituyente* (Santiago: Lom, 2014), 73-104.

[72] Gobierno de Chile, *Declaración de Principios del Gobierno de Chile*, 13.

[73] Gobierno de Chile, *Declaración de Principios del Gobierno de Chile*, 19.

[74] Gobierno de Chile, *Declaración de Principios del Gobierno de Chile*, 19.

subsidiariedad como manera de acotar la acción del Estado y limitar la aplicación del principio de solidaridad y, finalmente, una concepción de la propiedad cercana al individualismo posesivo, constituyen las claves conceptuales de la síntesis conservadora liberal que logró Guzmán y que extiende su hegemonía hasta el presente.

Mario Góngora (1915-1985)

Cuando Góngora publicó su *Ensayo sobre la noción de Estado en Chile en los siglos XIX y XX* se erguía por sobre una bien establecida tradición de pensamiento a la que se había adscrito en su juventud y que ahora enriquecía con su obra. Esto lo logró mediante una crítica ultraconservadora del régimen militar de Pinochet, a la que incorporó las ideas de un vasto número de autores tradicionalistas y contrarrevolucionarios. Las elaboraciones de Burke, Joseph de Maistre y Juan Donoso Cortés[75], de románticos alemanes como Justus Möser, Novalis y Adam Müller, de Jacob Burckhardt y Friederich Nietzsche, y de un grupo de conservadores revolucionarios del siglo XX que incluye a Oswald Spengler, Ernst Jünger, Stefan Georg y particularmente Carl Schmitt, dejaron una gran huella en su trabajo. Pero la mayor de estas influencias conservadoras se debía a la obra de Alberto Edwards, a quien Góngora describía como "el mejor historiador de la época republicana"[76], y que le comunicaba por primera vez la necesidad de leer a Spengler. Leyó a Spengler en 1935 y todavía en 1981 admitía: "sigo siendo devoto de ese pensador tan vilipendiado, tan denostado y tan utilizado por la mayoría de los especialistas"[77]. Es justo decir que con Góngora el pensamiento conservador chileno alcanza una madurez reflexiva.

En 1935, siendo estudiante de Derecho de la Universidad Católica, fue uno de los fundadores de la Juventud del Partido Conservador. En 1936, llegó a ser el editor de la revista *Lircay*, el órgano oficial de ese grupo político, y desarrolló allí una postura próxima al corporativismo social. Un encendido discurso que pronunciara en 1937 ante una convención del partido fue condenado como contrario a sus principios doctrinarios y determinó su renuncia. En ese entonces, se había distanciado del corporativismo

[75] En un seminario acerca del pensamiento conservador europeo que dictó en la Universidad de Chile (1975), Góngora examinaba el ideario político de Donoso Cortés y, en un detallado preludio, se refería al carlismo. En las notas que conservo de ese seminario se puede leer lo siguiente: "El carlismo es un movimiento conservador popular campesino. Son muy radicales. Influencia del cura rural. El ejemplo más comparable es el de los *Schwärmer* de La Vendée. En Francia, los jefes son nobles; en España, populares".

[76] Mario Góngora, *Ensayo histórico sobre la noción de Estado en Chile en los siglos XIX y XX* (Santiago: Editorial Universitaria, 1986), 45.

[77] Simon Collier, "An Interview with Mario Góngora", *Hispanic American Historical Review* 63 (1983): 667.

social y su postura era ya netamente nacionalista. Esta se manifestó en un artículo que publicó en *Estudios*, en el que se exaltaba el autoritarismo de Portales. Proponía Góngora que "la juventud chilena", es decir, "las nuevas generaciones revolucionarias", recrearan la concepción portaliana del "Estado fuerte y activo" como una manera de alcanzar una meta "tradicionalista y nacional"[78].

Durante una visita a Francia y España en 1938, Góngora abrazó la causa comunista. De vuelta en Chile, ese mismo año se enroló en el Partido Comunista y trabajó como editor de su órgano de prensa, la revista *Principios*. Desilusionado de la política, rompió con el partido en 1941 e inició una exploración personal, que desarrollaría a lo largo de su vida, en la búsqueda de las fuentes del conservatismo en el pensamiento francés y alemán. Esta tarea adquirió especial urgencia al concluir la Segunda Guerra Mundial, cuando, según Góngora, "el nuevo alineamiento de fuerzas aniquiló toda posibilidad de triunfo de ideas tradicionalistas o nacionalistas"[79]. En 1984, confesó que la renuncia a sus aspiraciones políticas en su juventud había significado su adopción de un "total escepticismo político, que lo mantengo hasta hoy día". Y agregaba: "soy escéptico histórico a la vez"[80]. La investigación histórica era el canal más adecuado para contener este estado de ánimo resignado y estoico. Se tituló como profesor de Historia en 1944 y en el decurso de su carrera como historiador llegó a ser "el historiador más sobresaliente de su generación, y... uno de los historiadores latinoamericanos más destacados de las últimas décadas"[81].

En su producción intelectual tardía, Góngora abandonó la investigación particularista y desarrolló interpretaciones históricas globales inspiradas en Burckhardt y Spengler. Esta fase "diletante" se expresa mejor en su *Ensayo*, donde presentó una reconstrucción nacionalista de la historia del Chile republicano. Esto coincidió con una reactivación de sus intereses políticos a comienzos de la década de 1970, cuando se opuso privadamente a la política socialista del presidente Allende y luego aplaudió la intervención militar de 1973. El gobierno autoritario de Pinochet satisfizo los ideales nacionalistas que había sostenido ya por mucho tiempo; particularmente, le contentaba la síntesis conservadora lograda por la *Declaración de Principios* de 1974. Esta condenaba "explícitamente el marxismo y el estatismo en general, proclamaba el respeto por el cristianismo y su concepción del hombre y de la sociedad, acentuaba 'la tradición cristiana e hispánica', el nacionalismo más

[78] Mario Góngora, "Portales", *Estudios* 49 (1937): 19.

[79] Mario Góngora, *Civilización de masas y esperanza* (Santiago: Vivaria, 1987): 191.

[80] Teresa Pereira Larraín, "*Lircay* (1934-1938). Una expresión político-doctrinaria del joven Mario Góngora", en *Reflexiones sobre historia, política y religión*, eds. J. Ricardo Couyoumdjian *et al.* (Santiago: Universidad Católica, 1988), 78.

[81] Simon Collier, "An Interview", 663.

como actitud que como ideología"[82]. Góngora también aprobó su "afirmación de comunidades tales como la familia y los cuerpos intermedios", es decir, el llamado poder social. Reconocía que el "principio verdaderamente operativo" de la *Declaración* era el principio de subsidiariedad. En el contexto definido por este documento, tal principio debía auspiciar una "concepción orgánica del Estado", eliminando la tentación de absorber los intereses sociales subordinados dentro de la esfera de gobierno estatal[83]. Pero ya en 1981, Góngora se había convencido de que los seguidores de la Escuela de Chicago habían torcido los ideales nacionalistas y le habían sustraído al Estado su papel preeminente en la afirmación de la nacionalidad chilena. "La idea cardinal del Chile republicano es, históricamente considerado, que es el Estado el que ha ido configurando y afirmando la nacionalidad chilena a través de los siglos XIX y XX"[84].

De acuerdo con esta perspectiva nacionalista, Góngora presentaba al Estado como la fuerza más dinámica en el desarrollo de Chile como nación. Al igual que en Alemania y Japón, los nacionalistas chilenos auspiciaban un desarrollo industrial en el que el Estado jugaba un papel principal. El Estado debía estar a cargo de la formación y la disciplina de la fuerza laboral y proteger e impulsar el desarrollo industrial mediante políticas de fomento y protección arancelaria. Esto corresponde en sus líneas generales a lo que Barrington Moore ha llamado "modernización conservadora"[85]. Góngora, por su parte, interpretó este mismo proceso de un modo emparentado con Spengler y Schmitt. Así, el nacionalismo surgió y se mantuvo vivo en el Chile republicano como resultado de una mentalidad beligerante. Esta constituía el legado de la era colonial cuya interminable guerra contra la resistencia mapuche determinaba todos los aspectos de la vida. De hecho, introdujo su *Ensayo* con una cita de un cronista de la época que describía a Chile como "tierra de guerra"[86]. A lo largo de todo el siglo XIX, Chile continuó esta actividad bélica en un número de guerras mayores y menores. Esto es, según Góngora, lo que más contribuyó a fortalecer el Estado nacional erigido por Portales.

La guerra civil de 1891 marca el fin de este "largo periodo del Chile guerrero"[87] y determina también el fin del Estado nacional. La interpretación que dio Góngora de la naturaleza del Estado portaliano se inspiraba en las elaboradas con anterioridad por Eyzaguirre y Edwards. Al igual que Eyzaguirre, lo interpretaba como una construcción moderna, desprovista

[82] Góngora, *Ensayo histórico*, 260-1.

[83] Góngora, *Ensayo histórico*, 261-2.

[84] Góngora, *Ensayo histórico*, 262.

[85] Barrington Moore, *The Social Origins of Dictatorship and Democracy* (Boston: Beacon Press, 1966), 440 y ss.

[86] Góngora, *Ensayo histórico*, 29.

[87] Góngora, *Ensayo histórico*, 37 y 71.

"del sentido sagrado [de] los reinos medievales"[88]; y seguía a Edwards en su concepción del Estado portaliano de acuerdo con la *thése royaliste*. La creación de Portales se sostuvo gracias al apoyo de una aristocracia terrateniente que transfirió su propio poder a una cima de poder centralizado, y lo hizo en vistas de su propio interés político. La mentalidad utópica de los *patris patriae* no tenía en cuenta ni el liberalismo frondista instintivo de esa aristocracia ni su carencia de una "virtud republicana"[89]. El Estado portaliano sustituyó ese vacío moral. Así, la posibilidad de conflictos morales interminables se evitó mediante una decidida intervención política, lo suficientemente fuerte para dar origen a una tradición de autoridad respetada y obediencia debida. En consonancia con su propio realismo político, Góngora interpretaba la creación portaliana como "interiormente marcada por el escepticismo"[90], y enfatizaba, más que Eyzaguirre y Edwards, el papel que jugaba el esfuerzo bélico expansionista iniciado por Portales[91].

La decadencia del Estado nacional a partir de 1891 fue acompañada por una pérdida del "nacionalismo popular", por un "desvanecimiento del sentido patriótico territorial en todos los estratos sociales"[92]. Góngora explícitamente le dio un contenido bélico a este sentimiento —se refería a él como un "patriotismo guerrero"[93]—. Esta pérdida significaba a su vez la desaparición "del sentido vivo y orgánico del Estado después de 1891 y [el] crecimiento correlativo de la noción de 'sociedad' como complejo de intereses particulares contrapuestos al Estado"[94]. Esto condujo a la expansión de las ideologías —positivismo, socialismo, "un cristianismo secularizado y convertido en moral altruista" y un utilitarismo materialista "para el cual el sacrificio por la patria resultaba ridículo"[95]—. Este era el clima que acompañó el ascenso a la presidencia de la república de Arturo Alessandri, "el político más significativo del siglo XX en Chile"[96]. Se demarcó así el término de lo que Góngora llamaba liberalismo "aristocrático" y el comienzo de un régimen no liberal, puramente democrático[97]. Esta concepción del liberalismo y la democracia, como universos conceptuales separados y ajenos, es prueba de su deuda con Carl Schmitt.

Durante la dictadura del coronel Ibáñez del Campo se encienden nuevamente los sentimientos nacionalistas. Góngora citó pasajes de una carta

[88] Góngora, *Ensayo histórico*, 47.
[89] Góngora, *Ensayo histórico*, 41.
[90] Góngora, *Ensayo histórico*, 47.
[91] Góngora, *Ensayo histórico*, 176-77.
[92] Góngora, *Ensayo histórico*, 205.
[93] Góngora, *Ensayo histórico*, 201.
[94] Góngora, *Ensayo histórico*, 205.
[95] Góngora, *Ensayo histórico*, 206.
[96] Góngora, *Civilización de masas*, 31
[97] Góngora, *Ensayo histórico*, 136.

hecha pública por Ibáñez en febrero de 1927, poco antes de solicitarle la renuncia al gabinete oficial y asumir poderes dictatoriales: "El país necesita el robustecimiento del Ejecutivo y un máximo de desarrollo del sentimiento nacionalista..."[98]. Góngora obviamente miró con buenos ojos el papel productivo preponderante que le asignó Ibáñez al Estado. La agenda nacionalista del dictador incluía altos aranceles, un impresionante plan de obras públicas y una expansión del sistema educacional. Su experimento fracasó estrepitosamente en 1931, asestando un rudo golpe a las expectativas nacionalistas. El período siguiente al restablecimiento de la democracia en 1932 demostró que las actitudes frondistas de la aristocracia y su "oposición a los hombres fuertes"[99] habían sido heredadas por las clases medias. Sin embargo, el carácter carismático otorgado a los presidentes de la república constituye una prueba de la fuerza persuasiva de la *thése royaliste*. Góngora también notó que lo que denominaba "democracia de masas"[100] había llegado a ser el factor político dominante. Sugirió aventuradamente que el cohecho y la manipulación del electorado por los medios de comunicación de masas, lo que determinaba que las elecciones democráticas fueran ahora menos libres que aquellas llevadas a cabo cuando la intervención electoral, eran prácticas aceptadas[101]. Junto con la consolidación de las prácticas democráticas modernas, Góngora notó con decepción cómo se habían erosionado los sentimientos nacionalistas de la población. Desde la década de 1920, estos sentimientos habían sido desplazados por actitudes pacifistas y antimilitaristas. El humanitarismo, y no el patriotismo, se había convertido en la virtud dominante[102]. Detectó un despliegue residual de nacionalismo en la postura neutral mantenida por Chile durante las dos guerras mundiales.

En 1943, sin embargo, "por la presión exterior de Estados Unidos y la presión interna de círculos aliadófilos y sobre todo del Partido Comunista, tuvo Chile que romper con el Eje Roma-Berlín e incluso declarar la guerra a Japón"[103]. Y, en 1962, observó Góngora que el presidente Alessandri había resistido por meses las solicitudes panamericanas para que rompiera lazos diplomáticos con Cuba, debiendo al fin hacerlo por la presión internacional. La elección de Eduardo Frei a la presidencia en 1964 señala, según Góngora, el comienzo de la "época de las planificaciones globales"[104]. Miró favorablemente dos de los proyectos de mayor envergadura iniciados por Frei: la llamada "chilenización" del cobre y la Reforma Agraria. Esta última, si se le

[98] Góngora, *Ensayo histórico*, 165.
[99] Góngora, *Ensayo histórico*, 238.
[100] Góngora, *Ensayo histórico*, 242.
[101] Góngora, *Ensayo histórico*, 245-6.
[102] Góngora, *Ensayo histórico*, 201.
[103] Góngora, *Ensayo histórico*, 188-9.
[104] Góngora, *Ensayo histórico*, 246.

hubiese permitido más tiempo, habría podido generar una clase media agraria "independiente, conservadora como en Europa"[105]. El experimento socialista de Salvador Allende intensificó la función productiva del Estado, pero Góngora sumariamente devaluó este proyecto por estar basado en "razones meramente tácticas, no substanciales"[106]. En 1973, el golpe militar encabezado por el general Pinochet salvó a Chile del "internacionalismo marxista-leninista". Su régimen "pudo representar la reanudación de la idea de Estado Nacional"[107]. Sin embargo, el proyecto "tradicionalista y nacionalista" inicial del régimen militar, tal como se expresa en la *Declaración de Principios* de 1974, se adulteró por la adopción de políticas neoliberales. Góngora interpretó esa *Declaración* como un documento conservador. Pensaba que "extrae su inspiración del tradicionalismo español y, más generalmente, de la concepción tomista, en cuya virtud la finalidad suprema del Estado es la idea de bien común"[108]. Es también de fuentes hispanistas y católicas de donde obtiene la *Declaración* el principio de subsidiariedad que, según él, es su principio "verdaderamente operativo"[109]. Es este mismo principio, sin embargo, el que con el tiempo se constituirá en el broche que medie entre las tendencias conservadoras tradicionales y el liberalismo. Según Góngora, "vino a ser, entre los discípulos de la escuela de Milton Friedman, el principio casi único"[110]. El énfasis en la libertad económica había derivado, por lo demás, en un fuerte antiestatismo: "... se expande la tendencia hacia la privatización y la convicción de que la libertad económica es la base de la libertad política"[111]. Pero la tendencia neoliberal se puso de manifiesto más agudamente en medidas que no tenían directamente un relieve económico. Por ejemplo, el que la Constitución de 1980 suprimiera el pasaje según el cual "la educación pública es atención preferente del Estado", idea que venía de toda la tradición estatal, no solamente del Estado republicano chileno; o también el principio corporativo de los colegios profesionales, eliminados como opuestos a la libertad de trabajo y cuya jurisdicción había sido entregada a la justicia ordinaria: el equipo económico repitió así una idea de la Revolución francesa, cristalizada en la célebre Ley de Chapelier de 1791[112]. Góngora esgrimió un poderoso argumento ultraconservador en contra de la corriente neoliberal que había desplazado a los "ideales tradicionalistas y nacionalistas" de la *Declaración*. Les imputaba a los discípulos de Hayek y

[105] Góngora, *Ensayo histórico*, 253.
[106] Góngora, *Ensayo histórico*, 257.
[107] Góngora, *Ensayo histórico*, 260.
[108] Góngora, *Ensayo histórico*, 261.
[109] Góngora, *Ensayo histórico*, 261.
[110] Góngora, *Ensayo histórico*, 262.
[111] Góngora, *Ensayo histórico*, 263.
[112] Góngora, *Ensayo histórico*, 264.

Friedman la pretensión de planificarlo todo desde cero. Y, más grave aún, acusaba al neoliberalismo de no ser "un fruto propio de nuestra sociedad"[113].

Luego de publicado el *Ensayo* en 1981, Góngora denunció públicamente el proyecto que intentaba privatizar el sistema universitario nacional y, en 1983, sostuvo una polémica en contra de quienes proponían la desnacionalización de la industria cuprífera pretendiendo, para ello, deslegitimar la noción de dominio eminente en la jurisprudencia chilena. Estas fueron sus últimas intervenciones públicas antes de su trágica muerte en noviembre de 1985[114].

113 Góngora, *Ensayo histórico*, 267.

114 Marcello Carmagnani, "Mario Góngora (1915-1985)", *Hispanic American Historical Review* 66 (1986): 770-72.

CAPÍTULO VIII
REVISTAS CULTURALES: COMUNIDADES INTELECTUALES, ESPECIALIZACIÓN Y POLÍTICA[1-2]

CLAUDIA DARRIGRANDI NAVARRO

> "Se sabe que ese tal Raulito no crea sino matiza; que Manuelito ha hecho algunas cosas feas; que Marianito es un hombrecito que no tiene concepto de la gratitud, y que Ricardito..."[3].

Esta cita corresponde a una pequeña colaboración intitulada "In memoriam" de la sección "Notas Humorísticas" publicada en el quinto número de la revista *El Ateneo*, fechada el 5 diciembre de 1930 y firmada por Juan de las Viñas. Raulito es Raúl Silva Castro, Manuelito es Manuel Sánchez, Marianito es Mariano Picón Salas y Ricardito es Ricardo Latcham. Para esa fecha, todos ellos eran parte del comité de redacción de la revista *Índice*. Como este texto hay otros y son una respuesta a las críticas que Samuel A. Lillo y los miembros de *El Ateneo* recibieron desde las páginas de la revista *Índice*. La disputa vehiculada en ambas revistas revela dos formas de concebir la literatura: una, a la que adscribían los miembros de *El Ateneo*, cuya autonomía significaba un distanciamiento total del quehacer político; la otra, propuesta por el grupo Índice, si bien no subordinaba la literatura al servicio de ideologías políticas, sí propugnaba una literatura mucho más vinculada a su entorno y geografía y, con ello, estrechaba los vínculos entre las letras y el pensamiento político. Comienzo señalando esta anécdota porque permite ejemplificar de una forma sencilla dos asuntos. El primero, alude a las dos posturas diferentes que existían en un mismo período sobre la relación entre literatura y política. El segundo, en cambio, hace referencia a otra materia, pues demuestra el papel que desempeñaron las revistas culturales

[1] Este trabajo se ha realizado en el marco del proyecto FONDECYT Iniciación N° 11140881 del cual soy investigadora responsable y del FONDECYT Regular N° 1150141, dirigido por la académica Antonia Viu, de la Universidad Adolfo Ibáñez, y del que participo como coinvestigadora.

[2] Agradezco a Antonia Viu por haberme facilitado materiales importantes para el desarrollo de este trabajo y por compartir sus ponencias y manuscritos sobre la revista *Babel*. También agradezco al investigador Osvaldo Carvajal (magíster en Literatura de la Universidad de Chile) por el valioso trabajo de archivo realizado para la escritura de este capítulo.

[3] Juan de las Viñas, "In memoriam", *El Ateneo* 5 (1930): 236.

como tribunas para el desarrollo de proyectos estético-literarios, o culturales, como también de comunidades intelectuales.

François Dosse, quien toma ideas de un estudio de Michel Winock, indica que las revistas "pueden ser consideradas [...] espacios muy valiosos para analizar la evolución de las ideas en tanto que lugares de fermentación intelectual y de relaciones afectivas"[4], para luego signarlas como un "observatorio esencial". Similar es la importancia que María Teresa Gramuglio confiere a las revistas, al señalar que los "grupos culturales son formaciones características y significativas de la vida intelectual en las sociedades modernas. Revelan el pulso de los tiempos en que se desarrollan, ponen en escena las novedades, recogen o protagonizan los debates de la época, definen posiciones en el campo intelectual"[5]. Las revistas son, desde este punto de vista, un medio viable para la identificación de comunidades intelectuales, porque se constituyen en un espacio en el que un grupo de participantes podría iniciar o consolidar una "comunidad intelectual". Roxana Patiño, por su parte, señala que "la revista [...] en su implícita conciencia de fugacidad, nos acerca más a la búsqueda de los impulsos de un cambio cultural, de su nervio por un futuro a todas luces inminente y por un presente que deja de serlo por imperio de una escritura que sentencia su agotamiento"[6]. Asimismo, entre otras cualidades, indica que fueron parte fundamental para la formación de comunidades de intelectuales y artistas y para los procesos de autonomización disciplinares[7].

En las siguientes páginas las revistas son consideradas como espacios relevantes para la profesionalización, para la especialización de los discursos, para los diálogos entre literatura, arte, cultura y política, y para la formación o consolidación de comunidades intelectuales. Igualmente, son leídas como una fuente documental en la que se exponen las voces de sus comités editoriales, consejos de redacción, directivas, colaboradores, etc., sus inquietudes sobre el papel de los hombres y mujeres de letras, artistas e intelectuales, sus opiniones frente al acontecer nacional e internacional desde la mirada de la cultura. De este modo, se plantea que los vínculos entre literatura, arte, cultura y política nunca se han disuelto, pero han presentado distintas formas de relacionarse según los contextos sociohistóricos y los períodos de especialización y profesionalización de los saberes en los que emergieron esos lazos. Las revistas seleccionadas para analizar en este capítulo no fueron los órganos de

[4] François Dosse, *La marcha de las ideas. Historia de los intelectuales, historia intelectual* (Valencia: Publicacions de la Universitat de València, 2007), 51, 58.

[5] María Teresa Gramuglio, "Sur. Una minoría cosmopolita en la periferia occidental", en *Historia de los intelectuales en América Latina. Tomo II: Los avatares de la ciudad letrada en el siglo XX*, dir. Carlos Altamirano (Buenos Aires: Katz, 2010), 192.

[6] Roxana Patiño, "Las revistas literarias de vanguardia y la crítica: una historia en tres tiempos", *Mapocho* 71 (2012): 13.

[7] Patiño, "Las revistas literarias de vanguardia", 13.

difusión de partidos políticos ni de asociaciones profesionales o gremiales, pero en uno que otro caso, algunos de sus miembros o colaboradores sí militaron en partidos políticos o pertenecieron a asociaciones gremiales. El corpus está compuesto por revistas cuyos contenidos estaban articulados en torno a una noción de cultura que incluía las artes, en diversas manifestaciones, y la literatura como cultura, es decir, de acuerdo a las nociones que de estas se tenían en el contexto correspondiente: *El Crepúsculo* (1842-1843), "Periódico literario i científico"[8]; *El Correo Literario* (1858, 1864, 1867), "Periódico político, literario, industrial i de costumbres"; las revistas *Índice* (1930-1932), *Multitud* (1939-1963), *Babel* (1939-1941; 1944-1951)[9] y *Rocinante* (1998-2005). Para el caso de todas las revistas fue fundamental la lectura de su primer y último números en la medida que se anuncia el sentido de sus proyectos editoriales y, a veces, las causas de su término. Del mismo modo, también se realizó una lectura y revisión de ciertos números por cada año de publicación, con el objetivo de identificar cambios en la línea editorial o detectar posibles debates que pudieran nutrir los contenidos de este capítulo. En algunos casos, como lo es para *Babel* y *Multitud*, también se consultaron antologías, publicadas una vez que las revistas dejaron de circular, columnas, ensayos y crónicas. Por último, para el caso de las revistas de más corta duración, como *El Crepúsculo* e *Índice*, fueron consultados todos sus números.

Para efectos de este capítulo, se entenderá por comunidades intelectuales a grupos de hombres y mujeres cuyas profesiones se inscriben en el ámbito de las letras y/o la cultura, que se agrupan en torno a un proyecto editorial a través del cual vehiculan sus ideas sobre el lugar de la literatura, las artes y la cultura en sus sociedades contemporáneas. Si bien no siempre los miembros de una comunidad expresaron las mismas posturas e ideas sobre la literatura, arte y/o cultura, se considera que el proyecto editorial de una revista se constituye en el soporte necesario para formar o consolidar una idea de comunidad. Es decir, son personas unidas por ciertos intereses compartidos que se trasmiten por medio de la revista y ese proyecto los dota de una identidad como agentes culturales. En este sentido, Alexandra Pita González señala que algunas revistas literarias latinoamericanas de inicios del siglo XX se diferenciaron de las del siglo XIX porque:

> "[...] sus integrantes asumían la tarea de generar un determinado lenguaje visual y escrito con el fin de alcanzar cierta coherencia que brindara a la publicación el sello de un grupo intelectual. [...] este colectivo puede ser interpretado como una

[8] Se utilizó la versión facsimilar a cargo de Nelson Cartagena, Inés González y Pedro Lastra, publicada por una labor conjunta de la Academia Chilena de la Lengua, la Universidad de Chile y Ariel en 2011.

[9] A partir de 2008, la editorial Lom publicó seis tomos que recopilan temáticamente los artículos publicados en *Babel*.

red en la cual el núcleo está conformado por el comité editorial, mientras que en la periferia se encuentran los colaboradores que participan a través de artículos o comentarios"[10].

En consecuencia, en las siguientes páginas se entenderá ese núcleo que menciona Pita, conformado por el comité editorial, como una comunidad intelectual que decide unirse por motivaciones políticas y propias del quehacer de las áreas del saber a las que pertenecen sus miembros más que por fines comerciales. Los colaboradores, muchas veces de participación esporádica, serán considerados como miembros de una red. Una cita de Enrique Espinoza de su artículo "El diario, la revista, el libro", puede iluminar la idea de comunidad que se da en torno a una revista:

> "Justamente para escapar al diario mercantilizado, el escritor que tiene por meta el libro, prefiere la revista, entendiendo por tal no la ilustrada y populachera que solo se diferencia del periódico en lo externo, sino la que hacen con gran esfuerzo sus propios colegas más libres, constituidos en cooperativas, fundaciones o núcleos más o menos afines, ligados a veces a una editorial común"[11].

Con referencia a ese artículo, Antonia Viu comenta que "las revistas se nutren de lo colectivo, del diálogo y la discusión" y "funciona así como una especie de ateneo en el que las ideas se discuten, cuyos frutos literarios son más difíciles de atribuir de lo que la firma indica, y cuya orquestación también exige la subordinación de las individualidades al colectivo"[12].

Las revistas como tribuna

En 1998 se fundó la revista *Rocinante*, "con una vocación de revista independiente de partidos políticos, grupos económicos, religiosos o de cualquier índole", porque "la necesidad de expresión es más fuerte que las invocadas leyes del mercado". Casi al final del cierre de este texto inaugural Faride Zerán enfatizaba: "no hay periodismo de transición, si se entiende por tal el eufemismo ilimitado o el miedo al debate"[13]. Este texto, que acompañaba el

[10] Alexandra Pita González, "La circulación de bienes culturales en una publicación (y una red) latinoamericanista: el Boletín Renovación", en *Revistas en América Latina: proyectos literarios, políticos y culturales*, coord. Regina Crespo (México: UNAM, Centro de Investigaciones sobre América Latina y el Caribe, Eón, 2010), 119-120.

[11] Citado por Antonia Viu, "*Babel.* Revista de revistas: recortes, reproducción y culturas lectoras a mediados del siglo XX", ponencia presentada en el XLI Congreso del Instituto Internacional de Literatura Iberoamericana (Universidad Friedrich Schiller de Jena, Alemania, 19-22 de julio de 2016). El artículo fue publicado originalmente en *Babel* 17, 1941, 39.

[12] Viu, "*Babel.* Revista de revistas".

[13] Faride Zerán, "Editorial", *Rocinante. Arte, Cultura, Sociedad*, noviembre de 1998, 3.

inicio de una revista que duró siete años, ejemplifica claramente ese espacio que los agentes culturales han construido para hablar desde su especificidad profesional, en este caso intelectuales, sociólogos, antropólogos, escritores, filósofos, periodistas y artistas, entre otros, de todo aquello que les parecía relevante de ser comentado en tanto atañía a la sociedad en su conjunto. Es decir, figuras del amplio ámbito de la cultura que estaban interesados en aportar al debate público desde su formación, profesión y experiencia. Todos los participantes de *Rocinante* estaban unidos por la historia reciente de Chile, un pasado dictatorial del que habían sido víctimas. Años después de terminada la dictadura, decidieron ocupar un lugar visible para revisar ese pasado y vigilar el presente. Se inscriben así en el Chile de finales de siglo XX, "convencidos en el poder de la palabra y en la fuerza del periodismo cultural"[14], para así también participar de los debates políticos. El consejo editorial de ese primer número estuvo compuesto por José Balmes, Carlos Cerda, Elicura Chihuailaf, Diamela Eltit, Manuel Antonio Garretón, Ramón Griffero, Ximena Erazo, Martín Hopenhayn, Alfredo Jocelyn-Holt, Tomás Moulian, Sonia Montecinos, Naín Nómez, Ana Pizarro, Mauricio Redolés, Paulo Slachevsky y Sergio Trabucco. Si bien algunos miembros del consejo variaron entre 1998 y 2005, año en que dejó de circular, Faride Zerán se mantuvo como directora hasta el final[15]. Del mismo modo, dada la diversidad de procedencias de sus participantes y los fines que tenía la revista, al menos en su inicio, se impuso la idea de que *Rocinante* era, de alguna forma, un espacio para formar un comunidad que no quería guardar silencio en el ya cuestionado período de la transición. En el número 75 del año 2005, se publicó una entrevista a un grupo de mujeres de Calama, víctimas de la Caravana de Muerte, en búsqueda de sus familiares desaparecidos, que participaron en el documental *Baile Esperanza*, de Deborah Shaffer, y que fueron fotografiadas por la estadounidense Paula Allen. La entrevista destacaba la unión entre el registro artístico, el trabajo intelectual y los derechos humanos. La función del arte en el registro de la búsqueda de esos cuerpos ausentes es un buen ejemplo del papel de *Rocinante*. El hecho de que las mujeres protagonistas, víctimas del terrorismo de Estado, hayan sido entrevistadas en una revista cultural es una señal clara de la alianza entre el arte y la política[16]. *Rocinante* era una revista que, junto con tener secciones para reseñas de libros, crónicas

[14] Zerán, "Editorial", 3.

[15] La revista se publicaba mensualmente y alcanzó los 85 números. José Miguel Varas comenzó siendo editor, pero luego terminó ocupando un lugar dentro del consejo editorial. No se puede dar cuenta en este espacio de la cantidad de redactores, columnistas y colaboradores que participaron en este proyecto editorial, pero figuran, entre otros, Darío Oses, Pedro Lemebel, Patricia Espinoza, Hernán Millas, Melanie Josch, Patricia Verdugo, Marietta Santi y Alejandra Costamagna.

[16] Ingrid Medel, "Huellas en el desierto. El registro fotográfico de la Caravana de la Muerte", *Rocinante*, enero de 2005, 10-11.

y bellas artes, tenía otros espacios donde la literatura, el arte, la cultura y la política se complementaban para transmitir una postura crítica o política, dar cuenta de un problema o ejemplificar una situación.

Otro era el escenario durante el siglo XIX, cuando la especialización de los saberes no se había consolidado. Como ya lo han señalado Ángel Rama y Julio Ramos para el contexto latinoamericano, la escritura en el siglo antepasado era necesariamente política y el ejercicio de las letras y el desarrollo de la prensa era una de las bases para los proyectos modernizadores[17]. Sin embargo, aunque ya se comenzaba a hacer distinciones entre los discursos y la especialización disciplinar, el desarrollo profesional de la prensa tuvo sus inicios más claramente demarcados a finales del siglo XIX con la aparición de la prensa comercial. Antes de eso, en términos generales, dominaba una producción en que el hombre de Estado era también el letrado detrás de los proyectos editoriales[18]. Por ejemplo, aunque *El Crepúsculo* (1842-1843) declaraba publicar "artículos orijinales [...], sobre asuntos de pura imaginación"[19], es decir, que suponía publicar escrituras más cercanas a la literatura que al discurso político o histórico, y a pesar de que su comité de redacción intentaba que el periódico estuviese desvinculado de la política en tanto esta dejaba de ser parte del contenido noticioso y de actualidad, igualmente la política permeaba por esas mismas zonas, en la medida que forjar una intelectualidad nacional se imbricaba con el proyecto de una nueva nación. Por lo demás, tampoco se omitían totalmente los artículos que hacían alusión directa a problemas políticos o de gobernabilidad. En un texto de 1843, que se presentaba como una respuesta a un editorial de *El Mercurio*, José Victorino Lastarria, miembro del equipo editorial, criticó explícitamente el funcionamiento del Parlamento[20]. Asimismo, el año que se fundó *El Crepúsculo*, Lastarria fue nombrado oficial del ministro del Interior y fue elegido diputado por Elqui y Parral[21]. Otra seña de la estrecha relación entre este proyecto editorial y la política fue la renuncia de Lastarria al Ministerio del Interior, como también el fin de la revista cuando Bilbao fue

[17] Ángel Rama, *La ciudad letrada* (Hanover, N.H.: Ediciones del Norte, 1984). Julio Ramos, por su parte, hace una interesante distinción entre la función de las letras entre Andrés Bello y Domingo F. Sarmiento, entre otros letrados del siglo XIX. Véase Julio Ramos, *Desencuentros de la modernidad en América Latina: literatura y política en el siglo XIX* (Santiago: Cuarto Propio, Callejón, 2003).

[18] Para un listado de revistas culturales publicadas durante el siglo XIX, véase Marina Alvarado, *Revistas culturales chilenas del siglo XIX (1842-1894)* (Santiago: Ediciones Universidad Cardenal Silva Henríquez, 2015).

[19] "Prospecto", *El Crepúsculo. Periódico Literario y Científico*, 1° de junio de 1843, edición facsimilar, eds. Nelson Cartagena, Inés González y Pedro Lastra (Santiago: Planeta, 2010), 3.

[20] José Victorino Lastarria, "Oposición parlamentaria", *El Crepúsculo* 7, 1° de noviembre de 1843, eds. Cartagena, González y Lastra, 299-303.

[21] Véase la cronología publicada en Hugo Bello, ed., *José Victorino Lastarria. Obra narrativa* (Santiago: Ediciones Universidad Alberto Hurtado, 2014), colección Biblioteca Chilena.

declarado culpable de "blasfemia e inmoralidad" por su escrito "Sociabilidad chilena", publicado en ese mismo medio.

A diferencia del siglo XIX, en el siglo XX el discurso literario estuvo claramente diferenciado del político, proceso que se consolidó durante el fin de siglo, cuando la literatura logró su autonomía[22]. No obstante, como se observará en las páginas siguientes, los vínculos entre literatura, arte o cultura y política continuaron teniendo una estrecha relación. Si en las bellas letras de *El Crepúsculo* se mezclaba el hombre de Estado con el literato, y en *El Correo Literario* convivieron colaboraciones literarias con editoriales y columnas de actualidad, en las revistas del siglo XX, arte, literatura, cultura y política se relacionaron desde las inquietudes en las que convergían sus respectivas especificidades disciplinares y el acontecer local e internacional. Un ejemplo muy claro de ello es la ya mencionada revista *Rocinante*, que se identificaba como una revista cultural que desde sus páginas, por medio de reportajes, artículos, crónicas y entrevistas, revisaba el pasado político chileno bajo dictadura. Sus escritores, periodistas, artistas e intelectuales se constituyeron en voces vigilantes de los gobiernos de la Concertación. Además, en sus últimos años era frecuente la publicación de dosieres enfocados en temas sensibles y no resueltos por la sociedad chilena, como los dosieres dedicados a la tortura o los derechos humanos[23]. También se constituyó en una voz crítica del sistema neoliberal —que siguió imperando una vez terminada la dictadura cívico-militar encabezada por Augusto Pinochet— a través de reportajes sobre las universidades privadas, el manejo de los medios de comunicación, el abandono de las culturas indígenas, entre otros. De este modo, *Rocinante* logró ser una revista totalmente vinculada al acontecer nacional con una perspectiva crítica.

Desde otra temporalidad, con referencia a la revista *Babel*[24], Antonia Viu señala que "aunque el proyecto de *Babel* se define como un espacio polémico, en el que conviven opiniones divergentes, claramente la revista está animada en estos años por una sensibilidad pacifista, americanista y de revisión crítica de lo que ha sido la década [de los treinta]"[25]. En "Resurrección y símbolo", texto del primer número de la revista en Chile, Espinoza fue claro en su postura como director de la revista y en el papel que este proyecto editorial cumpliría:

[22] Gonzalo Catalán, "Antecedentes sobre la transformación del campo literario en Chile entre 1890 y 1920", en *Cinco estudios sobre cultura y sociedad*, ed. José Joaquín Brunner y Gonzalo Catalán (Santiago: FLACSO, 1985), 71-175.

[23] Véase "Dossier de DD.HH. El pago de Chile", *Rocinante*, julio de 2003.

[24] En la primera parte de su etapa chilena fue una "revista de revistas", su epígrafe hasta el número 12, último número del año 1939, en que se vuelve una "Revista de revistas. Sólo lo mejor de cuanto se publica".

[25] Viu, "*Babel*. Revista de revistas".

"[...] gran parte del pensamiento contemporáneo está al servicio de la propaganda más odiosa contra las ideas por su propio origen o el de sus sostenedores [...]. Libres de prejuicios, como buenos americanos, haremos naturalmente lugar a la polémica esclarecedora, seguro de que para tener razón no es preciso de ningún modo cortar la cabeza al adversario"[26].

Había un compromiso para colaborar en un contexto de conflicto bélico y de polarización ideológica desde la literatura, el arte, las ideas, en suma, desde la reflexión y el debate que propicia la escritura. Tras la revista *Babel*, "Revista de arte y de crítica", figuraba Enrique Espinoza (alias de Samuel Glusberg) como director y como parte del comité editorial. A partir de 1944 se constata la participación de Manuel Rojas, José Santos González Vera, Ernesto Montenegro, Mauricio Amster, Laín Diez y Luis Franco. Otras figuras que cumplieron el papel de colaboradores fueron Juan Marinello, Jorge Basadre, Gabriela Mistral, Augusto D'Halmar y Arturo Uslar Pietri, entre muchos otros[27]. En ese primer número del año 1939, la revista decía estar dirigida a los trabajadores "más cercanos e inteligentes" y ser fruto del empeño de traductores y periodistas[28]. Por un lado, la revista convocaba, con una estrategia retórica, a un grupo pequeño, instalando, de esta forma, la idea de una comunidad selecta ("cercanos" e "inteligentes"). También es necesario señalar la activa participación de Laín Diez, Manuel Rojas y José Santos González Vera, quienes estuvieron vinculados al anarquismo por mucho tiempo, publicaron en la prensa obrera y no tuvieron una formación académica como los miembros del grupo Índice, como se verá más adelante. También fue parte del equipo de *Babel* Ernesto Montenegro, periodista y escritor, fundador de la Escuela de Periodismo de la Universidad de Chile en 1953. En suma, si bien el núcleo de *Babel* estaba compuesto, principalmente, por escritores de pensamiento libertario, el proyecto no estaba dedicado exclusivamente a la difusión de esas ideas.

La importancia de la ideas también fue una de las directrices de *El Crepúsculo*. Carlos Ossandón se detiene en algunas características que establecen diferencias entre unos y otros medios del siglo XIX y en cuanto a la prensa cultural, científica y literaria, que sería la más cercana al tipo de revistas del que este capítulo se hace cargo. Ossandón señala que es una prensa donde la escritura de ideas ocupa un lugar importante, a pesar de no clasificar como prensa doctrinaria propiamente tal[29]. Por su parte, Marina Alvarado, quien propone una organización diferente, clasifica a *El Crepúsculo* como "una

[26] Enrique Espinoza, "Resurrección y símbolo", *Babel*, 1° de mayo de 1939, 1.

[27] Véase el índice de la revista *Babel* para los años 1939-1951 elaborado por Gustavo Donoso.

[28] Espinoza, "Resurrección y símbolo", 1.

[29] Carlos Ossandón B., *El crepúsculo de los sabios y la irrupción de los publicistas. Prensa y espacio público en Chile (siglo XIX)* (Santiago: Lom, Universidad Arcis, 1998), 29.

trinchera de resistencia"[30]. Este "Periódico literario i científico" se instaló como un medio emblemático que da cuenta de las estrecheces del discurso literario y el político, aunque haya un intento de desvincularse de la política[31]. Participaron en su redacción José Victorino Lastarria, Francisco Bilbao, José Nepomuceno Espejo, Cristóbal Valdés, Francisco de Paula Matta, Andrés Chacón, Jacinto Chacón, Hermógenes Irisarri, Santiago Lindsay, Francisco Solano Astaburuaga y Juan Bello[32]. Andrés Bello y Mercedes Marín del Solar se comprometieron a colaborar, pero no fueron parte de la redacción. Las colaboraciones, si bien tendían a la creación literaria (poemas, cuentos, novelas cortas), también incluyeron textos sobre teatro, perfiles de figuras destacadas y escritos de cariz filosófico, como la "Teoría del entendimiento" de Andrés Bello. *El Crepúsculo* también fue un espacio para continuar visibilizando a una comunidad de letrados ya existente, como la Sociedad Literaria. Sin embargo, a diferencia de *El Semanario*, proyecto que le antecedió, "se orientó principalmente a cuestiones filosóficas y literarias en un sentido muy amplio" y quedaron fuera "las cuestiones de actualidad" y los "resúmenes de los debates del Congreso Nacional"[33]. De este modo, intentaba distanciarse de lo noticioso y lo que se entendería más tarde como lo más propiamente periodístico. Sus suscriptores superaban los límites de la Sociedad Literaria como también las fronteras de la capital.

En ese sentido, si bien es innegable que el impreso se convirtió —aunque no lo declaraba en su prospecto— en un medio de difusión para la Sociedad Literaria, en la medida que era ella misma la que más publicaba en él, también es cierto que por medio de este se le daba cohesión e identidad a un grupo acotado de esos más de 40 miembros que participaban de la Sociedad. En su prospecto, los editores señalaban que su periódico "no tiene la misión de representar interés alguno determinado [...] un periódico que solo contendrá ensayos literarios y algunos artículos científicos, porque está destinado a ser el depósito de nuestros primeros progresos intelectuales"[34]. Es decir, intentaban desmarcarse de una postura doctrinaria, pero inscribían el quehacer literario dentro del proyecto de forjar nación. En su edición facsimilar, los editores señalaron: "Entre las revistas de la década [...] resalta como la más motivadora por el orden de su disposición y por el mérito de muchas de las piezas reunidas en sus páginas: una auténtica síntesis de las preocupaciones culturales del periodo más fecundo de la literatura chilena

[30] Alvarado, *Revistas culturales*, 59.

[31] En 1843 se publicaron 12 números y, al año siguiente, sólo salieron 4 números, que estuvieron centrados en la polémica que desató "Sociabilidad chilena" de Francisco Bilbao.

[32] Nelson Cartagena, Inés González y Pedro Lastra, "Prólogo de los editores", *El Crepúsculo*, eds. Cartagena, González y Lastra, XXIX-XXX.

[33] Cartagena, González y Lastra, "Prólogo de los editores", XXVIII.

[34] "Prospecto", *El Crepúsculo*, 2.

del siglo XIX"[35]. Por su parte, Marina Alvarado, en un comentario sobre el mismo prospecto, señala que este marca un corte, "ya no son la política ni el cuestionamiento por las fronteras geográficas las preocupaciones centrales, sino la nacionalización de la cultura"[36].

A partir de los años treinta del siglo XX, tres revistas relevantes en el campo cultural chileno desplegaron otras formas de relacionar la literatura, las artes y la cultura con la política. Formas que van a disentir con la propuesta de *El Ateneo*, espacio emblemático de fin del siglo en la conformación del campo literario. Así recuerda el escritor Rafael Maluenda la relación entre literatura y política por parte de los miembros de esa institución:

> "La literatura, además, no formaba parte de la política. Las tendencias doctrinarias del partidismo político estaban al margen de las preocupaciones artísticas. No habían nacido estas escuelas contemporáneas que califican la producción intelectual creando géneros ahora muy en boga: literatura proletaria, literatura de masas, literaturas que son sólo propagandas del orden político que piden prestadas sus formas a la literatura, que busca sólo la creación de emociones"[37].

Totalmente distintas fueron las posturas de *Multitud* y *Babel*. Mientras la revista *Multitud* se alineó claramente con el proyecto del Frente Popular, por medio de la publicación de cartas abiertas firmadas por su director a favor de Pedro Aguirre Cerda y declarando la revista constantemente como antifascista, antiimperialista, antiburgués, etc., es decir, como un proyecto de vanguardia, Espinoza, director de *Babel*, miraba al pasado y por medio de un abanico amplio de intelectuales instalaba a la revista como un medio de difusión de ideas de distintos matices. *Babel* abogaba por el desarrollo y difusión del pensamiento al señalar en su primer número que "hoy más que nunca sabemos que se puede arrojar a la cárcel o al destierro a un escritor libre para que se muera; pero no a su pensamiento"[38]. En ese primer número también se publicó una respuesta de Diego Rivera a una carta sobre la situación del Perú, publicada en una revista argentina en 1938 por Haya de la Torre (esta no se incluyó en la revista). Rivera leyó a Haya de la Torre como un demócrata, sin embargo, criticó que sólo considerara al fascismo como una amenaza y que no se levantara en contra del imperialismo en general. En este sentido, a diferencia de Haya de la Torre, Rivera veía a los Estados Unidos como el peligro más inminente[39]. Otro ejemplo fue el perfil dedicado

[35] Cartagena, González y Lastra, "Prólogo de los editores", XXIX.

[36] Alvarado, *Revistas culturales*, 59-60.

[37] Rafael Maluenda, "Algunos recuerdos del Ateneo", en *Historia personal de la literatura chilena*, ed. Alone (Santiago: Zig-Zag, 2ª ed., 1962), 555.

[38] Espinoza, "Resurrección y símbolo", 1.

[39] Diego Rivera, "Programa de lucha o de adaptación (a propósito de una carta de Haya de la Torre)", *Babel*, 1° de mayo de 1939, 20-23.

a Hitler, también publicado en el número inaugural de *Babel*. Hitler era descrito como un "resentido típico de la pequeña burguesía, a quien le aterra la perspectiva de caer en el proletariado", lo que, para su autor, explicaba su odio al marxismo[40]. Estas son las formas en que *Babel* participaba de la actualidad política internacional y, además, publicaba contribuciones literarias que la ubican en el campo cultural. Pierina Ferreti y Lorena Fuentes inscriben a Espinoza dentro del "editorialismo programático", una "vertiente cultural altamente desarrollada en América Latina [que] se caracteriza por su alto grado de articulación entre la producción cultural y la militancia política"[41]. Un año más tarde, el 30 de agosto de 1940, en *Babel* se declaró el repudio al asesinato de León Trotski en nombre de "la verdadera defensa de la cultura y los derechos del hombre"[42]. Esta declaración fue publicada en el número 13 y coincidió con el cambio en el epígrafe de la revista: "Revista de arte y crítica. Una visión más elevada del nuevo mundo". Pareciera entonces que el inicio de la Segunda Guerra Mundial, más los otros conflictos bélicos que le antecedieron, hubiese producido un ímpetu de cambio en la orientación de la revista. La declaración ante la muerte de Trotski se podría ubicar en tal vía. En ese contexto, sin embargo, es necesario destacar que los firmantes reconocían no compartir necesariamente militancia en un mismo partido político, pero sí había una postura política y humanista ante la muerte de Trotski[43]. Ello nos permite afirmar que el trabajo conjunto en la revista dio cuerpo a un grupo, a una comunidad, que privilegió la circulación de ideas más que el cuestionamiento del quehacer de la clase política, como lo hizo De Rokha en *Multitud* o el equipo detrás de *Rocinante*.

No fue sino hasta 1944 que su director, Samuel Glusberg, formó equipo con Manuel Rojas, José Santos González Vera, Ernesto Montenegro, Mauricio Amster, Laín Diez y Luis Franco. Manuel Rojas y José Santos González Vera frecuentaron otros círculos antes de ser parte de *Babel*. Rojas colaboró también en la revista *Índice*. Entre 1936 y 1939, se publicó la primera época de la revista SECH. *Revista de la Sociedad de Escritores de Chile* con el auspicio de la Universidad de Chile, que tuvo como director a Rojas[44]. Esta sociedad

[40] Luis Araquistain, "Retrato de Hitler (de Leviatán, Madrid)", *Babel*, 1° de mayo de 1939, 7-10.

[41] Pierina Ferreti y Lorena Fuentes, "Enrique Espinoza y la revista *Babel*. Una mirada a su proyecto editorial y a su lugar en el campo cultural chileno", en *Babel. Revista de arte y crítica* (Santiago: Lom, 2011), 26.

[42] "Declaración", *Babel*, 30 de agosto de 1940.

[43] Firmaban Enrique Espinoza, Manuel Rojas, José Santos González Vera, Ernesto Montenegro, Vicente Huidobro, Ciro Alegría, Luis Franco, Eugenio González, Hernán Gómez y Óscar Vera.

[44] La revista *SECH* contó entre sus colaboradores a Guillermo Enrique Hudson, Federico García Lorca, Enrique Espinoza (Samuel Glusberg), Ernesto Montenegro, Luis Franco, Alberto Romero, Januario Espinosa, René Chambrillac, Pablo Neruda, Aldous Huxley, Ezequiel Martínez Estrada, Alberto Gerchunoff, Carlos Vattier, Luis Enrique Délano, Mariano Picón Salas, Jean Guehenno, Luis Alberto Sánchez, Leopoldo Lugones, Tomás Lago, Enrique Díez Canedo, entre otros. El proyecto de la revista *SECH* puso a Espinoza en contacto con los intelectuales y

también estuvo animada por un espíritu antifascista. Laín Diez, Rojas y González Vera, por su parte, estuvieron claramente vinculados al movimiento anarquista de la primera mitad del siglo XX. En otro manuscrito sobre la revista *Babel*, Viu señala que:

> "En *Babel* llegó a ser fundamental [...] el rechazo de los nacionalismos en favor del pacifismo y la cooperación intelectual [...] proyectada en un culto a lo fronterizo que encarnaban escritores trasplantados como el mismo Espinoza, judío que llega a la Argentina y luego a Chile, pero también Horacio Quiroga, un escritor del Plata más que de Uruguay; Guillermo Hudson, un gringo nacido en la pampa, o Manuel Rojas, quien para Espinoza fue siempre un escritor más trasandino que chileno o argentino"[45].

Todo eso, señala Viu, se realizó por medio de escrituras de perfiles o biografías como mecanismo no sólo de hacer crítica literaria y cultural, sino como forma de instalar un ideario. La importancia de lo colectivo también cobró relevancia en la revista *Índice*. En el primer texto que presentó la revista, escrito por el venezolano Mariano Picón Salas, se definió lo que en la revista se iba a entender por cultura: "una cultura vital que se traduzca en energía colectiva. Es nuestro deber de ciudadanía"[46]. Por un lado, se presentó la noción de cultura como una que permeaba todo el quehacer humano y que, por otro, era también la base para el trabajo colaborativo. Por último, las palabras "vital" y "energía" unidas al "deber de ciudadanía" invocaban también a la acción y no sólo a la reflexión. De este modo, había una conciencia sobre la importancia de formar comunidades en que la cultura ocupase un lugar transversal en tanto era parte, además, del ejercicio de la ciudadanía. En este sentido, la revista que estaba enfocada en las humanidades y las artes, y también en la actualidad política nacional e internacional, transfirió a la idea de cultura un carácter político.

El grupo Índice surgió durante la dictadura Ibáñez del Campo y aunque esta situación no se expresaba explícitamente en sus artículos y crónicas, las colaboraciones referidas a temas socioculturales o políticos estaban teñidas de un estado de crisis y desconfianza. La situación política se agudizó con el fin de la dictadura. La crisis política continuó hasta 1932, con el efímero proyecto de la república socialista que también fracasó. Si bien la publicación de *Índice* acabó en 1932, en los años siguientes, desde el punto de vista político,

escritores chilenos, generando un primer espacio de comunidad intelectual; y luego, es sólo con algunos de estos colaboradores que Espinoza formará el equipo de redacción de *Babel* en la década del cuarenta.

[45] Antonia Viu, "Biografías en movimiento: la construcción colectiva de lo biográfico a través de perfiles en revistas chilenas de la primera mitad del siglo XX", ponencia presentada en el Coloquio "Estéticas de la biografía" (Instituto de Estética, Pontificia Universidad Católica de Chile, 10 -11 de diciembre de 2015).

[46] Mariano Picón Salas, "Índice", *Índice*, abril de 1930, 1.

ocurrió lo que en sus páginas se temía y comentaba para el caso de Argentina: había vuelto el conservadurismo de la mano de Arturo Alessandri. La sensación de crisis era una constante en la revista, ya fuese que se escribiese sobre Latinoamérica o sobre Chile; "¿Cuál puede ser mientras tanto la política de las generaciones nuevas?", se preguntaba Eugenio González al escribir sobre la situación de Bolivia, Perú y Argentina con la caída de Hernán Siles, Augusto Leguía e Hipólito Yrigoyen, respectivamente. En sus palabras reinaba la incredulidad ante los beneficios que pudieran traer los nuevos gobiernos y, en el caso argentino, expresaba su preocupación por el regreso de la oligarquía terrateniente al poder[47]. Asimismo, planteaba la importancia de:

> "Conocernos a nosotros mismos —con nuestras energías, nuestras debilidades y nuestros anhelos— y ubicarnos como corresponde [...] en el conjunto del mundo dominado por los poderes financieros y técnicos de un capitalismo que asciende en su curva de desarrollo por sobre las fórmulas vacías de una cultura en ocaso: eso es lo primero y para ello es necesario abolir los prejuicios teóricos y los tópicos románticos que tanta privanza han tenido en el ánimo de generaciones más inclinadas al ensueño que a la acción"[48].

Estas ideas de González dialogaban con los textos de Latcham, publicados en la misma revista que intentaba profundizar en la identidad del chileno. En este sentido, mientras el primero hizo un diagnóstico de la situación política internacional, el segundo construyó ese corpus necesario para "conocernos" y así beneficiar el desarrollo político nacional. Mientras *Índice* fue una revista acogida por la institucionalidad estatal (la Biblioteca Nacional) cuyas críticas apuntaban particularmente a la clase política, al final de la década del treinta, *Multitud* (1939-1963)[49] nació como una plataforma por medio de la cual Pablo de Rokha criticaba sistemáticamente al Estado[50] y sus servidores[51]. El proyecto de De Rokha surgió el año en que cesó la Guerra

[47] Eugenio González, "Panorama de la inquietud americana", *Índice*, octubre de 1930, 7.

[48] La sección "Panorama de la inquietud americana" continúa en el número siguiente y profundiza en la situación argentina. Luego, en los números subsiguientes, el objeto de debate es la figura de Mariátegui, bajo la pluma de Magda Portal y Marco Chamudes.

[49] Se publicaron en total 88 números, con algunos años sin ediciones. Pasó por varias etapas: al comienzo, se publicó semanalmente; después, mensualmente. Se fue reduciendo su frecuencia hasta volverse trimestral y, luego, semestral, llegando a veces a ser sólo un panfleto. De Rokha colaboró y estuvo involucrado en las campañas del Frente Popular, pero no fue hasta 1944 que logró obtener beneficios "diplomáticos". Ese año, Juan Antonio Ríos lo envió junto a Winnét en una gira por Latinoamérica. Es difícil rastrear cómo esta ausencia afectó a la publicación de la revista, pues estos números no se encuentran disponibles en la Biblioteca Nacional.

[50] Pablo de Rokha, "La gran máquina", *Multitud*, segunda semana de enero, 1939, 1-2.

[51] Pablo de Rokha, "Bufones y lacayos", en *Pablo de Rokha y la revista* Multitud. *Literatura, política, cartas y discursos*, pról. Daniel Rozas R. (Santiago: Das Kapital, 2014), 39-45. Artículo publicado originalmente en *Multitud*, 20 de mayo de 1939.

Civil española y el fascismo consolidaba su presencia en Europa con la correspondiente agudización de la polarización política. Para la época de la fundación de esta revista ya se había creado la Alianza de Intelectuales Antifascistas para la Defensa de la Cultura tanto en Madrid (1936) como en Chile (1937), por medio del liderazgo de Neruda. Es decir que las discusiones sobre el lugar del escritor en el nuevo escenario político mundial ya llevaban un tiempo de reflexión y el concepto de cultura se había convertido en bandera de lucha antifascista. En su primer número, De Rokha señaló que su proyecto editorial estaba con los pueblos, con el Frente Popular, con el marxismo, declarándose en contra de oligarquías, fascismos, imperialismos, instituciones bancarias internacionales, traidores, etc., y proponía explícitamente que la cultura, que estaba al servicio del hombre, fuera una herramienta de lucha y no de evasión ni contemplación, resignificando un ámbito que, hasta la fecha, parecía limitarse a la esfera de las bellas artes.

Intelectuales, humanistas, literatos y artistas

Como se señaló al inicio de este capítulo, dentro del campo cultural, el proyecto del grupo Índice se instaló en oposición a *El Ateneo* y, en particular, a su director, Samuel A. Lillo. El proyecto de la revista *Índice* consolidó una comunidad intelectual previamente establecida en la medida que participaron en su organización escritores y humanistas que antes habían compartido espacios profesionales e intelectuales, como la Universidad de Chile. El comité directivo estuvo compuesto por Mariano Picón Salas, Raúl Silva Castro, José Manuel Sánchez, Ricardo A. Latcham y Eugenio González[52]. Estos últimos participaron activamente en la república socialista de 1932 y la fundación del Partido Socialista en 1933, y habían sido víctimas directas de la dictadura de Ibáñez del Campo iniciada en 1927. Eugenio González estudió en el Instituto Pedagógico, Ricardo Latcham hizo clases en esa misma institución, al igual que Raúl Silva Castro. Este último y Eugenio González participaron en la revista *Claridad*, de la Federación de Estudiantes de la Universidad de Chile, y González, por su parte, llegó a ser presidente de dicha federación. Mariano Picón Salas también fue profesor de la Universidad de Chile. Es decir, el comité directivo de *Índice* tenía vínculos y/o compartía espacios de desarrollo intelectual y profesional antes de la existencia

[52] Este comité se mantuvo hasta los números 11 y 12 del primer año de circulación, es decir, hasta febrero-marzo de 1931. Luego hubo una pausa y volvió a aparecer en agosto de 1931 y en la información editorial sólo se señalaba que el director era Mariano Picón Salas. El resto del comité aparecía como colaborador junto con otros escritores. Para su segunda época, que constó de un único número, fechado en febrero de 1932, el director era Humberto Fuenzalida V., y entre los escritores que colaboraron en ese número sólo se mencionaba a Picón Salas y Eugenio González.

de la revista, motivo que admite plantear que la revista fue un espacio de consolidación de una comunidad previamente existente más que de formación de una nueva.

Si bien *Índice* respondía claramente al contexto sociopolítico nacional e internacional, a partir de lo que proponía el editorial y otros textos del primer número de abril de 1930, su proyecto se distinguió de las otras revistas de los años treinta y cuarenta que componen el corpus de este capítulo respecto a cómo abordó la intelectualidad[53]. Propuso una nueva forma de hacer y difundir cultura que provenía del dominio de un saber, de la autoridad otorgada por la educación formal. Picón Salas señaló en su primer editorial que la revista no había nacido "de una pasajera ofuscación literaria" y que "no tenemos la impúber aspiración de hacernos famosos ni de sobrestimar nuestras escrituras"[54]. De este modo, sus miembros se desmarcaron de los movimientos de vanguardia de inicios del siglo XX, como de los estudiantes de los años veinte, al mismo tiempo que destacaban su madurez intelectual y profesional. Retomando la idea de lo colectivo mencionada anteriormente, la revista también dialogaba con el origen disciplinar que distinguía al comité de la revista (historia, filosofía, sociología, letras) y que correspondía al corazón del grupo Índice, pero también a la red que se había articulado en torno a ellos y sus encuentros "culturales" de los sábados. De esta forma, traspasaban el mundo de las ideas, actuaban y cumplían con "su deber de ciudadanía". Ese primer editorial firmado por Picón Salas finalizaba con una implícita afinidad con el arielismo al declarar que la revista quedaba a disposición de "los hombres que tengan alguna verdad, juicio o insinuación de belleza por transmitir a sus contemporáneos"[55]. Esta preocupación por la

[53] Según González y Parodi, "*Índice* compartía ideológicamente la necesidad de unidad continental, aunque no se definía ni por el indoamericanismo aprista, ni las propuestas mariateguianas, más cercanas al internacionalismo proletario; pero era claramente distante del panamericanismo propuesto por Washington. El americanismo de *Índice* provenía de la fuerte influencia de la que aún gozaba el modernismo literario entre algunos literarios chilenos, pese a la fuerza de las vanguardias literarias, que tendieron a desplazar abruptamente las propuestas estéticas de Rubén Darío y sus compañeros de generación". Véase Sergio González y Daniel Parodi, *Las historias que nos unen: episodios positivos en las relaciones peruano-chilenas, siglos XIX y XX* (Santiago: RIL, 2013),189.

[54] Mariano Picón Salas, "Índice", *Índice*, abril de 1930, 1. En ese primer número, Mariano Picón Salas le respondió a Roberto Meza Fuentes, quien en *La Información* le había replicado un artículo. En síntesis, la defensa de Picón Salas tiene que ver con una valoración de la juventud de los años veinte, que fue lo que gatilló el malestar de Meza Fuentes. En su defensa, el humanista venezolano dejó en claro que la crítica a los jóvenes de la década del veinte estribaba en su tendencia a los manifiestos en vez de que esos ideales se convirtieran en "estudio y acción". Véase Mariano Picón Salas, "Diferencias. Carta a R. Meza Fuentes", *Índice*, abril de 1930, 10. La inclusión de esta respuesta, completaba lo que el académico venezolano había presentado en su editorial; lo que permite afirmar que tales aseveraciones respondían a lo representado por el movimiento estudiantil de la década del veinte, cuyo medio de divulgación era la revista *Claridad*.

[55] Picón Salas, "Índice", 1.

cultura, que fue adquiriendo distintos matices en las revistas que componen este corpus de estudio, se anticipó al lugar central que cobraba en Europa con el inicio de la Guerra Civil española a partir del "Manifiesto" de la Alianza de Escritores Antifascistas para la Defensa de la Cultura, en julio de 1936.

En este primer editorial, Picón Salas también instaló un tema que atañía a la profesionalización de los saberes y la división del trabajo. Estableció la diferencia entre el intelectual y el político y, de este modo, destacó otra singularidad del grupo que dirigía la revista. En el marco de esta distinción, Picón Salas indicó que: "El primero [el político] aspira a la intemporalidad el otro [el intelectual] vive de lo temporal"[56]. Y continuaba diciendo:

> "(...) nuestra acción será pues la acción propia de los intelectuales. Y la labor del intelectual crea cultura. Pero la cultura implica relación con algún medio y este problema de la relación, deben planteárselo los escritores de 'Índice' para que su labor no nazca muerta o asuma una simple significación decorativa"[57].

En ese sentido, si bien había un distanciamiento con la figura del "político", la cita enfatizaba la necesidad de relacionar su labor como intelectuales, pero también como escritores y humanistas, al contexto local. No se desdibujaba la especialización que habían ganado por su paso por la universidad, sino que se declaraba la necesidad del vínculo entre los distintos saberes que componían las humanidades, antes de la irrupción de las ciencias sociales. La preocupación por el ejercicio político fue una constante en la revista y en el sexto número, publicado en septiembre de 1930, Ricardo A. Latcham, en un análisis retrospectivo, se detuvo en la crisis política del cambio de siglo para explicar la crisis contemporánea, destacando la falta de profesionalismo de quienes se dedicaban a la política: "El caballero chileno es político por oportunismo y por costumbre. Rara vez lo es por preparación y decidida vocación"[58].

La cita anterior permite subrayar otro de los sellos distintivos del grupo Índice: la autoridad que otorgaba a los intelectuales por su formación y especialización. Tanto Latcham como Picón Salas asignaban a los intelectuales una "función cultural" que, como ya se mencionó, era también una función política. La diferencia entre ellos y otros que también escribían era la autoridad que les otorga su preparación. Ejemplo de lo anterior es un extenso pasaje, también del primer número, enfocado en criticar un texto sobre la historia de la literatura titulado *Literatura chilena* del, hasta la fecha, director

[56] Picón Salas, "Índice", 1.
[57] Picón Salas, "Índice", 1.
[58] Ricardo A. Latcham, "El caballero y la política", *Índice*, septiembre de 1930, 11.

de *El Ateneo*, Samuel A. Lillo[59]. La crónica señalaba: "Basta leer cualquier moderna publicación europea sobre Historia literaria [...] para darse cuenta del espíritu y riguroso método científico con que hoy se escribe en Europa la Historia Literaria, que no es deporte de aficionados sino trabajo de especialistas"[60]. A nivel nacional, parte de esta preocupación por la especialización y profesionalización de las letras se canalizó al año siguiente por medio de la creación de la Sociedad de Escritores de Chile (SECH). Sin embargo, en su proceso de fundación no hubo miembros del grupo Índice, así como tampoco participaron de la sesión inaugural de 1932, a diferencia de algunos colaboradores de la todavía inexistente revista *Babel*, que sí concurrieron a su fundación y tuvieron gran presencia en los primeros números de la revista de la SECH[61]. Con estos antecedentes, y a la espera de la publicación de una historia literaria de Chile que fuera encomendada al crítico más relevante de mediados de siglo XX, Hernán Díaz Arrieta (Alone), el cronista anónimo también arremetía contra el libro por tener fines utilitaristas y no científicos[62]. En ese contexto, había una preocupación por la relación entre producción intelectual y mercado que se señalaba en la distancia que existía entre profesionalismo, seriedad, rigurosidad y comercio. El autor volvió a defender la profesionalización y autoridad cuando señaló: "Cualquier persona que envió al diario una colaboración espontánea, es para el Sr. Lillo un escritor"[63]. Por su parte, como ya vimos, Lillo y otros escritores de *El Ateneo* respondieron a estas críticas en las páginas de su revista. En "Profilaxis literaria", publicado en octubre de 1930 en *El Ateneo*, se le criticó a Latcham la multiplicidad de facetas con las que se presentaba públicamente, entre otras, "crítico, historiador, exegeta, cuentista, sociólogo, político, y autor viajero, etc.", comentario que tensionó la noción de intelectual que se defendía en *Índice*.

Mientras Lillo y los recuerdos de Rafael Maluenda —citados en el apartado anterior— apuntaban a la desvinculación total de la literatura con la política, Latcham y sus compañeros de *Índice* preferían hablar de cultura e intelectuales y moverse en las arenas de más de un saber, pero respaldados por su formación y por su participación universitaria como docentes. Aunque parezca contradictorio en cuanto a la especialización de los saberes, sería la cultura el ámbito adecuado para el ejercicio intelectual. Es decir, los del grupo Índice fueron más allá de la literatura y, cuando se enfocaron en ella, demandaron superar los criterios estéticos de fin de siglo que aún dominaban

[59] En ese período, Samuel A. Lillo era director de *El Ateneo*, cuya fundación fue promovida en 1899 por él mismo y por el poeta Diego Dublé Urrutia, y que perduró hasta 1931. Según el cronista, en 1930, Samuel A. Lillo también fue miembro de la Unión Ibero-americana.

[60] "Crónica. Un libro de literatura chilena", *Índice*, abril de 1930, 3.

[61] Años después, Ricardo Latcham llegó a ser presidente de esa sociedad.

[62] "Crónica. Un libro", 4.

[63] "Crónica. Un libro", 4.

en el espíritu de *El Ateneo*. Fue de esta manera que *Índice* se demarcó como una comunidad intelectual a la que le interesaba "enterar de la literatura, filosofía, ciencia de forma rápida, para el lector que no puede leer tratados". En el segundo número, publicado en mayo de 1930, José Manuel Sánchez, en "Al margen de un ideario", enfatizó la importancia de la "cooperación social" en una revista de divulgación y señaló que esto respondía a fines de orden más bien morales que artísticos y científicos y, al igual que Picón Salas, hizo una esfuerzo por distinguir la función del intelectual separándolo de la figura conocida como "literato", delegando la función crítica al intelectual[64]. En ese contexto, señaló que el derecho a ejercer la crítica levantada y libre "ha de ser una de las constantes de nuestra revista y de las futuras radiaciones culturales del grupo"[65]. Asimismo, planteó que se debía revalorizar lo propio pero sin entrar en las arenas del "nacionalismo", como tampoco caer en trivialidades[66]. Algo similar propuso Ricardo A. Latcham en el tercer número, con fecha de junio de 1930, al señalar que "[n]otamos con agrado que el interés hacia lo chileno y lo americano reemplaza a la curiosidad con que hace dos años se buscaban los gestos últimos de un Proust"[67].

Índice logró conformar una red que traspasó al núcleo directivo del grupo (que identificamos como la comunidad), por medio de cursos, charlas y tertulias. A los pocos meses de haber empezado la publicación de la revista, Eduardo Barrios, entonces director de la Biblioteca Nacional, les cedió una sala de la biblioteca para que realizaran sus charlas los sábados en la tarde. Antes de este ofrecimiento, ya habían organizado algunas actividades en otros espacios (bares, cafés) cuyas charlas se convertían en material para la revista, siendo transcritas y publicadas posteriormente en alguno de los números. Por ejemplo, en el tercer número había un apartado especial para informar sobre las actividades del grupo. Entre ellas, destacaban una charla en el Instituto Pedagógico sobre "Historia y Cultura Antigua" por Juan Gómez Millas, una auspiciada por el grupo Índice sobre Lord Jim (Benjamín Subercaseaux) y acerca del poeta Arthur Rimbaud, y de la cual Alone hizo una reseña para el diario *La Nación*, la que posteriormente fue publicada en *Índice*[68]. En esta reseña se informaba que el encuentro, que correspondía a la segunda reunión del grupo, había sido realizado en el bar El Castillo y los asistentes habían sido Raúl Silva Castro, Juan Gómez Millas, Honorio Henríquez, Guillermo Feliú (del Instituto Pedagógico), Domingo Melfi, José Manuel Sánchez, Eugenio Orrego —"mesa joven, bolchevique", señalaba Alone—, Amanda Labarca, Marta Brunet, Casusus, Ricardo A. Latcham y

64 "Al margen de un ideario", *Índice*, 2 de mayo de 1930, 2.
65 "Al margen de un ideario", 2.
66 "Al margen de un ideario", 2.
67 Ricardo A. Latcham, "Crónica de la literatura chilena", *Índice*, 3 de junio de 1930, 4.
68 "Actividades de Índice", *Índice*, 3 de junio de 1930, 11.

Eduardo Balmaceda[69]. La referencia a este encuentro revela, primero, el interés por hacer circular sus actividades y, segundo, que si bien la revista congregaba al núcleo del grupo, lo que podríamos llamar una comunidad intelectual cuyos miembros tenían, al parecer, afinidad en la forma de ejercer la actividad intelectual y lo que entendían por cultura, en torno a ellos y sus actividades se reunían otros actores del campo cultural del Santiago de los años treinta. Esta red se fue ampliando y en el quinto número, publicado en agosto de 1930, se anunciaron futuras actividades encabezadas por Manuel Rojas y Pedro León Loyola, al mismo tiempo que se declaraba haber solicitado la colaboración de Alfonso Bulnes, Domingo Melfi y Amanda Labarca, entre otros.

Multitud, en cambio, es un ejemplo de una revista familiar, donde destacaba la figura de su director, Pablo de Rokha. El epígrafe de los primeros años de la revista, hasta 1943, fue "Arte y ciencia, literatura, política y polémica, filosofía, sociología, economía, educación, toda la cultura semana a semana", y luego cambió a "Revista del pueblo y la alta cultura" hasta su término, en la década del sesenta. En el primer número de enero de 1939, De Rokha, que operaba dentro del campo cultural, pero fuera de la institucionalidad oficial, insistió también en la relevancia de la cultura: "*Multitud* no viene a servir un programa; viene a cumplir un destino: afrontar la sociedad, desde el ángulo de la cultura, vivir y morir la cultura, colmando un rol heroico, y concebir la cultura como un hecho de masas, auspiciando el HUMANISMO PROLETARIO"[70]. Se trataba de un gesto burlesco hacia el humanismo detentado desde la intelectualidad formal que trabajaba en la universidad, que lo desmarcaba del "eclecticismo retórico-académico" desechando la idea de "ascender a la tribuna y los altos coturnos de la oratoria"[71]. Además, De Rokha inscribió en su crítica a la clase media que era, en parte, resultado de la expansión de la educación y del sistema universitario. En cambio, a lo largo de sus colaboraciones intentó darle un lugar central al papel del arte, a los artistas y a los sectores populares desvinculados de esa institucionalidad.

Dado el permanente tono beligerante de su director, es muy difícil afirmar que *Multitud* fuera un espacio para la formación de una comunidad. De todos modos, se puede reconocer la participación más o menos regular de otros escritores. Participaron en ella Pablo de Rokha como director, Winétt de Rokha cumpliendo las funciones de secretaria, cargo que luego fue desempeñado por su hijo Carlos de Rokha, Vicente Huidobro (al menos, en los primeros años), Dewet Bascuñán, Fernando Alegría, Guillermo Quiñónez, el "profesor" Juan Verdugo, Juan de Luigi, Antonio Acevedo Hernández,

[69] "Actividades de Índice", 11.

[70] Pablo de Rokha, "Sentido y designio de 'Multitud'", en *Pablo de Rokha y la revista* Multitud. pról. Rozas. Publicado originalmente en *Multitud*, 10 de enero de 1939. Mayúsculas en el original.

[71] De Rokha, "Sentido y designio de 'Multitud'", 21.

Mahfúd Massís (seudónimo de Antonio Massís, miembros del grupo surrealista La Mandrágora), Teófilo Cid, Braulio Arenas, Eduardo Anguita (quienes también tuvieron su propia revista), entre muchos otros. Todos estaban vinculados, principalmente, a la literatura y al arte. En ese sentido, la visión humanista presente en *Índice* y *Babel* fue desplazada por una perspectiva mucho más artística. Asimismo, es posible identificar que intelectuales como Ricardo A. Latcham que colaboraron en un principio en *Multitud*, fueron posteriormente agredidos y criticados por De Rokha, hecho que revela la fragilidad de algunos lazos intelectuales que, a su vez, se hicieron más conflictivos en un escenario político tensionado por la emergencia de los nacionalsocialismos, la Segunda Guerra Mundial y la "Ley Maldita".

En el primer número de *Multitud*, siete años después del término de *Índice*, Ricardo A. Latcham colaboró con el artículo "Intelectuales y flotadores". En este texto, al igual que los que dieron inició a la revista *Índice* y los firmados por Mariano Picón Salas, se distinguió a los intelectuales de los políticos. La pieza de Latcham hacía un recuento de lo sucedido a nivel político en Chile después de la caída de Ibáñez y el ascenso de Alessandri en los años treinta, y señalaba: "No había adelantado gran cosa la función y la dignidad del escritor [...] los hombres de pluma se conformaban con ser los corifeos de un régimen que no correspondía a sus anhelos y esperanzas"[72], y luego continuaba indicando que a pesar del surgimiento de asociaciones como la SECH, el Pen Club y la Alianza de Intelectuales, "la consideración a los intelectuales no había ganado gran cosa en el ánimo de los hombres públicos"[73]. El artículo de Latcham era también una respuesta al fervor político que se estaba viviendo por la llegada del Frente Popular al gobierno, sin embargo, este también se mostraba escéptico del comportamiento de los intelectuales:

> "Ahora entramos en un nuevo período promisor, especie de era de oro anunciada por los profetas del momento. Se amontonan y preocupan muchos que hasta ayer estaban en el bando contrario y que hoy se codean con los revolucionarios y los retrovadores. Vemos a turbios agentes del confusionismo, a arribistas del instante, a aplaudidores a tanto la columna confundiéndose en el coro siniestro y sacrílego de los que han vivido aupados sobre la mala memoria de este generoso y perdonar pueblo de Chile"[74].

Era también una oportunidad para precisar la importancia de la unidad de los intelectuales, "sin exclusiones ni monopolios", afirmando, de este modo, la necesidad de una comunidad intelectual amplia que cumpliera una

[72] Ricardo A. Latcham, "Intelectuales y flotadores", *Multitud*, 10 de enero de 1939, 5.
[73] Latcham, "Intelectuales y flotadores".
[74] Latcham, "Intelectuales y flotadores".

función y postura consistente, es decir, que los alejase de la calidad de "flotadores", actitud tomada para sobrevivir en y a los distintos contextos políticos vividos en los años treinta. Sólo con esa función coherente y firme los intelectuales serían finalmente considerados[75]. En ese sentido, la escritura de Latcham era una reivindicación de la función del intelectual y su valoración en un contexto social y político inestable. Asimismo, Latcham expresaba abiertamente la existencia de un problema ético:

> "[l]a consideración vendrá por añadidura cuando los intelectuales exhiban dignidad y no sean flotadores de todos los vientos y de todos los regímenes. Vale más una vida digna o una independencia generosa que el sentido burocrático y presupuestívoro [sic] que a la función intelectual que desean dar algunos que la confunden con una rama de la administración pública o con los ministerios de propaganda que, a la postre, no son sino grandes tinglados del oropel, la mascarada y de la mentira confabulada como sucede en los regímenes totalitarios, que han hundido la cultura para sustituirla por una ficción macabra con enanos morales y bufones en vez de espíritus libres y poderosos"[76].

El texto de Latcham dialogaba con una serie de artículos que De Rokha publicó en su revista criticando a los funcionarios públicos y a los burócratas. Este fue, quizás, uno de los problemas que más señaló el director de *Multitud*, sobre todo en los primeros años de la revista. Similar a Latcham fue el gesto de De Rokha, quien cuestionó a la clase política, aunque este fue mucho más agresivo, tajante y pasional. Y si *Multitud* e *Índice* se encontraban en el cuestionamiento a esta clase, no fue así en su visión sobre la participación de los intelectuales en política, como tampoco respecto al rol de las artes y de la cultura popular (entendida como la cultura de sectores populares, proletarios, no necesariamente la vinculada a la industria cultural). En los primeros números de *Multitud* se increpó también a los intelectuales y su participación en el Gobierno. Así, De Rokha cuestionó su quehacer y saber especializado, tensionando la mirada amplia que expresaban del intelectual los miembros de *Índice*: "Es que entre el pellejo y la camiseta del abogado, del periodista, del ingeniero, del médico, del arquitecto, del agricultor, del comerciante, del predicador, del marino, del soldado, del político, del pobre, inútil hombre burócrata, hay un poeta muerto"[77]. Siguiendo esta idea, De Rokha instaló en un lugar central al artista y el arte:

> "La función específica y categórica del arte, consiste en dar salida normal y configuración social a los instintos, los reflejos y los actos fallidos del subconsciente

[75] Latcham, "Intelectuales y flotadores", 5-6.

[76] Latcham, "Intelectuales y flotadores", 6.

[77] Pablo de Rokha, "El desprecio a los intelectuales", en *Pablo de Rokha y la revista* Multitud, pról. Rozas. Publicado originalmente en *Multitud*, 7 de febrero de 1939.

y sí, en tal faena, fracasa la forma, como la cultura está basada sobre INTUICIONES y REFLEXIONES, [...] fracasa la cultura, y, como fracasa la cultura, YERRA EL PARTIDO. Argumentaréis que la cultura es un universal, clasista y ecuménica, y lo es, pero cada pueblo lo modifica, adoptándosela. Aquel confuso afán de creación de MITOS FALSOS en la literatura, es lo que distingue el arte y al artista burgués, en el corazón de la burguesía, ya que la burguesía cae, precisamente, porque se apoya en 'HITOS' y señales falsas, precisamente, porque cae" [78].

A partir de lo político, la revista derivó, con el tiempo, cada vez más hacia lo estético y hacia las discusiones del campo literario. El debate sobre el Premio Nacional, en algunos tramos, se hizo frecuente. En el texto mencionado unas líneas atrás, De Rokha habló de la incomprensión de los escritores y de su papel como creadores de cultura e hizo alusión al "caso Chamudes" como ejemplo de la traición partidista. En suma, *Multitud* como proyecto editorial fracasó en la formación de una comunidad intelectual, pero puso en evidencia los estrechos vínculos entre arte y política, al menos como propuesta.

Si en el siglo XX los miembros de los equipos editoriales y/o colaboradores de las revistas tuvieron un impulso por anclar su quehacer desde una perspectiva disciplinar y profesional que revelaba un lugar de enunciación más o menos delimitado, en el siglo XIX fueron otras las formas de marcar diferencias. En términos de Ossandón, *El Correo Literario*[79] fue parte de la prensa raciocinante e informativa. En contraste con el sujeto político, el hombre de Estado que escribía en *El Crepúsculo*, el autor señala que en este otro tipo de prensa emergió una figura diferente: "la del publicista, cuya especificidad se juega en la relación compleja que establecen sus propios productos escriturales y la circulación o proyección de éstos en una esfera definida por el interés público, y en la cual concurren y discuten voces del entramado social y político"[80]. Los que colaboraron en *El Correo Literario* estaban, al menos en su primer año, en una posición más distante de las funciones administrativas o políticas de las incipientes estructuras del Estado[81].

[78] Pablo de Rokha, "La conspiración de la quinta columna", *Multitud*, mayo de 1944, 2. Mayúsculas en el original.

[79] Por una cuestión de espacio nos limitaremos a la primera época del *Correo Literario*. Las siguientes épocas incorporan a nuevos miembros como colaboradores, entre ellos, los hermanos Alemparte, Francisco Gandarillas, Eduardo de la Barra, José Nepomuceno, Eusebio Lillo, y continúan los hermanos Matta y los Blest Gana. En el primer número de 1864, en su prospecto, se vuelve a enfatizar la independencia con la que continuarán el proyecto editorial. Asimismo, en la primera página dedican unas líneas a su fundador ya fallecido: José Antonio Torres.

[80] Ossandón, *El crepúsculo de los sabios*, 43. Ossandón realiza un análisis muy agudo sobre la diversidad de sujetos autorales que se hacen presente en *El Correo Literario*.

[81] *El Correo Literario*, "Periódico político, literario, industrial i de costumbres" e "ilustrado", tuvo tres etapas: 1858 (22 números, de julio a diciembre); 1864-1865 (27 números, de julio de 1864 a enero de 1865); 1867 (3 números).

En su primera época, durante 1858, participaron José Antonio Torres (fundador), Guillermo Blest Gana, Guillermo Matta, y los caricaturistas Antonio Smith y Benito Basterrica.

Este periódico inauguró la inclusión de caricaturas en la prensa, una herramienta fundamental para la crítica política. Las publicaciones de *El Correo Literario* no dependieron de los aportes de su comité de redacción en la misma medida que lo hacían las de *El Crepúsculo*. De esta manera se convirtió en un medio de carácter más comercial que doctrinario. En consecuencia, no fue tanto un espacio para la escritura de las ideas, como para el debate y la discusión, para los comentarios e información sobre la actualidad y para la divulgación de las artes y las letras. En otras palabras, si bien la revista tuvo una línea editorial y una opinión política, en términos convencionales, no fue un periódico para la difusión exclusiva de la escritura de quienes conformaban el equipo editorial o comité de redacción. Se presentaba, entonces, como un espacio para la reflexión: "cada uno de nuestros distinguidos colaboradores, puede manifestar independientemente sus ideas i sostenerlas en caso de ser combatidas, de que la discusión brotará la luz i esta lleva consigo la verdad [sic]"[82]. En este mismo apartado se declaraban independientes, con interés en hacer una publicación amena por medio de la inclusión de una diversidad de escrituras y, asimismo, apelaban a un lector "inteligente". Su contenido estaba compuesto por crónicas, artículos y comentarios de variada índole, versos, relatos breves, comedias, caricaturas, entre otras colaboraciones. En su primer año, "La historia de la semana" estuvo a cargo de José Antonio Torres y también era común que Guillermo Matta y Guillermo Blest Gana colaboraran en la sección literaria. En sus páginas también publicaron José Victorino Lastarria, Diego Barros Arana, Bonifacio Díaz Gana, Justo Arteaga Alemparte, madame Roger de Beauvoir, entre otros. Además, en los primeros números se publicaron cartas entre Bartolomé Mitre y Benjamín Vicuña Mackenna. Por lo tanto, este periódico estuvo mucho más centrado en la actualidad y en la producción literaria y es un ejemplo de la desvinculación del poder político de las letras y, como ha estudiado Ossandón, se le reconoce su contribución en la conformación de la opinión pública.

Este periódico destaca porque en él se construyó la figura del literato periodista, que se distanciaba del poder aunque no dejaba de interesarle la política. Sin embargo, esa preocupación se manifestaba desde otro lugar, no como fundador de la nación o administrador o servidor público[83]. No estaba al servicio de la construcción del Estado nación y, en ese contexto, fue "una rareza" dentro del espectro periodístico de la época[84]. Sin embargo, reiteramos que eso no

[82] "El correo", *El Correo Literario*, 18 de julio de 1858, 1.
[83] Ossandón, *El crepúsculo de los sabios*, 54.
[84] Ossandón, *El crepúsculo de los sabios*, 52.

significa que se omitieran posiciones políticas. Por el contrario, la sección "La historia de la semana", a cargo de José Antonio Torres, que daba cuenta, como dice su título, de los principales acontecimientos, a partir de mediados octubre de 1858 comenzó a publicarse en la primera página y se centró particularmente en la crisis política y la crítica al gobierno de Manuel Montt. Esta situación continuó durante los meses de noviembre y diciembre, cuando se hizo visible cada vez más la tensión entre las ideas liberales de los editores de *El Correo Literario* y el conservadurismo del gobierno de Manuel Montt, al que José Antonio Torres calificó como "conspirador", por atentar contra la libertad, las garantías individuales y "contra las artes, contra la industria, contra todo elemento de progreso"[85]. En el último número de esta primera etapa de *El Correo Literario*, el 11 de diciembre de 1858, "La historia de la semana" estuvo dedicada exclusivamente a los asuntos políticos y concluyó de la siguiente forma:

> "El horizonte está despejado: dos caminos únicamente se presentan a los ciudadanos que toman parte de la cosa pública: el de las arbitrariedades i abusos de la administración, que lleva directamente a la degradación del pais, i el de la libertad i progreso que lleva a la prosperidad i realizacion de la República.
>
> Elejid: la desconsideracion i el oprobio de la patria, o su prosperidad i su honra"[86].

Finalmente, el periódico dejó de circular, José Antonio Torres fue víctima de persecución política y se refugió en Perú. *El Correo Literario* es un buen ejemplo para dar cuenta del proceso de profesionalización durante el siglo XIX al instaurar, en términos de Ossandón, una nueva figura que se acercaba más a la del periodista: el hombre de Estado.

PALABRAS DE CIERRE

En 1951, apareció el último número de *Babel*, en el que Ernesto Montenegro repasó su experiencia en la revista y señaló:

> "Creo, también, que la hizo posible nuestra sabia ignorancia de los problemas económicos, y cierta malvada propensión del grupo babélico a preferir la colaboración gratuita allí donde cada uno pueda sentirse a sus anchas y en buena compañía a vender su alma al diablo de la publicidad condicional"[87].

[85] José Antonio Torres, "La historia de la semana", *El Correo Literario*, 20 de noviembre de 1858, 217.

[86] José Antonio Torres, "La historia de la semana", *El Correo Literario*, 11 de diciembre de 1858, 255.

[87] Ernesto Montenegro, "Responso por Babel", *Babel*, cuarto trimestre de 1951, 162.

Rocinante dejó de circular en 2005 y en su editorial Faride Zerán expuso los motivos indicando que estos eran "múltiples". Sin embargo, a medida que iba listando cada uno de ellos, todo derivaba en un problema financiero, falta de anuncios publicitarios, poco intereses por parte de las "empresas del Estado" por avisar en la revista, etc.[88] No obstante, se hicieron cargo del fracaso, porque no renunciaron a cambiar su línea editorial a pesar de haber sido considerada una revista "densa", "muy crítica" o "poco comercial"[89]. En el mismo número, también se publicó una carta abierta a Ricardo Lagos, presidente de la república en funciones. En la misiva, los firmantes apelaron a la intervención del Estado para crear las condiciones necesarias para el desarrollo del pluralismo y la diversidad y le criticaron que estas intenciones, tan bulladas en el período de transición, sólo quedasen en el discurso. En la carta, se inscribió a *Rocinante* en una genealogía de proyectos fallidos de la prensa independiente, entre otros, *Apsi*, *Análisis* y el diario *La Época*[90].

Las revistas enfocadas en temas literarios, artísticos o culturales, que se constituyeron en espacios de encuentro, formación o consolidación de comunidades intelectuales y que aquí se analizan fueron, en muchos casos, de corta duración. Se podría plantear que estas publicaciones dan cuenta de que las comunidades intelectuales se caracterizan por ser temporales, efímeras, en la medida que se moldean y redefinen según el contexto sociohistórico y de acuerdo a los idearios sobre la función de la literatura, las artes y/o la cultura en las sociedades a las que pertenecen. Esta idea se podría reafirmar si se recuerda que la revista que circuló por más tiempo —aunque intermitentemente y a veces sólo como un panfleto— es *Multitud*, una publicación que dependía casi en exclusiva de una sola persona y su familia. Si bien es necesario reiterar que estas agrupaciones se gestaron a veces por una coyuntura política o social particular y, una vez finalizada, perdieron sentido como proyectos editoriales, el final de *Rocinante*, así como el de *Babel* y el de muchas otras deja abierta otra pregunta importante de resolver para el estudio de las revistas culturales. Si a finales del siglo XIX escritores y artistas lograron la autonomización del campo cultural, a finales del siglo XX se plantea la necesidad de establecer una nueva forma de relacionarse con el Estado de modo que garantice su existencia.

88 Faride Zerán, "Editorial", *Rocinante*, octubre de 2005, 3.

89 Zerán, "Editorial", 3.

90 VV. AA., "Carta abierta al Presidente Ricardo Lagos", *Rocinante*, octubre de 2005, 2.

CAPÍTULO IX
PENSAMIENTO POLÍTICO MAPUCHE: TENSIONES EN TORNO A LOS CONCEPTOS DE "ESTADO" Y "NACIÓN", SIGLOS XX AL XXI

JOANNA CROW

JOSÉ MARIMÁN empezó su libro *Autodeterminación: Ideas políticas mapuche en el albor del siglo XXI*, publicado en 2012, citando al cientista social Milan Stuchlik, quien en su trabajo de 1974 lamentaba que "el interés chileno en los Mapuche" se haya concentrado casi exclusivamente en la pregunta "¿qué hacer con los Mapuche?; y nunca ¿qué son o cómo son los Mapuche?". Por su parte, Marimán añadió "otra interpelación de no menor importancia en el estudio de las ideas políticas y descuidada hasta hace no mucho" y esa era: "¿qué piensan los Mapuche?"[1]. Esta contribución al presente tomo tiene como punto de partida esta pregunta de Marimán, y la trata desde una perspectiva histórica, que busca subrayar algunas de las continuidades y rupturas más significativas en el pensamiento político mapuche desde el siglo XIX. Dicho de otra manera, se entiende el etnonacionalismo mapuche y las demandas por la autodeterminación de hoy como un fenómeno que se ha ido desarrollando desde el momento en que el Estado chileno (y argentino) invadió y ocupó su territorio. Este capítulo analiza cómo los mapuche han hablado y hablan de los conceptos de "Estado" y "nación". En cuanto al primero, se investiga no sólo cómo han hablado *del* Estado, sino también como han hablado *al* Estado (chileno o argentino); interesa indagar en la interlocución de los mapuche con las autoridades estatales, en el detalle y en el lenguaje de esta interlocución.

Los intelectuales o pensadores políticos mapuche son y siempre han sido muchos; en las palabras del historiador Pablo Marimán, hermano de José Marimán, citado anteriormente, "la labor de pensar ha sido una constante

[1] José Marimán, *Autodeterminación: Ideas políticas mapuche en el albor del siglo XXI* (Santiago: Lom, 2012), 1. La autodeterminación y la descolonización se encuentran íntimamente interconectadas y, como dice el sociólogo aymara Esteban Ticona Alejo, "What decolonization really involves is not only the recognition of indigenous people but the recognition of indigenous people's thought". Véase "Education and Decolonization in the Work of the Aymara Activist Eduardo Leandro Nina Qhispi", en *Histories of Race and Racism: The Andes and Mesoamerica from Colonial Times to the Present*, ed. Laura Gotkowitz (Durham y Londres: Duke University Press, 2011), 252.

entre los mapuche de todos los tiempos"[2]. Los pensadores políticos mapuche son también muy diversos: dicho esto en términos étnicos y sociales, y en cuanto a su formación política e intelectual. Álvaro Bello comenta que "no existe una 'gran teoría' para interpretar la sociedad mapuche", enfocando su análisis en las relaciones de los mapuche "con la territorialidad, así como sus vínculos históricos con la etnicidad"[3]. La territorialidad y la etnicidad tienen que ver con los conceptos de "Estado" y "nación". Como dice Bello, forman parte "sustantiva de los procesos sociales y culturales construidos por los sujetos en relación con otros grupos y sociedades"[4]. Su libro habla del siglo XIX. Este análisis incluye los siglos XX y XXI, y afirma cuán difícil es intentar cuadrar la gran diversidad de la sociedad mapuche —y su pensamiento político— dentro de categorías o etiquetas; no existía en el pasado ni existe en el presente *un* pensamiento (homogéneo o uniforme) político mapuche. Sin embargo, es posible notar algunos vocabularios repetidos y modelos narrativos que ayudan a entender y a interrogar su autoidentificación (o autoidentificaciones), y su manera de hacer y pensar la política.

Este capítulo empieza abordando la polémica suscitada a raíz del uso de la palabra "intelectual" y la idea de que los intelectuales forman parte de una "élite" dentro de la sociedad mapuche. Esto último implica resumir brevemente el estado de debate actual sobre el significado de "intelectual", y más específicamente sobre la identidad y la posición del "intelectual indígena". Tras esta primera sección, se analiza el pensamiento político mapuche, enfocado en Chile, pero que también incluye a la Argentina, porque el "país mapuche" o *Wallmapu* se compone del *ngulumapu* (tierra del oeste, lo que actualmente es Chile) y del *puelmapu* (tierra del este, ahora Argentina). Estos dos fragmentos, como parte de una entidad más grande, se conservan en la memoria colectiva mapuche; de acuerdo a Bello, "forman parte de la cosmovisión mapuche, como espacio mítico o geografía ritual"[5].

[2] Pablo Marimán, "Pensar y hacer como mapuche", LASA *Forum* 43, 1 (2012): 14.

[3] Álvaro Bello, *Nampülkafe. El viaje de los mapuches de la Araucanía a las pampas argentinas: Territorio, política y cultura en los siglos XIX y XX* (Temuco: Ediciones Universidad Católica de Temuco, 2011), 33.

[4] Bello, *Nampülkafe*, 13.

[5] Bello, *Nampülkafe*, 13. Se nota la importancia de viajar al otro lado de la cordillera (y la frecuencia con que lo hacían los mapuche) en el trabajo ya citado de Bello. También aparece en los *Comentarios* de Manuel Manquilef, que se analizan en la tercera sección del capítulo, y se leen algunas historias muy interesantes en las cartas publicadas por Pavez. Véase, por ejemplo, la carta de Ramón Luis Melinao, del 3 de julio de 1863, donde afirmaba que su padre (Pedro Melinao) "era uno de los caciques de la independencia que a las órdenes del coronel Venancio Coñuepán, en la República de Chile, se halló en diferentes encuentros de armas contra los españoles, y desde el año en este Estado [es decir, Argentina] ha prestado sus servicios con mayor fidelidad a la patria". Véase Jorge Pavez, *Cartas mapuche del siglo XIX* (Santiago: CoLibris, 2008), 407.

Para la elaboración del presente análisis, se ha recurrido a un conjunto de fuentes y materiales. En su mayoría, son textos escritos o textos orales transcritos producidos por pensadores políticos mapuche, solos o en colaboración con otros, y son textos redactados en castellano o, en un caso, en castellano y mapudungún. Incluyen cartas a las autoridades estatales, columnas periodísticas, ensayos, estudios etnográficos e históricos y testimonios. Hasta cierto punto, se habla de la adopción de una nueva técnica cultural y una nueva lengua por parte de los mapuche, y muchas veces se la entiende cómo un proceso de imposición colonial, por parte del Estado español y/o chileno, y asimilación cultural. Pero desde los años noventa, por lo menos, el mundo académico ha empezado a ver la historia de la escritura indígena de otra manera, problematizando el esquema binario que opone la escritura a la oralidad y el castellano al idioma indígena, rescatando de este modo un proceso mucho más ambiguo[6].

El análisis de los textos resalta a ciertos protagonistas prominentes, tratando de combinar un resumen del pensamiento político mapuche con una exploración detallada del uso de algunas palabras y términos claves. También se enfoca en ciertas coyunturas históricas: los años 1860-1880, durante y después de la mal llamada "pacificación de la Araucanía"; los años 1910-1920, cuando surgen las primeras organizaciones políticas no tradicionales mapuche; y los años de (y posteriores a) la democratización incompleta de los noventa. Habría sido posible escudriñar otros momentos históricos: sin duda, los gobiernos de Eduardo Frei Montalva y Salvador Allende durante los años sesenta y setenta —el período de la Reforma Agraria, cuando hay una fuerte participación de los mapuche en los proyectos del Estado y unas alianzas muy importantes con la izquierda chilena— son sumamente interesantes. Y también los años de la dictadura militar —cuando se decreta la división de las tierras colectivas mapuche y se forma la organización Admapu (primero como Centros Culturales Mapuches) que lucha contra esta ley—

[6] Como dice Pavez, en el caso de la escritura epistolar mapuche del siglo XIX, muchas veces el texto escrito es pronunciado en mapudungún (por el *lonko* enfrente de su comunidad) y luego traducido (por el *lonko* mismo o un secretario) para ser transcrito en castellano (véase Pavez, *Cartas mapuche*, 30). Entonces, detrás de los textos escritos en castellano —que son el producto final y lo que se analiza en este artículo— hay un proceso muy complejo, que incorpora la oralidad y la escritura, además del mapudungún y el castellano. En fin, escribir en castellano no implica rechazar la oralidad ni el mapudungún. Véanse también los artículos de André Menard que profundizan en la relación entre escritura y oralidad en la política mapuche: André Menard, "La escritura y el resto (el suplemento mapuche)", *Revista de Historia Indígena* 8 (2004); "Emergencia de la tercera columna en *La Faz Social* de Manquilef", *Anales de la Desclasificación* 1, 2 (2006). Un trabajo clave para Menard y Pavez (y para muchos otros) es Martin Lienhard, *La voz y la huella: escritura y conflicto étnico-social en América Latina 1492-1988* (Lima: Horizonte, 1992). Desde entonces, Lienhard ha escrito varios trabajos sobre el asunto, tomando en cuenta el sentido amplio de la escritura, y promoviendo un fuerte rechazo de la imagen del "salvaje" que no conoce ni entiende la escritura, y de la definición de los pueblos colonizados como "sociedades sin escritura".

tienen mucho que añadir a la discusión, pero no hay suficiente espacio aquí para indagar en las complejidades de todos los períodos, así que se ha elegido sólo tres. En ellos se unen a la discusión del significado y rol del "Estado" y "nación" otros conceptos importantes como la "autonomía" y la "integración".

Desde hace muchos años, el mundo académico reconoce la existencia de Estados prehispánicos en América Latina; admite que algunas de las sociedades indígenas del continente poseían estructuras estatales antes de la llegada de los españoles, por ejemplo, los incas y los aztecas[7]. Los mapuche, sin embargo, casi siempre han llevado la etiqueta de una sociedad "sin Estado" o "contra el Estado" por sus "tendencias al ejercicio multitudinario de la soberanía y a formas difusas, colectivas y centrifugas del poder político"[8]. Según Jorge Pavez, las cartas del siglo XIX publicadas en su libro de 2008, "evidencian una segmentalidad de poderes que opera al interior mismo de las instituciones de Estado [chileno y argentino]", donde las alianzas por matrimonio y padrinazgo también juegan un rol importante[9]. Oportunamente, en la segunda sección del capítulo, se explora esta evidencia en más detalle, haciendo hincapié en las distintas maneras de los *lonkos* mapuche de relacionarse con las diversas autoridades estatales. Esta investigación sigue en la tercera sección del capítulo, que trata de las primeras décadas del siglo XX e incorpora otra pregunta: según los líderes intelectuales y políticos mapuche de esta época, ¿cuál debe ser el rol del Estado?

En las fuentes primarias estudiadas para estas dos secciones aparece la palabra "nación" con mucha más frecuencia que "Estado"[10]. De hecho, "nación" se usa desde principios del siglo XIX en la escritura mapuche, en sus comunicaciones con líderes políticos y militares chilenos y argentinos y, muchas veces, para referirse a los mapuche. No es algo nuevo, como mucha gente supone. Se analiza entonces si ha cambiado a través del tiempo y cómo se relaciona con otros términos de pertenencia o autodenominación, como comunidad, etnia, patria, pueblo y raza. Hasta cierto punto, son palabras castellanas o criollas, pero apropiadas por los intelectuales políticos mapuche como parte de sus estrategias discursivas. Las han hecho suyas a través del diálogo con otras personas, con personas mapuche y no mapuche. Interesa este proceso de diálogo que ocurre dentro de un ámbito local o regional en el sur de Chile, nacional y también —cada vez más— global, en cortes y congresos internacionales, en Internet.

[7] Pavez, "Cartas del Wallmapu", en *Cartas mapuche*, 27.

[8] Pavez, "Cartas del Wallmapu", 28 y 30 respectivamente.

[9] Pavez, "Cartas del Wallmapu", 37. El nuevo libro de Sarah Chambers, *Families in War and Peace: Chile from Colony to Nation* (Durham: Duke University Press, 2015), enfatiza esta realidad para la época de la independencia.

[10] Se dice "Estado" como comunidad política. Aparece mucho la palabra "estado", pero como participio del verbo estar.

ESTADO ACTUAL DEL DEBATE SOBRE LOS INTELECTUALES INDÍGENAS

En su libro premiado de 2013, Claudia Zapata examina el "proyecto de descolonización indígena cuyas bases fueron establecidas a fines de la década de los setenta" con el "hito de Barbados" y "cuyo principal soporte es la escritura, donde se construye un lugar de enunciación y una representación que se caracteriza por la adscripción étnica particular, e indígena en general"[11]. Una línea de debate que Zapata sigue es la distinción entre intelectual indígena e intelectual universal, y también la forma en que un intelectual "de procedencia indígena" se constituye en un "intelectual indígena"[12]. Su análisis se concentra en aquellos indígenas que "han cursado estudios formales en la escuela y universidad" y que hacen uso de los conocimientos teóricos y prácticos para la defensa de sus derechos como pueblo; la intervención política es clave[13]. El uso de la escritura y el acceso a la educación superior implican un cierto estatus social, que es lo que lleva a algunos a percibir a los intelectuales (o a algunos intelectuales a verse) como parte de una élite dentro la sociedad indígena. Y es precisamente por esto que varios autores incluidos en el libro *Historia, colonialismo y resistencia desde el país mapuche*, publicado por la Comunidad de Historia Mapuche en 2012, problematizan e incluso rechazan la etiqueta de "intelectual".

Pero, como apunta Zapata, "no se puede sostener que los intelectuales indígenas aparecen recién con la modernidad, pues estos grupos poseen y han poseído, desde antes, sujetos constructores de discursos y representaciones, especialistas en la transmisión de conocimiento, sea este de tipo político, religioso o histórico"[14]. En este trabajo, se toma la definición más amplia de la palabra intelectual: alguien que tiene la "capacidad para construir discursos y representaciones"[15]. Siguiendo a Zapata, se entiende al intelectual mapuche como "parte diferenciada de la sociedad mayor" aunque, hasta la segunda mitad del siglo XIX, no formaba parte de la sociedad mayor chilena. Son "sujetos que asumen la representación cultural de sus colectivos, que articulan relatos holísticos" y que hacen "un aporte específico que consiste, a grandes rasgos, en argumentar la diferencia de la que se sienten portadores, denunciando los atropellos de los que sus colectivos han sido víctimas y para los cuales esa diferencia ha sido usada como excusa"[16].

[11] Claudia Zapata Silva, *Intelectuales indígenas en Ecuador, Bolivia y Chile: Diferencia, colonialismo y anticolonialismo* (Quito: Abya Yala, 2013), 13-14.

[12] Zapata Silva, *Intelectuales indígenas*, 73.

[13] Zapata Silva, *Intelectuales indígenas*, 49.

[14] Zapata Silva, *Intelectuales indígenas*, 73.

[15] Zapata Silva, *Intelectuales indígenas*, 11.

[16] Zapata Silva, *Intelectuales indígenas*, 15.

En el caso de los líderes mapuche de las últimas décadas del siglo XIX que entran en diálogo epistolar con los Gobiernos argentino y chileno, sirve mucho la concepción de intelectuales orgánicos o locales elaborada por la historiadora Florencia Mallon en su trabajo sobre México y Perú durante el siglo XIX. Se cita aquí:

> "En los pueblos, los intelectuales locales eran aquellos que intentaban reproducir y rearticular la historia y la memoria locales, y conectar los discursos locales de identidad comunal a los cambiantes procesos de poder, solidaridad y consenso. Políticos, maestros, ancianos, curanderos —ellos tenían el conocimiento del cual necesitaría la comunidad en tiempos de cambio o de crisis—"[17].

Además, ayuda la discusión de Gabriela Ramos y Yanna Yannakakis en su libro *Indigenous Intellectuals*: "Certain people are distinguishable as intellectuals by virtue of their directive, organisational, or educative function in society. Intellectuals not only lead, but also persuade, mediate and animate"[18]. Jorge Pavez, por ejemplo, habla del legado intelectual del *lonko* Mangil como "padre de la nación" mapuche, en su introducción a *Cartas mapuche*[19].

Lonko es la expresión empleada en mapudungún para designar a aquellos que se hallan autorizados para hablar en nombre de la comunidad o del grupo, a quienes manejan, junto con otras autoridades, las formas de cognición y legitimación del orden social del colectivo. Posiblemente, sería más adecuado mantener la denominación propia de la cultura mapuche cuando se habla del siglo XIX, para evitar caer en anacronismos y, sin duda, porque ellos no utilizaron el término "intelectual" para autorreferirse; pero se incluye a los líderes locales de este período dentro de este esquema general de intelectuales o pensadores mapuche, porque caben en las definiciones propuestas por Mallon, Ramos y Yannakakis. No incluirlos —cuando ni los activistas de la primera década del siglo XX ni los de hoy emplean con mucha frecuencia la palabra "intelectual" para describirse— sería eludir su papel articulador, directivo y mediador en su contexto. Como dicen los integrantes de la Comunidad de Historia Mapuche, "los cientos de cartas de autoría mapuche emitidas durante el siglo XIX" son evidencia de una "intervención en la esfera letrada", y prueba de que el *rakizuamün* (quehacer intelectual) mapuche se desarrolla, desde hace muchos años, "paralelamente desde la oralidad y la escritura, desde espacios públicos y cotidianos y desde ámbitos

[17] Florencia E. Mallon, *Campesino y nación: la construcción de México y Perú poscoloniales* (México: Centro de Investigaciones y Estudios Superiores en Antropología Social, 2003), 95.

[18] Gabriela Ramos y Yanna Yannakakis, eds., *Indigenous Intellectuals: Knowledge, Power and Colonial Culture in Mexico and the Andes* (Durham y Londres: Duke University Press, 2014), 2.

[19] Pavez, "Cartas del Wallmapu", 88.

políticos, religiosos, lingüísticos, literarios, históricos, antropológicos, del derecho, entre otros"[20].

Durante la guerra de conquista, 1861-1883

Con la derrota militar de la segunda mitad del siglo XIX, los mapuche dejaron "atrás su pasado de bonanza e independencia para reemplazarlo por otro de persecución, acorralamiento, exterminio y humillación"[21]. Así lo describe Pablo Marimán en *¡Escucha winka! Cuatro ensayos de historia nacional mapuche y un epílogo sobre el futuro*, un libro muy importante en el escenario académico y político chileno del presente, que incluye su propio proyecto de autonomía. La incorporación de la región de la Araucanía al territorio nacional chileno significó el desplazamiento y relocalización de la población mapuche en "reducciones"; perdieron el 95% de sus tierras (10 millones de hectáreas se redujeron a 500 mil). Pero fue un proceso gradual que duró más de 20 años y no se sabía entonces —o, por lo menos, no se sabía con certeza— que iba a terminar así. Además, varios líderes mapuche participaron directa o indirectamente en las campañas militares, apoyando a las autoridades chilenas y/o argentinas.

Se enfoca aquí el análisis en las cartas remitidas por líderes mapuche y enviadas a las autoridades (civiles, militares y religiosas) chilenas y argentinas durante este período. Gracias a los esfuerzos del etnohistoriador Jorge Pavez, se tiene acceso a cientos de tales documentos: en total, entre 1861 (cuando se inicia la campaña de ocupación de Angol) y 1883 (cuando se concluye la ocupación de Villarrica), son 260 cartas de 96 autores (quienes las escribieron personalmente o las dictaron a un escribano)[22]. Como dice Pavez, se ven aquí la "intensidad de la negociaciones diplomáticas que se dan en estos años" y los "intentos de negociación mapuche en ambos flancos estatales" (es decir, el *ngulumapu* y el *puelmapu*, o Chile y Argentina)[23]. La mayoría de las cartas, pero no todas, fueron dirigidas a las autoridades argentinas[24] y sobresalen los nombres de Mariano Rosas, Epungürü Rosas, Manuel

[20] Héctor Nahuelpán Moreno *et al.*, *Ta iñ fijke xipa rakizuameluwün - Historia, colonialismo y resistencia desde el país mapuche* (Temuco: Ediciones Comunidad de Historia Mapuche, 2012), 17.

[21] Pablo Marimán, "Los mapuche antes de la conquista militar chileno-argentina", en Pablo Marimán, Sergio Caniuqueo, José Millalén y Rodrigo Levil, *¡Escucha, winka! Cuatro ensayos de historia nacional mapuche y un epílogo sobre el futuro* (Santiago: Lom, 2006), 111.

[22] En total, el libro *Cartas mapuches del siglo XIX* (Santiago: CoLibris, Ocho Editores, 2008), incluye 383 cartas remitidas por 139 autores. Véase Pavez, "Cartas del Wallmapu: Presentación", 9.

[23] Pavez, "Cartas del Wallmapu", 13.

[24] Para el período 1861-1873, son 129 cartas en total, y 32 van dirigidas a las autoridades chilenas.

Namunkura y Bernardo Namunkura como epistolarios prolíficos. Los autores mapuche del *ngulumapu* que aparecen con más frecuencia son Ambrosio Payllalef, Francisco Payllal y Domingo Melin. Como lo reconoce Pavez, el "archipiélago de escritos" reunidos y publicados en este libro, "es solo la punta del iceberg de la correspondencia que circuló" en el siglo XIX[25]; sin duda, cada uno de los *lonkos* (caciques o líderes) que aparecen aquí "llegó a producir una cantidad de documentos que aún queda por descubrir"[26]. Timothy Burke subraya el problema en su comentario sobre el trabajo del teórico cultural italiano Franco Moretti: "If we confine our understanding of what was typical or normal [...] to what we find in archives, in libraries, in catalogues, in records of publication, we'll ultimately have a deformed conception of the totality. *Beyond everything counted there is always another mountain of the uncountable*"[27].

Siempre tomando en cuenta que lo que se tiene no es un conjunto de datos completo (un objetivo imposible en todo caso), puede ser muy útil y productivo examinar las cartas para pensar en mayor profundidad cómo se articulaba la identidad mapuche en relación con los Estados que iban invadiendo y ocupando su territorio. El empleo de métodos analíticos asistidos por la computadora puede ayudar en esta tarea porque puede sacar una radiografía de las cartas y revelar algunas cosas que no ve el ojo humano.

Para empezar, es interesante cuantificar el uso (o no) por parte de los autores mapuche de los términos "Estado" y "nación", y de algunas palabras directamente conectadas, tales como "tribu" o "tierra", y después analizar, de una manera más cualitativa, la manera cómo las usaban. Por ejemplo, la palabra "Estado" sólo aparece dos veces entre 1861 y 1883, una vez para referir al "Estado de Buenos Aires" y la segunda vez a "este Estado", que era Argentina. La palabra "nación" aparece (así deletreada) con mucha más frecuencia: 44 veces. Se distribuye en 18 cartas y se usa cada vez más a través del tiempo. En la mayoría de las cartas, se hace referencia al Gobierno en Santiago o en Buenos Aires: al "Gobierno de la Nación" (14 veces) o al "Presidente de la Nación" (13 veces). Escrita de esta manera, la "nación" es Chile o Argentina.

Pero no siempre es así. En una carta de 1861, el cacique mapuche Wentekol le dijo al presidente chileno José Joaquín Pérez que "toda la nación respeta a Pradel [Bernadino Pradel de Concepción], como el mismo jeneral Cruz" y explicaba que habían resuelto no comunicarse con otras autoridades, como Salvo o Villalón, hasta recibir noticias de Pérez[28]. Aquí "toda la nación" parece aludir a la nación mapuche (como si hubiera dicho algo así

[25] Pavez, "Cartas del Wallmapu", 10.

[26] Pavez, "Cartas del Wallmapu".

[27] Jonathan Goodwin y John Holbo, eds., *Reading Graphs, Maps, Trees: Critical responses to Franco Moretti* (Anderson: Parlor Press, 2011), 44. El énfasis es de la autora.

[28] Pavez, *Cartas mapuche*, 366.

como "toda mi gente" o "todas mis tribus"). En otra carta, del 5 de diciembre de 1877, dirigida al coronel Nicolás Leballe (sic), el *lonko* Namunkura afirmaba que: "nosotros somos los dueños de los campos que terminan en posición los Caciques de las tribus de mi Nación"[29]. Parece subrayar una conexión entre los conceptos de residencia o territorio (ser "dueños de los campos") y nación. En 1878, el mismo Namunkura se refería explícitamente a (una categoría más genérica de) la "Nación India"[30]. También se encuentra la palabra "nación" deletreada de distintas formas: en noviembre de 1877, Ambrosio Payllalef (del *ngulumapu* o lado chileno de la cordillera) escribía a su tío Valentín Sayweke para quejarse de la hambruna (su gente estaba muriendo a causa de los altos precios de las provisiones impuestos por el Gobierno chileno); hablaba de "todas las nasiones indígenas" y "la nacion indijina" y las diferencia de "los españoles cristianos" ("españoles" aquí es sinónimo de chilenos)[31].

Se usa la religión en esta escritura epistolar mapuche para subrayar la alteridad: hay una referencia implícita a que los mapuche no son cristianos, que tienen sus propias costumbres y creencias religiosas. En una carta al sacerdote Marcos Donati, el lonko Llangkitruf hablaba de la nación argentina como "la nación de los cristianos" (demarcando así una continuidad entre la época colonial y republicana; otra continuidad es la autonomía mapuche). En septiembre de 1874, Namunkura declaraba que "todos [sus] indios [quieren vivir] en paz con todos los cristianos" y Domingo Melin describía el orgullo que sentía por el hecho de que "muchos jefes" (mapuche) le "han profesado cariño por ser un buen amigo de los hombres cristianos y civilizados"[32]. Narrado así, los cristianos no eran enemigos —había, sin duda, un deseo proclamado de convivir con los cristianos—, pero igual eran "otros".

En el caso de Namunkura, la nación argentina era "otra", pero sus "tribus" estaban al punto de firmar tratados con esta nación[33], así que era una nación aliada con sus tribus —una multiplicidad sobre la cual él tenía cierta autoridad—. Como se ha dicho anteriormente, hay otros momentos en los que Namunkura transformó esta multiplicidad de tribus en una sola "Nación

[29] Pavez, *Cartas mapuche*, 664.

[30] Carta del 24 de septiembre de 1878, en Pavez, *Cartas mapuche*, 679.

[31] Carta del 11 de noviembre de 1877, en Pavez, *Cartas mapuche*, 662-663. Como dice Sinclair Thomson, hablando de la época colonial, "The term 'Spaniard' evoked a somewhat vague and open-ended social identity". "Most immediately", continúa, "the term expressed the shared identity of Europeans born on the Iberian peninsular and American-born creoles". Véase Sinclair Thomson, "Was There Race in Colonial Latin America? Identifying Selves and Others in the Insurgent Andes", en *Histories of Race and Racism*, ed. Gotkowitz, 78. Thomson indica también que muchas veces, en el siglo XVIII, se usa indistintamente los términos "español" y "blanco".

[32] Cartas del 4 de septiembre de 1874 y del 3 de septiembre de 1878, en Pavez, *Cartas mapuche*, 578 y 699.

[33] Pavez, *Cartas mapuche*, 668-669.

India". La palabra "tribu" es una de las más comunes en las cartas mapuches de esta época: aparece 147 veces entre 1861 y 1883. Melin la usaba con frecuencia, hablando de "mi tribu"[34]. Ramón Luis Melinao firmaba sus cartas a Bartolomé Mitre "a nombre de la tribu que represento" o "por autorización del cacique de la tribu"[35]; y Andrés Rangiñkew se presentaba ante el mismo presidente de Argentina como "segundo jefe de la tribu Coliqueo"[36]. En el caso de Melinao, la tribu se entiende como una entidad militar o, mejor dicho, ser cacique de una tribu simboliza una posición de poder militar: para él era importante hablar a nombre "de los caciquillos y captinejos e indios de tropa a mi mando"[37]. Muchas veces, la tribu está fuertemente vinculada a la familia y la comunidad tradicional, o es una entidad que reúne a varias comunidades. De esta manera, los *lonkos* desafían los esfuerzos de los oficiales gubernamentales para intentar encarnar al Estado republicano (de Chile o Argentina) como fuente única de autoridad. Otras veces, la tribu es una colectividad más grande, que enfatiza su capacidad de tomar decisiones independientes, aun cuando colaboran con el gobierno de Buenos Aires o de Santiago. Existe, por ejemplo, un documento escrito por Pedro Melinao (pariente de Ramón Luis) que lleva el título "Reseña de los servicios prestados a la Patria por la *tribu araucana* en la República de Chile y Argentina en la Guerra de la Independencia hasta el presente 9 de julio de 1868"[38].

Pedro Melinao se hizo aliado de las Repúblicas de Chile y Argentina, pero como un extranjero: les prestaba "los servicios" de su tribu. En una carta de mayo de 1861, José María Katrülew enunciaba que "la nación entera sabe muy bien la lealtad y servicios prestados por nuestros antepasados". Hablando aquí con el intendente de la provincia de Arauco es como si los mapuche fueran incluidos en "la nación entera" —sus antepasados han sido "leales" a esta nación—. Se percibe la falta de igualdad, porque a cambio de esta lealtad, Katrülew pedía "lo necesario para alimentarnos" (hay que recordar que habían perdido ya o iban perdiendo su territorio y su autosuficiencia económica). Pero la idea de prestar servicios implica que hay una opción y que trabajar con (o, como dice en la misma carta, ser "servidores" de) esta nación es algo temporal[39]. Para servir al Gobierno tuvieron que abandonar "nuestras tierras, nuestros intereses y nuestras familias". La idea implícita aquí es que después van a volver a sus tierras y familias.

[34] Pavez, *Cartas mapuche*, 699.

[35] Cartas del 3 y 24 de julio de 1863 en Pavez, *Cartas mapuche*, 407 y 408.

[36] Carta de abril de 1865, en Pavez, *Cartas mapuche*, 437. En cartas anteriores, Rangiñkew también se autoidentificaba como "jefe segundo de la tribu indios amigos" y firmaba "a nombre de la tribu que represento"; véase carta del 13 de mayo de 1863, en Pavez, *Cartas mapuche*, 392.

[37] Carta del 24 de julio de 1863, en Pavez, *Cartas mapuche*, 408.

[38] Pavez, *Cartas mapuche*, 598, notas a pie de página. El énfasis es nuestro.

[39] Pavez, *Cartas mapuche*, 356-357.

En otra carta de 1861, Narciso Longkochino escribía al ministro del Interior de la República de Chile acerca del "regreso a nuestra tierra"[40]. La palabra "tierra" es repetida varias veces en las cartas de los *lonkos* mapuche, pero no aparece con la frecuencia de otras, como "tribu": se encuentra ocho veces en total, con la confirmación de posesión demarcada en "mi" o "nuestra" tierra[41]. Se percibe una sensación de pertenencia a un lugar específico, de compartir como colectividad esta pertenencia. Kallfucura, por ejemplo, declaraba que "todos mis indios como ermanos qe somos de una misma tierra"[42]. Namunkura rearticuló esta frase, hablando como uno de los "hijos de una misma tierra", pero esta vez decía que la compartía con "cristianos"[43]. No es exclusiva la pertenencia, entonces, pero sólo porque lo decidieron las autoridades mapuche. En dos ocasiones (Wentekol en 1861 y Melin en 1867) usaron el mapudungún para indicar que había tierras o incluso un territorio únicamente de los mapuche: Wentekol mandó su carta al presidente chileno desde el "Mapu" (así aparece junto con la fecha) y Domingo Melin hablaba con el general Cornelio Saavedra de algo que afectaba a "todos los de mi butralmapu"[44]. Como explica Jimena Pichinao Huenchuleo, el *butralmapu* (deletreado "fütal mapu" por ella) "desde el mapuzugun se utiliza para designar grandes espacios territoriales controlados política, religiosa y económicamente por los Mapuche", son "autónomas en cuanto a representación política y se caracterizan por concentrar características ecológicas específicas que los diferencian entre sí", por ejemplo, el *fütal mapu* pewenche o *fütal mapu* lafkenche[45].

Resumiendo esta narrativa de autoridad, identidad y propiedad, Pavez confirma que las cartas reproducidas en su libro tienden a "expresar la existencia persistente de una forma de colectividad que se autodenomina, y por tanto, auto-determina, en sus formas de gobierno, y así resiste a la subsunción [...] al Estado"[46]. Lo que se ha mostrado aquí son algunos detalles de esta realidad epistolaria de autodenominarse y autodeterminarse, y es una realidad que sigue después de la última derrota militar de los mapuche: en su carta del 19 de febrero de 1889 al historiador Horacio Lara (quién había publicado un libro sobre la Araucanía), Domingo Coñuepan le agradecía a

[40] Carta del 9 de enero de 1861, en Pavez, *Cartas mapuche*, 337.

[41] Además, Longkochino y Katrülew (quien lo pronunciaba dos veces) lo decían así. También Wentekol (364), Inakayal (422), Baigorrita (534), Melin (699). Otras veces, se hablaba de "la tierra" que había que cultivar y trabajar.

[42] Pavez, *Cartas mapuche*, 509.

[43] Pavez, *Cartas mapuche*, 578.

[44] Pavez, *Cartas mapuche*, 363 y 446.

[45] Jimena Pichinao Huenchuleo, "Los parlamentos hispano-mapuche como escenario de negociación simbólico político durante la Colonia", en Héctor Nahuelpán *et al.*, *Historia, colonialismo y resistencia*, 28.

[46] Pavez, "Cartas del Wallmapu", 80.

"NOMBRE DE LAS TRIBUS ARAUCANAS", hablaba de "mi PATRIA DE ARAUCO" y, al final, le saludaba a "NOMBRE DE MI NACION"[47].

En el libro *The Mapuche in Modern Chile: A Cultural History*, se propone que el Estado chileno no es un actor unitario. De acuerdo con otras voces, se entiende más bien como un espacio cuestionado, caracterizado por las divisiones políticas internas, personalidades antagónicas, intereses contrarios y distintas alianzas externas. Las cartas publicadas en el libro de Pavez evidencian que los caciques mapuche veían a los Estados naciones chileno y argentino de ese modo, hablando directamente a (y subrayando la importancia de) ciertos individuos (y sus redes) dentro de la maquinaria estatal en Chile. Escribieron a los arzobispos y frailes de la Iglesia, a los comandantes, coroneles y generales militares, a los intendentes de las provincias y gobernadores de las ciudades en el sur, a los ministros en Santiago y al presidente mismo, y siempre los nombraban individualmente. Por ejemplo, en su carta del 3 de septiembre de 1878, Domingo Melin no se dirigía al señor ministro de Guerra y Marina, sino al "Señor Don Cornelio Saavedra" (quien era, en esta época, ministro de esa cartera). Muchas veces, se lee algo más íntimo que su nombre: un "querido hermano", "querido compañero", "querido compadre" o "querido amigo". En algunas cartas, como la de Kallfucura al general Juan Esteban Pedernera en abril de 1861, el remitente empezaba cada párrafo con la frase "querido amigo"[48]. "Amigo" es la palabra más común para referirse a la relación y aparece tanto en la identificación del remitente como en la del destinatario; muchas veces, los autores mapuche terminaban sus cartas con frases como "su fiel amigo" o "su buen amigo".

Es posible leer la palabra "amigo" a lo largo de la obra del filósofo francés Jacques Derrida, específicamente en su libro *The Politics of Friendship*. Allí surge la idea de que la amistad "radical" (compañerismo y cooperación) puede funcionar como una manera de contradecir, complicar o problematizar (incluso terminar con) las relaciones coloniales y el colonialismo. Entendida así, la amistad muestra la capacidad de "self-othering" (pensarse a sí mismo como el otro, de ponerse en el lugar del otro), la posibilidad de pertenecer juntos a una comunidad de una forma inclusiva. En estas cartas, ¿qué significaba dirigirse al otro (a las autoridades chilenas o argentinas) como "amigo"? ¿Qué pretendían los caciques mapuche al declararse amigos de los destinatarios de sus cartas? Es difícil imaginar que fuera una amistad "radical"; al contrario, parece similar a la situación de los "indios amigos" durante la época colonial (de hecho, este término siguió en uso durante todo el siglo XIX en el lenguaje de las autoridades estatales). Ser "indio amigo" en muchos casos significaba cooptación y dominación en vez de cooperación, que sería esta última más una relación entre iguales. En su introducción, Pavez subraya

[47] Pavez, *Cartas mapuche*, 792. En mayúsculas en el original.

[48] Pavez, *Cartas mapuche*, 343.

"la dialogía no-jerárquica del remitente y el destinatario", y es de notar que cuando se incluye la respuesta del destinatario (un coronel, un general, un pastor, un gobernador, etc.) muchas veces estos usaban el mismo vocabulario de amistad, fraternidad o compañerismo que los autores mapuche[49]. Asimismo, se ve en un gran número de cartas una afirmación de la "lealtad gobiernista" de los *lonkos* mapuche; el hecho de sentirse obligados a declararse leales sugiere una posición subordinada, aunque quizá no fuera una necesidad ni un indicio de como se sentían, sino una estrategia retórica: decían lo que había que decir (algunas veces porque recibían un sueldo del gobierno de Santiago o Buenos Aires) sin asumirlo en realidad. Viendo que las cartas incluyen tantas afirmaciones de autonomía y poder por parte de los caciques mapuche —y también varias amenazas hacia las autoridades estatales chilenas y argentinas si no cumplían con sus obligaciones y promesas—, se entiende este lenguaje epistolar como una amistad de utilidad, una amistad política (de negociación) en vez de una amistad "de placer" (distinción que hace Aristóteles)[50] o una amistad "radical" (la posibilidad derridiana).

La dirigencia política mapuche durante y después de la "radicación", 1883-1929

En esta sección, se analizan las ideas políticas y los discursos identitarios estratégicos de dos líderes mapuche de la primera mitad del siglo XX: Manuel Manquilef y Manuel Aburto Panguilef[51]. Ambos nacieron justo después de la conquista militar del territorio mapuche y pertenecían a familias que habían apoyado esta conquista. De niños, llevaron vidas bien distintas en cuanto a sus recursos económicos. La familia de Manquilef tenía grandes extensiones de tierra; la de Aburto Panguilef también era poseedora de tierras, pero en poca cantidad, y vivía en la pobreza. En cuanto a su formación, Manquilef recibió una educación que en su mayor parte fue estatal, mientras que la enseñanza primaria y secundaria de Aburto Panguilef fue provista por la misión anglicana. De adultos, sin embargo, tuvieron mucho en común: ambos recibieron educación superior, pues Manquilef se tituló de profesor normalista y Aburto Panguilef estudió abogacía, aunque no terminó la

[49] Pavez, "Cartas del Wallmapu", 99.

[50] Mihalis Mentinis, "Friendship: Toward a Radical Grammar of Relating", *Theory and Psychology* (2014): 4.

[51] Estos dos líderes son representativos de una trayectoria educacional que los situó entre el mundo mapuche y el chileno. Se podrían incluir las experiencias de liderazgo emergidas en otros contextos (miembros de la iglesia local, campesinos, pequeños comerciantes), es decir, la vivencia de pensadores ajenos al ámbito educacional; pero no se ha hecho por dos razones: para ofrecer un "close reading" del material (tratar más textos significaría analizarlos en menor detalle) y porque no se ha podido consultar los documentos que acercarían las voces de dichos líderes, puesto que no dejaron tantos escritos como Manquilef y Aburto Panguilef.

carrera. Más adelante, ambos se convirtieron en dirigentes de las organizaciones políticas mapuche más visibles y vocales de los años 1910, 1920 y 1930; produjeron una gran cantidad de escritos y actuaron como mediadores entre la sociedad mapuche y el Estado chileno, siendo en distintos momentos representantes de los dos entes: en el caso de Manquilef, como diputado en el Congreso Nacional y, después, como gobernador de Lautaro; Aburto Panguilef como parte del Gobierno regional durante la república socialista de Marmaduke Grove. Aquí se cruzan las siguientes preguntas: ¿cómo vieron al Estado chileno o argentino? ¿Cómo se relacionaron con esos Estados y cuál creyeron que debía ser el rol de estos? Se concentrará esta discusión en cuatro textos: un libro de Manquilef de 1911 y un discurso pronunciado por él en 1916, una entrevista de 1923 con Aburto Panguilef y unos párrafos de su diario de vida de 1940.

Lo que cuenta Manquilef en las primeras páginas de *Comentarios del pueblo araucano* —un estudio etnográfico de las costumbres sociales de los mapuche[52]— es su viaje por el mundo educacional chileno. Como demuestra el análisis cuantitativo ofrecido por CATMA[53], sus palabras más frecuentes son "escuela", "liceo", "establecimiento", "profesor", "Neculman" (el director de su primera escuela en Temuco) y "normalista". Se enfatiza la educación formal, pero también se lee sobre otra educación: la de su comunidad, transmitida por su "abuelita". Junto con Tomás Guevara (rector del Liceo de Temuco donde Manquilef estudió y luego trabajó en los años 1900 y 1910) es ella la persona más importante en esta sección autobiográfica. Es este el contexto cultural e histórico en el que nació Manquilef como intelectual y líder político mapuche durante las primeras décadas del siglo XX. En 1910, fue cofundador de una organización étnica, la Sociedad Caupolicán Defensora de la Araucanía, que aun así no era exclusivamente étnica, como lo es hoy el Consejo de Todas las Tierras o la Coordinadora Arauco-Malleco (CAM), porque incorporaba a personas no mapuche, como el ya citado etnolingüista y profesor Tomás Guevara, y algunas figuras eclesiásticas, como Carlos Sadleir (director de la Escuela Misión Anglicana en Quepe). Sin embargo, dicha Sociedad sí tenía por objetivo luchar por los derechos del pueblo mapuche y la mayoría de sus dirigentes eran de dicha etnia. Como ya lo han señalado varios estudiosos, una demanda constante durante la existencia de la Sociedad Caupolicán (1910-1938) fue un mayor acceso a la educación para los niños mapuche, la que les fuera útil tanto en sus vidas dentro de las comunidades rurales como en sus interacciones con el mundo urbano chileno[54]. La

[52] Como los intelectuales indígenas estudiados en el libro de Gabriela Ramos y Yanna Yannakakis, Manquilef se presenta como un "history keeper", es decir, alguien que conserva la historia de su pueblo. Véase Ramos y Yannakakis, *Indigenous Intellectuals*, 134 y 140.

[53] Computer Assisted Textual Markup and Analysis (www.catma.de).

[54] Véanse, por ejemplo, Pablo Marimán, "Demanda por educación en el movimiento mapuche en Chile: 1910-1990. Una aproximación desde la historia oral" (tesis de Licenciatura en

trayectoria educacional de Manquilef fue justamente lo que le confirió, aunque no lo dijera explícitamente, la autoridad y legitimidad de comentar las costumbres "del pueblo araucano".

Surgen algunas diferencias entre el lenguaje de *Comentarios* y el de las cartas de los *lonkos* mapuche del siglo XIX: en el libro de Manquilef no aparece directamente ni el Estado ni el Gobierno, tales palabras casi no se encuentran en la narrativa sobre la vida del mundo rural indígena. Tampoco usa tanto la palabra "tribu", uno de los términos más repetidos en las cartas publicadas por Pavez. La palabra más frecuente en *Comentarios* es "jente" (aparece 43 veces); sigue "amigo" (42 veces, incluyendo "amigos", "amiga" y "amigas"); "araucano" (35 veces con sus variantes)[55]; "pueblo" (28 veces con sus variantes)[56], y "mapuche" (19 veces con sus variantes). También aparecen "raza" (9 veces), "indio" (14 veces) e "indigena" o "indijena" (6 veces). Es la historia de un colectivo ("la raza araucana", "el pueblo araucano", "el idioma mapuche") que no es chileno, pero que tampoco se opone de manera hostil a la sociedad chilena (hay varias instancias de interacción). En las páginas bilingües de Manquilef se lee de las reuniones que hacía la "jente" o el "pueblo", del trabajo, de la música y las canciones, de la construcción de la *ruka*, de la producción y consumo de *mudai* y mucho más; son actividades que los mapuche llevan a cabo juntos en su *mapu* (lo que Manquilef traduce como "tierra").

La educación aparece otra vez en el discurso que pronuncia Manquilef en el Congreso Católico Araucanista, celebrado en Santiago en diciembre de 1916[57]. Proveer educación es un deber del Estado chileno, algo que exigen Manquilef y su organización durante todo este período. En tal caso, lo hace de una manera servil, enfatizando la subordinación de su pueblo: "podréis serviros de ellos [los mapuche] y os servirán agradecidos de que al menos les deis una pequeña educación". La palabra más frecuente en el discurso es "señores"; aparece al principio de cada párrafo y, en total, unas 30 veces. En ese momento la audiencia de Manquilef es la élite académica, política y religiosa: el presidente de Chile, Juan Luis Sanfuentes (1915-1920), por ejemplo, y el arzobispo de Santiago. Manquilef les habla (quizás porque se siente obligado

Educación, Universidad de la Frontera, Temuco, 1993); Andrés Donoso, *Educación y nación al sur de la frontera: Organizaciones mapuche en el umbral de nuestra contemporaneidad, 1880-1930* (Santiago: Pehuen, 2008); Daniel Cano, "Demanda educacional mapuche en el periodo reduccional (1883-1930)", *Revista Pensamiento Educativo* 46-47 (2010); Joanna Crow, *The Mapuche in Modern Chile: A Cultural History* (Gainesville: University Press of Florida, 2013).

[55] Las distintas formas son: "ARAUCANO" (que se explica por la repetición del título del libro en mayúsculas cada dos páginas), "araucano", "araucana" y "araucanos".

[56] A veces, "pueblo" no se refiere al pueblo araucano o mapuche, sino a una ciudad, como Chillán o Temuco.

[57] El discurso se publicó con el título "Ecos del Congreso Araucanista", *El Diario Austral de Temuco*, 23 de diciembre de 1916.

a hacerlo) de una manera deferente, incluso reverente; queda claro que ellos tienen el poder. Pero también hay algo más, un sutil desafío:

> "Señores: No vengo a llorar como mujer lo que mis abuelos supieron defender como hombres; pero permitidme que os diga que mientras los valientes conquistadores nos trataron francamente como enemigos, pudimos defender nuestra tierra; pero cuando algunos malos gobernantes de la República se hicieron nuestros amigos, su amistad debilitó el vigor de nuestra raza alcoholizándola, y nos sumió en la miseria arrebatándonos nuestras tierras".

Los gobernantes pasados (se supone que habla del pasado para no entrar en roces con el gobierno actual) traicionaron al pueblo mapuche, con sus mentiras y promesas falsas, su hipocresía y paternalismo. Según dice Manquilef, no había nada genuino en sus declaraciones de amistad, no había nada de compañerismo (del que habla Derrida); de hecho, relatado así, con el estatus de enemigo (de los españoles) había más respeto, más posibilidades de convivencia y de entenderse con el "otro". Su público elitista tiene el poder, pero no tiene el conocimiento ni la legitimidad para hablar de lo que necesitaban los mapuche:

> "Si queréis, señores, conocernos y hacernos y hacer algo útil por nosotros, es necesario que vayáis a nuestras rucas que jamás han tenido puertas cerradas y abiertas están todavía, como la manifestación más evidente que el pueblo araucano a quien el mundo califica de ladrón, ha sido siempre honrado y confiado".

En este discurso se percibe la importancia de sentirse parte de una comunidad: "nuestros", "nuestras" y "nuestra" aparecen 38 veces en total (13, 11 y 14 veces respectivamente); juntas constituyen la narrativa más importante del discurso de Manquilef. "Nuestras" parece oponerse a "vuestras". El colectivo de "nosotros" comparte una identidad racial: la palabra "raza" se repite 12 veces, y es la raza "araucana", "indígena" o "mapuche". Manuel Aburto Panguilef habla de "raza" también, como se verá a continuación, y sin duda no es ninguna coincidencia que así hablara la sociedad dominante chilena durante esa época[58]. La palabra "raza" era casi sinónimo de nación o nacionalidad: hablar de la "raza chilena" era hablar de la nación chilena; lo mismo con los araucanos, los mapuche o los "indios".

La palabra "Estado" aparece sólo una vez en el discurso de Manquilef pero, siguiendo esta línea argumental, se destaca su uso para referirse a la Araucanía: "El Bio-Bio, como antes de la conquista, volvió a ser el límite austral del Reino de Chile, y el Norte del *estado Araucano*, y el poderoso

[58] Véase, por ejemplo, Nicolás Palacios, *Raza chilena* (s/n, 1904).

Monarca, en cuyo estado no se ponía el sol, se vió obligado a mantener allí 2000 hombres pagados por el Erario del Perú"[59].

Manquilef también habla del territorio araucano y articula ambas palabras en pasado: cuenta una "historia" de autonomía y busca en el presente una integración a la sociedad chilena que reconozca esta independencia histórica, que admita la diferencia del "pueblo araucano", así nombrado en el título del libro, como algo para aplaudir en vez de lamentar o querer eliminar. Lo que desarrolla Manquilef es un imaginario de la familia: sobresalen las palabras "hijos", "hermanos", "abuelos", pero no es todavía la "gran familia chilena", sino la familia mapuche, es decir, "nuestros hijos", "mis pobres hermanos", "mis abuelos del campo". Si hay una familia chilena, esta es disfuncional, por la manera en que abusa de y discrimina a los mapuche. Aunque presentada de manera servil, hay sin duda aquí una protesta contra el Estado chileno.

En la entrevista que Aburto Panguilef concede a *El Mercurio* de Santiago el 20 de enero de 1923, se nota la importancia de lo que parece ser un discurso legalista o constitucionalista: después de "raza" e "indígenas" (que aparecen 12 veces cada una), las palabras más prominentes son "leyes" (6 veces), "derechos" y "abogado" (7 veces), "estatutos", "Intendencia", "Gobierno" y "Congreso" (11 veces), "Federación" (13 veces) y "presidente" (10 veces). ¿Significa esto que Aburto Panguilef cree en las instituciones estatales y promueve el "*tour de force* legal del Estado chileno"?[60]. Hasta cierto punto así es: Aburto Panguilef estudió abogacía y trabajó unos años como intérprete del Protectorado de Derechos Indígenas de Valdivia, y buscaba en las leyes del Estado chileno la evidencia y los testimonios de la soberanía perdida de su "raza". Sin embargo, al leer el texto entero o conociendo la trayectoria de Aburto Panguilef, surge también otro indicio: ni el "Congreso" ni el "presidente" a los que se refiere son del mundo político-legal chileno. El "Congreso" es el Congreso araucano, el que Aburto Panguilef organiza cada año en el sur de Chile (entre 1921 y 1950) como "presidente" de la "Federación" araucana. Son instituciones de las cuales él, como dirigente político e intelectual, se apropia, las hace suyas y las subvierte. Como dicen Pavez y André Menard, el Congreso araucano es, al igual que el Congreso Nacional, un espacio de representación territorial y organizacional, pero también "funciona como una suerte de reflejo inverso del Congreso Nacional", y explican: "A la institución fija, inscrita en un edificio permanente, se opone esta otra móvil, actualizada en forma intermitente, de manera itinerante y a campo abierto"[61]. "Opone"

[59] El énfasis es nuestro.

[60] Pavez, "Cartas del Wallmapu", 72. La frase entrecomillada es de Pavez, quien la acuña para comparar el Estado chileno (y su escritura de la propiedad mapuche) con el Estado argentino, este último más militarista que legalista.

[61] André Menard y Jorge Pavez, "El Congreso Araucano. Ley, raza y escritura en la política mapuche", *Revista Política* 44 (2005): 216.

quizás no sea la palabra más adecuada para aludir a una institución que funciona en paralelo con el sistema político nacional, puesto que no excluye a los chilenos (no mapuche). De hecho, cada año Aburto Panguilef invitaba a los periodistas para que pudieran registrar el acto y comunicar las noticias al público, y a algunos diputados y senadores chilenos. Los invitados no tenían derecho a opinar en las discusiones del Congreso o, por lo menos, no podían votar, pero participaban en este espacio territorial y organizacional mapuche practicando los rituales tradicionales del *nguillatún* y cantando el himno nacional chileno.

Aburto Panguilef no usa la palabra "indio" con tanta frecuencia como Manquilef. Utiliza mucho más la palabra "indígena" y "mapuche". Va en aumento el uso de esta denominación a medida que avanza el siglo XX, pero el esfuerzo que vemos en los Congresos araucanos de ejercer la autonomía cultural, política y territorial mapuche —y bien se sabe que Aburto Panguilef proclamó la existencia de una "república araucana" en los años treinta—, no es presentado como algo antagónico al Estado chileno. Este dirigente exige cosas del Estado, sobre todo la educación para sus hermanos mapuche; quiere que su "raza" forme parte de un Estado federalista capaz de incluir y ser orgulloso de su diversidad interna. Cuando Aburto Panguilef habla de "raza" quiere decir "raza mapuche", pero cuando habla de "patria", se refiere a Chile.

Aburto Panguilef sigue haciendo énfasis en la noción cultural y espiritual de "raza" en los años cuarenta, cuando el conjunto Llufquehuenu, su compañía de teatro, hace un *tour* por Chile, desde Valdivia a Calera, mostrando las capacidades artísticas, deportivas y militares mapuche al público chileno[62]. Lo que se deduce de un análisis cuantitativo del diario de Aburto Panguilef es la gran cantidad de individuos que forman parte de su vida: en las dos o tres páginas que narran los eventos del 30 de septiembre del 1940 se leen, entre otros, los nombres de Julio Lavín, Manuel José Ate Silva, Hipólito Méndez Ortiz, Manuel Frugone Biale, Dionisio Sandoval, Domingo Catrihual, Juan de Dios Ñancuvilu y Valentín Marihuán. Cada día este dirigente registra en su diario a la gran cantidad de personas mapuche y no mapuche con las que habla; forman parte de un diálogo constante. "Conversamos" es una palabra prominente en todo el documento. El conjunto Llufquehuenu fue un proyecto colectivo mapuche —sobresale el empleo del "nosotros", "compañeros", "manos", "lucha"—, pero era un proyecto que no se podía llevar adelante sin la colaboración de los amigos chilenos de Aburto Panguilef. Méndez Ortiz, por ejemplo, organizó el hospedaje y el arriendo de los estadios en Santiago, Valparaíso y Viña del Mar, y también la publicidad en los periódicos de estas ciudades.

[62] Manuel Aburto Panguilef, *Diario del Presidente de la Federación Araucana*, comp. André Menard (Santiago: CoLibris, 2012).

Fueron distintos los proyectos de Manquilef y Aburto Panguilef. Manquilef, en los años veinte, propuso la división de las comunidades mapuche y luchó por la propiedad privada indígena, mientras que Aburto Panguilef se opuso a esta ley, insistiendo en que la tierra fuera algo colectivo (sin tierra no hay territorio); pero los unió esta complicada dinámica entre autonomía e integración. Para ambos dirigentes, no era ninguna contradicción querer la autonomía del Estado chileno y la integración a ese mismo Estado.

En el albor del siglo XXI: la democratización incompleta y el activismo político mapuche

Los años noventa, luego de la dictadura de Augusto Pinochet, constituyen un período de esperanzas seguidas por el desengaño y la desilusión. Según Zapata, hablando de las realidades de la globalización y el neoliberalismo, es un "período de incertidumbres" para las comunidades y organizaciones mapuche en Chile[63]. Ya en los años ochenta, el proyecto de autonomía desarrollado al interior de Admapu —la organización mapuche más importante de la época, una continuación de los Centros Culturales Mapuches que luchó contra la ley de división de tierras decretada por el régimen militar— había entrado "en contradicción con quienes hacían alianzas con la izquierda chilena"[64]. Esta contradicción se hizo más fuerte aún durante la "transición a la democracia", cuando las organizaciones vieron que el nuevo gobierno, que incluía a muchos políticos de la izquierda, trataba de reducir "la cuestión mapuche" a un problema social y su resolución a un mejor programa de desarrollo económico. Las organizaciones mapuche habían participado de manera masiva en la campaña por el No en el plebiscito de 1988[65], pero una vez concluida esta campaña los políticos no quisieron saber de la autonomía mapuche, o así fue percibido. Por ello se ve una ruptura con el sistema político por parte de algunos líderes mapuche, como Aucán Huilcamán y su Consejo de Todas las Tierras. Además, las reformas neoliberales implementadas por la dictadura avanzaron sin interrupción —apoyadas por los gobiernos de Patricio Aylwin y Eduardo Frei Ruiz-Tagle— y fueron desarrollando un fuerte conflicto entre algunas comunidades en la región de la Araucanía y el capital hidroeléctrico, maderero e inmobiliario. En este contexto, surgió la Coordinadora Arauco-Malleco (CAM) en 1997 y, más tarde, en 2005, el partido nacionalista mapuche Wallmapuwen. José Marimán describe la fundación de

63 Zapata, *Intelectuales indígenas*, 87.

64 Christian Neira Martínez y Patricia Rodríguez, "Partisan Participation and Ethnic Autonomy: The Case of the Mapuche Organisation Admapu, in Chile", *Journal of Latin American Studies* (2015): 28.

65 Aunque muchos mapuche también votaron por el Si. Este tema ya fue discutido en muchos estudios; véase, por ejemplo, Crow, *The Mapuche in Modern Chile*, v.

Wallmapuwen como un momento que "trastocó todo el escenario"[66]. Con ello, dice, el etnonacionalismo mapuche dejó de ser un suceso pronosticado y se transformó en un hecho en sí[67].

Lo que une a todas esta voces (Consejo de Todas las Tierras, CAM y Wallmapuwen) es la afirmación de la existencia de una nación mapuche y un deseo de recuperar la autonomía política territorial, pero hay una gran divergencia en cuanto a lo que constituye esta nación, cómo deben ser sus relaciones con los Estados argentino y chileno (y con sus ciudadanos), y cómo llevar adelante la conquista de dicha autonomía política. En su libro, Zapata enfatiza el "incómodo lugar de los intelectuales hoy en día", especialmente en cuanto a sus relaciones con el movimiento político mapuche[68]. Como ya se ha dicho, hay algunos autores mapuche que rechazan esta etiqueta por ser elitista, pero desde la perspectiva que busca transmitir el presente capítulo los proyectos autonomistas mapuche del siglo XXI son fundamentalmente proyectos intelectuales a la vez que políticos.

En esta última sección, se intenta ofrecer algunos ejemplos ilustrativos de la heterogeneidad del pensamiento político mapuche de hoy, que constituye, en palabras de José Marimán, un pensamiento político "en desarrollo"[69]. Asimismo, se advierten algunas diferencias y continuidades entre la discursividad "nacionalista" mapuche de los últimos años, el lenguaje empleado por los *lonkos* del siglo XIX y el de los dirigentes, como Manquilef y Aburto Panguilef, durante la primera mitad del siglo XX.

Héctor Llaitul es uno de los fundadores y rostro más famoso de la CAM, una organización criminalizada por el Estado chileno desde los inicios del siglo XXI, cuando se invocó contra ella la Ley Antiterrorista promulgada por la dictadura militar. En varias entrevistas hechas desde la cárcel y en el libro escrito con Jorge Arrate[70], Llaitul explica su proyecto político y su versión de la historia mapuche en Chile. Para él, el Estado chileno representa al sistema capitalista: este Estado está firmemente entrelazado con las forestales y los grandes latifundistas, lleva adelante una política de persecución y represión (allanamientos, asesinatos, encarcelamiento, tortura) y así coarta los derechos

[66] Marimán, *Autodeterminación*, 4.

[67] Es importante reconocer, como enfatiza Marimán, que los mapuche "que reivindican autodeterminación no serían necesariamente etnonacionalistas" y da el ejemplo de los caciques mapuche-huilliche, quienes en 1996 ya hablaban del "territorio" y no de las "tierras". Se vuelve a esta distinción entre "tierras" y "territorio" en el presente análisis.

[68] Zapata, *Intelectuales indígenas*, 87.

[69] Marimán, *Autodeterminación*, 6.

[70] Héctor Llaitul y Jorge Arrate, *Weichan: Conversaciones con un weychafe en la prisión política* (Santiago: Ceibo, 2012). Llaitul salió de la cárcel en 2016. Según Jorge Iván Vergara, Hans Gundermann y Rolf Foerster, 200 mapuche fueron procesados por los tribunales de justicia entre 2000 y 2013, y gran parte de ellos pertenecía a la CAM. Véase Jorge I. Vergara, Hans Gundermann y Rolf Foerster, *Estado, conflicto étnico y cultura: estudios sobre pueblos indígenas de Chile* (Antofagasta: QILLQA, 2013), 144.

fundamentales de sus ciudadanos. En el pasado, muchos dirigentes mapuche denunciaron los actos de violencia contra sus comunidades (por parte de la policía, las fuerzas militares, las forestales y/o los latifundistas) y se leen en sus escritos un escepticismo y falta de confianza frente al gobierno del momento, pero en los comentarios de Llaitul (y sus compañeros de la CAM) este escepticismo es mucho más fuerte y marcado. Llaitul ve muy difícil "sentarse y conversar" con las autoridades estatales chilenas, con los diputados o los abogados[71]. No acepta su legalidad. Para él, La autonomía mapuche no es compatible con el Estado en su forma actual, esto es, capitalista y opresor: no se puede consultar o dialogar la entrega de tierras. CAM recupera las tierras en la "zona de conflicto" en el sur de Chile y, luego, pelea contra las fuerzas policiales que llegan a despojarlos. La autonomía mapuche es imposible, según Llaitul, sin la "refundación del Estado".

En este escenario, Llaitul reivindica todas las formas de lucha, incluyendo el uso de las armas, muy distinta a la posición de Manquilef y Aburto Panguilef durante las primeras décadas del siglo XX. La CAM lleva adelante, en sus propias palabras, una "lucha de liberación nacional" contra el Estado chileno que llega a denominar explícitamente como "guerra"[72]. Ve al Estado chileno como un Estado colonial que ha invadido y ocupado el territorio del pueblo-nación mapuche[73]. "Territorio" es una palabra clave para el movimiento mapuche contemporáneo, que se usaba antes, como se ha visto, pero que se ha hecho cada vez más frecuente y, hasta cierto punto, reemplaza a la palabra "tierra" o "tierras"[74]. Para recuperar el territorio, la CAM, según Vergara, Gundermann y Foerster, entiende la confrontación abierta como la única opción, por lo menos en el contexto chileno. Afuera, en el ámbito internacional, sí percibe posibilidades de diálogo: ha llevado sus denuncias contra el Estado chileno y su Ley Antiterrorista a la Corte Interamericana de Derechos Humanos[75]. Esta iniciativa de ir más allá del Estado nación es también una novedad de la época contemporánea.

Aunque la propuesta de autonomía se percibe más fuerte en el pensamiento político mapuche del siglo XXI que en los proyectos históricos, no es siempre un proyecto que vaya *contra* la sociedad chilena. De hecho, ni la postura más radical de Llaitul rechaza el diálogo con la sociedad civil chilena.

[71] "La nueva vida de Héctor Llaitul, líder del la CAM", *Carta Abierta* (2016): disponible en http://cartaabierta.cl/la-nueva-vida-de-hector-llaitul-lider-de-la-cam/.

[72] Vergara, Gundermann y Foerster, *Estado, conflicto étnico y cultura*, 144.

[73] Llaitul y Arrate, *Weichan*, 302.

[74] Para José Marimán, la demanda actual de autodeterminación difiere de "la acostumbrada reivindicación etnogremial campesina por la tierra, desplegada durante gran parte del siglo XX por las organizaciones mapuche", pero no se considera tan distinto de —o por lo menos comparte— algunos elementos discursivos del proyecto elaborado por Aburto Panguilef durante la década de 1930 (una "republica indígena" que recupere no sólo las tierras reconocidas por el Estado con los títulos de merced, sino también las tierras ancestrales de los mapuche).

[75] Llaitul y Arrate, *Weichan*, 215.

Más abierto e inclusivo es el discurso elaborado por Pablo Marimán, Sergio Caniuqueo, José Millalén y Rodrigo Levil en *¡Escucha winka!* Los autores de este libro proponen en su epílogo acerca del futuro una autonomía política territorial que incluya a la población no mapuche de la región de la Araucanía. Se observa un intento en el trabajo de los cuatro autores, resumido por Pablo Marimán en LASA *Forum*, de comprender las relaciones interétnicas como algo mucho más ambiguo y complicado que "bloques compactos con nulas contradicciones internas e influencias mutuas"[76]. Su propuesta asume el hecho de que hay mucha gente no mapuche que se siente igualmente marginada del sistema político actual y de las decisiones estratégicas en materia de desarrollo.

Siguiendo esta línea, pero desde otra perspectiva, el poeta Jaime Huenún afirma que "el aliento que gravita" en el arte y literatura mapuche contemporáneos "no es el de la guerra o la confrontación, sino más bien el de la permanente construcción de un espacio de comunicación, encuentro, dignificación y respeto mutuo y verdadero"[77]. En su "Carta abierta desde el país mapuche", leída en Casa América Catalunya en 2010 (otra vez se ve la importancia del ámbito internacional) y publicada en la *Revista de Crítica Literaria Latinoamericana*, Huenún condena las políticas represivas del Estado chileno. Habla de "un Estado y una sociedad que se castiga y se ignora a sí misma castigando e ignorando a los humildes y a todos aquellos que sólo aspiran a la restitución de derechos elementales". Habla de un Estado que asesina a los jóvenes activistas Alex Lemún, Matías Catrileo y Jaime Mendoza Collío. Pero también Huenún está dispuesto a colaborar con algunas agencias de este Estado para tratar de cambiar su política indígena. Desde 2014, por ejemplo, ha participado de forma muy activa como coordinador de la Unidad de Pueblos Originarios de la Dirección Regional Metropolitana en la consulta previa a los pueblos indígenas para la creación del nuevo Ministerio de Cultura, Arte y Patrimonio. En este sentido, Huenún se inspira en las estrategias autonomistas e integracionistas de los dirigentes e intelectuales del pasado, como Manuel Manquilef. De hecho, cita a este dirigente y aplaude su trabajo en su "Carta abierta" de 2010.

En los últimos años, se ha visto un esfuerzo importante por parte de los intelectuales mapuche por establecer la autodeterminación de su pueblo-nación en el territorio de la cultura impresa. Un ejemplo clave es el libro *Ta iñ fijke xipa rakizuameluwün - Historia, colonialismo y resistencia desde el país mapuche*, publicado por Ediciones Comunidad de Historia Mapuche en 2012. Los 14 ensayos incluidos en la colección reconstruyen las historias y las memorias mapuche "asumiendo el potencial que éstas albergan en la

[76] Marimán, "Pensar y hacer como mapuche", 15.

[77] Jaime Huenún, "Carta abierta desde el país mapuche", *Revista de Crítica Literaria Latinoamericana* 71 (2010): 271-275.

interrogación crítica y desmantelamiento del colonialismo"[78]. Pensar y pensarse "desde una perspectiva de diferencia y autonomía" (o sea, "desde el país mapuche") significa introducir una gran cantidad de palabras y términos nuevos, mucho más allá de "Estado" y "nación", y también significa escribir una parte del libro en mapudungún, sin traducción. Todos los autores que forman parte de la Comunidad Historia Mapuche reconocen la "centralidad que adquiere la reconstrucción y recuperación" de un territorio mapuche independiente "dentro de un proceso de descolonización", pero también reconocen y celebran el hecho de que "existe una gran heterogeneidad de perspectivas y visiones" sobre este espacio territorial. Todos los autores, al igual que Llaitul y Huenún, denuncian la política represiva (histórica y contemporánea) del Estado chileno, pero varios de ellos, de manera parecida a Huenún, Manquilef, Aburto Panguilef y numerosos *lonkos* del siglo XIX, están dispuestos a negociar y trabajar con el Estado, incluso dentro de sus estructuras (como profesores, por ejemplo), para elaborar una política alternativa. En su mayoría, los intelectuales y dirigentes mapuche no luchan ni han luchado por formar un Estado aparte, pero sí por un territorio manejado por ellos de distintas maneras; y eso significa crear otro tipo de Estado: uno menos centralista y unitario, que se organice de manera más horizontal y a partir de una multipolaridad de poderes.

Conclusiones

En este artículo, se ha intentado ofrecer una perspectiva de análisis desde los mapuche: una investigación de cómo ellos hablan al Estado, con qué lenguaje y por cuáles canales. Se han investigado las estrategias discursivas empleadas por ellos desde el siglo XIX para tratar con el Estado chileno y, en algunos casos, el argentino. Como dice el historiador Sinclair Thomson, muchos estudios se enfocan en "elite discourses and institutions, thinkers and texts from whence domination is seen to flow" y todavía falta, a pesar de los avances de las últimas décadas en la historiografía, "sufficient empirical investigation of subaltern subjects"[79]. Ha ido aumentando el número de textos académicos, epistolares y periodísticos escritos por autores mapuche sobre el mundo mapuche, y aquí se ha citado a varios de ellos, pero obviamente hay muchísimos que fueron excluidos. Este breve resumen quiere enfatizar la diversidad y el dinamismo del pensamiento político mapuche, pero también apunta a una cierta coherencia y continuidad, en cuanto a la afirmación de autonomía y diferencia.

[78] Nahuelpán Moreno *et al.*, *Ta iñ fijke xipa rakizuameluwün* 15.
[79] Thomson, "Was There Race in Colonial Latin America?", 76.

CAPÍTULO X
PENSAMIENTO POLÍTICO EN EL PROCESO DE TRANSICIÓN (1990-2010)

GONZALO DELAMAZA

UN ANÁLISIS de la composición y evolución del pensamiento político durante la transición chilena ofrece la ventaja de referirse a un período, si bien extenso, posible de definir en términos políticos sustantivos. Se trata de un "ciclo político" y no de un mero período de tiempo, como podría ser un decenio o un siglo. Comienza formalmente con la asunción del primer gobierno democrático en marzo de 1990, luego de una dictadura de 16 años y medio, y culmina con la derrota política de la Concertación de Partidos por la Democracia y el inicio del primer gobierno de derecha electo después de 52 años. Así, se trata también de un período de gran continuidad política: de la coalición en el gobierno —cuya membresía se reduce en el tiempo de 17 partidos a sólo 4, pero que no cambia sustancialmente su alcance—; de la Constitución Política que se reforma varias veces, pero también se mantiene; del predominio parlamentario de los mismos dos bloques políticos, de derecha y centroizquierda; de una oposición con poder de veto en el Congreso (al menos hasta 2006) y cohabitación en diversas instituciones públicas (Banco Central, Tribunal Constitucional, Directorio de Televisión Nacional, entre otras).

A partir de 2010, no sólo cambió el signo político del gobierno, también lo hizo la sociedad a través de las movilizaciones masivas (en 2011) y con el fin de la Concertación que dio paso en el gobierno a la Nueva Mayoría (desde 2014). Veremos luego que uno de los asuntos o coordenadas significativas del debate del pensamiento político de la transición se refiere precisamente a cuándo se inicia y termina el período; el otro asunto es relativo a la naturaleza misma del proceso de transición, en tanto "ciclo político". ¿Se trató de un período de continuidad relativa respecto de la dictadura de Pinochet, puesto que no cambió su Constitución Política ni rasgos significativos del "modelo económico" que esta impuso? ¿O de un cambio radical, dado que se democratizaron las instituciones políticas e imperó el estado de derecho?

En este artículo, exploraremos algunos de los hitos principales que marcaron el debate del pensamiento político durante y en torno a la transición política en Chile. Sostendremos que esta se organizó sobre grados significativos entre los principales actores políticos, lo que se proyectó también en el pensamiento político. De modo que el debate intelectual tendió a reducirse en su alcance, puesto que marginalizó muchos temas y corrientes que no cabían en el pacto transicional. Por ello, una cartografía del pensamiento político debe incluir de manera muy relevante las posiciones institucionales de los intelectuales, tanto o más que las ideas mismas que se defendieron. Finalmente, se propone la tesis de que este "déficit" de debate, y sus consecuentes omisiones temáticas y de enfoque, impidieron la proyección de aquel consenso que tan sólido parecía al período siguiente, en el nuevo ciclo político inaugurado a partir de 2010.

1. Generación, construcción y consolidación de un consenso

Sin duda que una particularidad del período es que el conjunto del sistema político institucional reposó sobre importantes grados de acuerdo —aunque este haya sido parcial— entre los actores que participaron de él. El rasgo principal de dicho consenso fue la "legitimación de la democracia a través del crecimiento económico [pues] a mediano y largo plazo, la estabilidad del nuevo orden político se jugaba en una buena gestión económica"[1]. Ello implicaba en los hechos un respaldo a la continuidad del modelo económico neoliberal en sus rasgos fundamentales. Vale decir, el consenso tuvo un condicionamiento político previo en la continuidad de algunas de las políticas del régimen militar. Si bien fueron moderadas por la nueva conducción del Ejecutivo, al mismo tiempo expandieron su frontera por la vía de su propio dinamismo, porque contaron con una legitimidad anteriormente ausente y por la mayor participación de la población en la arquitectura económico-social que se había diseñado durante los años ochenta.

Por tal motivo, la opción por la continuidad del modelo de crecimiento y sus consecuencias se constituyó en uno de los "clivajes" o asuntos claves en el debate político, pero sobre todo definió quiénes participaban intelectual y políticamente del arreglo dominante y quiénes lo cuestionaban. Dichas diferencias podían referirse al modelo mismo (economistas críticos) o a quienes postulaban que el proceso debía incorporar metas específicas de transformación en el ámbito político (cambio constitucional, sistema binominal, etc.) o en el ámbito social (cambios en el sistema educacional, de pensiones, código del trabajo, participación ciudadana, etc.). Pero el arreglo, que unificaba crecimiento, estabilidad y democracia política, fue lo que diferenció claramente los *insiders* de los *outsiders*. La continuidad de la hegemonía de los primeros a lo largo de 20 años nos llevará a privilegiarlos en el análisis: eso fue lo novedoso del período y lo que lo marcó. Sus limitaciones fueron también lo que produjo su crisis y agotamiento relativo luego de 2010.

[1] Carlos Huneeus, *La democracia semi-soberana* (Santiago: Taurus, 2014).

El aludido consenso no nació solamente de la voluntad o de consideraciones de cálculo estratégico de los actores políticos, sino que se trató también de un rasgo asegurado en términos constitucionales (Constitución Política de 1980); electorales (sistema binominal), económicos (alta concentración económica y sistema de financiamiento de la política) y comunicacionales (duopolio de la prensa escrita y estructura restringida de la propiedad de la televisión). Muchos de los debates del período se refirieron precisamente a la institucionalidad que subyacía al proceso político, su origen, su legitimidad, sus consecuencias y sus posibilidades de transformación.

Los antecedentes intelectuales y políticos del nuevo pacto deben buscarse principalmente en el largo camino de convergencia entre el centro político, especialmente la Democracia Cristiana (DC), y parte de la izquierda no comunista (tanto la llamada izquierda renovada como una parte de los sectores más ortodoxos) en el marco de la oposición a Pinochet y la recuperación democrática. En su transcurso se produjo un abandono de las tesis revolucionarias y un acercamiento por distintas vías a las estrategias reformistas y socialdemócratas de la izquierda europea por parte de sus congéneres chilenos. En el caso de la DC, esta se expresó en el compromiso de muchos de sus adherentes con la defensa de los derechos humanos y su participación en la lucha social en los años ochenta. A esto debe agregarse la derrota de las propuestas insurreccionales y armadas impulsadas por el Movimiento de Izquierda Revolucionaria (MIR) y el Partido Comunista (PC), junto al rechazo constante de la DC de cualquier alianza con los comunistas. También debe ser considerada la contemporánea disolución del campo socialista una vez destruido el Muro de Berlín y con el fin de la Unión Soviética en 1991, fenómeno que tuvo un fuerte impacto sobre las propuestas programáticas de la izquierda.

La génesis de la convergencia política tuvo también bases intelectuales en la reflexión crítica sobre las causas de la derrota de la Unidad Popular y el quiebre de la democracia chilena en 1973. En estas consideraciones participaron muchos intelectuales ligados a la izquierda política, entre los que destacó Norbert Lechner, un abogado y politólogo alemán residente en Chile que se desempeñó en la Facultad Latinoamericana de Ciencias Sociales (FLACSO). Lechner desarrolló una reflexión crítica sobre la política democrática, publicada en 1984, la que concibió como "la conflictiva y nunca acabada construcción del orden deseado"[2]. Con ello se abrió paso a un debate que admitía el ejercicio de la crítica social y la aceptación del conflicto político, pero enmarcado en el desafío de la construcción de un orden y un conjunto de certezas, requisito necesario para hacer posible la vida cotidiana de las y los ciudadanos. Ello le permitió criticar a la vez el orden autoritario

[2] Norbert Lechner, "La conflictiva y nunca acabada construcción del orden deseado", en *Obras escogidas 1* (Santiago: Lom, 2006).

—una falsa respuesta a la necesidad de certidumbres y seguridad, pues cancelaba la conflictividad— y proponer opciones críticas en un marco democrático[3]. La influencia de Lechner se proyectó parcialmente en quienes encabezaron la coalición de centroizquierda que gobernó entre 1990 y 2010, pues estos privilegiaron el elemento de orden y certidumbre, pero restringieron severamente la acción política al campo institucional, no dieron espacio al conflicto social autónomo y marginaron las variables de subjetividad. Más adelante, se verá que la vinculación posterior de Lechner al Informe de Desarrollo Humano del PNUD lo situó nuevamente como un intelectual clave, esta vez en apoyo de los críticos del proceso de transición.

Una vez que, a mediados de los años ochenta, se constituyó la opción por una transición política negociada, esta no logró remover a Pinochet ni forzar la apertura política. Ello llevó a la oposición de la época a participar del referéndum sucesorio contemplado en la Constitución de 1980 y someterse a las reglas del proceso de la transición, abandonando las estrategias de movilización social a partir de 1988, lo que a su vez forzó a una negociación con las fuerzas de apoyo a Pinochet, sin alterar el calendario fijado por este, y a la mantención de muchas de las instituciones conformadas durante su gobierno, cohabitación que se prolongó durante muchos años[4].

En términos políticos, el consenso se proyectó en el privilegio de dos alternativas: la opción por la gobernabilidad por sobre la transformación y la elección del elitismo democrático por sobre el populismo, la participación ciudadana o cualquier otra noción de ciudadanía ampliada más allá del sistema de representación política tradicional. Recuperadas las instituciones democráticas y despejados parcialmente los peligros de reversión autoritaria, la gobernabilidad fue el tema dominante en los años noventa, aunque con la presencia institucional y fáctica del general Pinochet como comandante en jefe del Ejército hasta 1998 (seguida de unos pocos meses como senador vitalicio). Durante ese período, el país se desarrolló con estabilidad, si se entiende por ello el restablecimiento del sistema político con importantes restricciones, en un marco de continuidad constitucional, la mantención de su crecimiento económico sobre la base del modelo neoliberal, la ausencia de movilizaciones sociales importantes contra el orden social y político y los resultados positivos en disminución de la pobreza de ingreso en el país.

Esta conjunción de factores llevó a asociar estrechamente el concepto de gobernabilidad tanto al crecimiento económico como a las ideas de estabilidad política y cambio gradual y limitado. De tal modo que el crecimiento económico como dimensión principal y las políticas públicas compensatorias

[3] Norbert Lechner, *Los patios interiores de la democracia* (México: Fondo de Cultura Económica, 1985).

[4] Patricia Arancibia y Carlos Cáceres, *La transición a la democracia 1988-1990* (Santiago: LYD, 2014); Rafael Otano, *Crónica de la transición* (Santiago: Planeta, 1995); Ascanio Cavallo *et al.*, *La historia oculta del régimen militar* (Santiago: Planeta, 1997).

como innovación de los años noventa, se convirtieron en factores clave de la legitimidad del sistema económico y político, en la medida que con ello se evitaba el surgimiento de presiones y demandas sociales a favor de cambios mayores[5].

El elitismo democrático se instaló desde el momento en que el cambio fue impuesto "desde arriba", ya que fue negociado y posteriormente implementado a través de un consenso entre las élites político-militares que gobernaban y las nuevas fuerzas que querían acceder al gobierno[6]. La negociación fue realizada por un número muy reducido de personas, no tuvo carácter público durante su desarrollo y no culminó en un documento o acuerdo escrito y conocido, a diferencia de lo que ocurrió, por ejemplo, con el Pacto de La Moncloa en el proceso de transición española. Se inició en 1989 con un plebiscito de alto consenso para modificar parcialmente la Constitución —el año menos estudiado de la transición chilena— y, luego, se evidenció fácticamente —como denuncia, como escándalo— cada vez que este se vio amenazado, como fue el caso de la movilización militar de 1993 (los llamados "ejercicios de enlace") y la detención de Pinochet en Londres en 1998[7].

Este diseño suponía restricciones en el desarrollo democrático, no solamente en el plano de la institucionalidad política, que mantuvo el marco constitucional promulgado por Pinochet en 1980[8], sino que también establecía límites estrictos a la autonomía y estructuración de los movimientos sociales, así como a los mecanismos de participación, con el fin de reducir las presiones sociales, a diferencia de lo que se estimaba había ocurrido en otros países de América Latina[9].

[5] Edgardo Boeninger, *La democracia en Chile. Lecciones de gobernabilidad* (Santiago: Editorial Andrés Bello, 1997); Gonzalo Delamaza, "Elitismo democrático, líderes civiles y tecnopolítica en la reconfiguración de las elites políticas", en *Notables, tecnócratas y mandarines. Elementos de sociología de las elites en Chile (1990-2010)*, eds. Pedro Güell y Alfredo Joignant (Santiago: Ediciones Universidad Diego Portales, 2011); Paul Drake e Iván Jaksić, eds., *El modelo chileno. Democracia y desarrollo en los noventa* (Santiago: Lom, 1999).

[6] Fernando Agüero, "Chile: una transición inconclusa y una mayor competencia política", en *Construcción de gobernabilidad democrática en América Latina*, eds. Jorge I. Domínguez y Michael Schifter (México: Fondo de Cultura Económica, 2005); José Joaquín Brunner, "Chile: claves de una transición pactada", *Nueva Sociedad* 106 (1990): 6-12.

[7] Sobre el itinerario de la Constitución Política, véase Claudio Fuentes Saavedra, *El pacto: Poder, constitución y prácticas políticas en Chile (1990-2010)* (Santiago: Ediciones Universidad Diego Portales, 2012); sobre coyunturas a lo largo del período democrático, véase Huneeus, *La democracia*; sobre alcances del proceso democrático, véase Augusto Varas, *La democracia frente al poder. Chile, 1990-2010* (Santiago: Catalonia, 2012).

[8] Arancibia y Cáceres, *La transición*.

[9] Boeninger, *La democracia*; Frances Hagopian, "The Rising Quality of Democracy in Brazil and Chile", en *The Quality of Democracy: Improvement or Subversion?*, eds. Larry Diamond y Leonardo Morlino (Baltimore: Johns Hopkins University Press, 2005); James Petras y Henry Veltmeyer, *Social Movements and State Power: Argentina, Brazil, Bolivia and Ecuador* (Londres: Pluto Press, 2005); Paul Posner, "Local Democracy and Popular Participation: Chile and Brazil in Comparative Perspective", *Democratization* 10, 3 (2003).

2. Efectos del consenso sobre el pensamiento político dominante

El rasgo consensual del período tiene varias consecuencias importantes para el análisis de las corrientes de pensamiento. En primer término, junto con consolidar las posiciones tradicionales de derecha, centro e izquierda, debilitó y difuminó sus diferencias al interior del sistema político, dado que para participar del mismo era necesario comulgar también con el acuerdo que lo sustentaba. Vale decir, fijó la ubicación de cada actor en función de la estructuración original de las fuerzas definida en relación a su apoyo a la dictadura o a la democracia, pero al mismo tiempo los ubicó dentro de un espacio de consenso —la democracia "en la medida de lo posible"—. La política perdió su carácter contencioso, de disputa por las transformaciones sociales y esto se proyectó también en el ámbito del pensamiento político. Las diferencias se evidenciaron con menor agudeza que en períodos de mayor confrontación o cambio político y tendieron a converger.

La segunda consecuencia es que se produjo un predominio del pensamiento económico —específicamente de la economía neoclásica, fundamento del consenso económico— con respecto al pensamiento político propiamente tal, lo cual diluyó aún más las diferencias políticas, en la medida que ocuparon un lugar secundario respecto de los planteamientos económicos. De hecho, los economistas de la transición, como Alejandro Foxley y el grupo de la Corporación de Estudios para Latinoamérica (CIEPLAN)[10], modificaron sus planteamientos políticos de los años ochenta en virtud del privilegio otorgado a las variables del proceso de crecimiento económico, lo que los acercó significativamente a sus pares de derecha, los llamados "Chicago Boys". Su presencia pública y política se mantuvo a lo largo del período, alcanzando ámbitos mucho más allá de la economía y las finanzas públicas. Salieron de allí candidatos y precandidatos presidenciales como Sebastián Piñera, Nicolás Eyzaguirre, Alejandro Foxley y Andrés Velasco; presidentes de partidos políticos como el mismo Foxley; ministros políticos como el nombrado Eyzaguirre y Cristián Larroulet; sectoriales como Harald Beyer, Evelyn Matthei, Carlos Massad, René Cortázar, José Pablo Arellano y Nicolás Eyzaguirre, y

[10] CIEPLAN es un centro académico fundado al alero de la Pontificia Universidad Católica a comienzos de los años setenta, que agrupó fundamentalmente a economistas democratacristianos. Luego de su marginación de la universidad tras el golpe militar, siguió realizando importantes investigaciones críticas sobre la política económica durante la dictadura. Muchos de sus integrantes ocuparon más tarde posiciones relevantes en los gabinetes de los gobiernos de la Concertación. Véanse Patricio Silva, "Technocrats and Politics in Chile: From the Chicago Boys to the Cieplan Monks", *Journal of Latin American Studies* 232 (1991); Gonzalo Delamaza, *Enhancing Democracy: Public Policies and Citizen Participation in Chile* (Nueva York: Berghahn Books, 2014).

líderes de opinión. Por su parte, las principales candidaturas de sectores alternativos se inspiraron en planteamientos críticos al enfoque económico dominante y fueron lideradas por economistas como Manfred Max Neef, Marcel Claude y Alfredo Sfeir para presidente de la república y Manuel Riesco para senador por Santiago. De manera que resulta apropiado incluir a los economistas con figuración pública entre los actores relevantes del pensamiento político del período.

Del mismo modo, los intelectuales-políticos de la Concertación que ocuparon cargos gubernamentales —Edgardo Boeninger, Eugenio Tironi, José Joaquín Brunner, Ángel Flisfisch, Genaro Arriagada, entre otros— acompañaron la construcción del consenso económico y la desarrollaron en el campo político y social. Los economistas de derecha sostuvieron la crítica a las políticas de la Concertación en nombre de la "economía libre de mercado" y la defensa de la obra del gobierno de Pinochet (privatizaciones, subsidio a la demanda en las políticas sociales, externalización de servicios sociales, reducción del papel y tamaño del Estado, prioridad en las metas antiinflacionarias). La orientación de su crítica a los gobiernos concertacionistas siempre fue que estaban desnaturalizando y poniendo en peligro los éxitos económicos del gobierno militar, especialmente los logrados en materia de crecimiento a partir de la recuperación económica de 1984. Destacan al respecto el exministro de Hacienda de Pinochet, Hernán Büchi, y los economistas Cristián Larroulet, Harald Beyer y Felipe Larraín, más tarde ministros del gobierno de Sebastián Piñera (2010-2014). En el ámbito político, para la derecha el campo de acción fue el Parlamento, donde han destacado Andrés Allamand, Evelyn Matthei y Andrés Chadwick, quienes también fueron posteriormente ministros de Piñera.

En tercer lugar, dado que se trataba de un consenso políticamente relevante (es decir, con consecuencias prácticas inmediatas) y no sólo un rasgo del pensamiento, la participación o no del campo hegemónico en términos institucionales pasó a ser un elemento posiblemente más importante que las diferencias ideológicas o doctrinarias entre los intelectuales. En el período, además, se ensanchó el espacio político de los "expertos" o *technopols*, vale decir, se intensificó el vínculo político de un determinado tipo de intelectuales, partícipes de dicho consenso y actuantes en el espacio institucional del mismo[11]. De manera tal que resulta fundamental caracterizar el *establishment* donde se genera y reproduce el pensamiento político. No son lo mismo las voces críticas dentro de él que aquellas que se emiten por fuera del mismo. En especial, si se considera que las instituciones de producción y reproducción del pensamiento no se constituyeron como campo autónomo durante la

[11] Véanse Güell y Joignant, eds., *Notables, tecnócratas*, especialmente el capítulo de Gonzalo Delamaza; Huneeus, *La democracia*.

transición, sino que fueron claramente supeditadas a las directrices y requerimientos del consenso transicional[12].

Finalmente, debe considerarse el impacto político de la memoria histórica. Al interior del consenso dominante, la memoria refiere especialmente al diagnóstico de la crisis política de 1973 y el golpe militar[13]. La lectura que se hizo de la transición democrática muchas veces no respondió tanto a los términos de su propio desarrollo, sino que se realizó comparándola con el pasado. Se la ha evaluado respecto a si ha resuelto o no los problemas que enfrentó la sociedad chilena en los años setenta y que habrían causado el golpe militar. Se ha pensado si esos problemas podrían volver a repetirse o no, de acuerdo a la evolución que ha tenido la transición. Dicho diagnóstico ha apuntado al "desborde de las expectativas" y la incapacidad de las élites políticas de aquellos años para contenerlas, sumidas como estaban en un proceso de radicalización[14]. Este rasgo estuvo presente al inicio de la transición en la legitimación de la democracia en virtud de la continuidad económica, la que luego se ha proyectado durante todo el período. Pero también fue un factor en la coyuntura de la detención del general Pinochet en Londres en 1998 la que puso en juego los acuerdos implícitos que sustentaban el consenso transicional. Luego, tuvo relevancia ante la reaparición de la movilización social en 2006, la que fue interpretada principalmente por algunos intelectuales como una "vuelta al pasado". Y, más recientemente, ha estado presente a partir de 2011, en torno a la idea de "nuevo ciclo político" y sus consecuencias. ¿Cuál es el significado del fin del ciclo transicional? ¿Se trata de dejar atrás —por fin— el legado de Pinochet o, al contrario, al abandonarse el consenso de la transición se regresa al pasado de confrontaciones que llevó al golpe militar? Estos han sido los debates principales del período[15].

[12] Esto es particularmente evidente en el caso de la institucionalidad universitaria. Sobre universidades, véanse María Olivia Monckeberg, *La privatización de las universidades. Una historia de dinero, poder e influencias* (Santiago: La Copa Rota, 2005); *El negocio de las universidades en Chile* (Santiago: Debate, 2007); sobre *think tanks*, véanse Manuel Gárate, *La revolución capitalista de Chile: 1973-2003* (Santiago: Ediciones Universidad Alberto Hurtado, 2012); el capítulo de Marcos González en este mismo tomo.

[13] Huneeus, *La democracia*, 22; Delamaza, *Enhancing Democracy*, 253.

[14] Probablemente, el texto de mayor impacto en este diagnóstico compartido por la élite política y fundamento del consenso transicional sea el de Arturo Valenzuela, "El quiebre de la democracia en Chile". Traducido y publicado en Chile en 1989 por FLACSO Chile, se lo presentó como un texto con "una clara relevancia práctica para la situación política nacional de los próximos años, en términos de proporcionar lecciones que, bien aprendidas, no pueden sino favorecer la probabilidad de una consolidación de la democracia en Chile". Véase la presentación de Ángel Flisfisch en Arturo Valenzuela, *El quiebre de la democracia en Chile* (Santiago: Ediciones Universidad Diego Portales, 2013), 13.

[15] En el período posterior a 2011, ha sido la derecha la que ha salido en defensa del período post años noventa como "el más exitoso de la historia chilena", concluyendo que se debe continuar con dicho consenso tanto en términos constitucionales como económicos y políticos. Mientras que las fuerzas de la antigua Concertación se muestran divididas frente a la valoración del período.

La otra línea de "irrupciones de la memoria" (según la expresión de Alexander Wilde) es la relativa a las violaciones a los derechos humanos durante la dictadura. La política de verdad, justicia y reparación ha sido uno de los asuntos clave de la transición, pero no formó parte de los acuerdos de la misma, como se evidenció en el rechazo de las Fuerzas Armadas al informe de la Comisión de Verdad y Reconciliación, más conocida como Comisión Rettig, durante el gobierno de Patricio Aylwin, entre 1990 y 1994, y la actitud desafiante del general Pinochet en relación a los juicios a militares mientras fue comandante en jefe del Ejército[16]. Sin embargo, la memoria de la dictadura fue invocada una y otra vez por las organizaciones de defensa de los derechos humanos y apoyada en más de una ocasión por partidos de la Concertación en contra del Gobierno, especialmente por el Partido Socialista (PS). Con posterioridad al descubrimiento de las cuentas secretas de la familia Pinochet en el Banco Riggs, especialmente al fin del ciclo político en 2011, la derecha se ha abierto a considerar la defensa de los derechos humanos como parte integral de su plataforma política.

Pero durante el período de casi 25 años de la transición, la sociedad chilena cambió de manera acelerada, producto precisamente de la continuidad y dinamismo de la economía neoliberal, sobre todo durante los siete primeros años y, luego, durante el *boom* del precio de los *commodities*. Ello se ha expresado en la inclusión social precaria que significó la reducción de la pobreza, el alza de los salarios y las pensiones, el incremento de la cobertura educacional secundaria y superior, el aumento del consumo, la multiplicación de la infraestructura social (escuelas, hospitales) y vial, entre otros fenómenos, lo que, a su vez, se ha proyectado en cambios culturales significativos, marcados por una mayor individualización, privatización de las relaciones sociales y desconfianza creciente entre las personas y de estas con las instituciones[17]. También se evidencia una progresiva y sostenida reducción de la participación electoral, el interés por la política y la adhesión a la democracia. Pero ninguno de estos cambios ha sido recogido claramente por el orden político, ni dio lugar a un replanteamiento de las bases del consenso de la transición.

El pensamiento político experimentó una suerte de "congelamiento" en los términos del consenso original. Como este fuera un arreglo instrumental para pactar el cambio de gobierno, su proyección en el tiempo impidió la elaboración de aspectos sociales, de reforma política y otros, reduciendo la proyección del pensamiento. A la vez, se fue produciendo el progresivo alejamiento entre política y sociedad, el que fue diagnosticado y celebrado por los intelectuales del orden transicional como la "normalización" de una

[16] Huneeus, *La democracia*.

[17] Programa de las Naciones Unidas para el Desarrollo, *Desarrollo humano en Chile 1998: Las paradojas de la modernización* (Santiago: PNUD, 1998); *Más sociedad para gobernar el futuro* (Santiago: PNUD, 2000).

sociedad postmoderna, que ha dejado atrás los grandes conflictos y disputas, así como toda idea de proyecto colectivo[18]. De esa misma constatación, sin embargo, surgirían las voces críticas que después de 2011 adquirieron un importante eco social.

Pero también se deben analizar los márgenes, aquello que fue surgiendo en la sociedad y que no fue procesado en términos de las variables centrales del consenso. En la medida que el pensamiento político del período se estructuró en torno a los grandes acuerdos y sus consecuencias, la expresión de vertientes críticas a los fundamentos de los mismos y la visualización de otras temáticas se vio obstaculizada. Aparecieron como asuntos parciales o subordinados a los parámetros globales del pacto de la transición; como algo fuera de la política o derechamente contrario a ella. Su camino de politización, entonces, estuvo relacionado inicialmente con la vinculación con agendas internacionales de creciente relevancia, tales como la igualdad de género, los derechos indígenas y el reconocimiento de la diversidad y, más tarde, con su recuperación en el cambio de ciclo, cuando se retomaron también temas, autores y enfoques propios de la izquierda histórica, incluyendo el anarquismo. En este capítulo, se hará una breve mención de algunas de estas problemáticas y corrientes, la llamada "agenda valórica": el feminismo y la lucha por la igualdad de género, el ecologismo y las propuestas de desarrollo alternativo y el pensamiento indígena. En torno a estos temas, y a otros como la descentralización política, también se generó pensamiento político, pero no tuvo mucho espacio ni procesamiento en la política efectiva dominante durante el período.

3. Coyunturas

3.1 La coyuntura 1987-1989: la transición y el pacto

El debate en esta coyuntura se dio en torno a la cuestión ¿de qué se trata la transición? O, en otros términos, ¿en qué difiere la transición de la democratización?, ¿cuáles deben ser los alcances y límites de este proceso? En ese momento, tuvo gran importancia el debate sobre las transiciones en otros países de América Latina, pues la chilena fue la penúltima del ciclo. En esta discusión influyó de manera importante los vínculos internacionales de los actores políticos de oposición y también de sus intelectuales.

La movilización social se enfocó en poner fin al régimen, restaurar las instituciones democráticas, revertir la obra económica e institucional de

[18] Gerard van der Ree, *Contesting Modernities State-Led Projects of Modernisation in Chile, 1964-2006* (Ámsterdam: Dutch University Press, 2007); Paulo Hidalgo, *El ciclo político de la Concertación, 1990-2010* (Santiago: Uqbar, 2012); Delamaza, *Enhancing Democracy*.

Pinochet —la Constitución, las privatizaciones de empresas y de servicios públicos—. Sin embargo, los planteamientos políticos de la transición difirieron sensiblemente de esas motivaciones políticas del movimiento opositor, pues estuvieron orientadas a asegurar una salida pactada en condiciones que se juzgaron extremadamente frágiles. Expresaron tanto la defensa de la obra de Pinochet como los temores de la oposición de la época. Estos consistían, en primer término, en asegurar la continuidad del crecimiento económico y evitar presiones sociales excesivas, como las existentes en Argentina o las que caracterizaron el período de Allende, y en segundo lugar, asegurar la gobernabilidad democrática evitando una reversión autoritaria y el surgimiento de fuerzas y movimientos sociales que la desafiaran y pusieran en peligro.

Predominó, por lo tanto, el llamado "pragmatismo instrumental"[19] del nuevo gobierno y sus políticas, que hizo posible un núcleo de consenso compartido con los defensores de la obra de Pinochet: mantener el modelo económico y, sobre todo, subordinar cualquier política a la mantención de sus resultados en términos de crecimiento[20]; limitar las reformas políticas a la correlación de fuerzas resultante del equilibrio entre la representación sesgada del sistema político y la presión de los "poderes fácticos". Durante el período, el campo de la derecha presentó una actitud defensiva del legado anterior, intentando siempre limitar las reformas, aun dentro de los límites aquí expuestos, sin plantear un nuevo proyecto para la democracia[21]. El sector liberal de la derecha, representado principalmente por Sebastián Piñera y Andrés Allamand, no logró imponerse en su sector: Allamand fue acusado de consumo de drogas, fue derrotado por la Unión Democrática Independiente (UDI) en su candidatura a senador en 1997 y se alejó temporalmente del país[22]. Antes de ello, Piñera fue obligado a bajar su precandidatura presidencial por medio de la filtración de una escucha telefónica. Parte de los senadores de Renovación Nacional (RN) rechazó en el Senado los acuerdos logrados por Allamand, como presidente del partido, con el Gobierno para reformar la Constitución durante el período de Frei Ruiz-Tagle (1994-2000)[23].

[19] Gárate, *La revolución*.

[20] La importancia del crecimiento económico es que debía garantizar la adhesión del gran empresariado, considerado clave para la gobernabilidad y la adhesión mayoritaria de la población, que ya no podía descansar en un Estado pequeño, desfinanciado y sin herramientas.

[21] Hugo Herrera, *La derecha en la crisis del Bicentenario* (Santiago: Ediciones Universidad Diego Portales, 2014).

[22] Andrés Allamand, *La travesía del desierto* (Santiago: Aguilar, 1999).

[23] La expresión "poderes fácticos" fue utilizada por Andrés Allamand para referirse al peso de los factores extrapartidarios en la derecha chilena. Se refería a los comandantes en jefe de las Fuerzas Armadas, la cúpula del gran empresariado y el diario *El Mercurio*. Un perfil de Allamand en "Las caras de Allamand", *Capital*, 25 de enero de 2011: disponible en http://www.capital.cl/las-caras-de-allamand.

La reducción de la agenda política impuso prioridades y supuso exclusiones significativas de temas "que no estaban en la agenda" o que se consideraba que podían poner en riesgo la gobernabilidad. Entre las primeras estuvieron los llamados "temas valóricos" (como el divorcio, la despenalización del aborto y el matrimonio homosexual) y la descentralización política del país. Entre las segundas, la impugnación de las privatizaciones, la derogación de la Ley de Amnistía y el debate por una nueva Constitución Política. Todos esos temas reaparecieron en el siguiente ciclo político.

3.2 La coyuntura 1997-1999: el balance de la Concertación y el debate sobre la desigualdad

Esta coyuntura estaba marcada por los problemas de gestión política del gobierno de Eduardo Frei Ruiz-Tagle, que llevaron a una erosión electoral importante de la coalición de gobierno: perdió un millón de votos en las elecciones parlamentarias de diciembre de 1997 debido al sobreajuste económico para hacer frente a la crisis asiática en 1998-1999, crisis que disminuyó el crecimiento económico y, finalmente, por la detención de Pinochet en Londres en octubre de 1998, que introdujo un factor externo a los acuerdos tácitos de la transición y abrió más opciones. Sin embargo, como se verá, en estas circunstancias se expresó una mayor variedad y densidad de elaboraciones intelectuales sobre el período y se abrieron las alternativas que se proyectaron para el futuro.

La situación se expresó en el campo político concertacionista en el debate entre los llamados "autocomplacientes", que consideraban que la desafección política era un fenómeno propio de sociedades liberales modernizadas[24], y los "autoflagelantes", que recibieron un respaldo intelectual suplementario desde el análisis social a través del Informe de Desarrollo Humano del PNUD (1998), que diagnosticó el "malestar subjetivo" a pesar del éxito de la modernización económica[25]. También fue el momento del mayor éxito editorial de la sociología chilena: *Chile actual. Anatomía de un mito*, de Tomás Moulian, que reforzó la posición de los "desencantados" de la transición[26]. Desde ese

[24] José Joaquín Brunner, "Malestar en la cultura. ¿De qué exactamente estamos hablando?", *Estudios Públicos* 72 (1998).

[25] Hidalgo, *El ciclo político*; Van der Ree, *Contesting Modernities*.

[26] Se estima que el libro vendió cerca de 30 mil ejemplares sólo en el primer año de su publicación. Tomás Moulian, sociólogo del MAPU, fue parte del sector "moderado" durante el gobierno de Allende (1970-1973) e impulsor decidido de la "renovación socialista" en el período posterior. Pero, durante la transición, quedó situado "a la izquierda" de la Concertación, a la que consideraba incapaz de modificar la herencia institucional de Pinochet (que denominaba la "jaula de hierro"). Se puede considerar tanto al libro de Moulian como a los Informes de Desarrollo Humano del PNUD entre los textos de mayor impacto intelectual y político del período. Véase Eleine Acosta y Claudio Ramos, *El impacto de los Informes de Desarrollo Humano del Programa*

momento surgieron con claridad dos vertientes críticas de "izquierda" al acuerdo del período, que buscaron retomar el camino de la profundización democrática más allá de los límites del consenso: dentro y fuera de la Concertación. Estas vertientes confluyeron parcialmente en coyunturas políticas posteriores: las candidaturas de Jorge Arrate con el apoyo del PC y la de Marco Enríquez-Ominami en 2009, ambas por fuera de la Concertación.

En el pensamiento de derecha fue el momento en que surgió y se expandió rápidamente un fenómeno de insospechadas consecuencias políticas, el "cosismo", que aconsejaba prescindir de las ideologías y hacer cosas, solucionar problemas concretos de la gente. Esta opción permitió sancionar una política sin proyectos ideológicos ni estratégicos. Vino acompañada del predominio del saber experto, especialmente el relativo a la gestión organizacional y empresarial aplicada a la política y una fuerte apuesta por el *marketing* político (que ya había sido estrenado por la oposición democrática durante el plebiscito de 1988). Este planteamiento permitía, además, dejar atrás el eje de discusión política en torno al régimen militar y sus consecuencias y centrarse en "lo que quiere la gente, que son cosas concretas", es decir una apuesta por la despolitización. El éxito político de Joaquín Lavín en las elecciones presidenciales de 1999, donde casi empató con Ricardo Lagos en la primera vuelta, el ascenso electoral de la UDI y su penetración en sectores populares, fueron factores que le dieron legitimidad y eficacia al planteamiento[27]. Al mismo tiempo, la derecha en bloque defendió a Pinochet preso en Londres —también lo hizo el Gobierno— y, a la vez, se conformó con el "cosismo", renunciando a renovarse ideológica y programáticamente[28].

Durante la campaña presidencial de 1999, emergieron dos temas de relevancia política que no habían estado presentes de la misma forma anteriormente: la desigualdad y los cambios producidos en la sociedad. En relación a lo primero, todos los candidatos de la época, sin excepción, señalaron la importancia de abordar de modo diferente la lucha contra la pobreza. Ricardo Lagos planteó el lema "crecer con igualdad", pero así como él todos los demás candidatos enfrentaron el asunto, incluida la derecha, que hasta

de Naciones Unidas para el Desarrollo (Santiago: Departamento de Sociología, Universidad Alberto Hurtado, 2006). Varios otros textos críticos fueron publicados en dicha coyuntura con gran impacto, de acuerdo a la misma fuente: Drake y Jaksić, *El modelo chileno*; Manuel Antonio Garretón, *La sociedad en que vivi(re)mos: introducción sociológica al cambio de siglo* (Santiago: Lom, 2000); Hugo Fazio, *Mapa actual de la extrema riqueza en Chile* (Santiago: Lom, 1997); Alfredo Jocelyn-Holt, *El Chile perplejo. Del avanzar sin transar al transar sin parar* (Santiago: Ariel, 1998).

[27] Joaquín Lavín (UDI), economista, asesor de Pinochet, autor de *La revolución silenciosa*, que relevaba los profundos cambios sociales producidos por la dictadura, fue luego alcalde de la comuna de Las Condes (sectores altos, predominio incontrarrestable de la derecha) y de Santiago, dos veces candidato presidencial y, luego, ministro del gobierno de Sebastián Piñera (2010-2014).

[28] Herrera, *La derecha*.

ese momento se había mostrado renuente a hacerlo. Era una respuesta a la desafección que se apreciaba en amplios segmentos sociales. Sin embargo, durante la segunda vuelta de las elecciones de ese año, el eje se volcó hacia el "cosismo" levantado por Joaquín Lavín, que fue considerado el factor clave de su éxito e hizo perder fuerza al lema de la igualdad[29].

Lo anterior se relacionaba con el diagnóstico sobre la sociedad y sus cambios. Se detectaba la emergencia de un nuevo sector de clase media, denominado "aspiracional", que estaba marcado por la ampliación de las oportunidades y los mayores ingresos de la década de los noventa. Se consideró entonces que se estaba en presencia de un sector hijo de la economía de mercado, cuyos valores se centraban en el esfuerzo personal, la movilidad por la vía de la educación y la distancia del Estado, antiguo referente de los sectores medios. Esta nueva sociología tuvo corta duración como tendencia, pero marcó en cierta medida las opciones políticas principales en torno a la necesidad de replantear estrategias políticas.

Durante el gobierno de Ricardo Lagos (2000-2006), se hizo un esfuerzo por reformar la Constitución, lo cual se zanjó en el Congreso en 2005 con el término de los principales enclaves autoritarios y la firma del presidente Lagos en el texto constitucional. Pero esto no logró legitimar la carta magna, a pesar de los cambios políticos que introdujo, como se pudo advertir en 2011, el fin del ciclo[30].

3.3 La coyuntura 2010-2011: el fin del ciclo

Esta coyuntura estaba marcada por la derrota de la Concertación y el regreso de la derecha al gobierno en 2010, y por la crítica político-práctica de los movimientos sociales, especialmente el estudiantil, que protagonizó masivas manifestaciones durante gran parte de 2011 a favor de una reforma a la educación. También se produjeron diversos conflictos regionales de gran intensidad, como ocurrió en Punta Arenas, Calama, Freirina y, de modo más prolongado y amplio, en la sureña región de Aysén durante el verano de 2012. Surgieron así nuevos sujetos políticos, denominados coloquialmente "la calle", que desafiaron el consenso de la transición. "La calle" articuló principalmente a los jóvenes, tanto estudiantes de clase media como populares urbanos, así como diversas comunidades y grupos descontentos y activos en su reivindicación. A partir de este fenómeno, se suscitó un debate sobre cuál era su significado: ¿se trataba del malestar de las clases medias y la revolución de las expectativas?, ¿era la defensa de intereses corporativos que

[29] A pesar de la estrategia política seguida, el triunfo de Lagos en la segunda vuelta de enero de 2000 se debió a los votos comunistas que habían apoyado la candidatura de Gladys Marín.

[30] Fuentes Saavedra, *El pacto*.

se oponían a profundizar la modernización?, ¿era la reacción de los excluidos del consenso que buscaban otras vías y formulaban otras propuestas de ruptura de la "pax transicional"?, ¿era el "derrumbe del modelo"?[31].

En el campo del pensamiento político se produjo el debate entre los críticos que buscaban una transformación expresada en "cambiar el modelo" y que tuvo expresiones dentro y fuera de la Concertación (la cual dio paso a una coalición más amplia, la Nueva Mayoría). Algunos intelectuales de la Concertación hicieron el balance crítico de los 20 años, denunciando sus limitaciones y proponiendo modificaciones mayores[32], mientras otros defendieron lo obrado en los años previos. Pero fue por sobre todo la derecha la que salió en defensa de la política de los consensos y de la vieja Concertación, posición que también se expresó en sectores de la Nueva Mayoría, aunque no en su conducción presidencial, que apostó al cambio constitucional y la ampliación hacia la izquierda. Intelectuales como Ernesto Ottone y José Joaquín Brunner, así como también Eugenio Tironi —quien recicló una vez más su diagnóstico— han estimado que la sociedad ha cambiado, pero no por la movilización social, sino por la misma modernización capitalista, la que debería entrar en una nueva etapa[33].

El debate se ha organizado en torno al "cambio de ciclo político", que fue una nueva versión del antiguo tema del fin de la transición. Su interpretación ha recreado la división anterior entre "autocomplacientes" y "autoflagelantes", que surgió a fines del decenio anterior. Mientras los primeros han sostenido que el cambio de ciclo se entiende como el resultado de una modernización exitosa, el empoderamiento de una ciudadanía más educada y con más ingresos[34], los segundos han explorado en las deficiencias que llevan al agotamiento del arreglo político anterior[35]. La derecha, por su parte, ha adherido por completo a la primera postura, abandonando la crítica previa a los gobiernos concertacionistas. Ahora se engloban los 20 años de la Concertación dentro de un ciclo algo mayor: el que comenzó con la recuperación económica post 1983, fue sancionado con la transición exitosa de 1990 y tuvo su prolongación en el gobierno de Sebastián Piñera (2010-2014), que ahora es considerado apenas una variante política del período anterior, que en realidad lo consolidó con la introducción de la alternancia en el

[31] Alberto Mayol, *El derrumbe del modelo* (Santiago: Lom, 2011); Fernando Atria *et al.*, *El otro modelo. Del orden neoliberal al régimen de lo público* (Santiago: Catalonia, 2013); Marcel Oppliger Jaramillo y Eugenio Guzmán, *El malestar de Chile: ¿Teoría o diagnóstico?* (Santiago: RIL, 2012).

[32] Fuentes Saavedra, *El pacto*; Huneeus, *La democracia*; Varas, *La democracia*; Atria, *El otro modelo*.

[33] José Joaquín Brunner, *Nueva Mayoría. Fin de una ilusión* (Santiago: Ediciones B, 2016); Eugenio Tironi, *Apología de la intuición* (Santiago: Ariel, 2014); Ernesto Ottone, "Una América Latina incómoda en una globalización inconfortable", *Estudios Públicos* 140 (2015): 151-164.

[34] Ottone, "Una América Latina incómoda".

[35] Atria, *El otro modelo*.

poder. El gobierno de la Nueva Mayoría sería, de este modo, el abandono de un camino exitoso, que ha introducido incertidumbre y riesgos de vuelta al pasado. Una vez más, el presente es leído a la sombra de los fantasmas del pasado.

4. La hegemonía institucional conservadora

Se ha afirmado en los apartados precedentes que un rasgo relevante del período han sido sus formas de institucionalización, puesto que ellas definieron en gran medida los alcances y límites de las principales corrientes de pensamiento. Ello no supone no considerar las individualidades en el desarrollo de las ideas o la importancia de los conceptos; pero dos factores otorgan especial importancia a la variable institucional en la generación del pensamiento político. En primer lugar, el hecho de que se trata de un período de avances limitados en cuanto a la democratización, al que no estuvieron ajenas las instituciones especializadas de generación y reproducción del conocimiento, particularmente en el caso de las ciencias sociales y las instituciones culturales, siempre sensibles a las coyunturas políticas. En segundo lugar, el incremento ya mencionado del peso e importancia de las corrientes tecnocráticas, cuyo desempeño normalmente ha sido respaldado por instituciones públicas y privadas que se han articulado con circuitos de comunicación y difusión de ideas también organizados institucionalmente. No ha sido este, por lo tanto, un escenario de libre circulación de las ideas, cuyo análisis pueda prescindir de sus "condiciones materiales de existencia". No es nuestra intención, sin embargo, trazar el mapa institucional de la producción intelectual, sino asociar algunas de las corrientes de pensamiento con su asiento institucional.

El primer rasgo que se aprecia es lo que podríamos llamar la hegemonía institucional conservadora, en el sentido de que mantuvo importantes rasgos de la situación anterior y que defendió aquellos principios surgidos durante el gobierno militar. Con esto se quiere destacar el hecho de que los efectos de la acción dictatorial sobre la institucionalidad del conocimiento no fueron revertidos durante el período que analizamos. En primer término, no se recuperó el rol de la universidad pública, ni la presencia de las corrientes laicas y de izquierda que en ella se habían desarrollado con anterioridad. La acción del Gobierno militar apuntó a fragmentar las universidades nacionales (Universidad de Chile y Universidad Técnica del Estado), precisamente para mermar su capacidad e importancia políticas. En sustitución de ello se crearon universidades regionales que, en su mayoría, no estuvieron dotadas de infraestructura, recursos de financiamiento, ni políticas que alentaran el desarrollo de la investigación, las ciencias sociales o el pensamiento político. Las políticas de autofinanciamiento aplicadas al conjunto de la institucionalidad universitaria, por otra parte, inhibieron también el desarrollo de este tipo de actividades en beneficio de la captación masiva de estudiantes que aportaran los recursos.

Tampoco se produjo en las universidades del Estado una renovación de personal académico, puesto que los mecanismos de estabilidad funcionaria fueron adecuadamente dispuestos para asegurar la continuidad de quienes se habían desempeñado en ellas durante el Gobierno militar, con las universidades intervenidas. Demás está señalar que especialmente el campo de las ciencias sociales y políticas había sido purgado sistemáticamente durante el período anterior, con el objeto de eliminar corrientes izquierdistas y democráticas en su interior. De tal manera que el recambio se fue produciendo de manera muy paulatina y aún no se completa. En términos de financiamiento, recién en el período del gobierno de Michelle Bachelet (2006-2010) se registró un proyecto de fortalecimiento de las ciencias sociales que aportó recursos de importancia a la Universidad de Chile (50%) y a otras seis universidades regionales (50%), aunque de todas maneras estuvo sujeto a las reglas que han hegemonizado la producción intelectual (acreditación institucional, estandarización e indexación), la que debilita las ciencias sociales con vocación pública. Dichos recursos sólo han comenzado a tener algún impacto con posterioridad al período considerado.

La hegemonía mencionada en el ámbito universitario se ha expresado en la consolidación y expansión de la Pontificia Universidad Católica, ampliamente favorecida por el Gobierno militar e igualmente intervenida por los militares durante la dictadura. Ello no es de extrañar si se considera que en esa universidad se habían desarrollado dos de las corrientes político-intelectuales que dieron sustento profesional e ideológico al régimen de Pinochet: el gremialismo, dirigido por Jaime Guzmán, y los "Chicago Boys", surgidos de su Escuela de Economía[36]. Las corrientes reformistas de fines de los años sesenta, de gran importancia puesto que sus exoponentes provenían de la élite social, fueron expulsadas casi en su totalidad de la Universidad Católica. Durante el proceso de transición no se produjo ninguna apertura político-ideológica de sus cuadros académicos ni directivos, manteniendo la UDI (nacida del gremialismo) el control de la universidad[37]. De hecho, las corrientes católicas disidentes de la línea oficial de la Universidad Católica se afincaron en nuevas universidades privadas, mucho más pequeñas y con menos

[36] Juan Gabriel Valdés, *Pinochet's Economists: The Chicago School in Chile. Cambridge, England* (Cambridge: Cambridge University Press, 1995); Renato Cristi, *El pensamiento político de Jaime Guzmán: una biografía intelectual* (Santiago: Lom, 2011).

[37] Recién durante 2015 el rector Ignacio Sánchez —en su segundo período— organizó un acto simbólico de reconocimiento al rol de los reformistas, en el que se les ofreció disculpas por lo sucedido 40 años antes. Dicha actividad no comprometió, en modo alguno, una transformación institucional, una reincorporación de académicos o una reapertura de espacios para esas corrientes.

recursos, como la Universidad Alberto Hurtado de los jesuitas y la Universidad Cardenal Silva Henríquez de la orden salesiana. Sólo la primera de ellas adquirió con el tiempo cierta relevancia en términos de la generación de pensamiento político.

Lo anterior fue complementado con el desarrollo acelerado de las universidades privadas ligadas a grupos empresariales e ideológicos de derecha: conservadores, como en la Universidad de Los Andes (ligada al Opus Dei) y la Finis Terrae (de los Legionarios de Cristo); neoliberales, como en la Universidad del Desarrollo (fundada por un grupo de economistas de la UDI, entre los que se encontraba el dos veces candidato a la presidencia Joaquín Lavín); liberales, como en la Universidad Adolfo Ibáñez y la Universidad Diego Portales. Esta última experimentó un giro de mayor pluralismo con el conflicto que provocó la salida de la rectoría del exministro de la dictadura Francisco Javier Cuadra y su reemplazo por el filósofo Carlos Peña, de orientación liberal y mucho más cercano al universo concertacionista[38]. Todas ellas han contado con unidades académicas en las áreas económica, política, social y de humanidades, muy afines ideológicamente.

Por último la hegemonía neoliberal-conservadora se expresó en la creciente importancia que adquirió lo que podríamos llamar el pensamiento aplicado a las políticas públicas en los *think tanks*. Los dos más importantes en términos de recursos y de influencia política directa son el Instituto Libertad y Desarrollo y el Centro de Estudios Públicos (CEP). El primero fue fundado por el exministro de Pinochet y candidato presidencial de la UDI Hernán Büchi cuando inició el gobierno de Patricio Aylwin, y ha prestado asesoría legislativa y realizado seguimiento de políticas públicas. Ha recibido, para ello, un importante financiamiento, principalmente del gran empresariado. El CEP, fundado durante el período militar por Eliodoro Matte, empresario y cabeza de uno de los grupos económicos del país, se ha articulado todavía de manera más directa con el sector empresarial. Ha desarrollado la principal encuesta política del país, que tiene un impacto directo en la agenda política. También puede mencionarse a la Fundación Paz Ciudadana, creada por el propietario del consorcio periodístico El Mercurio (principal medio escrito del país, directamente vinculado al golpe militar y a la defensa de la herencia del gobierno de Pinochet), que ha intervenido principalmente en la agenda de seguridad y delincuencia.

Si bien los centros de pensamiento se desarrollaron como un espacio alternativo o independiente durante los ochenta, agrupando a los académicos marginados de las universidades, "desde inicios de los años 1980, se aprecia también la lenta pero persistente aparición de fundaciones y *think tanks* conservadores o libertarios, cuya influencia ha ido en constante

[38] Se trata de un intelectual de amplia repercusión pública a través de su columna de opinión semanal en la edición dominical de *El Mercurio*.

aumento, dada su cercanía y dependencia respecto de algunos de los grandes grupos económicos y empresariales del país"[39]. A diferencia del período anterior, estas instituciones no suplen un debilitamiento de esas ideas en el campo universitario —como sucedió en Estados Unidos—, sino que han servido como un refuerzo de las mismas.

En términos de canales de difusión y formación de agenda pública, importa el claro predominio de la derecha neoliberal y el gran empresariado en la prensa escrita (*El Mercurio* y COPESA), así como también en la televisión abierta: los grandes canales privados (el de la Universidad Católica, comprado luego por el empresario Andrónico Luksic; el del empresario conservador Ricardo Claro y el de Sebastián Piñera, vendido a Linzor Capital al asumir la presidencia) y la presencia en el directorio de la televisión estatal. Ello le ha permitido articular eficazmente los contornos y actores del debate político[40].

4.1 La precariedad institucional del pensamiento de centroizquierda

El segundo aspecto relevante de la trama institucional es la débil articulación institucional de los intelectuales de la Concertación. La fuerte institucionalización descrita anteriormente para la derecha contrasta con la debilidad manifiesta de los centros de pensamiento en el campo concertacionista y más aún hacia la izquierda de este. En el inicio, se verificó el desmontaje de los llamados Centros Académicos Independientes (CAI), que habían elaborado el pensamiento alternativo durante los años ochenta, debido a la falta de financiamiento y la emigración de sus profesionales al Gobierno. En su reemplazo, como ya hemos señalado, no se fortaleció ni recuperó la universidad pública como lugar de elaboración intelectual, puesto que se la mantuvo sujeta a las reglas de la competencia de mercado. Tampoco se construyeron instituciones de nuevo tipo que albergaran a los pensadores asociados a las corrientes de centroizquierda. Antes bien, varios de ellos alternaron puestos gubernamentales con formas de participación en empresas o instituciones controladas por el pensamiento conservador. En este panorama, la construcción intelectual del pensamiento político de estas corrientes se expresó principalmente en personas más que en instituciones fuertes. De modo que su producción y, en especial, la circulación de su pensamiento sufrieron importantes condicionamientos, puesto que se realizaron sobre

[39] Gárate, *La revolución*.

[40] Como contrapartida, en la primera mitad de los años noventa, desaparecieron los dos diarios ligados a la Concertación (*La Época* y *Fortín Mapocho*) sin que se establecieran otros medios en su reemplazo. Lo propio ocurrió con revistas y semanarios. La única excepción la constituye el periódico satírico semanal *The Clinic*.

todo a través de instituciones vinculadas al mundo empresarial o controladas por sectores de derecha[41].

Los primeros CAI nacieron durante los años sesenta, como respaldo intelectual y técnico del proyecto de "revolución en libertad" del gobierno de Eduardo Frei Montalva (1964-1970). Con fuerte respaldo de la Iglesia católica y la cooperación internacional, principalmente norteamericana, se crearon diversas instancias de estudio por fuera de las universidades, muy vinculadas con el proyecto político de la época. La DC mantuvo sus propios centros de pensamiento durante el régimen militar, pero también se crearon otros nuevos, como CIEPLAN, del cual salieron las principales autoridades económicas de los gobiernos de la Concertación. Otro centro que acogió cientistas sociales exonerados de la universidad fue la FLACSO[42]. Con la misma finalidad, la Iglesia católica de Santiago, en 1975, auspició la creación de los Círculos de Estudio, que luego dio origen a la Academia de Humanismo Cristiano (AHC), posteriormente constituida como una universidad privada[43].

Hacia fines de los años ochenta, en el marco de la relativa apertura política y la preparación de la transición política, se crearon diversos institutos de estudio y fundaciones asociadas a las corrientes políticas de oposición. Surgió así la Fundación Chile 21, creada por Ricardo Lagos con profesionales vinculados al Partido por la Democracia (PPD) y el PS, y el Centro de Estudios del Desarrollo (CED) con profesionales de la DC (dirigido por Edgardo Boeninger), entre otros.

Los CAI proveyeron los cuadros directivos de los gobiernos de la Concertación de modo que prácticamente se produjo una sustitución de la labor

[41] Un efecto de este fenómeno es el privilegio que adquirió la voz pública —y la consecuente influencia— de un pequeño grupo de intelectuales y políticos de la corriente liberal de la Concertación, que los medios conservadores consideran más afines a su pensamiento, en detrimento de otros. Los nombres se repiten una y otra vez durante el período en directorios de empresas, fundaciones, cargos por entrevistas y columnas en los medios de comunicación y en empresas de asesoría empresarial y política.

[42] José Joaquín Brunner y Alicia Barrios, *Inquisición, mercado y filantropía: Ciencias sociales y autoritarismo en Argentina, Brasil, Chile y Uruguay* (Santiago: FLACSO, 1987); María Teresa Lladser, "La investigación en Ciencias sociales en Chile: su desarrollo en los Centros Privados (1973-1989)", en *Taller de cooperación al desarrollo: una puerta que se abre. Los organismos no gubernamentales en la cooperación al desarrollo* (Santiago: Taller de Cooperación al Desarrollo, 1989); Jeffrey Puryear, *Thinking Politics: Intellectuals and Democracy in Chile, 1973-1988* (Baltimore: Johns Hopkins University Press, 1994).

[43] La importancia relativa de estos CAI se aprecia cuando se considera que sólo la AHC mantuvo un promedio de 142 investigadores asociados a ella entre 1981 y 1987, llegando a publicar 144 libros en el mismo período (véase Lladser, "La investigación", 224-225). El respaldo financiero para estos y otros centros provino de la cooperación internacional; María Teresa Lladser contabiliza 117 libros publicados entre 1980 y 1985 por 21 centros de estudio catastrados (Lladser, "La investigación", 255). La nueva universidad, sin embargo, no acogió a los intelectuales que se habían desempeñado en la academia, puesto que muchos de ellos emigraron al Gobierno: Rodrigo Egaña, Clarisa Hardy, Jaime Ruiz Tagle, Adriana Delpiano, Cecilia Leiva, Enrique Mlynarz, entre otros.

político-intelectual de los primeros por una labor de gestión política sin más en los segundos. La importancia directa de esta transferencia se puede apreciar en los resultados de una encuesta a la élite política chilena (1990-2010) que sondeó presidentes, ministros, subsecretarios y otros cuadros superiores del Ejecutivo, así como a parlamentarios y presidentes de partidos políticos. De 386 políticos consultados, 120 (vale decir, un 31,1%) se habían desempeñado previamente en algún CAI. La mayor parte de ellos pasó a ocupar cargos de ministro en el Gobierno o como ejecutivo de entidades semiautónomas del Estado. El impacto relativo de cada centro fue, sin embargo, muy variable, pues 8 de ellos (de un total de 53) agrupaban al 49% de los encuestados.

Si revisamos la situación de los ocho centros principales de donde venían los miembros de la élite política, podemos verificar que dicho espacio virtualmente dejó de ser un lugar de producción de pensamiento político. El CED se reconvirtió en una ONG de desarrollo, aunque mantuvo una publicación de análisis político por Internet (*Asuntos Públicos*); CIEPLAN se despobló durante un largo período para, luego de 2006, acoger como directores —no como profesionales— a algunos de sus antiguos miembros, no incorporados al gobierno de Bachelet en su primer período. Por su parte, el Instituto Chileno de Estudios Humanísticos y la Corporación de Promoción Universitaria (CPU), instituciones tradicionales ligadas a la DC, subsistieron aunque con una débil actividad. Fundación Chile 21 permaneció vinculada a los grupos disidentes de la Concertación, bajo la conducción del exministro y exsenador Carlos Ominami, mientras que la corporación Expansiva desapareció[44]. Lo mismo ocurrió con el Centro de Investigación y Desarrollo de la Educación (CIDE, que se incorporó a la Universidad Alberto Hurtado) y VECTOR.

Las universidades surgidas como proyectos de pensamiento crítico alternativo hacia fines de los años ochenta, con énfasis en las ciencias sociales, no lograron superar las dificultades de financiamiento y fueron perdiendo capacidad de influencia. La Universidad ARCIS, que cobijó a personalidades intelectuales como Tomás Moulian, Nelly Richard y Gabriel Salazar, pasó a ser controlada por el PC y sufrió diversos conflictos internos para terminar por declararse en quiebra y ser intervenida por el Gobierno en 2013. La Universidad Bolivariana, que acogió a representantes del ecologismo y el desarrollo alternativo como Luis Razeto y Antonio Elizalde, fue vendida a un empresario privado. Sólo subsiste la Universidad Academia de Humanismo Cristiano, donde destaca la presencia pública del antropólogo José Bengoa, especialista en temas indígenas. Un fenómeno similar ocurrió con FLACSO,

[44] Expansiva fue formada a fines de los años noventa por un grupo de profesionales —principalmente economistas— de orientación liberal dentro de la Concertación. Fue liderada por quien fuera después el ministro de Hacienda de Bachelet, Andrés Velasco; véase Patricio Silva, *In the Name of Reason: Technocrats and Politics in Chile* (University Park: Pennsylvania State University Press, 2009). Posteriormente, Velasco se alejó de la Concertación para presentarse como candidato presidencial en 2013, luego de lo cual formó otro *think tank* llamado Fuerza Pública, que más tarde derivó en el partido político Ciudadanos.

que agrupara a un significativo grupo de intelectuales, muy relevantes en el proceso de renovación de la izquierda. Aunque mayoritariamente no ocuparon cargos de gobierno, sí abandonaron la institución, la que disminuyó en gran medida su peso intelectual y político[45].

Un fenómeno significativo que influyó en el campo comunicacional e intelectual fue el surgimiento de empresas consultoras especializadas en comunicación política, gestión de conflictos y estudios de opinión pública, que han prestado sus servicios tanto al Gobierno como a las grandes empresas. Algunas de las principales consultoras fueron desarrolladas por figuras relevantes de la Concertación. Es el caso de Fernando Flores, PPD, exministro de Allende, ingeniero y empresario, que ejerció gran influencia en los cuadros directivos de la Concertación al comienzo de la transición. También Eugenio Tironi y Enrique Correa, luego de ocupar cargos en el primer gobierno democrático, se convirtieron en empresarios de la comunicación y la consultoría para grandes empresas, participando también en directorios de las mismas y apoyando, al mismo tiempo, las campañas políticas de la Concertación y la gestión comunicacional de los gobiernos. Su influencia política —e intelectual en el caso de Tironi— es reconocida: son quienes hacen un nexo permanente entre la gestión gubernamental y los intereses del gran empresariado con el que trabajan.

Una última institución relevante en cuanto a la producción de pensamiento político ha sido el PNUD, especialmente a través de sus Informes de Desarrollo Humano sobre Chile, que desde 1996 se han publicado ininterrumpidamente cada dos años. Su ascendiente se vio acrecentado con la aparición del informe de 1998, titulado "Las paradojas de la modernización", el que en cierto modo suscitó el debate entre "autocomplacientes" y "autoflagelantes". La influencia intelectual de los planteamientos de Norbert Lechner, mentor del informe hasta su muerte en 2004, fue considerable en un amplio espectro político. Pedro Güell, académico de la Universidad Alberto Hurtado y director de contenidos de Michelle Bachelet durante su segundo período, a partir de 2014, mantuvo más tarde este influjo. El equipo fue dirigido hasta 2005 por Eugenio Ortega, sociólogo y político DC, también de gran peso en su partido. Una evaluación comparativa de la autoridad de los Informes de Desarrollo Humano muestra que entre los 10 trabajos sobre realidad chilena al menos tres de ellos son Informes de Desarrollo Humano[46].

[45] Así, Manuel Antonio Garretón, Tomás Moulian, Sergio Gómez y Luciano Tomassini emigraron a universidades, lo mismo que Rodrigo Baño, Eduardo Morales y Enzo Faletto, hasta su muerte. Norbert Lechner, Augusto Varas, Fernando Bustamante y Francisco Rojas se fueron a organismos internacionales; Jorge Chateau, José Joaquín Brunner, Carlos Portales y Ángel Flisfisch trabajaron en el Gobierno. Después de 2012, Flisfisch volvió a dirigir la FLACSO. De la FLACSO de los años ochenta sólo permaneció Teresa Valdés, quien luego de un conflicto institucional pasó a integrar una ONG de mujeres.

[46] Acosta y Ramos, *El impacto*.

5. Evolución del pensamiento político y críticas al paradigma hegemónico

Los clivajes y coordenadas de debate del período, como hemos podido apreciar en las secciones precedentes, no se organizaron principalmente en relación a las posturas ideológicas, sino que más bien se definieron en función de los problemas propios del período. La excepción sería el pensamiento neoliberal de "defensa del modelo", que ha dado continuidad a la hegemonía cultural de la derecha y que no ha abandonado sus fundamentos ideológicos y doctrinarios. Se trata de un pensamiento de amplia difusión pública, con sólida implantación institucional y apoyo en términos de financiamiento. Este se ha articulado no sólo en términos intelectuales, sino que con otros actores: los gremios del gran empresariado, los diarios *El Mercurio* y *La Tercera*, las escuelas universitarias de economía que mantienen la misma hegemonía intelectual y expresiones políticas importantes, especialmente la UDI, quienes han combinado una mezcla de conservadurismo cultural (acerca del divorcio, aborto, género, diversidad sexual, píldora del día después) y neoliberalismo económico.

La corriente de pensamiento más relevante, definida en los términos del período, es la que sustentó la popularmente conocida "política de los consensos", es decir, la defensa del acuerdo de la transición y sus logros en términos de crecimiento económico, estabilidad política y disminución de la pobreza. En algunos casos, esta fórmula fue denominada como el "modelo chileno"[47]. Al interior de esta corriente se puede ubicar también a algunos de sus críticos, pero que actúan dentro de las mismas instituciones y a partir de parámetros compartidos. Una parte de ese grupo es el que, en la coyuntura post 2011, comenzó a variar su posición y a plantear la necesidad de "otro modelo"[48]. También puede citarse aquí a Carlos Huneeus y su planteamiento de Chile como una "democracia semi-soberana"[49].

Por otra parte, podemos considerar a los "críticos del proceso de la transición", donde se ubican quienes no aceptaron los términos de la negociación de la transición y el consenso resultante. Se trata de la corriente de izquierda que, sin embargo, no fue homogénea, pues contaba con un sector "ortodoxo", que no participó del llamado proceso de renovación de la izquierda y se mantuvo en parámetros más cercanos al marxismo tradicional. Su principal

[47] Junto a los trabajos de Edgardo Boeninger, se puede citar el volumen colectivo editado por Cristián Toloza y Eugenio Lahera, eds., *Chile en los noventa* (Santiago: Presidencia de la República, 1998). También, el trabajo de Hidalgo, *El ciclo político*. Una visión crítica de la noción de Chile como modelo en Drake y Jaksić, *El modelo chileno*; Van der Ree, *Contesting Modernities*.

[48] Atria, *El otro modelo*.

[49] Huneeus, *La democracia*.

expresión política fue el PC, sin representación parlamentaria hasta 2006 y que después, a partir de 2013, formó parte del gobierno de la Nueva Mayoría. Su pensamiento económico se ha expresado en el Centro de Estudios del Desarrollo Alternativo (CENDA) y cuenta con una institución de formación: el Instituto de Ciencias Alejandro Lipschutz (ICAL). Sus principales expresiones intelectuales se encuentran entre los exiliados que no regresaron al país, pues hicieron carrera académica en el exterior, como Hugo Zemmelman —fallecido en 2014— y Francisco Zapata, ambos en México. También podemos considerar dentro de este grupo crítico de la transición a Andrés Pascal y Nelson Gutiérrez, dirigentes del MIR que regresaron a la Escuela de Sociología de la Universidad de Concepción y a la Universidad ARCIS, respectivamente, así como a Jacques Chonchol, proveniente de la Izquierda Cristiana, agrónomo y exministro de Allende, quien, sin embargo, ha tenido mayor presencia intelectual fuera de Chile que en el país[50]. Después del fallecimiento de Volodia Teitelboim en 2008, quien fuera crítico literario y escritor además de dirigente político, el PC no ha contado con grandes figuras intelectuales.

También podemos ubicar aquí el sector que llamaremos "neoanarquista", que ha criticado el proceso político institucional y ha reivindicado, en nuevos términos, algunas de las posturas de la izquierda extraparlamentaria de los años sesenta y setenta en pro del poder popular, la autonomía social, la autogestión y la crítica de la representación política. Este sector considera que la Concertación "traicionó" los ideales democráticos y se ha articulado ahora con los movimientos sociales posteriores a 2010, sobre los cuales ejerce gran influencia. Su principal exponente es el historiador y sociólogo Gabriel Salazar.

En el campo de la historia, se han verificado polémicas intelectuales de importancia política respecto del período considerado, principalmente producidas en torno a la segunda coyuntura política que hemos analizado. En enero de 1999, un grupo de 11 historiadores de orientación de izquierda publicaron el *Manifiesto de historiadores*[51], redactado en respuesta a la "Carta a los chilenos" que dirigiera el general Pinochet desde su reclusión en una clínica londinense[52] y a la publicación posterior de fascículos de historia política por parte de Gonzalo Vial en un vespertino nacional, quien también respondió críticamente al *Manifiesto*. Los términos de la polémica se refirieron a la interpretación histórica de las causas del golpe militar, el rol de los militares en dictadura y, consecuentemente, a los desafíos de la democratización. En el caso de Vial, su papel político venía desde muy atrás: colaboró en

[50] Chonchol dirigió durante algún tiempo el Doctorado en Estudios Latinoamericanos de la Universidad ARCIS, pero este no logró subsistir a la crisis de la universidad.

[51] Sergio Grez y Gabriel Salazar, *Manifiesto de historiadores* (Santiago: Lom, 1999).

[52] Augusto Pinochet Ugarte, *Carta a los chilenos* (Santiago: Ismael Espinoza, 1998).

la redacción del *Libro blanco del cambio de gobierno en Chile*, publicación justificatoria del golpe militar que difundió la existencia de un supuesto plan de exterminio de autoridades civiles y militares por parte del gobierno de Allende, el llamado Plan Z[53]. Su posterior oposición a las violaciones a los derechos humanos —que no fueron obstáculo para su colaboración activa con el régimen militar— le valió ser nombrado en la Comisión de Verdad y Reconciliación conformada en 1990 por el presidente Aylwin. Vial mantuvo sus columnas políticas semanales de página completa en el vespertino *La Segunda*, de la cadena El Mercurio, hasta su muerte en 2009.

También se registró un debate público en torno a la publicación del primer volumen (de un total de cinco) de *Historia contemporánea de Chile*, que puso el énfasis en la historia social de los grupos subalternos y los déficits institucionales de la democracia chilena durante el siglo XX[54]. En este caso, Sergio Villalobos, Premio Nacional de Historia 1992, objetó los planteamientos de la historiografía de izquierda[55]. Durante el mismo período, el historiador liberal Alfredo Jocelyn-Holt produjo sus textos de mayor impacto político, centrados en un cuestionamiento muy severo a las limitaciones de la transición política y sus protagonistas[56]. Al igual que Salazar y Vial, Jocelyn-Holt ha sido un historiador con presencia permanente en el debate público aunque, en su caso, se ha centrado más en polémicas personales y diversas que en aquellas surgidas de un trabajo historiográfico orientado por posiciones políticas, como los dos primeros[57].

Finalmente, podemos considerar otras corrientes de pensamiento que no se estructuraron directamente en torno a los clivajes de la transición, pero que organizaron ideas políticas surgidas de procesos relevantes del período. Como no formaban parte del consenso transicional, contribuyeron con enfoques alternativos de diversa importancia presente y futura. Uno de esas orientaciones proviene del ecologismo y se ha expresado fundamentalmente en la esfera de los problemas medioambientales y las consecuencias negativas del modelo de desarrollo. Es importante señalar que este tema, a diferencia de otros, no formó parte de los debates de la oposición durante los años ochenta, que estuvieron centrados en la democracia y la justicia social. Pero sí emergieron en la escena internacional de manera contemporánea al proceso chileno, especialmente en la Cumbre Medioambiental de Rio de Janeiro

[53] *Libro blanco del cambio de gobierno en Chile, 11 de septiembre de 1973* (Santiago: Lord Cochrane, 1973).

[54] Gabriel Salazar y Julio Pinto Vergara, *Historia contemporánea de Chile* (Santiago: Lom, 1999).

[55] Germán Alburquerque, "El *Manifiesto de historiadores* y los debates de la historiografía chilena actual", *Pensamiento Crítico* 2 (2002).

[56] Alfredo Jocelyn-Holt, *El peso de la noche: nuestra frágil fortaleza histórica* (Santiago: Ariel, 1999).

[57] Los tres publicaron obras monumentales de historia de Chile durante el período.

en 1992. La expresión principal de este movimiento fueron las ONG especializadas, vinculadas a la cooperación internacional. Sin embargo, no participaron en la elaboración de las propuestas programáticas de la Concertación, ni tuvieron influencia en los debates económicos, que estaban centrados en la mantención del crecimiento y para los cuales las variables de sostenibilidad estuvieron casi completamente ausentes. Tampoco tuvieron incidencia en la institucionalidad medioambiental al momento de crearse la Comisión Nacional de Medio Ambiente en 1994, que estuvo adscrita a un ministerio netamente político (la Secretaría General de la Presidencia). Con todo, durante el período, estos planteamientos fueron ganando terreno y socializándose en el país; sólo al final de dicho período, en 2010, se logró la creación del Ministerio del Medio Ambiente. Pero, en ese momento, ya se habían acumulado los conflictos socioambientales en múltiples territorios del país[58].

Uno de los hitos relevantes del período fue el intento por desarrollar una Unidad de Cuentas Ambientales por parte del Banco Central, iniciativa que culminó con el despido del economista Marcel Claude, quien posteriormente llegó a competir por la presidencia de la república. Luego de su salida del Banco Central, Claude publicó un texto que glosa el clásico de los años cincuenta *En vez de la miseria*, de Jorge Ahumada, entrando de lleno en el debate del desarrollo[59]. Otro hito que enfrentó a los impulsores del crecimiento económico con los ecologistas e indigenistas fue la construcción de las centrales hidroeléctricas en Alto Bío Bío, momento en el cual el presidente Eduardo Frei Ruiz-Tagle expresó su total apoyo a la construcción de la represa y su decisión de que ningún proyecto "de desarrollo" se detuviera por consideraciones de naturaleza ecológica. Ese conflicto gatilló la salida del director de la Comisión Nacional de Desarrollo Indígena, Domingo Namuncura, mostrando una vez más los límites de la política tanto en relación al medio ambiente como con la realidad de los pueblos indígenas[60].

Por una parte, la temática ecologista no tuvo espacio en el consenso dominante, por otra, el movimiento ecologista carecía de unidad política y estrategias claras. La candidatura a la presidencia en 1993 del economista "descalzo" Manfred Max Neef, autor junto a Antonio Elizalde y Martín Hopenhayn del influyente texto sobre "desarrollo a escala humana", marcó el punto más alto de esta corriente en la política chilena, con un 5,5% de los votos[61]. Con posterioridad, el Programa Chile Sustentable desarrolló un interesante trabajo para influir en las diversas corrientes políticas y propuestas programáticas del país, llegando a importantes consensos. Sin embargo,

[58] INDH 2012.

[59] Marcel Claude, *Una vez más la miseria. ¿Es Chile un país sustentable?* (Santiago: Lom, 1997).

[60] Domingo Namuncura, *Ralco,¿ represa o pobreza?* (Santiago: Lom, 1999).

[61] Manfred Max Neef, Antonio Elizalde y Martín Hopenhayn, *Desarrollo a escala humana* (Madrid: ETSAM, UPM, [1986] 2010).

dicho enfoque "transversal" se vio frustrado cuando la líder del Programa, Sara Larraín, presentó su propia candidatura a la presidencia, obteniendo un escuálido 0,44%. El dirigente humanista Tomás Hirsch, como abanderado único de la izquierda extraparlamentaria en 2005, vale decir, con el apoyo del PC, obtuvo un 5,4%. En 2013, las candidaturas divididas de Alfredo Sfeir y Marcel Claude lograron sumadas un 5,1%.

Otro asunto que experimentó un importante desarrollo durante el período fue el relativo a la problemática indígena y, en especial, al surgimiento de una intelectualidad indígena, particularmente mapuche, que ha debatido sobre asuntos políticos relativos a identidad, autonomía, resistencia y propuestas de nuevos ordenamientos políticos para el país. En los noventa fueron principalmente intelectuales no mapuche quienes elaboraron planteamientos relativos a la historia y política indígenas, destacando entre ellos a José Bengoa —antropólogo, antiguo militante del Movimiento de Acción Popular Unitaria (MAPU) y luego del PPD, quien trabajó en SUR Profesionales, dirigió la Comisión Especial de Pueblos Indígenas y la elaboración de la Ley Indígena, y se desempeñó más tarde en la Universidad Academia de Humanismo Cristiano—, Rolf Foerster y Sonia Montecinos. Pero también fue surgiendo un conjunto de intelectuales mapuche, apoyados por las políticas de becas indígenas y el crecimiento de la educación superior[62]. La generación de intelectuales mapuche jóvenes se ha expresado con mayor fuerza a partir de 2010, aunque en la etapa anterior se puede mencionar a Domingo Namuncura, Víctor Toledo, Elicura Chihuailaf y José Ancan, entre otros. Su reflexión ha estado centrada en la crítica al ordenamiento estatal chileno, pero no ha alcanzado a estructurarse como propuesta y menos todavía a ser considerado dentro del debate político principal. Los sectores conservadores plantearon, por su parte, que el problema mapuche en realidad era un problema de pobreza rural y que las políticas específicas hacia el sector sólo entorpecían su incorporación al desarrollo económico y la modernidad. El historiador Sergio Villalobos ha sostenido, hasta la fecha, la inexistencia del pueblo mapuche[63].

Por último, otro debate que interesa relevar es el relativo a los llamados "temas valóricos", término con el cual se ha designado en Chile a los asuntos relativos a la moral sexual, la convivencia en pareja y la procreación de los hijos. En estricta relación con estos temas se encuentra lo referente a las relaciones de género y la convivencia familiar. Aquí cabe destacar que se trata de temáticas en las cuales el ordenamiento de posiciones no ha seguido las mismas líneas que los otros temas. La derecha se ha dividido al respecto

[62] Álvaro Bello, "Intelectuales indígenas y universidad en Chile: conocimiento, diferencia y poder entre los mapuche", en *Intelectuales y educación superior en Chile: de la independencia a la transición democrática. 1810-2001*, ed. Richard Austin Henry (Santiago: CESOC, 2004).

[63] Véanse, por ejemplo, sus opiniones publicadas en *Las Últimas Noticias*, 22 de marzo de 2002.

en conservadores y liberales, mientras que en la Concertación las posturas de los sectores de raíz cristiana han diferido respecto de las corrientes laicas. En relación a la agenda de transición, esto se expresó, en primer término, respecto a las políticas de género y los derechos sexuales y reproductivos de las mujeres. De hecho, una de las escasas renuncias de autoridades superiores del Ejecutivo durante el gobierno de Aylwin fue la de la subdirectora del Servicio Nacional de la Mujer (SERNAM), Soledad Larraín, por diferencias con la directora con rango de ministra, la DC Soledad Alvear. El tema estuvo incorporado inicialmente en las políticas de la transición gracias a la acción del movimiento de mujeres de los años ochenta, y se institucionalizó en el SERNAM. Más allá de la acción política del Ejecutivo, algunos CAI especializados mantuvieron la actividad de un conjunto de expertas, en particular con el apoyo de la cooperación internacional y la demanda de consultoría por parte del SERNAM[64]. La ley de divorcio, en cambio, debió esperar hasta 2004 para promulgarse, debido a la fuerte oposición de las iglesias cristianas, la derecha conservadora y gran parte de la DC[65].

Lo interesante de estas corrientes y expresiones es que sus fundamentos y preocupaciones no se han ordenado, como las demás, estrictamente en los términos dominantes del período, sino que lo han trascendido. Las tendencias críticas agrupan a intelectuales desencantados de la izquierda tradicional o a nuevos actores, algunos de ellos se han rehusado a situarse en términos de izquierda y derecha y han planteado una crítica integral al modelo económico, social, político y también cultural. Su presencia en el debate público durante el período fue escasa —son los exiliados del interior— y han enfrentado la decidida oposición de los sectores conservadores, dentro y fuera de la Concertación. En gran medida, estos temas han sido recuperados en el marco de la movilización social, especialmente socioterritorial, a partir de 2011 y la agenda de reformas que se comenzó a abrir con el segundo gobierno de Michelle Bachelet.

[64] Sobre la disímil evolución de los movimientos indígena y feminista en los años de transición, véase Gonzalo Delamaza, *Enhancing Democracy*, 116-25.

[65] El acuerdo de unión civil, en cambio, que legaliza la unión homosexual recién se aprobó en 2015 y la despenalización del aborto en tres causales se discutió en el Parlamento durante 2016. Vale decir, se trata de una agenda postransicional.

CAPÍTULO XI
INTELECTUALES, ACADÉMICOS Y CIENCIAS SOCIALES Y SU FUNCIÓN EN LA DISCUSIÓN POLÍTICA, SIGLO XX

Marcos González Hernando

Introducción

Este capítulo tiene como fin explorar el papel que intelectuales y académicos, comprendidos de manera amplia bajo el ámbito de las ciencias sociales, han tenido en el debate político en Chile durante el siglo XX. Para ello, dados los divergentes grados de institucionalización y especialización a medida que avanzamos en el tiempo, en lugar de trabajar con una definición precisa de lo que son las ciencias sociales —que podría excluir, por ejemplo, a los ensayos en torno a la "cuestión social"— nos centraremos en el estudio de sus usos y condiciones de producción[1]. Esto es, antes que describir normativamente en qué consiste o qué deberían ser las ciencias sociales, exploraremos qué se ha asumido que son a partir de su "hacer" y, por consiguiente, cuál se ha considerado su misión en relación a la sociedad y la política.

Este esfuerzo se hace atendiendo al complejo vínculo, siempre presente al menos de manera implícita, entre las ciencias sociales y el Estado —en una dirección, ya por el financiamiento, ya por la censura; en otra, ya como fuente de instrumentos o legitimidad para la acción pública—. Por ello, la mayor parte de los "usos" e "intervenciones" de las ciencias sociales que observaremos estarán, de algún modo u otro, orientados hacia la acción estatal en al menos dos sentidos. Primero, en la medida en que informan o bien permiten acceso al debate público e interpelan las orientaciones normativas de las políticas de Estado. Segundo, en su función en la legitimación, formulación e implementación de políticas públicas concretas. Por ello, dada la disposición más centralmente política y hacia la política de ciertas disciplinas de las ciencias sociales, así también como su orientación hacia las políticas públicas, se pondrá especial atención al devenir de la sociología, la economía y la ciencia política.

A pesar de que se estudiarán las ciencias sociales desde comienzos del siglo XX, dada la tendencia hacia una creciente institucionalización y diferenciación, se pondrá especial énfasis a partir de 1950, etapa que coincide con el

[1] Tomás Ariztía, *Produciendo lo social: Usos de las ciencias sociales en el Chile reciente* (Santiago: Ediciones Universidad Diego Portales, 2012).

establecimiento de los primeros programas de pregrado del área. Entonces, nuestra atención estará puesta sobre los procesos de formación disciplinar, la relación de cientistas sociales con el Estado y las instituciones que le dan fuero (e.g., universidades, centros de estudios, financistas), como asimismo a sus intervenciones políticas. Lo que es más, un trazado de la trayectoria de estas distintas disciplinas y su relevancia en el debate público, creemos, mostrará también qué tipo de conocimiento se considera políticamente relevante y epistémicamente robusto en cada momento y, por tanto, qué clase de intelectual puede intervenir exitosamente en el debate público en base a la legitimidad del conocimiento que dispone. En ese sentido, como veremos, las diversas disciplinas variarán en su preponderancia y papel político, siendo ilustrativo de aquello los vaivenes de la suerte de sociólogos y economistas.

Empero, un proyecto de este tipo implica necesariamente una definición, al menos operativa, de qué se considera un "intelectual" y qué roles puede jugar en el debate público. Hemos decidido, por razones metodológicas y atendiendo a nuevos desarrollos dentro de la sociología de los intelectuales, enfocarnos en "intervenciones intelectuales"[2] (particularmente aquellas orientadas hacia la política) y sus condiciones de posibilidad, más que en una noción restrictiva del rol o estatus del intelectual en la sociedad. Aquello en el entendido de que bajo el concepto de intelectual pueden caber expertos en políticas públicas y ensayistas, catedráticos y periodistas; y es más, que definir qué es "intelectual" es en sí mismo un ejercicio de trazar límites y, ergo, presupone situarnos dentro del mismo nivel de aquello que intentamos describir. Bauman decía acertadamente que estudiar intelectuales es siempre, en alguna medida, un ejercicio de autodefinición[3].

En lo que es, a fin de cuentas, un giro performativo, estudiaremos diversos "intelectuales" de las ciencias sociales del siglo XX chileno indirectamente, a través de su posicionamiento en el debate público a partir de "lo que hacen" y de "lo que se hace con lo que hacen". Con ello, queremos decir que implícitas en las intervenciones de cientistas sociales existe siempre una toma de posición, mediada por posiciones sociales y recursos que la hacen posible[4]. Esto significa reconocer que, implícita en cada intervención e intento de toma de posición, existe una reivindicación de quién debe o debería tener autoridad intelectual y política, como también sobre cuál debe ser el objetivo de los intelectuales [5].

[2] Patrick Baert, "Positioning Theory and Intellectual Interventions", *Journal for the Theory of Social Behaviour* 42, 3 (2012): 304-324; Gil Eyal y Larissa Buchholz, "From the Sociology of Intellectuals to the Sociology of Interventions", *Annual Review of Sociology* 36 (2010): 117-137.

[3] Zygmunt Bauman, *Legislators and Interpreters: On Modernity, Post-Modernity, Intellectuals* (Ithaca: Cornell University Press, 1987).

[4] Pierre Bourdieu y Louis Wacquant, *An Invitation to Reflexive Sociology* (Chicago: University of Chicago Press, 1992).

[5] Gisèle Sapiro, "Modèles d'intervention politique des intellectuels: Le cas français", *Actes de la recherche en sciences sociales* 176-177, 1-2 (2009): 8-31.

Ese posicionamiento no es hecho desde el vacío y es afectado por condiciones materiales, de legitimidad simbólica y de clausura o acople operacional —que dicho sea de paso, los cientistas sociales mismos contribuyen a producir—. Así, por ejemplo, en un contexto de baja institucionalización y pocos recursos autónomos para llevar a cabo investigaciones sociales, los actores más importantes tienden a pertenecer a la élite política y económica o están ligados a otras disciplinas (como el derecho o las humanidades) y las intervenciones tendrán, probablemente, poca especialización teórica y herramientas metodológicas más bien rudimentarias. A medida que las ciencias sociales se vuelven más robustas —por ejemplo, a través de una creciente institucionalización, una orientación empírica más marcada y la formación de una nueva generación en el extranjero— las fuentes de legitimidad tienden a cambiar.

En aquel proceso de búsqueda de legitimación y capital para la institucionalización de las ciencias sociales en Chile, un aspecto importante de trazar es el de los vínculos internacionales. De más está decir que las ciencias sociales no nacieron en Chile, y la influencia de Europa, Estados Unidos y otros países latinoamericanos no ha dejado de informar su trayectoria. Esta puede ser seguida, primero, en términos de la importación de paradigmas. Ya el que quizás se podría llamar el primer sociólogo chileno, Valentín Letelier e incluso su inspirador, José Victorino Lastarria, estaban influenciados por la tradición comteana, y todas las disciplinas durante el siglo XX devinieron internacionales en una u otra medida, a pesar de que en ciertos momentos hubo apelaciones a una mayor producción autóctona. Segundo, puede ser seguida en términos institucionales, sea esto en la educación y en circuitos intelectuales de los que cientistas sociales chilenos formaron parte, o bien en términos de la cooperación internacional y el financiamiento de investigación, especialmente visible desde 1950.

Respecto a cómo este capítulo se estructura cronológicamente, nos hemos inspirado en la periodificación propuesta por la mayoría de los trabajos previos en la materia[6]. Estos autores señalan, en términos gruesos, que a un período de ciencias sociales incipientes y relativamente poco diferenciadas —bajo el manto de la "sociología de las cátedras" y el "ensayo social"— le siguió su profesionalización a fines de la década del cuarenta y comienzos de la del cincuenta, con el establecimiento de nuevos centros de investigación en Santiago y la aparición de las primeras carreras de sociología. Por ello, la

[6] José Joaquín Brunner, "Las cambiantes funciones de la sociología hasta 1950: Intelectuales, discursos, intereses", material de discusión *Programa FLACSO 62* (Santiago, 1984); José Joaquín Brunner y Alicia Barrios, *Inquisición, mercado y filantropía. Ciencias sociales y autoritarismo en Argentina, Brasil, Chile y Uruguay* (Santiago: FLACSO, 1987); Hernán Courard y Alicia Frohmann, *Universidad y ciencias sociales en Chile, 1990-1995* (Santiago: FLACSO, 1999); Manuel Antonio Garretón, "Social Sciences and Society in Chile: Institutionalization, Breakdown and Rebirth", *Social Sciences Information* 44, 2-3 (2005): 359-409.

relación entre política y ciencia social se torna políticamente más compleja a medida que nos acercamos al gobierno de la Unidad Popular. Superpondremos a aquella etapa otra que va desde 1964 a 1973, que complementó las tendencias hacia la profesionalización y especialización de las disciplinas con las aristas más propiamente políticas de este trabajo. A pesar de las claras diferencias políticas e ideológicas de los gobiernos de Eduardo Frei Montalva y Salvador Allende, la periodización aquí propuesta los une en una misma época dada, en su seno, la orientación de buena parte de las ciencias sociales hacia el Estado, ya sea a través de un foco en la planificación y las políticas públicas o de entender su misión como parte de un campo de luchas políticas. Estas dos tendencias —y las bases intelectuales que encarnan— llegaron a un abrupto fin con el comienzo de la dictadura, lo que abrió un período que sólo se cierra con la salida de Pinochet en 1990. Nuestro recorrido histórico termina con una exploración de las tendencias visibles en la década de los noventa, parte de las cuales se extienden, de alguna manera, hasta nuestros días.

Evidentemente, dada la amplitud de los datos existentes, este ejercicio no aspira sino a ofrecer una prospección que otorgue claridad y elementos para el análisis, con el objetivo de comprender el recorrido histórico de la relación entre política y la autoridad epistémica de las ciencias sociales. En el mejor de los casos, ofreceremos la posibilidad de comprender la trayectoria de los papeles que los cientistas sociales han jugado políticamente, en un ejercicio de autoobservación. En Chile, proyectos como este encuentran paralelos en los trabajos de Hernán Godoy en los sesenta, de Ángel Flisfisch y José Joaquín Brunner en los ochenta, y hoy recibe un importante impulso de nuevas generaciones[7].

Las ciencias sociales en la primera mitad del siglo XX (1900-1948)

En el complicado asunto del rol de las ideas en política, probablemente lo que distinguió a las ciencias sociales, al menos en un comienzo, fue su pretensión de autoridad cognitiva basada en el conocimiento positivo de la sociedad. De ahí quizás derive su relación cercana, en especial en sus orígenes,

[7] Hernán Godoy, "El ensayo social: Notas sobre la literatura sociológica en Chile", *Anales de la Universidad de Chile* 120 (1960): 76-110; Ángel Flisfisch, *Situación de mercado y problemas para la profesionalización académica* (Santiago: FLACSO, 1982); José Joaquín Brunner, *El caso de la sociología en Chile* (Santiago: FLACSO, 1988); María Angélica Cruz, Francisco Espinoza y Manuel Antonio Garretón, "Ciencias sociales y políticas públicas en Chile: qué, cómo y para qué se investiga en el Estado", *Sociologías* 12, 24 (2010): 76-119; Juan Pablo Pinilla *et al.*, "Memorias de titulación en el marco de la producción en sociología hoy", *Revista de Sociología* 23 (2010): 117-138; Tomás Ariztía, ed., *Produciendo lo social: Usos de las ciencias sociales en el Chile reciente* (Santiago: Ediciones Universidad Diego Portales, 2012).

con el positivismo y el liberalismo y, en cualquier caso, con las clases profesionales, la élite intelectual laica y el mundo urbano. Varios autores señalan la importancia del discurso liberal anticlerical como antecedente para el surgimiento de las ciencias sociales como insumo político relevante en Chile[8]. En particular, a través de la figura de José Victorino Lastarria, el debate político chileno comenzó a escuchar, por ejemplo, de Augusto Comte, quien da nombre a la sociología.

A pesar de que las ciencias sociales habían estado presentes de una u otra manera en la academia y la política chilena durante el siglo XIX —en figuras como el economista liberal Jean-Gustave Courcelle-Seneuil y el mismo Lastarria—, en términos institucionales se encontraban poco diferenciadas, circunscritas generalmente a cátedras en las Facultades de Derecho y Filosofía en la Universidad de Chile. Por ello, sería apresurado considerar a las ciencias sociales de entonces en un ámbito definido —o como un campo relativamente autónomo, en términos de Bourdieu— puesto que, por decirlo de manera sucinta, no existían sino como disciplinas auxiliares en la formación de la élite intelectual y gubernamental, en relación a un debate político aún poco diferenciado y en presencia de una Iglesia católica de considerable poder simbólico. Y, aunque Chile se encontraba en relativo atraso comparado con otras partes del mundo en este proceso de diferenciación, las ciencias sociales eran aún disciplinas incipientes. A modo de ilustración, los dos departamentos de sociología más antiguos del mundo fueron fundados en la década de 1890, en Burdeos por Émile Durkheim y en Chicago por Albion Small. En Chile, instituciones similares fueron fundadas más de 50 años después; pero, en el entretanto, sin duda hubo intentos.

El caso de uno de los herederos intelectuales más importantes de Lastarria, Valentín Letelier (1852-1919), es paradigmático a este respecto. Junto con los hermanos Lagarrigue, y Serapio Lois antes que él, Letelier intentó imponer un discurso racionalista que informara la labor del Estado y la instrucción de los ciudadanos, desde la perspectiva de un educador y filósofo que mezclaba influencias anglosajonas y francesas, como Herbert Spencer y Auguste Comte. Así, los primeros paradigmas de las ciencias sociales que tuvieron influencia en los autores chilenos provenían más bien del positivismo y del evolucionismo social, basándose con fuerza en la teleología decimonónica que tan central ha sido para comprender el primer rol político de las ciencias sociales en Chile. Esto es, de ser lo que trae "las luces" que con la razón y la ciencia volverían a iluminar aquello que había estado por tanto tiempo oscurecido y a solucionar los problemas sociales de una sociedad en rápida transformación y creciente urbanización. Eran síntomas y precursoras del "progreso". En ese espíritu, en 1900, Letelier publicó *La evolución de la*

[8] Brunner, "Las cambiantes funciones"; Patricio Silva, *In the Name of Reason: Technocrats and Politics in Chile* (University Park: Penn State University Press, 2009).

historia, participó en la fundación del Instituto Pedagógico y, desde su cargo como profesor de Derecho Administrativo de la Universidad de Chile, intentó establecer la enseñanza de la sociología en el país. Lo último sin mucho éxito, por lo demás, dada la oposición interna de sus colegas más conservadores y más orientados a la práctica profesional del derecho.

Mientras, en su rol como profesor, filósofo y diputado radical, Letelier se involucró políticamente en contra del conservadurismo, desde la tradición liberal y positivista[9]. Luego, a pesar de las trabas académicas y políticas que surgieron en su camino, su espíritu se volvió cada vez más relevante en un período de creciente inestabilidad política y desprestigio de la vieja élite, a comienzos del siglo XX chileno. El estudioso de la tecnocracia Patricio Silva inscribe, por ejemplo, al ministro radical Pablo Ramírez, tenaz modernizador del Estado, en la tradición positivista de Letelier. A él se pueden sumar Enrique Molina, fundador de la Universidad de Concepción, e importantes filósofos de la educación chilenos.

Si bien este recorrido de las ciencias sociales y su influencia en la política muestra una relación más bien nebulosa, sin duda deja claras las "afinidades electivas" de estas disciplinas incipientes con una cierta idea positivista, laica, modernizante, pedagógica y prototecnocrática del rol del Estado, que tan cercana fue a la historia del Partido Radical. Fue el mismo Letelier quien acuñó la frase "gobernar es educar"[10]. Aunque, por supuesto, esta afinidad electiva cambió en la medida que los actores que intervenían en torno a las ciencias sociales ampliaron sus fuentes teóricas más allá del positivismo y el liberalismo.

Con todo, autores posteriores han criticado a las ciencias sociales de la época su poco desarrollo empírico y su incómodo lugar intermedio entre rama de la filosofía, ciencia positiva de la sociedad y proposición teleológico-política. En ese momento, surgió lo que Brunner y Manuel Antonio Garretón llaman la "sociología de las cátedras", orientada a ofrecer un manual para estudiantes de otras disciplinas que cubría algo de Platón, algo de Durkheim y algo de Spencer. La sociología se mantuvo vigente en ese limbo semiinstitucionalizado a manos de académicos a cargo de cátedras en las Facultades de Derecho y Filosofía y Educación. En esa función, de todas maneras, influyeron educando a la élite intelectual y administrativa del país[11].

Existen, sin embargo, al menos tres casos que se diferenciaron en aspectos importantes de este tipo de trayectoria institucional: Guillermo Viviani y

[9] Sobre la relación entre positivismo y liberalismo, véase el capítulo de Iván Jaksić en este mismo tomo. Sobre las diferencias ideológicas entre liberales y conservadores, véase el capítulo de Susana Gazmuri en este mismo tomo.

[10] Valentín Letelier, *La lucha por la cultura: Miscelanea de artículos políticos i estudios pedagójicos* (Santiago: Ulan Press, 2012), 45.

[11] Edmundo Fuenzalida, "The Reception of Scientific Sociology in Chile", *Latin American Studies Review* 18, 2 (1983): 95-112.

Agustín Venturino, cuyas biografías han sido cubiertas por Brunner, al que podríamos agregar, desde otra veta, a Carlos Keller. Viviani fue educado en la Universidad Gregoriana en Roma y ordenado sacerdote a su vuelta a Chile. Se inspiró en la doctrina social de la Iglesia y fue heredero de la tradición institucionalista de la sociología italiana de la época —que se interesaba en los sindicatos, las organizaciones locales y otras asociaciones culturales— y se concentró, a su vuelta a Chile, en temas relacionados con la exclusión social —tiñendo, se podría hipotetizar, la relación de las ciencias sociales con los cuadros que más tarde conformaron la Democracia Cristiana (DC)[12]. Venturino, por su parte, fue influenciado por la sociología organicista y funcionalista de la época, especialmente la de Lester Ward, y se interesó en la prehistoria chilena y las adaptaciones al medioambiente de los habitantes del Chile precolombino. Dada su orientación más estrictamente disciplinaria, el reconocimiento de Venturino era muchísimo mayor fuera que dentro del país, al punto que Gaston Richard —quien sería secretario general del Institut International de Sociologie— escribió el prólogo a su libro *La interdependencia*. Keller, por último, a medio camino entre economista y sociólogo —e involucrado como vicepresidente y luego líder del Movimiento Nacional Socialista chileno— estudió en Alemania, donde se inspiró en las ideas de Oscar Spengler, para luego enseñar economía en la Universidad de Concepción. Keller estaba al tanto de los desarrollos de la sociología alemana que en aquella época eran poco conocidos en Chile, como los trabajos de Werner Sombart y Georg Simmel[13].

Lo que estos tres académicos tenían en común es que, independientemente de sus posiciones políticas o su espacio institucional en las universidades chilenas, su formación y fuentes teóricas dependían de circuitos en el extranjero y tenían un débil o inexistente correlato interno. Además, se extiende de la experiencia de Keller y Viviani, en especial, que los cientistas sociales de la época, incluso los más especializados, estaban involucrados con variados tipos de actores políticos; relaciones que, en cierta medida, dan cuenta de una distancia de las ciencias sociales de la época con el ideal del intelectual en la "torre de marfil".

En el plano de la historia de las ideas, a diferencia de la filosofía, la mayor parte de las ciencias sociales chilenas vivieron el quiebre del ciclo positivista —y el auge de nuevas corrientes, como la fenomenología, el existencialismo y el marxismo— más que nada desde fuera de la solidez dotada por la existencia de una carrera y una malla universitaria[14]. Por ello, los efectos intelectuales de la crisis del positivismo, que tan importantes fueron en

[12] Sobre el padre Viviani, véase el capítulo de Lisa Edwards en este mismo tomo.

[13] Sobre la acción y pensamiento político de Carlos Keller, véase el capítulo de Marcus Klein en este mismo tomo.

[14] Iván Jaksić, *Academic Rebels in Chile: The Role of Philosophy in Higher Education and Politics* (Nueva York: State University of New York Press, 1989).

otras latitudes para la sociología y la antropología, aquí fueron difuminados y difíciles de trazar. En concomitancia con esos límites, establecidos por los constreñimientos de cátedras carentes de métodos y focalizadas en manuales, la sociología —en particular la de raigambre comteana— no se encuentra en condiciones de responder a las graves tensiones en el plano político que aparecen con fuerza hacia la década del veinte y, más fragorosamente aún, hacia la del treinta. En cambio, prosperó un género intersticial, el de los ensayos de orientación sociológica, donde el diletantismo y el impresionismo eran menos condenados.

En cierta medida, los ensayos sociales de comienzos del siglo XX surgieron en el espacio que dejaba la baja institucionalización de las ciencias sociales[15]. Sus antecedentes estaban en los intelectuales chilenos y latinoamericanos del siglo XIX. Empero, a diferencia de ellos, las intervenciones intelectuales de estos escritos estaban orientadas a diagnosticar y ofrecer soluciones a lo que se consideraba eran las debilidades más urgentes del país, con el afán de alcanzar fines relativamente concretos —mejorar la educación, la economía, la salubridad— más que a ideales normativos, como la libertad de culto. Concentrados en el problema de la marginalidad y el desarrollo, aquellos ensayistas se encontraban menos diferenciados de otros campos intelectuales (e.g., filosofía, derecho) y esferas de la sociedad (e.g., literatura, política). Así, en concomitancia con su indiferenciación disciplinar, la producción de interés sociológico no era aún únicamente sociológica.

Esta tradición ensayística fue bastante diversa e incluía a autores de izquierda y derecha, especialistas y diletantes. Entre estos esfuerzos, podemos rescatar *Nuestra inferioridad económica* de Francisco Antonio Encina junto a, por ejemplo, 17 libros publicados entre 1907 y 1932 que, según el artículo de Godoy, incluyen en su título la frase "la cuestión social". Entre ellos, encontramos autores como Luis Lagarrigue, Guillermo Viviani, Adeodato García, Renato Valdés, Armando Quezada, José Luis Riesco, Luis Ponce de León y Tomás Ríos González. De hecho, algunos de quienes escribieron en este formato devinieron luego en políticos, como Eduardo Frei Montalva y Salvador Allende[16].

Se podría argumentar que la existencia misma de esta tradición es señal de una cierta ausencia de investigación más sistemática, del tipo que sólo

[15] La disciplina económica es una excepción parcial. Las escuelas de economía en las Universidades Católica y de Chile, aunque orientadas primordialmente a formar administradores, fueron fundamentales para el desarrollo futuro de la economía en Chile, especialmente a partir de 1952, cuando la Universidad Católica firmó un convenio de intercambio académico con la Universidad de Chicago. Gonzalo Vial, *Una trascendental experiencia académica: Una historia de la Facultad de Ciencias Económicas y Administrativas de la Pontificia Universidad Católica de Chile y la nueva visión económica* (Santiago: Fundación Facultad de Ciencias Económicas y Administrativas, Pontificia Universidad Católica de Chile, 1999).

[16] Godoy, "El ensayo social", 77.

puede ser llevada a cabo por instituciones especializadas y, tal vez, por disciplinas entendidas como "profesión". Quizás, ello explica por qué, según autores posteriores, su tono normativo, su frecuente orientación hacia el carácter, su forma epistolar con intención de volverse una interpelación política, su estilo cercano a la tradición literaria y sus pocos recursos metodológicos alejan al género del "ensayo social" de las ciencias sociales como las entendemos hoy. Sin embargo, no se puede desconocer su impacto en los debates de la época ni su influencia en la formación de las bases de las ciencias sociales chilenas. Incluso, se podría argüir que siguen tiñendo, de cierta manera, un modo de intervenir intelectualmente aún presente[17]. *Mutatis mutandis*, no sería demasiado arriesgado señalar, por ejemplo, que el formato de intervenciones como las de Tomás Moulian en *Chile actual. Anatomía de un mito*, no sería comprensible sin la tradición del ensayo social.

Institucionalización y especialización (1948-1967)

De manera relativamente tardía, pero particularmente intensa, a fines de 1940 comenzó una nueva época para las ciencias sociales chilenas. Esta abrió con la fundación de la Comisión Económica para América Latina y el Caribe (CEPAL) en 1948 y fue marcada más tarde por la de la Facultad Latinoamericana de Ciencias Sociales (FLACSO) en 1957, a la que podríamos sumar el Centro Regional de Enseñanza e Investigaciones Demográficas para América Latina y el Caribe (CELADE), dependiente de la CEPAL, ese mismo año[18]. Se trata de instituciones emblemáticas de un nuevo momento en la profesionalización de la investigación y docencia en las ciencias sociales chilenas. Son impensables, por cierto, sin el apoyo internacional de organismos intergubernamentales, gobiernos, financistas y especialistas en economía y sociología. Paralelamente, se establecieron los primeros programas de estudio de pregrado y postgrado de sociología, antropología y ciencia política, se desarrollaron programas de investigación y tradiciones intelectuales importantísimas, y se fundaron variados centros de estudio e investigación de los más diversos ánimos políticos y áreas del saber, pero marcados por los problemas asociados, en términos amplios, al desarrollo. Abordaremos aquí sus objetivos organizacionales, los intelectuales asociados a su auge, las intervenciones que generan y sus vínculos teóricos y prácticos con el extranjero.

[17] El artículo de Godoy incluye dentro de su estudio del "ensayo social" al más tardío *En vez de la miseria* del economista Jorge Ahumada, publicado en 1958, que se diferencia de los demás por su mayor grado de especialización disciplinar.

[18] Heraldo Muñoz, "Social Science in Chile: The Institute of International Studies of the University of Chile", *Latin American Research Review* 15, 3 (1980): 186-189. Sobre el rol político e intelectual de estas organizaciones en el proceso de transición, véase el capítulo de Gonzalo Delamaza en este mismo tomo.

La CEPAL, el primero de ellos, nació en el contexto de la postguerra y se cuenta dentro de las cinco comisiones regionales que el Consejo Económico y Social de las Naciones Unidas estableció para fomentar la investigación y el desarrollo económico mundial. La decisión de erigir la sede latinoamericana en Santiago, propiciada por la labor del jurista chileno Hernán Santa Cruz, fue un punto de inflexión que convertiría a la capital chilena en un polo de importancia regional e internacional para las ciencias sociales. Su primer secretario ejecutivo fue el mexicano Gustavo Martínez, quien a poco andar fue reemplazado por el economista argentino Raúl Prebisch, antiguo presidente del Banco Central de su país. Prebisch contó con el apoyo de una generación importantísima de economistas latinoamericanos, entre quienes destacan Celso Furtado, Osvaldo Sunkel, Fernando H. Cardoso, futuro presidente de Brasil, e incluso Pedro Vuskovic, futuro ministro de Economía de Allende.

En su búsqueda de un marco de políticas para fomentar el desarrollo de la región, los economistas de la CEPAL concibieron una de las escuelas de economía más importantes de la historia latinoamericana. Se trata del estructuralismo latinoamericano, que se enfocó en las relaciones de codependencia económica entre países del centro y la periferia mundial, oponiéndose a paradigmas de desarrollo de sustrato cuasievolucionista y de pretensión universalista, como los de Walt Rostow y sus *stages of growth*[19]. Ello llevó a la CEPAL a favorecer políticas públicas como la sustitución de importaciones, la industrialización, un rol importante del Estado en el manejo económico y la Reforma Agraria, cuya importancia es difícil de exagerar para el caso chileno. Con ello, la CEPAL, desde redes de cooperación internacional al alero de las Naciones Unidas, propugnó una perspectiva que favorecía un Estado reformista y desarrollista que, a pesar de estar en oposición al marxismo, fue vista como una amenaza por las élites locales[20]. Muchos de sus investigadores se desempeñaron como docentes en la Universidad de Chile.

La FLACSO, por su parte, se fundó bajo el patrocinio de la UNESCO, siguiendo las recomendaciones de la Primera Conferencia Regional sobre la Enseñanza Universitaria de las Ciencias Sociales de América del Sur, realizada en Rio de Janeiro en 1956. Cuenta con el financiamiento del Programa de las Naciones Unidas para el Desarrollo (PNUD) y del Banco Interamericano de Desarrollo (BID). Su primer director fue Gustavo Lagos, profesor de Derecho del Trabajo

[19] Ricardo Bielschowsky, "Evolución de las ideas de la CEPAL", *Revista de la CEPAL*, número extraordinario (1998): 21-46.

[20] Delazay y Garth argumentan que economistas orientados a la industrialización y al desarrollo plantearon un desafío importante a los partidos conservadores de la época, cuyos expertos eran, en su mayoría, abogados de un saber generalista. Aquello explicaría, en parte, el apoyo que ese sector político brindaría después a economistas de pensamiento monetarista. Yves Delazay y Bryant Garth, *The Internationalization of Palace Wars: Lawyers, Economists, and the Contest to Transform Latin American States* (Chicago: University of Chicago Press, 2002).

de la Universidad de Chile, quien junto con Juan Gómez Millas, entonces rector, ayudaron al establecimiento de la FLACSO en dependencias de la Facultad de Filosofía y Educación. A Lagos le siguió Peter Heinz, sociólogo suizo convencido de la importancia de generar ciencias sociales orientadas al desarrollo desde una perspectiva adecuada a la realidad latinoamericana. Fundaron en la FLACSO la Escuela Latinoamericana de Sociología (ELAS) —con apoyo docente de la École Pratique des Hautes Études en Sciences Sociales de la Universidad de París— y, en 1966, la Escuela Latinoamericana de Ciencia Política y Administración Pública (ELACP). Se trató, sin duda, de iniciativas inéditas para las ciencias sociales latinoamericanas, que establecieron la primera plataforma importante de cooperación en investigación y docencia a nivel regional e internacional.

La carrera de José Medina Echavarría, sociólogo español que pasó su exilio en México y Puerto Rico, es ilustrativa de este período y de la relación entre las dos instituciones mencionadas[21]. Llegó en 1952 a trabajar en la CEPAL para investigar los aspectos sociales del desarrollo económico, y en 1957 se convirtió en el primer director de la ELAS. En su trabajo, basado en los tipos ideales weberianos, planteó un modelo que puso en contacto el estudio de las orientaciones normativas de los distintos sectores sociales con los procesos de desarrollo económico e industrialización, introduciendo así en Chile los trabajos de Robert Merton y Wilbert Moore. Es decir, en un doble movimiento, presentó a estudiantes locales el canon sociológico de su época, al mismo tiempo que puso sus ideas al servicio de un ideal transformador de la sociedad. Trabajó con Enzo Faletto y Fernando H. Cardoso en el Instituto Latinoamericano de Planificación Económica y Social (ILPES), dependiente de la CEPAL y fundado en 1962. Por estas razones, junto con Florestan Fernandes y Gino Germani, Medina Echavarría se cuenta entre los sociólogos que más hicieron por la institucionalización de las ciencias sociales en el Cono Sur.

Mientras tanto, a medida que las ciencias sociales se especializaban en las universidades, la tradición que Brunner llamó "sociología de las cátedras" fue desafiada y paulatinamente reemplazada por una nueva generación de académicos formados en el extranjero, con conocimientos en las teorías y técnicas de investigación social de punta. Como respuesta, los antiguos catedráticos tendieron a refugiarse en cursos introductorios en carreras relacionadas, pero perdieron preponderancia en la definición programática de las disciplinas. Entre las figuras más importantes de esta era se encontraba Eduardo Hamuy, quien luego de estudiar derecho y filosofía en la Universidad de Chile decidió que su formación como cientista social era insuficiente y viajó a estudiar a Columbia. En 1951, se hizo cargo del Instituto de Investigaciones

[21] Juan Jesús Morales, "Exilio y sociología: Aproximación a José Medina Echavarría", *Laberintos* 14 (2012): 107-125.

Sociológicas, dependiente desde 1946 de la Facultad de Filosofía y Educación de la Universidad de Chile. A partir de centros de investigación como este surgieron paulatinamente redes, revistas, conferencias, investigaciones especializadas y otros artefactos académicos que permitieron establecer redes de prestigio ampliamente reconocidas y que serían fundamentales para el reconocimiento y profesionalización de las ciencias sociales.

En esta época, especialmente entrados los sesenta, se abrieron las carreras universitarias autónomas de Sociología, Antropología y Ciencia Política. De ocupar un espacio relativamente marginal en las mallas de las Facultades de Filosofía y Derecho, las ciencias sociales comenzaron a institucionalizarse y diferenciarse —aun si esta diferenciación estuvo en buena medida guiada también por orientaciones políticas—. En la Universidad de Chile se creó la Escuela de Sociología en 1960 y, en 1966, el Instituto de Estudios Internacionales a cargo de Claudio Véliz, quien modeló la institución basándose en su experiencia en la Chatham House[22]. La Universidad Católica, por su parte, estableció en 1959 el Centro de Investigaciones Sociológicas a cargo de Roger Vekemans, sacerdote jesuita con estudios en la Universidad de Lovaina y fundador del Centro para el Desarrollo Económico y Social de América Latina (DESAL). Vekemans desarrolló en aquel centro su "teoría de la marginalidad", que intentaba dar cuenta de las dinámicas de desigualdad y carestía urbana, con el objetivo de cambiar las orientaciones axiológicas y educar a los sectores sociales que consideraba rezagados en el camino al desarrollo[23].

Así, la Escuela de Sociología de la Universidad Católica estableció vínculos directos con la DC —teniendo un papel importante en el gobierno de Frei Montalva—, dado su interés en diseñar reformas estructurales que consistieran en esfuerzos reformistas contra la marginalización y la pobreza[24]. En suma, en la época dominó un paradigma modernizador orientado al desarrollo económico y social, influenciado en cierta medida por el estructural-funcionalismo, por el modelo de las profesiones en Estados Unidos —donde la mayoría de los académicos se formaba— y por la presencia de la CEPAL en Santiago. Esto cambió en cierta medida, de acuerdo a Edmundo Fuenzalida, con ingentes presiones para que los paradigmas extranjeros fueran reemplazados por perspectivas más adecuadas a la situación chilena, especialmente luego de la reforma universitaria. Aquello culminó en la fundación del Centro de Estudios Socioeconómicos de la Universidad de Chile y el Centro de Estudios de la Realidad Nacional de la Universidad Católica (CEREN) hacia

[22] Muñoz, "Social Science in Chile".

[23] Alejandro Portes y William Canak, "Latin America: Social Structures and Sociology", *Annual Review of Sociology* 7 (1981): 225-248.

[24] Sobre el pensamiento y la influencia política de Vekemans, véase el capítulo de Lisa Edwards en este mismo tomo.

fines de la década del sesenta; el segundo de los cuales, dicho sea de paso, acogerá a Manuel Garretón y a Norbert Lechner.

Leyendo sobre las ciencias sociales de la época hay una gran cantidad de nombres que se repiten. Por ejemplo, siendo esta la época de los pioneros de las investigaciones sociales cuantitativas, una de las figuras más presentes es Eduardo Hamuy, quien llevó a cabo las primeras encuestas de opinión pública con métodos estadísticos de punta, trabajando, entre otros temas, en el impacto del lanzamiento del Sputnik y las elecciones presidenciales a partir de 1958. Aquello da cuenta tanto de la creciente profesionalización de las ciencias sociales como de su orientación hacia la política[25].

Por otra parte, es menester mencionar que la influencia extranjera sobre las ciencias sociales en Chile no se limitó a la importación de paradigmas, la cooperación intergubernamental o la formación de académicos. El surgimiento de estas disciplinas no hubiera sido posible, en la forma que se dio, sin el financiamiento de organizaciones extranjeras, siendo quizás las más importantes las Fundaciones Ford y Rockefeller y la UNESCO[26]. En el caso de la economía, el convenio firmado en 1957 entre la Universidad Católica y la Escuela de Chicago, y financiado por la Fundación Ford, fue paradigmático para cooperaciones futuras.

Por supuesto, estas agencias de financiamiento internacional tenían sus propios objetivos, que se inscribían en relación cercana con la Alianza para el Progreso y las necesidades de la política exterior estadounidense en un contexto de Guerra Fría. Su horizonte era, hablando gruesamente, hacia una política que permitiese atender a las demandas sociales crecientes de una sociedad que pasaba por un proceso de rápida modernización, pero desde un paradigma que hiciese menos probable una revolución violenta. Aquel afán no era anodino. No hay que olvidar que estos desarrollos sucedían en paralelo a cambios sociales de la importancia de la Reforma Agraria. Además, el fantasma de la experiencia cubana era difícil de ignorar.

En ese contexto, las revelaciones en torno al Proyecto Camelot en 1965 no podían sino tender un manto de sospecha sobre la cooperación internacional en ciencias sociales[27]. El programa buscaba generar conocimiento sociológico que permitiese diagnosticar y prevenir amenazas al orden social con objetivos de contrainsurgencia, bajo el alero y patrocinio del Departamento de Defensa de Estados Unidos. Chile fue sólo un caso de estudio. Las

[25] Rodrigo Cordero y Gonzalo Tapia, "Sumando opiniones: Antecedentes históricos y desarrollos metodológicos de la industria de la opinión pública en Chile", *Documentos de Trabajo ICSO* 15, 3 (2007): 29-44; Patricio Navia y Rodrigo Osorio, "Las encuestas de opinión pública en Chile antes de 1973", *Latin American Research Review* 50, 1 (2015): 117-140.

[26] Dimitri Della Faille, "América Latina y la sociología estadounidense durante la década de 1960: estructura y temáticas de investigación", *Estudios Sociológicos* 27, 81 (2009): 961-988.

[27] Irving Louis Horowitz, ed., *The Rise and Fall of Project Camelot: Studies in the Relationship between Social Science and Practical Politics* (Cambridge: MIT Press, 1967).

revelaciones sobre su financiamiento y el involucramiento de cientistas sociales nacionales y extranjeros (muchos sin conocimiento de sus objetivos últimos) desató una amplia desconfianza hacia las instituciones de las ciencias sociales que se volvieron vulnerables a la acusación de imperialismo, lo que favoreció posiciones que denunciaban la influencia estadounidense. Fuenzalida incluso señala que el quiebre de la FLACSO con la Universidad de Chile en 1966 se produjo precisamente luego de esa controversia[28].

Al año siguiente, en 1967, ganó fuerza la reforma universitaria en las Universidades Católica y de Chile, que aspiraba, entre otras cosas, a profesionalizar la función académica, incluir a los estamentos estudiantiles en el gobierno universitario y generar vínculos más directos entre las universidades y las necesidades de la población. Aquello, sin duda, generó un cierto alejamiento de las ciencias sociales de vocación más puramente disciplinaria e internacionalista, y abrió espacio para nuevos modos de posicionamiento entre el ámbito político y el académico. En esa coyuntura se reestructuró la organización de las universidades, se fundaron variados centros de orientación interdisciplinaria y se amplió el abanico de los contenidos de las cátedras, fortaleciendo notoriamente la influencia del marxismo. En suma, poco después de que Santiago se instituyera en un polo para las ciencias sociales con aportes internacionales, los ánimos dentro de estas disciplinas se movieron hacia otro lugar, más cercano al debate político local y sus fuerzas en pugna.

Aplicación y movilización (1964-1973)

De 1964 en adelante, con la elección de Frei Montalva como presidente, el impacto político de las ciencias sociales se volvería cada vez más evidente. Mientras su predecesor, Jorge Alessandri, había trabajado con ingenieros, abogados y hombres de negocios —en su "gerencia para Chile"—, Frei trajo a su gabinete economistas y sociólogos, provenientes en su mayoría de la Universidad Católica, con miras a establecer un nuevo tipo de tecnocracia orientada a una visión reformista del desarrollo social, la "revolución en libertad". Tanto en su gobierno como en el de Allende, intelectuales y cientistas sociales no sólo participaron de la política formal ofreciendo asesorías en políticas públicas, sino también generando insumos para la planificación estatal y la orientación ideológica del programa.

En ello, el paradigma económico desarrollista y sus derivados en distintas áreas de las políticas públicas tuvieron un rol fundamental. De ahí la importancia de economistas y sociólogos trabajando bajo ese ámbito. Esto se puede rastrear tanto en áreas como la educación y el combate al analfabetismo —problema en torno al que el gobierno de Frei estableció relaciones

[28] Fuenzalida, "The reception of scientific sociology".

con el célebre teórico de la pedagogía Paulo Freire[29]— como en el manejo económico y en la Reforma Agraria, respecto a lo cual la CEPAL siguió siendo el referente central. De hecho, se podría decir que debido al afán modernizador que compartieron los gobiernos de Frei y Allende, tuvieron en común una demanda por ciencias sociales orientadas a profundas reformas sociales y al desarrollo económico. Sin embargo, las fuentes de legitimidad y el posicionamiento de sus aliados intelectuales divergieron: Frei favoreció expertos que mostraban una cierta distancia y especialización, aunque influenciados por el desarrollismo y la doctrina social de la Iglesia, mientras que Allende buscó cientistas sociales comprometidos con un proceso de cambio social emancipatorio. Para Allende y sus seguidores, se podría argüir, *expertise* e involucramiento político no estaban en oposición diametral, como era el caso para otros sectores. Empero, Allende requería aún del capital simbólico, diría Bourdieu, otorgado por el prestigio académico. Baste mencionar que el programa económico de Allende se basaba fuertemente en el trabajo del economista Pedro Vuskovic. El hecho de que Vuskovic no militara le permitió, al menos al comienzo, actuar como ancla para un programa de transformaciones económicas[30].

En este contexto, la situación política local y la manera en que las fundaciones estadounidenses habían entendido su misión de fomento a las ciencias sociales chilenas se desacoplaron[31]. Estas organizaciones estaban interesadas en formar cuadros de expertos capaces de informar las políticas públicas desde cierta lejanía de los partidos y, en cualquier caso, fuera del ámbito de la izquierda más radical. En cierta medida, los financistas con aquellos ideales habían perdido el control de las orientaciones de los cientistas sociales chilenos, en especial luego de las revelaciones del Proyecto Camelot y el comienzo de la reforma universitaria. Las ciencias sociales en Chile habían tomado su propio trayecto.

Se podría ir aún más lejos. Organismos como la FLACSO y la CEPAL, que habían formado la hasta entonces más exitosa generación de cientistas sociales profesionales del país (y tal vez de Latinoamérica), también perdieron el control del devenir de su obra y sus alumnos. En estos años, aparecieron con fuerza intelectuales asociados a la "teoría de la dependencia": primero, Enzo Faletto y Fernando H. Cardoso, y luego, autores más radicales, como André Gunder Frank. Muchos de ellos, si bien influenciados por el pensamiento cepalino, pensaban que este debía ser superado por su incapacidad de nombrar al "imperialismo norteamericano" como el enemigo, por

[29] Andrew Kirkendall, "Paulo Freire, Eduardo Frei, Literacy Training and the Politics of Consciousness Raising in Chile, 1964 to 1970", *Journal of Latin American Studies* 36, 4 (2004): 687-717.

[30] Silva, *In the Name of Reason*, 136.

[31] Inderjeet Parmar, *Foundations of the American Century: The Ford, Carnegie, and Rockefeller Foundations in the Rise of American Power* (Nueva York: Columbia University Press, 2012).

el papel que le otorgaba al sector privado en la economía y por su vacilación de un programa de reformas suficientemente transformador. La elección del primer presidente marxista en el hemisferio occidental era una oportunidad inusitada para desarrollar un modelo de desarrollo alternativo al capitalista.

Estos procesos representan el cenit de la influencia política de las ciencias sociales críticas con orientación local, en particular dentro de las universidades. Sus ideas, hasta entonces, habían tenido relativamente poco apoyo institucional directo. A manera de ilustración, aunque la Fundación Ford había respaldado a cientistas sociales del más amplio espectro desde al menos la década de los cuarenta, no otorgaba fondos a la Universidad Técnica del Estado —con importante presencia del Partido Comunista— y ofrecía pocas o ninguna beca de investigación para académicos de inspiración marxista. A pesar de ello, esta tendencia floreció, en sus diversas variantes y por cierto, con importantes tensiones internas, dadas en gran medida por la relación de distintos académicos y corrientes con los partidos del sector[32].

Así, parafraseando a Marx, en las universidades se pasó de la priorización de la descripción del mundo a la búsqueda de su transformación. Incluso su descripción se hacía para descubrir patrones de dominación. Por ejemplo, *Para leer al Pato Donald* de Ariel Dorfman, encontraba de manera elocuente los gérmenes de nuestra dominación incluso en lo que parecía más inocuo y mundano[33]. Podría decirse que se buscaba cambiar lo que podía considerarse posible. Esto generó ingentes tensiones políticas entre importantes sectores de la academia y el gobierno de Frei Montalva, y una vaga pero cada vez más aguda identificación entre las ciencias sociales y los movimientos de izquierda. A modo de ilustración, Gunder Frank relata cómo, a su ingreso a Chile en 1968, fue detenido e interrogado por un oficial, quien le dijo que “sociología y socialismo eran lo mismo para él”[34].

Garretón, a este respecto, habla de un cambio en el “concepto límite” de las ciencias sociales chilenas. Con ello se refiere a que su orientación final —su objetivo fundamental como horizonte de cambio social— pasó desde el desarrollo y su medio, la descripción con pretensiones científicas de la sociedad, hacia su transformación radical a través de un rol políticamente activo, con la emancipación de sectores hasta entonces marginados como horizonte[35]. De la primacía de cientistas sociales con vínculos más o menos cercanos con la DC y apoyo de instituciones internacionales, se pasó al intento

[32] Tomás Moulian, “El marxismo en Chile: Producción y utilización”, en *Paradigmas de conocimiento y práctica social en Chile*, eds. José Joaquín Brunner *et al.* (Santiago: FLACSO, 1993).

[33] Matt Davies, *International Political Economy and Mass Communication in Chile: National Intellectuals and Transnational Hegemony* (Londres: Palgrave-Macmillan, 1999).

[34] André Gunder Frank, “The Underdevelopment of Development”, en *The Underdevelopment of Development: Essays in Honor of Andre Gunder Frank*, eds. Sing Chew y Robert Denemark (Thousand Oaks: Sage, 1996), 30.

[35] Garretón, “Social Sciences and Society in Chile”.

de generar ciencias sociales críticas, de orientación local y con compromisos explícitos en el debate político. Fue, al fin y al cabo, el momento de la escisión entre el MAPU y la DC.

Se trata también de la época de los manuales de Marta Harnecker —quien había sido alumna de Althusser—, que buscaban comunicar y hacer comprensibles los conceptos del materialismo histórico a amplios estratos de la sociedad; documentos que tuvieron una amplia difusión en otros países de Latinoamérica. Entonces, la influencia del marxismo en las ciencias sociales latinoamericanas y chilenas se volvió tan dominante que, a pesar de sus vicisitudes, todavía hoy mantiene una importancia vital[36]. En este trance, Chile continúa siendo un nodo fundamental para el pensamiento social de la región e incluso para el mundo. En un contexto de Guerra Fría, intelectuales extranjeros como Regis Debray visitaron y pusieron su atención en el proceso chileno. En el campo de la derecha, con el foco del gremialismo en la despolitización de los "cuerpos intermedios", como las universidades, se hablaba de la "ideologización" de las disciplinas involucradas.

Nada de esto habría sido imaginable sin la reforma universitaria. A partir de ella, se definió a la universidad como "conciencia crítica de la nación y al servicio del desarrollo social". Consecuentemente, se rechazó el rol de profesional y se reivindicó el de intelectual comprometido u orgánico. Además, dada la aún incipiente diferenciación de las disciplinas, y el hecho de que el sistema de partidos mediaba el acceso al debate público y tenía su comprensión, era difícil posicionarse fuera de ellos[37].

Los reveses del gobierno de Allende contribuyeron al desprestigio de sus expertos e intelectuales. Llegado el golpe de Estado y la dictadura, las ciencias sociales de inspiración crítica se convirtieron en un blanco obvio, y las represalias no tardaron en llegar[38]. Su impacto implicó desde el cierre inmediato de carreras, la quema de libros, la ocupación de universidades y el reemplazo de rectores y decanos por militares, hasta la desaparición, muerte, tortura y exilio de numerosos cientistas sociales. Esto generó, entre quienes sobrevivieron a la violencia, una población cesante que buscó asilo en el extranjero, o en centros independientes o se vio forzada a dejar sus carreras y hablar poco de Marx. La experiencia del quiebre institucional, qué duda cabe, dejó cicatrices que perduran hasta hoy para el país en su conjunto y para sus ciencias sociales.

[36] José Vicente Tavares dos Santos y Maíra Baumgarten, "La Asociación Latinoamericana de Sociología: una historia de sus primeros congresos", *Sociologías* 14 (Porto Alegre, julio-diciembre de 2005): 178-243.

[37] Norbert Lechner, *Las condiciones políticas de la ciencia política en Chile* (Santiago: FLACSO, 1990), 5.

[38] Paul Sigmund, "Chilean Universities and the Coup", *Change* 5, 10 (1974): 18-22; Robert Austin, "Armed Forces, Market Forces: Intellectuals and Higher Education in Chile, 1973-1993", *Latin American Perspectives* 24, 5 (1997): 26-58.

El período autoritario (1973-1990)

La Junta Militar, dado su carácter rabiosamente antipolítico, buscó desde su instauración eliminar la conexión entre las ciencias sociales y la política. Esto se aplicó a las disciplinas que percibía como más comprometidas con transformaciones emancipatorias, lo cual explica su intervención brutal sobre la sociología, la ciencia política y, en menor medida, la economía, pero también sobre las artes, las humanidades, el periodismo e incontables otras esferas.

Aún si ese es el caso, un gobierno que no basa su legitimidad en el hecho de haber sido electo —en un país de larga tradición partidista— requiere aliados que le permitan adquirir una cierta credibilidad de la que carece por sí mismo. Para ello, tener autoridad epistémica —el poder decir "nosotros sabemos mejor" con posibilidades de ser creído— es fundamental. Encontró esta credibilidad en los economistas, en particular los de inspiración monetarista formados en la Universidad Católica. Su Departamento de Economía se beneficiaba de una larga relación con la Universidad de Chicago que, bajo el auspicio de la Fundación Ford, había formado postgraduados chilenos expertos en una corriente de pensamiento opuesta al "desarrollismo cepalino". Así, sus egresados, los "Chicago Boys", se volvieron el punto de apoyo desde donde la dictadura buscó su legitimidad técnica.

La teoría que opusieron al paradigma desarrollista y a las experiencias de los gobiernos anteriores, el monetarismo, propone reemplazar el consenso keynesiano de la postguerra por una aproximación a la economía más diáfana. Esta se basa en promover un mercado desregulado y limitar el rol de la política en la dirección de la economía. Basados en esas ideas, el espíritu detrás de las políticas públicas promovidas por el Estado cambió desde la sustitución de importaciones y el fomento de la industria al estímulo de las ventajas comparativas, el debilitamiento de los sindicatos, la desregulación, el fomento de las exportaciones, facilidades para la inversión extranjera, bajas tasas arancelarias y un repliegue general del Estado en la sociedad y la economía[39]. Dadas las claras diferencias con los esfuerzos anteriores, es fácil entender por qué, en buena medida, el trabajo de la generación anterior de cientistas sociales fue ignorado e incluso censurado como populista.

Así, tanto el modo en que se entendía el "desarrollo" como la dirección de la política económica chilena cambiaron de signo radicalmente, y el país se volvió un laboratorio internacional de ideas que en otros países estaban siendo debatidas en abstracto. Esta orientación económica, sin embargo,

[39] Valerie Brender, "Economic Transformations in Chile: The Formation of the Chicago Boys", *The American Economist* 55, 1 (2010): 111-122; John Makoff y Verónica Montecinos, "Del poder de las ideas económicas al poder de los economistas", en *Produciendo lo social*, ed. Ariztía.

antes que estar basada en conocimiento empírico y local, propugnó una forma de *expertise* abstracta y universal, aplicable en las más diversas esferas y promovida por una élite intelectual "internacionalizada". A lo largo de los años que siguieron, esto favoreció llevar a cabo "experimentos" que hubieran sido de difícil ejecución en contextos democráticos, dados los costos sociales y oposiciones políticas que implicaron. Ejemplos célebres de estas iniciativas son la privatización masiva de empresas del Estado, la reforma universitaria de 1980 y el surgimiento del sistema de seguros de salud de las Isapre y las Administradoras de Fondos de Pensiones (AFP)[40].

Así, dada la experiencia de los conflictos de la Unidad Popular y el discurso antipolítico del régimen, el rol de los expertos en economía se volvió esencial para orientar la política económica dictatorial y legitimar sus medidas más radicales. Al respecto, Yves Delazay y Bryant Garth proponen la hipótesis de que la élite intelectual de los partidos de derecha chilenos —que históricamente había sido formada en leyes e ingeniería— hacia mediados del siglo XX fue desafiada en la orientación del Estado y su planificación por nuevos intelectuales, en general provenientes de las clases medias, que poseían un saber específico del que ellos carecían: economistas y sociólogos de inspiración desarrollista[41]. Como respuesta, las nuevas generaciones de derecha basaron su propia autoridad epistémica en la economía de inspiración monetarista y libremercadista. De esta manera, lograron formar una élite intelectual que, a diferencia de los economistas de la época de la postguerra, estaba interesada en establecer los límites de la política y la acción estatal, y de plantear su posicionamiento desde fuera de la política y los partidos. Generaron así un conocimiento que, en vez de orientar la acción pública, circunscribió lo que consideraba "la política" y dejó hacer a los actores económicos. En otras palabras, la importancia política de las ciencias sociales de esta generación radicó precisamente en los límites que estableció para la política, basada en un saber con pretensiones universales. En otros lares era el momento de Ronald Reagan, Margaret Thatcher, Gary Becker y la *public choice theory*.

Esto, por cierto, estableció un nuevo rol para la economía y los economistas, ya no sólo respectivamente como instrumento y *consiglieri*, sino como un tipo de saber relevante en esferas que antes se consideraban lejanas y como un estatus que abría puertas para ocupar cargos de responsabilidad. A propósito de esto, Tomás Undurraga agrega que en esta época se fortalecieron los "circuitos culturales del capitalismo" que imbricaron a la economía neoliberal, en sentido amplio, no sólo con la acción estatal, con redes extensas y una élite particularmente unitaria, sino además con el mundo de

[40] José Ossandón, "Economistas en la elite: Entre tecnopolítica y tecnociencia", en *Notables, tecnócratas y mandarines: Elementos de sociología de las elites en Chile (1990-2010)*, eds. Pedro Güell y Alfredo Joignant (Santiago: Ediciones Universidad Diego Portales, 2011).

[41] Delazay y Garth, *The internationalization*.

los negocios, la academia y la gerencia de casi todo tipo de organización, en las más diversas áreas: la salud, la educación, la beneficencia, etcétera[42].

En paralelo, dado el contexto dictatorial y la censura, las ciencias sociales con orientación crítica o emancipatoria no tenían cabida en las universidades ni en el debate público. Esto debilitó a la sociología y la antropología, socavando profundamente la labor que se venía haciendo tanto en la docencia como en la investigación. Pero, al mismo tiempo, este contexto de represión y censura transformó a Chile en una preocupación importante para el extranjero. La amplia bibliografía sobre la experiencia político-económica de Chile en los setenta da cuenta de ello[43]. Asimismo, luego del golpe y la violencia que le siguió, el país representaba para muchos intelectuales nacionales y extranjeros un prisma desde donde era necesario posicionarse desde la denuncia, en un compromiso por combatir el régimen que era tan necesario como peligroso[44]. Con todo, las ciencias sociales chilenas y sus intelectuales de izquierda sufrieron años de estupor y dolor, cuyas válvulas de escape estaban limitadas, en general, al trabajo en la clandestinidad o el exilio, por ejemplo, en la edición conmemorativa a los 10 años del golpe de *Les Temps Modernes*[45].

Sin embargo, sería incorrecto señalar que las ciencias sociales estuvieron completamente ausentes de las universidades durante la dictadura. Este período también comprende el desarrollo e incluso el florecimiento de ciertas disciplinas, aunque por cierto, mutiladas y marcadas por el contexto dictatorial. Este fue el caso, por ejemplo, de la ciencia política[46]. A comienzos de los ochenta, por iniciativa del entonces rector general Alejandro Medina Lois, se estableció el Instituto de Ciencia Política de la Universidad de Chile que ofrecía un programa de magíster. Este, junto con los centros de investigación en relaciones internacionales aún presentes en las Universidades de Chile y Católica, estaban orientados notoriamente hacia la geopolítica y las relaciones internacionales —dadas sus conspicuas "afinidades electivas" y su carácter relativamente lejano a la política interna—, y tenían una presencia no despreciable de militares. Dado el carácter autoritario más que antiliberal del régimen, las discusiones en torno al sistema de partidos y a posibles

[42] Tomás Undurraga, *Divergencias: Trayectorias del neoliberalismo en Argentina y Chile* (Santiago: Ediciones Universidad Diego Portales, 2015).

[43] Pío García y Carmen Gloria Olave, "Chile: economía y política económica; bibliografía analítica de publicaciones desde el golpe de Estado", *Investigación Económica* 36, 140 (1977): 309-341.

[44] Julio Cortázar y Mario Davis, "Politics and the Intellectual in Latin America", *Books Abroad* 50, 3 (1976): 533-540.

[45] *Les Temps Modernes. La dixième année de Pinochet* 40, diciembre de 1983.

[46] Jorge Heine, "Democracy, Dictatorship, and the Making of Modern Political Science: Huntington's Thesis and Pinochet's Chile", *PS: Political Science and Politics* 39, 2 (2006): 273-280; Carlos Huneeus, "El lento y tardío desarrollo de la ciencia política en América Latina, 1966-2006", *Estudios Internacionales* 39, 155 (2006): 137-156.

procesos de democratización estaban abiertas. Esto es visible en la cantidad de trabajos orientados a estudiar la experiencia de 1973 y el concepto de democracia. Mas muchos de estos esfuerzos fueron llevados a cabo en el entendido de que los alcances de aquella futura democracia debían incorporar límites *a priori*, en lo que se llamó la "democracia tutelada". Como lo ha expresado Ravecca, "más que frente a una simple negación de la democracia, estamos frente a una modulación neoconservadora de ésta"[47]. Surgió así una disciplina que, incómodamente, mientras se institucionalizaba, buscaba espacios de relativa autonomía y, a partir de la crisis de 1982, comenzó a pensar, a tientas, un futuro proceso de democratización.

Quizás los desarrollos más interesantes de las ciencias sociales de ese período se realizaron fuera de las universidades. El fuerte control y la censura, más el cierre de carreras, generaron hacia comienzos del régimen una importante población flotante de cientistas sociales en busca de amparo y empleo. La necesidad de sobrevivir económica y políticamente explica, en parte, el fortalecimiento de los *think tanks* o centros académicos independientes. Por lo demás, lo que define a los *think tanks* es precisamente su posición a medio camino, y por tanto mediadora, entre política y academia, entre medios e intereses[48].

En ese contexto, surgieron numerosos centros de pensamiento en las áreas más diversas de las políticas públicas[49]. La mayor parte dependía de financiamiento internacional y, en general, funcionaba en torno a proyectos de investigación con financiamiento específico más que con aportes basales. Entre los patrocinadores más importantes de la época encontramos a las siempre presentes fundaciones estadounidenses, a las que se sumaron las alemanas Friedrich Ebert y Konrad Adenauer, así como también la canadiense International Development Research Center y la Swedish Agency for Research Cooperation[50]. Esto expuso a los cientistas sociales nacionales a un tipo de organización social del conocimiento muy distinto al universitario: sin obligaciones de docencia, bajo la presión constante de obtener financiamiento (y, por ende, justificar impacto), con trabajos de alcance específico orientados a las políticas públicas y buscando influenciar una audiencia de élite.

[47] Paulo Ravecca, "La política de la ciencia política en Chile y Uruguay: Ciencia, poder, contexto. Primeros hallazgos de una agenda de investigación", documento preparado para el Séptimo Congreso Latinoamericano de Ciencia Política (Bogotá, 25-27 de septiembre de 2014), 14.

[48] Thomas Medvetz, *Think Tanks in America* (Chicago: University of Chicago Press, 2012). Para el caso de Chile, véase Jeffrey Puryear, *Thinking Politics: Intellectuals and Democracy in Chile, 1973-1988* (Baltimore: Johns Hopkins University Press, 1994).

[49] María Teresa Lladser, *Centros privados de investigación en ciencias sociales en Chile* (Santiago: FLACSO, 1986); Manuel Gárate, "Think-tanks y centros de estudio: Los nuevos mecanismos de influencia política en el Chile post-autoritario", *Nuevo Mundo Mundos Nuevos, Colloques* (2008).

[50] Las primeras financiaban el trabajo de la CEPAL, mientras las dos últimas patrocinaban el trabajo de la FLACSO en la época en que José Joaquín Brunner fue director (1976-1984).

El auge de los centros académicos independientes en Chile fue posible porque, aunque la política se encontraba proscrita, las ciencias sociales como tales no. Por tanto, estas organizaciones tendieron a surgir en espacios relativamente menos vulnerables a la acusación de estar "politizados". La Iglesia católica, por ejemplo, cobijó uno de los primeros y más importantes centros de investigación de la época, la Academia de Humanismo Cristiano. Mientras, otras instituciones sobrevivieron en la medida que lograron posicionarse como espacios políticamente neutros y de naturaleza técnica, sobre todo fuera de las universidades entonces controladas por militares. Al fin y al cabo, habría sido difícil censurar la *expertise* en cuanto tal para una dictadura que derivaba parte de su legitimidad de las pretensiones tecnocráticas de sus colaboradores civiles.

El caso paradigmático fue el Centro de Investigaciones Económicas Para Latinoamérica (CIEPLAN), fundado por los académicos Alejandro Foxley y Ricardo Ffrench-Davis luego de abandonar la Universidad Católica por presiones del régimen. A la postre, este fue uno de los organismos más importantes para la articulación de la oposición a Pinochet organizada por la que llegó a ser la Concertación. Baste mencionar que allí trabajaron Edgardo Boeninger, Juan Pablo Arellano y René Cortázar, y que de sus pasillos surgieron tanto las primeras críticas públicas a la política económica del régimen, como las ideas del Programa "Crecer con Igualdad", de Patricio Aylwin, 10 años más tarde.

El rol de instituciones como CIEPLAN fue fundamental por la voz que alcanzaron en un contexto de censura rampante. Este centro fue el primero, en 1979, en expresar públicamente sus discrepancias con el régimen y sus economistas desde la legitimidad que le otorgan sus credenciales técnicas. Fue el nacimiento de la "tecnocracia" en su formato contemporáneo, esto es, actores intelectuales y políticos que definen su legitimidad y credibilidad desde su posesión de un saber técnico que aspira a ser políticamente neutro. Allí donde la política era peligrosa y las más de las veces clandestina, la labor y evaluación específica se volvió fundamental: se puede decir que la técnica obtuvo un nuevo rol político de apertura del debate, que no era posible desde un posicionamiento más cercano a la política y los partidos[51].

Paralelamente, se hizo necesario un profundo cuestionamiento del rol de los intelectuales en contraposición al profundo ánimo antiintelectual del régimen pinochetista[52]. En ello los *think tanks* cumplieron una función central. Bajo su alero comenzó una discusión sobre el papel de las ciencias

[51] Rhoda Rabkin, "How Ideas Become Influential: Ideological Foundations of Export-led Growth in Chile (1973-1990)", *World Affairs* 156, 1 (1993): 3-25; Carlos Huneeus, "Technocrats and Politicians in an Authoritarian Regime: The 'ODEPLAN Boys' and the 'Gremialists' in Pinochet's Chile", *Journal of Latin American Studies* 32, 2 (2000): 461-501.

[52] Ariel Dorfman, "El Estado chileno actual y los intelectuales: Acercamiento preliminar a algunos problemas impostergables", *Araucario* 10 (1980): 35-50.

sociales en el quiebre democrático, en especial al interior de FLACSO con las investigaciones de Brunner, Flisfisch, Lechner y Garretón. Se comenzaron a debatir teorías de la democracia y la democratización considerando la historia y el contexto chileno[53]. A la luz de las paradojas y encrucijadas inherentes al proceso de democratización, comenzaron a leerse autores como Juan Linz, Guillermo O'Donnell y Alain Touraine, sobre todo entrados los ochenta.

En cierta medida, podría decirse que, considerando los constreñimientos institucionales y la experiencia del quiebre, muchos cientistas sociales pasaron de favorecer el ideal normativo del "intelectual orgánico" al "intelectual específico" propugnado por Foucault, que desde la posesión de un conocimiento especializado le susurra la verdad al poder. Empero, debe hacerse una importante salvedad: para criticar al régimen en sus propios términos se debieron acatar muchos de sus supuestos tácitos, esto es, los límites que se habían establecido a la política.

Patricio Silva arguye que, desde su posicionamiento con aspiraciones de neutralidad, el rol de los tecnócratas se orientó en lo sucesivo a la mediación y articulación política de sectores que, sin ellos, estarían involucrados en conflictos frontales[54]. La forma de ser intelectual se volvió, entonces, la de la distancia y la búsqueda de consensos técnicos, lo que favoreció la comunicación entre sectores políticos que de otra manera no se hubieran hablado. Puryear va más allá y señala que, en un contexto de partidos debilitados, la conformación de élites políticas en esa época estuvo mediada por el acceso a las ciencias sociales[55]. De ahí la fortaleza de la formación disciplinar de tantos políticos de aquella generación.

Muchos observadores han afirmado, por ello, que los *think tanks* del período autoritario no sólo configuraron nuevos actores académicos y políticos, sino además espacios para la formación política y el establecimiento de redes. Los expertos y actores políticos de lo que llegaría a ser la Concertación utilizaron el espacio de los *think tanks* para coordinarse política y programáticamente. Organizaciones como VECTOR, el Centro de Estudios del Desarrollo (CED) y el Centro de Estudios Públicos (CEP), en el campo de la derecha, hicieron posible la generación de redes que, en cierta medida, continuaron estructurando muchos de los trayectos de los políticos una vez retornada la democracia y que, dicho sea de paso, ofrecían oportunidades para que expertos, a favor u oposición al régimen, se conocieran en un contexto académico.

Paralelamente, a medida que la preocupación por entender el pasado reciente daba paso al estudio de los procesos de cambio social bajo el régimen, estos centros de estudio generaron nuevos insumos sobre una realidad

[53] Louis Hecht Oppenheim, "Democracy and Social Transformation in Chile: The Debate Within the Left", *Latin American Perspectives* 12, 3 (1985): 59-76.

[54] Patricio Silva, "Technocrats and Politics in Chile: From the Chicago Boys to the CIEPLAN Monks", *Journal of Latin American Studies* 23, 2 (1991): 385-410.

[55] Puryear, *Thinking Politics*.

nacional que había experimentado transformaciones profundas y poco estudiadas. En esto, la labor de instituciones como el CEP y CERC, que producían las encuestas más rigurosas de la época, fue esencial. Se podría decir que las encuestas mismas como objeto social se transformaron en lo sucesivo en un modo de intervención y acople central entre ciencias sociales y política.

Retorno a la democracia (1990-2000)

Con la llegada a la presidencia de Patricio Aylwin, bajo un persistente temor a un retorno autoritario, se debía coordinar una coalición política con numerosas tensiones internas. En esta labor, el papel de los técnicos durante los primeros gobiernos de la Concertación fue central. Se puede argumentar que esto responde a su rol articulador entre la izquierda de la Concertación, a la cual buscaban morigerar, y la aún poderosísima oposición, que buscaban aplacar. Tanto en el gobierno de Aylwin como en el de Eduardo Frei Ruiz-Tagle, se nominaron economistas de renombre y formación neoclásica como ministros de Hacienda para mitigar las tensiones y dudas de los sectores conservadores respecto a la política económica de la coalición de izquierda. Para ese entonces, habían aprendido de los "Chicago Boys" a usar su posición de expertos para instaurar y custodiar los límites de la política. Estos límites, en definitiva, fueron la matriz desde donde se construyó la transición y, sin ellos, el proceso hubiera implicado incluso más acritud.

Por otra parte, dada la centralidad de las ciencias sociales para el acceso y la generación de redes políticas en la época anterior, los políticos en el poder tendieron a desarrollar la curiosa capacidad de moverse en distintas esferas o campos, posicionándose a medio camino entre la *expertise* y la política. En consecuencia, la *expertise* técnica y la certificación académica pasaron a ser algunas de las fuentes de legitimidad más importantes para ocupar cargos de responsabilidad pública. Esto resultó en el auge de figuras que vinieron a ser llamados *technopols*[56], es decir, políticos cuya autoridad dependía, en parte, de sus credenciales, lo que a su vez redundó en una nueva función para ciertas ciencias sociales, independientemente del resultado de sus investigaciones: el acceso al poder político y su justificación.

En paralelo, a comienzos de los noventa, intelectuales asociados a la derecha política crearon una serie de *think tanks* y fundaciones importantes. En 1991, apareció Libertad y Desarrollo, conformada por expertos cercanos al régimen pinochetista, como Hernán Büchi, Carlos Cáceres y Cristián Larroulet. Su objetivo era defender los principios de la economía de libre mercado desde la oposición a gobiernos de centroizquierda, articulando

[56] Alfredo Joignant, "The Politics of Technopols: Resources, Political Competence and Collective Leadership in Chile, 1990-2010", *Journal of Latin American Studies* 43 (2011): 517-546.

aquellos postulados y produciendo investigaciones que los respaldaran. Además, se crearon la Fundación Jaime Guzmán en 1991 y Fundación Paz Ciudadana en 1992. La primera buscaba preservar el legado ideológico-político del senador asesinado ese mismo año y, *ergo*, configurarse en un nodo central del pensamiento conservador chileno. La segunda, organizada por Agustín Edwards luego de la muerte de Guzmán y el secuestro de su hijo Cristián, buscaba promover el combate a la delincuencia y proveer *expertise* técnica para esta área de las políticas públicas[57]. Estas tres organizaciones son ejemplos de un impulso, conspicuo hasta nuestros días, de la conformación de plataformas para intervenir en el debate público desde un punto medio entre un ideal político-normativo y un saber con pretensiones de autoridad.

Por otro lado, al correr los años, el Estado comenzó a demandar cada vez más volúmenes de *expertise* externa, muchas veces organizada de manera parecida a la forma en que operaban los estudios de los *think tanks* en los ochenta (i.e., focalizados, con financiamiento fijo a corto plazo, en competición con otras instituciones). En el Ejecutivo, el trabajo con consultoras y otro tipo de organizaciones ha crecido exponencialmente y la mayor parte de la demanda ha estado orientada al diseño e implementación de políticas públicas focalizadas en áreas específicas. El Congreso, por su parte, se ha transformado en un consumidor importante de asesorías externas, oportunidad que ha sido capitalizada por antiguos *think tanks*, como CIEPLAN y Libertad y Desarrollo, a los que se han ido sumando otros nuevos con el correr de los años.

El importante crecimiento de las matrículas universitarias, relacionado con la promulgación de la nueva ley universitaria de 1981, ha permitido la expansión de las ciencias sociales chilenas. Nuevos centros de educación privada han aumentado la oferta de educación superior, lo que ha abierto nuevos espacios para la docencia y, en menor medida, la investigación. Esta tendencia, aunque entraña complejidades respecto a la empleabilidad y la calidad de la enseñanza, entre otras, ha implicado el crecimiento inusitado del número de investigadores sociales. A modo de ilustración, si en 1990 se ofrecían seis programas de pregrado en ciencias sociales (como sociología, antropología y ciencia política), en 1995 existían 18, impulsados básicamente por instituciones privadas de educación superior. Aun orientada a satisfacer la provisión de enseñanza de pregrado, esta expansión universitaria ha otorgado nuevos espacios a la función investigadora de las universidades, lo que ha redundado en una diversificación incipiente, aunque irregular, de la oferta de mallas y de los paradigmas que los cientistas sociales ocupan.

Al mismo tiempo, la labor académica ha comenzado a caracterizarse por una suerte de isomorfismo con la producción intelectual del período

[57] Juan Andrés Guzmán de Luigi y Marcela Ramos Arellano, *La guerra y la paz ciudadana* (Santiago: Lom, 2000).

anterior. Es decir, se puede trazar un símil entre la organización del conocimiento de los *think tanks* de los ochenta, organizados en torno a proyectos financiados para investigar políticas públicas de manera focalizada, y la estructura de financiamiento para las ciencias y las artes, organizada en concursos para proveer fondos a proyectos de investigación a plazo fijo. El programa para el financiamiento de las ciencias, Fondecyt, es paradigmático de este nuevo momento. Está orientado a proyectos concretos, con alto control del presupuesto, organizado en fondos concursables altamente competitivos y a corto plazo. De este modo, ONG, universidades y personas naturales compiten por un número limitado de fondos[58].

Se puede mencionar también que, del crecimiento y fortalecimiento de las ciencias sociales universitarias, han nacido nuevos espacios y recursos para establecer investigaciones en áreas que habían estado vedadas durante la dictadura. Hoy, muchos cientistas sociales trabajan aspectos que no eran admitidos en el pasado reciente, en un esfuerzo por hacerse cargo de las cicatrices de las décadas previas. Aquí, no puede exagerarse la importancia del estudio de los distintos aspectos relacionados a las violaciones a los derechos humanos. La reflexión sobre el pasado reciente ha suscitado una demanda por un *racconto*, un examen sobre el recorrido histórico de Chile y su posición al fin del milenio. Así también, en esta época ha comenzado a hablarse, desde una posición más ambiciosa, de un malestar general que subyace a la sociedad chilena y su trayecto hacia la democracia y la liberalización económica. En este conjunto de intervenciones podemos mencionar los trabajos de renombrados sociólogos de la transición, como Brunner, Garretón, Moulian y Tironi[59], cuyos trabajos se han ocupado del Chile postdictatorial, e incluso los Informes de Desarrollo Humano preparados por el PNUD, en particular el de 1998 sobre el malestar, coordinado por Norbert Lechner[60].

Hacia fines de la década —y teniendo en cuenta la existencia de tensiones que se habían puesto a menudo debajo de la alfombra durante el proceso de transición— surgió un interesante debate en el campo de la centroizquierda, entre "autocomplacientes" y "autoflagelantes"[61]. Ambas posiciones poseen, por cierto, representantes destacados en las ciencias sociales. Los primeros celebran el éxito político de su negociación para democratizar Chile, mientras los segundos se preguntan qué se pasó de largo en ese trance,

[58] Enrique Fernández, "Universidad y reconcentración de la investigación científica en Chile, 1982-2005", *Persona y Sociedad* 23, 3 (2007): 31-57.

[59] Tomás Ariztía y Oriana Bernasconi, "Sociologías públicas y la producción del cambio social en el Chile de los noventa", en *Produciendo lo social*, ed. Ariztía.

[60] Sobre los informes del PNUD, véase el capítulo de Gonzalo Delamaza en este mismo tomo.

[61] Pedro Güell, "En Chile el futuro se hizo pasado: ¿Y ahora cuál futuro?", en *El Chile que viene: De dónde venimos, dónde estamos y a dónde vamos* (Santiago: Ediciones Universidad Diego Portales, 2009).

qué se perdió en aquel pacto. En retrospectiva, esta dicotomía fue premonitoria de las crisis políticas que vendrían.

Conclusiones

Creemos que tres aspectos han marcado la experiencia histórica de los intelectuales y las ciencias sociales en Chile. El primero versa sobre las tensiones que han plagado la posición de los cientistas sociales en el debate público durante el tumultuoso siglo XX chileno, y quizás también en otros lares. Estas se han estructurado en una serie de debates que marcan la manera en que cientistas sociales, en distintas épocas, se han opuesto unos a otros y a quienes vinieron antes. Algunas de estas díadas son: ciencias sociales que se piensan a sí mismas como desapasionadas o comprometidas, labor de individuos o colectivos, orientadas al desarrollo o a la emancipación, con ambiciones generales o específicas, de vocación local o internacional y cercanas o alejadas de los partidos políticos, los negocios, las artes y el Estado.

La forma en que diversos actores se han posicionado en relación a estas perspectivas ha estado en buena medida determinada por el contexto del que han formado parte: la historia previa de cada disciplina, los recursos institucionales de los que se dispone, las fuentes de prestigio vigentes. Por ejemplo, después del golpe, intervenir en nombre de otros, desde una perspectiva crítica y comprometida, era particularmente difícil, sino peligroso; mientras que en el mismo período, como la experiencia del CIEPLAN lo indica, intervenir en términos tecnocráticos era tolerado por una dictadura que no dudó en asesinar a sus enemigos políticos y que sólo aceptaba críticas técnicas, ayudando así, en alguna medida, a la regeneración del debate público.

Concomitantemente, a pesar de que conforme avanza el siglo se observan tendencias a resolver esas tensiones —mayores grados de institucionalización, profesionalización y diferenciación disciplinar—, estas no parecen ser ni lineales ni irreversibles. Ello es notorio en las fluctuantes percepciones sobre el rol que la tecnocracia debe tener en la política. Mientras que, en su momento, intelectuales posicionados de esa manera fueron considerados centrales para la labor del Estado, en los sesenta eran criticados como oscuros, ofuscatorios e insuficientemente radicales. Luego, aparecieron con fuerza como el único tipo de posición crítica legítima y, más hacia nuestros días, las grietas y puntos ciegos de esta posición se vuelven nuevamente blanco de críticas —por ejemplo, en el debate en torno a la desigualdad—. A este ejemplo podríamos agregar las oscilantes suertes de la demanda por diagnósticos generales de la sociedad: intervenciones de esa envergadura fueron centrales a comienzo de siglo XX y luego intermitentemente criticadas como diletantes y poco rigurosas. Hacia fines de los noventa, en cambio, los trabajos con aspiraciones de sintetizar los procesos sociales por los que había pasado el país en ese mismo siglo fueron nuevamente demandados. Con todo, en términos generales, se puede argumentar que, a través del siglo XX chileno, ha habido una tendencia desde la priorización de intelectuales con un perfil humanista y generalista hacia otros con orientación técnica, que se manifiesta en el lugar que han tenido sociólogos o economistas en el Estado[62].

Una segunda arista a explorar versa sobre los regímenes de producción del conocimiento en ciencias sociales. Estos tienen efectos tanto en la orientación normativa y el tipo de intervenciones como con su base organizacional en ausencia de auspicio en universidades o centros independientes. La descripción que hemos realizado nos lleva a concluir que a mayores grados de institucionalización, mayores también son las redes de apoyo intelectual internacional, mas al mismo tiempo, dada la expansión de la oferta, también son mayores los niveles de competencia por un estatus de autoridad epistémica.

Así, si hacia principios del siglo XX, poco institucionalizadas, las ciencias sociales tendían a basarse en iniciativas individuales, a mediados de siglo el financiamiento internacional generó condiciones nuevas. Dentro de las universidades, el tipo de conocimiento producido fue impactado por los procesos de reforma universitaria, tanto hacia la profesionalización, la interdisciplinariedad y el compromiso político (1967) como hacia la expansión de la función docente, los proyectos Fondecyt y las dinámicas de un nuevo mercado de educación superior (1981). Por otra parte, el conocimiento generado desde centros académicos independientes ha dependido de las condiciones asociadas a los concursos de financiamiento, a la competencia con otros actores por proyectos y las redes políticas y científicas de las que se dispone.

En ello, el rol del Estado en el fomento de la investigación social, así como su modalidad[63], han determinado en gran parte el tipo de intervención que se favorece. Por ejemplo, después del golpe, el predominio de fondos sujetos a proyectos focalizados marcó el modo de trabajo de los centros de investigación y, en lo sucesivo, del Estado y las universidades[64]. Entrados los noventa y hasta hoy, aquellos efectos persisten, por ejemplo, en la diferencia entre *think tanks* con apoyo basal preponderantemente en la derecha, ligados

[62] Patricio Silva, "Intelectuales, tecnócratas y cambio social en Chile: pasado, presente y perspectivas futuras", *Revista Mexicana de Sociología* 54, 2 (1992): 139-166.

[63] Maite de Cea, "Expert Knowledge Mediation in the Relationship between Cultural Stakeholders, Politics and the State", *International Journal of Politics, Culture, and Society* 23, 4 (2010): 191-200; John Campbell y Ove Pedersen, "Knowledge Regimes and Comparative Political Economy", en *Ideas and Politics in Social Science Research*, eds. Daniel Béland y Robert Henry Cox (Nueva York: Oxford University Press, 2011).

[64] Puryear, *Thinking politics*.

a otras instituciones, como partidos y universidades, en la institucionalidad en torno a los fondos concursables o dependientes de fondos menos estables.

Asimismo, cabe mencionar algunas ideas respecto a los procesos de cambio intelectual que han acaecido en el período estudiado. De las tensiones y limitaciones institucionales y materiales que hemos mencionado, se han derivado movimientos y trayectorias divergentes para distintas formas de "ser intelectual" a través del siglo, muchas veces mediadas por crisis políticas. Esto sucede a veces dentro de la misma generación. El caso paradigmático es la vieja guardia intelectual de la Concertación: muchos de ellos pasaron de ser intelectuales con compromiso político durante el gobierno popular a denunciar la politización de los intelectuales en el pasado. Así podrían entenderse las acusaciones contra ciertos intelectuales de haber traicionado su ideal de universalidad y haberse vuelto meros "expertos" al servicio de un sistema político y económico ya dado, limitando de este modo su rol a la búsqueda de soluciones técnicas que no cuestionen la legitimidad o pertinencia del Consenso de Washington[65]. Llegados los noventa, e incluso hoy, representantes de esa generación de cientistas sociales, muchos de ellos en puestos de poder, han abogado por un posicionamiento intelectual más modesto y específico. Al mismo tiempo, se comenzaron a desarrollar las ideas que desafiarán en el futuro su modelo del "intelectual específico".

Esta observación es necesariamente *ex post facto*: no se puede considerar la posición de los viejos intelectuales de la transición de la misma manera que ellos la entendieron en los ochenta, ni su legado es el mismo después del movimiento estudiantil de 2011. Por ello, lo aquí analizado está en relación inmanente con sus esfuerzos, de tal manera que, escribiendo esto en un contexto de desconfianza hacia los cientistas sociales que se perciben a sí mismos como puramente tecnocráticos, es imposible obviar que toda posición intelectual tiene flancos débiles y que la conquista de la autoridad epistémica es un proceso veleidoso, quizás cíclico, y nunca un *fait accompli*.

[65] James Petras, "Metamorphosis of Latin America's Intellectuals", *Economic and Political Weekly* 24, 14 (1989): 719-722; James Petras y Steve Vieux, "Selling Structural Adjustment: Intellectuals in Uniform", *Economic and Political Weekly* 31, 4 (1996): 23-28.

BIBLIOGRAFÍA

Fuentes

Periódicos y revistas

Babel.
Cormorán.
El Amigo del País (Copiapó).
El Araucano.
El Correo Literario.
El Crepúsculo.
El Diario Austral.
El Guía del Pueblo.
El Mensajero del Pueblo.
El Mercurio.
El Mostrador.
El País (España).
Índice.
La Aurora de Chile.
La Opinión.
La Nación.
Multitud.
Principios.
Proyecto Patrimonio.

Fuentes primarias impresas

Boletín Eclesiástico del Arzobispado de Santiago.

Sesiones de los cuerpos lejislativos de la República de Chile 1811-1845 (Santiago: Imprenta Cervantes, 1908), II, XXX.

Bibliografía

Acevedo, N., "La voz del campo. La política agraria del Partido Comunista durante el Frente Popular, 1936-1940", en Ulianova, O. *et al.*, *1912-2012. El siglo de los comunistas chilenos* (Santiago: Instituto de Estudios Avanzados, USACH, 2012).

Aedo, C. y Sapelli, C., "El sistema de *vouchers* en educación: una revisión de la teoría y evidencia empírica para Chile", *Estudios Públicos* 82 (2001): 35-82.

Agüero, F., "Chile: una transición inconclusa y una mayor competencia política", en *Construcción de gobernabilidad democrática en América Latina*, eds. Domínguez, J. y Schifter, M. (México: Fondo de Cultura Económica, 2005).

Aguilar, J. A., "Dos conceptos de república", en Aguilar, J. A. y Rojas, R., *El republicanismo en Hispanoamérica: Ensayos de historia intelectual y política* (México: Fondo de Cultura Económica, Centro de Investigaciones y Docencia, Sección de Obras de Historia, 2002).

Aguilar, M., "Cardinal Raúl Silva Henríquez, the Catholic Church, and the Pinochet Regime, 1973-1980, Public Responses to a National Security State", *The Catholic Historical Review* 89, 4 (octubre de 2003): 712-731.

Aguirre, M., "El factor religioso en la transición política chilena: la apuesta papal por una vía de reconciliación nacional", *Aportes* 27, 80 (marzo de 2012): 115-129.

Albornoz, C., "La cultura en la Unidad Popular. Porque esta vez no se trata de cambiar un presidente", en *Cuando hicimos historia: La experiencia de la Unidad Popular*, coord. Pinto, J. (Santiago: Lom, 2005).

Alburquerque, G., *La trinchera letrada: intelectuales latinoamericanos y Guerra Fría* (Santiago: Ariadna, 2011).

———, "El *Manifiesto de Historiadores* y los debates de la historiografía chilena actual", *Pensamiento Crítico* 2 (2002): disponible en http://www.pensamientocritico.cl/attachments/083_g-alburquerque%20-num-2.pdf.

Alexander, R. J., "'Chilean Agricultural Workers' Unionization during the Frei Administration", *Journal of Economic Issues* 6, 2/3 (1972):15-28.

Aliaga, F. y Osorio, F., "Proyecto ético-político del clero patriota en Chile", *Anuario de la Historia de la Iglesia* 17 (2008): 191-203.

———, "Episcopado chileno 1887-1917. 'Del ultramontanismo a la apertura nacional'", *Mensaje* 300 (julio de 1981): 340-345.

Altamirano, C., *Intelectuales: Notas de investigación sobre una tribu inquieta* (Buenos Aires: Siglo XXI, 2013).

Altamirano, C, y Myers, J., *Historia de los intelectuales en América Latina* (Buenos Aires: Katz, 2013).

Alvarado, M., *Revistas culturales chilenas del siglo XIX (1842-1894)* (Santiago: Ediciones Universidad Cardenal Silva Henríquez, 2015).

Álvarez, R., *Arriba los pobres del mundo. Cultura e identidad del Partido Comunista de Chile entre democracia y dictadura. 1965-1990* (Santiago: Lom, 2011).

_____, "Los 'hermanos Rodriguistas'. La división del Frente Patriótico Manuel Rodríguez y el nacimiento de una nueva cultura política en la izquierda chilena. 1975-1987", *Izquierdas* 3 (2009): 1-9.

_____, "¡Viva la revolución y la patria! Partido Comunista de Chile y el nacionalismo (1921-1926)", *Revista de Historia Social y de las Mentalidades* 7, 2 (2003): 25-44.

_____, "La matanza de La Coruña", *Contribuciones Científicas y Tecnológicas* 116 (1997): 77-108.

Allamand, A., *La travesía del desierto* (Santiago: Aguilar, 1999).

Allende, S., *La vía chilena al socialismo. Discursos de Salvador Allende* (Santiago: Fundamentos, 1971).

Alliende, R., *El Jefe. La vida de Jorge González von Marées* (Santiago: Los Castaños, 1990).

Ammon, A., *Die Christliche Demokratie Chiles. Partei, Ideologie, revolutionäre Bewegung* (Bonn: Verlag Neue Gesellschaft, 1972).

Ampuero, R., *Nuestros años verde olivo* (Santiago: Planeta, 1999).

Amunátegui, M. L., *Don Manuel de Salas* (Santiago: Imprenta Nacional, 1895).

_____, *El Cabildo de Santiago desde 1573 hasta 1581* (Santiago: Imprenta Nacional, 1890-1891).

_____, *Camilo Henríquez* (Santiago de Chile: Imprenta Nacional, 1889).

_____, *La crónica de 1810* (Santiago: Impr. de la República de J. Núñez, 1876).

_____, *Los precursores de la independencia de Chile* (Santiago: Imprenta República, 1870).

_____, *Descubrimiento y conquista de Chile* (Santiago: Imprenta Chilena, 1861).

_____, *La dictadura de O'Higgins* (Santiago: Julio Belin, 1853).

Amunátegui, M. L. y Amunátegui, G. V., *De la instrucción primaria en Chile: lo que es, lo que debería ser* (Santiago: Imprenta del Ferrocarril, 1856).

Amunátegui Solar, D., *Los primeros años del Instituto Nacional, 1813-1835* (Santiago: Imprenta Cervantes, 1889).

Angell, A., "Chile since 1958 (129-202)", en *Chile since Independence*, ed. Bethell, L. (Cambridge: Cambridge University Press, 1993).

_____, *Politics and the Labour Movement in Chile* (Londres: Oxford University Press, 1972).

Angell, A. y Pollack, B., "The Chilean Presidential Elections of 1999-2000 and Democratic Consolidation", *Bulletin of Latin American Research* 19, 3 (2000): 357-378.

_____, "The Chilean Elections of 1993 and the Politics of the Transition to Democracy", *Bulletin of Latin American Research* 9, 1(1990): 1-23.

Arancibia, P. y Cáceres, C., *La transición a la democracia 1988-1990* (Santiago: LYD, 2014).

Araneda, F., *Historia de la Iglesia en Chile* (Santiago: Ediciones Paulinas, 1986).

_____, *Óscar Larson, el clero y la política chilena* (Santiago: Imprenta San José, 1981).

Araquistain, L., "Retrato de Hitler (de Leviatán, Madrid)", *Babel* (1° de mayo de 1939).

Araya, M., "Los wobblies criollos: fundación e ideología en la región chilena de la Industrial Workers of the World - IWW (1919-1927)" (tesis de Licenciatura en Historia, Universidad ARCIS, Santiago, 2008).

Arcos, S., *Carta a Francisco Bilbao y otros escritos*, ed. Gazmuri, C. (Santiago: Editorial Universitaria, 1989).

Arellano, J. C., "El Partido Nacional en Chile: Su rol en el conflicto político (1966-1973)", *Atenea* 499 (2009): 157-174.

Arendt, H., *Ensayos de comprensión, 1930-1954: escritos no reunidos e inéditos de Hannah Arendt* (Madrid: Caparrós, 2005).

Ariztía, T., ed., *Produciendo lo social: Usos de las ciencias sociales en el Chile reciente* (Santiago: Ediciones UDP, 2012).

Ariztía, T. y Bernasconi, O., eds., "Sociologías públicas y la producción del cambio social en el Chile de los noventa", en *Produciendo lo social: Usos de las ciencias sociales en el Chile reciente*, ed. Ariztía, T. (Santiago: Ediciones UDP, 2012).

Arriagada, G., "Chile's Successful Transition: From Intense Polarization to Stable Democracy (50-101)", en *Democratic Transitions: Conversations with World Leaders*, eds. Bitar, S. y Lowenthal, A. F. (Baltimore: Johns Hopkins University Press, 2015).

Arteaga, J., *Gobierno como electo y juramento civil del Arzobispo R.V. Valdivieso 1845-1848* (Santiago: Pontificia Universidad Católica de Chile, 1977).

Atkin, N. y Tallett, F., *Priests, Prelates, and People. A History of European Catholicism since 1750* (Oxford: Oxford University Press, 2003).

Atria, F. *et al.*, *El otro modelo. Del orden neoliberal al régimen de lo público* (Santiago: Catalonia, 2013).

Austin, R., "Armed Forces, Market Forces: Intellectuals and Higher Education in Chile, 1973-1993", *Latin American Perspectives* 24, 5 (1997): 26-58.

Baert, P., "Positioning Theory and Intellectual Interventions", *Journal for the Theory of Social Behaviour* 42, 3 (2012): 304-324.

Baert, P. y Booth, J., "Tensions Within the Public Intellectual: Political Interventions from Dreyfus to the New Social Media", *International Journal of Politics, Culture, and Society* 25, 4 (2012): 111-126.

Baeza, A., "Enlightenment, Education and the Republican Project: Chile's Instituto Nacional (1810-1830)", *Paedagogica Historica: International Journal of the History of Education* 46, 4 (2010): 479-493.

Barnard, A., "El Partido Comunista de Chile y las políticas del tercer periodo, 1931-1934", en *El siglo de los comunistas chilenos 1912-2012*, eds. Ulianova, O. *et al.* (Santiago: Instituto de Estudios Avanzados, USACH, 2012).

_____, "Chilean Communists, Radical Presidents and Chilean Relations with the United States, 1940-1947", *Journal of Latin American Studies* 13, 2 (1981): 347-374.

_____, "The Chilean Communist Party 1922-1947" (tesis Ph.D., University College de Londres, 1977).

Barría Serón, J., *El movimiento obrero en Chile: síntesis histórico-social* (Santiago: Ediciones de la Universidad Técnica del Estado, 1971).

Barrios, M., *La Facultad de Teología de la Pontificia Universidad Católica de Chile* (Santiago: Ediciones Sociedad de Historia de la Iglesia en Chile, 1995).

Barrón, L., "La tradición republicana y el nacimiento del liberalismo en Hispanoamérica después de la independencia. Bolívar, Lucas Alamán y el 'Poder Conservador'", en *El republicanismo en Hispanoamérica: Ensayos de historia intelectual y política*, eds. Aguilar, J. A. y Rojas, R. (México: Fondo de Cultura Económica, Centro de Investigaciones y Docencia, Sección de Obras de Historia, 2002).

_____, "Republicanismo, liberalismo y conflicto ideológico en la primera mitad del siglo XIX en América Latina", en *El republicanismo en Hispanoamérica: Ensayos de historia intelectual y política*, eds. Aguilar, J. A. y Rojas, R. (México: Fondo de Cultura Económica, Centro de Investigaciones y Docencia, Sección de Obras de Historia, 2002).

Barros, R., *Constitutionalism and Dictatorship: Pinochet, the Junta, and the 1980 Constitution* (Cambridge: Cambridge University Press, 2002).

Barros Arana, D., *Las campañas de Chiloé, 1820-1826* (Santiago: Imprenta del Ferrocarril, 1856).

Barzun, J., *The French Race* (Port Washington: Kennicat, 1932).

Bastián, M., "Transformaciones en el pensamiento jurídico chileno en la era de la cuestión social, 1880-1925", *Historia* 48, 1 (2002): 11-42.

Bauman, Z., *Legislators and interpreters: On modernity, post-modernity, intellectuals* (Ithaca: Cornell University Press, 1987).

Bellisario, A., "The Chilean Agrarian Transformation: Agrarian Reform and Capitalist 'Partial' Counter-Agrarian Reform, 1964-1980", *Journal of Agrarian Change* 7, 1 (2007): 1-34.

Bello, Á., *Nampülkafe. El viaje de los mapuches de la Araucanía a las pampas argentinas: Territorio, política y cultura en los siglos XIX y XX* (Temuco: Ediciones Universidad Católica de Temuco, 2011).

_____, "Intelectuales indígenas y universidad en Chile: conocimiento, diferencia y poder entre los mapuche", en *Intelectuales y educación superior en Chile: De la independencia a la transición democrática 1810-2001*, ed., Austin, R. (Santiago: CESOC, 2004).

Bello, A., *Todas las verdades se tocan: Discurso pronunciado en la instalación de la Universidad de Chile el día 17 de septiembre de 1843*, ed. Jaksić, I. (Valparaíso: Editorial Universidad de Valparaíso, 2015), colección Manifiestos.

_____, "Filosofía del entendimiento", en *Obras completas*, 24 tomos (Caracas: Fundación La Casa de Bello, 1981-84).

_____, "Discurso pronunciado en la instalación de la Universidad de Chile el día 17 de septiembre de 1843", en *Antología de Andrés Bello*, pról. Scarpa, R. E. (Santiago: Fondo Andrés Bello, 1970), 29-40.

_____, "Constituciones", *El Araucano*, 11 de febrero de 1848.

_____, "*Historia Física y Política de Chile* por Claudio Gay", *El Araucano*, 6 de septiembre de 1844 (continuación el 7 y 14 de marzo de 1845).

Bello, H., *José Victorino Lastarria, Obra narrativa* (Santiago: Ediciones Universidad Alberto Hurtado, 2014), colección Biblioteca Chilena.

Bello, J., "Instituto Nacional", *Anales de la Universidad de Chile* 10 (1853): 399-408.

Benavente, D. J., *Memoria de las primeras campañas de la guerra de la independencia* (1845).

Bermeo, N., "Democracy and the Lessons of Dictatorship", *Comparative Politics* 24, 3 (1992): 273-291.

Berríos, F. *et al.*, *Catolicismo social chileno. Desarrollo, crisis y actualidad* (Santiago: Ediciones Universidad Alberto Hurtado, 2009).

Bethell, L. y Roxborough, I., "Latin America between the Second World War and the Cold War: Some Reflections on the 1945-48 Conjuncture", *Journal of Latin American Studies* 20, 1 (1988): 167-189.

Bielschowsky, R., "Evolución de las ideas de la CEPAL", *Revista de la CEPAL*, Número Extraordinario (1998): 21-46.

Bilbao, F., *El evangelio americano* (Buenos Aires: Imprenta de la Sociedad Tipográfica Bonaerense, 1864).

Bitar, S., *Chile 1970-1973. Asumir la historia para construir el futuro* (Santiago: Pehuén, 1995).

Blinkhorn, M., *Carlism and Crisis in Spain: 1931-1939* (Cambridge: Cambridge University, 1975).

Boas, G., *French Philosophies of the Romantic Period* (Baltimore: Johns Hopkins University Press, 1925).

Boas, T. C., "Voting for Democracy: Campaign Effects in Chile's Democratic Transition", *Latin American Politics and Society* 57, 2 (2015): 67-90.

Boeninger, E., *Políticas públicas en democracia. Institucionalidad y experiencia chilena 1990-2006* (Santiago: Uqbar, 2007).

_____, *La democracia en Chile. Lecciones de gobernabilidad* (Santiago: Editorial Andrés Bello, 1997).

Boltanski, L. y Chiapello, E., *El nuevo espíritu del capitalismo* (Madrid: Akal, 2002).

Botto, A., "Catolicismo social en Chile, 1930-1960: ¿Un factor de división entre los católicos?", en *Catolicismo social chileno: Desarrollo, crisis y actualidad*, eds. Berríos, F. *et al.* (Santiago: Ediciones Universidad Alberto Hurtado, 2009).

Bourdieu, P. y Wacquant, L., *An Invitation to Reflexive Sociology* (Chicago: University of Chicago Press, 1992).

Brading, D. A., *Classical Republicanism and Creole Patriotism: Simon Bolivar (1783-1830) and the Spanish American Revolution* (Cambridge: Centre of Latin American Studies, University of Cambridge, 1983).

Brahm, E., "El debate en torno al régimen de gobierno en Chile entre 1865 y 1971", *Revista Chilena de Historia del Derecho* 18 (1999): 297-310.

_____, "La discusión en torno al régimen de gobierno en Chile (1840-1865)", *Revista de Estudios Jurídicos* XV (1992-1993): 277-302.

_____, "La crisis del conservantismo chileno en la segunda mitad del siglo XIX. Política, gobierno y régimen de gobierno en el itinerario intelectual de don Ramón Sotomayor Valdés", *Revista Chilena de Derecho* 19, 1 (1992): 7-33.

_____, *Tendencias críticas en el conservantismo después de Portales* (Santiago: Instituto de Estudios Generales, Serie Estudios Históricos, 1992).

_____, "Las ideas políticas de un conservador chileno. Antonio García Reyes (1817-1855)", *Revista de Estudios Histórico-Jurídicos* 14 (1991): 217-240.

Bravo Lira, B., *De Portales a Pinochet. Gobierno y régimen de gobierno en Chile* (Santiago: Jurídica, 1985).

Bray, D. W., "Chilean Politics During the Second Ibáñez Government, 1952-58" (tesis de Ph.D., Stanford University, 1961).

Brender, V., "Economic transformations in Chile: The formation of the Chicago boys", *The American Economist* 55, 1 (2010): 111-122.

Bresnahan, R., "Radio and the Democratic Movement in Chile 1973-1990: Independent and Grass Roots Voices during the Pinochet Dictatorship", *Journal of Radio Studies* 9, 1 (2002): 161-181.

Briseño R., *Estadistica bibliografica de la literatura chilena, 1812-1876* (Santiago: Biblioteca Nacional, 1965).

_____, *Memoria histórica crítica del derecho público chileno desde 1810 hasta nuestros días* (Santiago: Imprenta de Julio Belin I compañia, 1849).

_____, *Curso de filosofía moderna para el uso de los colegios hispanoamericanos, y particularmente para el de Chile: extractado de las obras de filosofía que gozan actualmente de más celebridad*, 2 tomos (Valparaíso: Imprenta del Mercurio, 1845-46).

Brunner, J. J., *Nueva Mayoría. Fin de una ilusión* (Santiago: Ediciones B, 2016).

_____, "Malestar en la cultura. ¿De qué exactamente estamos hablando?", *Estudios Públicos* 72 (1998): 173-198.

_____, "Chile: claves de una transición pactada", *Nueva Sociedad* 106 (1990): 6-12.

_____, *El caso de la sociología en Chile* (Santiago: FLACSO, 1988).

_____, "Las cambiantes funciones de la sociología hasta 1950: Intelectuales, discursos, intereses", *Material de discusión Programa FLACSO* 62 (Santiago, 1984).

Brunner, J. J. y Barrios, A., *Inquisición, mercado y filantropía. Ciencias sociales y autoritarismo en Argentina, Brasil, Chile y Uruguay* (Santiago: FLACSO, 1987).

Brunner, J. J. y Moulian, T., "Brunner v/s Moulian: Izquierda y capitalismo en 14 rounds", *El Mostrador*, 2002.

Bruno-Jofré, R., "The Catholic Church in Chile and the Social Question in the 1930s: The Political Pedagogical Discourse of Fernando Vives del Solar, S.J.", *Catholic Historical Review* 99, 4 (octubre de 2013): 705-723.

Buck, K-H., *Die Sozialistische Partei Chiles 1933-1973. Geschichte, Programme, Sozialstruktur* (Frankfurt am Main: Haag + Hechen, 1988).

Bushnell, D., "Independence Compared: The Americas North and South", en *Independence and Revolution in Spanish America: Perspectives and Problems*, eds. McFarlane, A. y Posada Carbó, E. (Londres: Institute of Latin American Studies, University of London, 1999).

Bustamante, F., "La formación de una mentalidad religiosa de la elite empresarial durante la dictadura militar, 1974-1990. El catolicismo empresarial del Opus Dei", *Revista Cultura y Religión* 4, 1 (abril de 2010): 105-124.

Caiceo, J., "Historia de la filosofía católica en Chile durante el siglo XX", *Intus Legere Filosofía* 6, 2 (2012): 131-150.

Caldwell, B. y Montes, L., "Hayek y sus dos visitas a Chile", *Estudios Públicos* 137 (2015): 87-132.

Campbell, J. L. y Pedersen, O., "Knowledge regimes and comparative political economy", en *Ideas and Politics in Social Science Research*, eds. Béland, D. y Henry, R. (Nueva York: Oxford University Press, 2011).

Camús, M., "La Iglesia católica en Chile 1810-1850. Inestabilidad eclesial en su proceso de maduración", *Anuario de la Historia de la Iglesia* 17 (2008): 205-217.

Cancino, H., *La problemática del poder popular en el proceso de la vía chilena al socialismo 1970-1973* (Aarhus: Aarhus University Press, 1978).

Cánovas, R., *Lihn, Zurita, Ictus, Radrigán: literatura chilena y experiencia autoritaria* (Santiago: Facultad Latinoamericana de Ciencias Sociales, 1986).

Cardemil, A., *El camino de la utopía: Alessandri, Frei, Allende. Pensamiento y obra* (Santiago: Editorial Andrés Bello, 1997).

Cardoso, F. H. y Faletto, E., *Dependencia y desarrollo en América Latina; Ensayo de interpretación sociológica* (México: Siglo XXI, 1969).

Carli, S., "Debates acerca de lo público en la historia de la educación: Cuatro tesis para pensar la relación entre educación y política en el terreno académico", *Historia de la Educación. Anuario* 9 (2008): 43-44.

Carmagnani, M., "Mario Góngora (1915-1985)", *Hispanic American Historical Review* 66 (1986): 770-772.

Carreño, R., "El exilio de la crítica chilena: aportes para una nueva agenda literaria", *Anales de Literatura Chilena* 12 (2009): 129-144.

"Carta del Cardenal Pacelli. La Acción Católica y la política", *Política y Espíritu* 3, 29 (1948): 214-219.

Cartagena, N., González, I. y Lastra, P., "Prólogo de los editores", en *El Crepúsculo. Periódico Literario y Científico*, eds. Cartagena, N., González, I. y Lastra, P. (Santiago: Planeta, 2010).

"Cartas del obispo don José Hipólito Salas a don Joaquín Larraín Gandarillas", *Historia* 2 (1962-1963): 199-223.

Carter, G. J., "El liberalismo", *Anales de la Universidad de Chile* 53-54 (1878): 87-141.

Caruso, M., "Latin American independence: education and the invention of new polities", *Paedagogica Historica* 46, 4 (2010): 409-417. DOI: 10.1080/00309230.2010.493164.

Casals, M., "'Chile en la encrucijada'. Anticomunismo y propaganda en la 'Campaña del Terror' de las elecciones presidenciales de 1964", en *Chile y la Guerra Fría global*, eds. Harmer, T. y Riquelme, A. (Santiago: RIL, 2017).

Casanova, M., *Obras pastorales del Ilmo. y Rmo. Señor Dr. don Mariano Casanova, Arzobispo de Santiago de Chile* (Friburgo de Brisgovia: B. Herder, 1901).

———, *Pastoral sobre la actual situación de las parroquias del arzobispado* (Santiago: Imprenta Católica de Manuel Infante, 1887).

Castillo, F. *et al.*, *1982. La FECh de los años treinta* (Santiago: SUR, 2014).

Castillo, V., *La creación de la república: la filosofía pública en Chile, 1810-1830* (Santiago: Lom, 2009).

Castro, J. M., *Jaime Guzmán (1946-1973): Corporativismo, gremialismo, anticomunismo* (Santiago: Bicentenario, 2016), I.

Catalán, G., "Antecedentes sobre la transformación del campo literario en Chile entre 1890 y 1920", en *Cinco estudios sobre cultura y sociedad*, eds. Brunner, J. J. y Catalán, G. (Santiago: FLACSO, 1985).

Caute, D., *El comunismo y los intelectuales franceses (1914-1966)* (Barcelona: Oikos-tau, 1967).

Cavallo, A. *et al.*, *La historia oculta del régimen militar* (Santiago: Planeta, 1997).

Cifuentes, A., "Discurso pronunciado en la sesión inaugural de la gran convención conservadora de 22 de diciembre de 1878 por Abdón Cifuentes", en *La gran Convención Conservadora de 1878: Manifiestos, discursos, conclusiones*, ed. Tocornal, E. (Santiago: Imprenta de El Independiente, 1878).

Claude, M., *Una vez más la miseria. ¿Es Chile un país sustentable?* (Santiago: Lom, 1997).

Clavero, M., "Un punto de inflexión en la vida del padre Alberto Hurtado. Itinerario y balance de su viaje a Europa, de 1947", *Teología y Vida* XLVI (2005): 291-320.

Collier, S., *Ideas y política de la independencia chilena, 1808-1833* (Santiago: Fondo de Cultura Económica, 2012).

_____, *Chile, la construcción de una República, 1830-1865: Política e ideas* (Santiago: Ediciones UC, 2005).

_____, *Chile: The Making of a Republic, 1830-1865: Politics and Ideas* (Cambridge: Cambridge University Press, 2003).

_____, "Religious Freedom, Clericalism and Anticlericalism in Chile, 1820-1920", en *Freedom and Religion in the Nineteenth Century*, ed. Helmstadter, R. (Stanford: Stanford University Press, 1997).

_____, "An Interview with Mario Góngora", *Hispanic American Historical Review* 63 (1983): 663-675.

_____, *Ideas and Politics of Chilean Independence 1808-1830* (Cambridge: Cambridge University Press, 1967).

Collier, S. y Sater, W., *A History of Chile 1808-2002* (Cambridge: Cambridge University Press, 2004).

Comisión Nacional sobre la Prisión Política y Tortura, *Informe Valech* (Santiago: La Comisión, 2005).

Comisión Nacional de Verdad y Reconciliación, *Informe Rettig* (Santiago: La Corporación, 1996), II.

Comité editorial, "Carta abierta al Presidente Ricardo Lagos", *Rocinante: Arte, Cultura y Sociedad* 8, 84 (2005): 2.

Concha, J. E., *Conferencias sobre economía social dictadas en la Universidad Católica de Santiago de Chile* (Santiago: Imprenta Chile, 1918).

Concha, M. I., *La sede episcopal de Santiago de Chile a mediados del siglo XIX: Aspectos de la vida cristiana a través de las visitas pastorales* (Valparaíso: Ediciones Universitarias de Valparaíso, 2007).

Concha y Toro, M., *Chile durante los años 1824 a 1828* (Santiago, 1866-82 [83]).

Contreras, M., Henríquez, P. y Albornoz Farías, A., *Historias del teatro de la Universidad de Concepción: TUC* (Concepción: Universidad de Concepción, 2003).

Cood, E., "Discurso de incorporación a la Facultad de Humanidades", *Anales de la Universidad de Chile* 15 (1857): 147-157.

Cordero, R. y Tapia, G., "Sumando opiniones: Antecedentes históricos y desarrollos metodológicos de la industria de la opinión pública en Chile", *Documentos de Trabajo* ICSO 15, 3 (2007): 29-44.

Corkill, D. R., "The Chilean Socialist Party and the Popular Front, 1933-41", *Journal of Contemporary History* 11, 2/3 (1976): 261-273.

Correa, S., "El corporativismo como expresión política del socialcristianismo", en *Catolicismo social chileno: Desarrollo, crisis y actualidad*, eds. Berríos, F. *et al.* (Santiago: Ediciones Universidad Alberto Hurtado, 2009).

_____, "El corporatismo como expresión política del socialcristianismo", *Teología y Vida* XLIX (2008): 467-481.

_____, "La opción política de los católicos en Chile", *Mapocho* 46 (1999): 191-201.

_____, "Zorobabel Rodríguez: católico liberal", *Estudios Públicos* 66 (1997): 387-426.

_____, "The Politics of the Chilean Right from the Popular Front to 1964" (tesis de Ph.D., St. Antony's College, University of Oxford, 1994).

_____, "Iglesia y política: El colapso del Partido Conservador", *Mapocho* 30 (1991): 137-148.

Cortázar, J. y Davis, M., "Politics and the intellectual in Latin America", *Books Abroad* 50, 3 (1976): 533-540.

Costamagna, A., "Apuntes sobre el teatro chileno en la década del 60. Testimonios de cuatro protagonistas", *Cyber Humanitatis* 5 (1998): 1-14.

Courard, H. y Frohmann, A., *Universidad y ciencias sociales en Chile, 1990-1995* (Santiago: FLACSO, 1999).

Craib, R. B., "Students, Anarchists and Categories of Persecution in Chile, 1920", *A Contracorriente* 8, 1 (2010): 22-60.

Craiutu, A., *Liberalism under Siege: The Political Thought of the French Doctrinaires* (Lanham: Lexington Books, 2003).

Cristi, R., "La génesis de la Constitución de 1980 y sus claves conceptuales: función social de la propiedad y bien común", en Cristi, R. y Ruiz-Tagle, P., *El constitucionalismo del miedo: propiedad, bien común y poder constituyente* (Santiago: Lom, 2014): 73-104.

_____, "Carl Schmitt on Constituent Power and the Monarchical Principle", *Constellations* 18 (2011): 352-364.

_____, *El pensamiento político de Jaime Guzmán: Una biografía intelectual* (Santiago: Lom, 2011).

_____, *El pensamiento político de Jaime Guzmán: Autoridad y libertad* (Santiago: Lom, 2000).

_____, "Friedrich Hayek. Teórico del liberalismo individualista", *Mensaje* 291 (1980): 402-407.

Cristi, R. y Ruiz, C., *El pensamiento conservador en Chile* (Santiago: Editorial Universitaria, 2ª ed., 2015).

_____, "Pensamiento conservador en Chile (1903-1974)", *Opciones* 9 (1986): 121-144.

Cristi, R. y Ruiz-Tagle, P., *La república en Chile: teoría y práctica del constitucionalismo republicano* (Santiago: Lom, 2006).

_____, "Conservative Thought in Twentieth Century Chile", *Canadian Journal of Latin American and Caribbean Studies* 15 (1990): 27-66.

Crofts, S., "Assembled Agency: Media and Hegemony in the Chilean Transition to Civilian Rule", *Media, Culture & Society* 28, 5 (2006): 671-693.

Crow, J., *The Mapuche in Modern Chile: A Cultural History* (Gainesville: University Press of Florida, 2013).

Crummett, M. A., "El Poder Femenino: The Mobilization of Women against Socialism in Chile", *Latin American Perspectives* 4, 4 (1977): 103-113.

Cruz, M. A. *et al.*, "Ciencias sociales y políticas públicas en Chile: qué, cómo y para qué se investiga en el Estado", *Sociologías* 12, 24 (2010): 76-119.

Cruz-Coke, R., *Historia electoral de Chile 1925-1973* (Santiago: Editorial Jurídica de Chile, 1984).

Cruzat, X. y Tironi, A., "El pensamiento frente a la cuestión social en Chile", en *El pensamiento en Chile 1830-1910*, ed. Berríos, M. (Santiago: Nuestra América, 1987).

Chacón, J., "Prólogo", en Lastarria, J. V., "Bosquejo histórico de la Constitución del Gobierno de Chile durante el primer período de la revolución en diciembre de 1847", *Miscelánea Histórica i Literaria* (Valparaíso: Imprenta de "La Patria", Calle de la Aduana, 1870): 138-154.

Chadwick, O., *A History of the Popes 1830-1914* (Oxford: Oxford University Press, 1998).

Chambers, S., *Families in War and Peace: Chile from Colony to Nation* (Durham y Londres: Duke University Press, 2015).

Chelén, A., *Trayectoria del socialismo* (Santiago: Austral, 1966).

Congreso Nacional de Chile y Egaña, J., "Proyecto de una constitución para el estado de Chile: que por disposición del alto congreso escribió el Senador D. Juan Egaña en al año de 1811 y que hoy manda publicar el supremo gobierno: le precede el proyecto de declaración de los derechos del pueblo de Chile, modificado según el dictamen consultado por orden del mismo gobierno" (Santiago: Imprenta del Gobierno, por D. J. C. Gallardo, 1813).

Daire, A., "La política del Partido Comunista desde la post-guerra a la Unidad Popular", en *El Partido Comunista en Chile. Estudio multidisciplinario*, comp. Varas, A. (Santiago: CESOC, FLACSO, 1988).

Davies, M., *International Political Economy and Mass Communication in Chile: National Intellectuals and Transnational Hegemony* (Londres: Palgrave-Macmillan, 1999).

Dávila Silva, R., "Portales, por don Francisco A. Encina", *Atenea* 29 (1935).

De Ávila Martel, A., *Mora y Bello en Chile, 1829-1831* (Santiago: Ediciones de la Universidad de Chile, 1982).

De Cea, M., "Expert Knowledge Mediation in the Relationship between Cultural Stakeholders, Politics and the State", *International Journal of Politics, Culture, and Society* 23, 4 (2010): 191-200.

De Guzmán, J. J., *El chileno instruido en la historia topográfica, civil y política de su país* (Santiago: Imprenta Nacional, 1834-1836).

De las Viñas, J., "In memoriam", *El Ateneo* 5 (1930).

De Rokha, P., "Bufones y lacayos", en *Pablo de Rokha y la revista* Multitud. *Literatura, política, cartas y discursos*, pról. Rozas R., D. (Santiago: Das Kapital, 2014), 39-45. Publicado originalmente en *Multitud*, 20 de mayo de 1939.

______, "El desprecio a los intelectuales", en *Pablo de Rokha y la revista* Multitud. *Literatura, política, cartas y discursos*, pról. Rozas R., D. (Santiago: Das Kapital, 2014), 30. Publicado originalmente en *Multitud*, 7 de febrero de 1939.

______, "'Sentido y designio de 'Multitud'", en *Pablo de Rokha y la revista* Multitud. *Literatura, política, cartas y discursos*, pról. Rozas R., D. (Santiago: Das Kapital, 2014), 21. Publicado originalmente en *Multitud*, 10 de enero de 1939.

______, "La conspiración de la quinta columna", *Multitud*, mayo de 1944.

______, "La gran máquina", *Multitud*, segunda semana de enero de 1939.

De Vylder, S., *Allende's Chile: The Political Economy of the Rise and Fall of the Unidad Popular* (Cambridge: Cambridge University Press, 1976).

Del Solar, F. y Pérez, A., *Anarquistas. Presencia libertaria en Chile* (Santiago: RIL, 2008).

Delamaza, G., *Enhancing Democracy: Public Policies and Citizen Participation in Chile* (Ámsterdam y Reino Unido: CEDLA, Berghahn Books, 2015).

______, "De la elite civil a la elite política. Reproducción del poder en contextos de democratización", *Polis* 36 (2013): disponible en URL: http://polis.revues.org/9411.

______, "Elitismo democrático, líderes civiles y tecnopolítica en la reconfiguración de las elites políticas", en Güell, P. y Joignant, A., *Notables, tecnócratas y mandarines. Elementos de sociología de las elites en Chile (1990-2010)* (Santiago: Ediciones UDP, 2011).

Delazay, Y. y Garth, B., *The Internationalization of Palace Wars: Lawyers, Economists, and the Contest to Transform Latin American States* (Chicago: University of Chicago Press, 2002).

Della, D., "América Latina y la sociología estadounidense durante la década de 1960: estructura y temáticas de investigación", *Estudios Sociológicos* 27, 81 (2009): 961-988.

Derrida, J., *The Politics of Friendship* (Londres: Verso, [1994] 2005).

DeShazo, P., *Urban Workers and Labor Unions in Chile 1902-1927* (Madison y Londres: The University of Wisconsin Press, 1983).

Devés, E., *El pensamiento latinoamericano en el siglo XX. Desde la CEPAL al neoliberalismo (1950-1990)* (Buenos Aires: Biblos, 2003), II.

Díaz Nieva, J., "Avanzada Nacional: La derecha a la derecha de Pinochet", *Nuevo Mundo Mundos Nuevos* (2016): disponible en http://nuevomundo.revues.org/68842.

———, "'Patria y Libertad' y el nacionalismo chileno durante la Unidad Popular, 1970-1973", *Bicentenario* 2, 2 (2003): 155-184.

Diez del Corral, L., *El liberalismo doctrinario* (Madrid: Instituto de Estudios Políticos, 1945): disponible en http://www.revistas.uchile.cl/index.php/RCH/article/view/5711/5579.

Dodson, M., "The Christian Left in Latin American Politics", *Journal of Interamerican Studies and World Affairs* 21, 1 (1979): 45-68.

Donoso, A., *Educación y nación al sur de la frontera: Organizaciones mapuche en el umbral de nuestra contemporaneidad, 1880-1930* (Santiago: Pehuen, 2008).

———, *Francisco A. Encina, simulador* (Santiago: Neupert, 1969).

———, *Las ideas políticas en Chile* (México: Fondo de Cultura Económica, 1946), colección Tierra Firme.

Donoso Knaudt, S., "Dynamics of Change: the Chilean Pingüino Movement and Its Impact on the Education Agenda" (tesis de M.Ph., Oxford University, 2010).

Dorfman, A., "El Estado chileno actual y los intelectuales. Acercamiento preliminar a algunos problemas impostergables", *Araucaria* 10 (1980): 35-50.

Dosse, F., *La marcha de las ideas. Historia de los intelectuales, historia intelectual* (Valencia: Publicacions de la Universitat de València, 2007).

Drake, P., "El movimiento obrero en Chile: de la Unidad Popular a la Concertación", *Revista de Ciencia Política* 23, 2 (2003): 148-158.

———, "Corporatism and Functionalism in Modern Chilean Politics", *Journal of Latin American Studies* 10 (1978): 83-116.

———, "The Chilean Socialist Party and Coalition Politics, 1932-1946", *Hispanic American Historical Review* 53, 4 (1973): 619-643.

Drake, P. y Jaksić, I., eds., *El modelo chileno. Democracia y desarrollo en los noventa* (Santiago: Lom, 1999).

Drogus, C. y Stewart-Gambino, H., *Activist Faith: Grassroots Women in Democratic Brazil and Chile* (University Park: Pennsylvania State University Press, 2005).

Durán, L., "Visión cuantitativa de la trayectoria electoral del Partido Comunista de Chile: 1903-1973", en *El Partido Comunista en Chile. Estudio multidisciplinario*, comp. Varas, A. (Santiago: CESOC, FLACSO, 1988).

Edwards, A., *La fronda aristocrática* (Santiago: Editorial Universitaria, 1982).

———, *La fronda aristocrática en Chile* (Santiago: Editorial del Pacifico, 1976).

_____, "La sociología de Oswald Spengler", *Atenea* XXVI, 291-292 (septiembre-octubre de 1949): 341.

Edwards, L., *Roman Virtues: The Education of Latin American Clergy in Rome, 1858-1962* (Nueva York: Peter Lang, 2011).

Egaña, J., "Examen instructivo", en *Colección de algunos escritos políticos, morales, poéticos y filosóficos del Dr. don Juan De Egaña* (Burdeos: Imprenta de Vda. Laplace y Beaume, 1836).

_____, *Memoria sobre los mayorazgos de Chile: dedicada al pueblo por algunos sucesores inmediatos* (Santiago: Imprenta de R. Rengifo, 1828).

Encina, F. A., *Nuestra inferioridad económica: sus causas, sus consecuencias* (Santiago: Editorial Universitaria, 1981).

_____, *Portales. Introducción a la historia de la época de Diego Portales (1830-1891)* (Santiago: Nascimento, 1934), II.

Entin, G., "Quelle République Pour La Révolution?", *Nuevo Mundo Mundos Nuevos* (2008): disponible en http://nuevomundo.revues.org/33042. DOI: 10.4000/nuevomundo.33042.

Errázuriz, C., *Seis años de la historia de Chile (23 de diciembre de 1598-9 de abril de 1605). Memoria histórica escrita en cumplimiento de los estatutos universitarios* (Santiago: Imprenta Cervantes, 1908).

Errázuriz, F., *Chile bajo el imperio de la Constitución de 1828* (Santiago: Imprenta Chilena, 1861).

Espinoza, E., "Resurrección y símbolo", *Babel*, 1° de mayo de 1939.

Etchegaray, A., "Mons. José Hipólito Salas en el Concilio Vaticano I", *Historia* 2 (1962-1963): 134-167.

Etchepare, J. A., "Ibáñez y su revolución de 1952", *Política* 26 (1991): 61-95.

Eustace, N., "Emotions and Political Change", en *Doing Emotions History*, eds. Matt, S. y Stearns, P. (Urbana: University of Illinois Press, 2014).

Eyal, G., "Spaces between Fields", en *Bourdieu and Historical Analysis*, ed. Gorski, P. (Durham: Duke University Press, 2013).

Eyal, G. y Buchholz, L., "From the Sociology of Intellectuals to the Sociology of Interventions", *Annual Review of Sociology* 36 (2010): 117-137.

Eyzaguirre, J., *Fisonomía histórica de Chile* (Santiago: Editorial Universitaria, 1973).

_____, *Ideario y ruta de la emancipación chilena* (Santiago: Editorial Universitaria, 1957).

Fabres, J. C., "Discurso pronunciado en la sesión inaugural de la gran Convención Conservadora de 22 de diciembre de 1878 por don José Clemente Favres", en *La gran Convención Conservadora de 1878: Manifiestos, discursos, conclusiones*, ed. Tocornal, E. (Santiago: Imprenta de El Independiente, 1878).

Fariña, C., "El pensamiento corporativo en las revistas *Estanquero* (1946-1955) y *Política y Espíritu* (1945-1975)", *Revista de Ciencia Política* 12, 1-2 (1990): 119-142.

_____, "Notas sobre el pensamiento corporativo de la juventud conservadora a través del periódico *Lircay* (1934-1940)", *Revista de Ciencia Política* 9, 1 (1987): 27-45.

Fazio, H., *Mapa actual de la extrema riqueza en Chile* (Santiago: Lom, 1997).

Feliú Cruz, G., *Francisco A. Encina. Historiador* (Santiago: Nascimento, 1967).

_____, *La fundación del Instituto Nacional* (Santiago: Imprenta Cultura, 1950).

Fermandois, J., *La revolución inconclusa: la izquierda chilena y el gobierno de la Unidad Popular* (Santiago: Centro de Estudios Públicos, 2013).

_____, "Catolicismo y liberalismo en el Chile del siglo XX", *Estudios Públicos* 93 (verano de 2004): 131-163.

_____, "La larga marcha a la nacionalización: el cobre en Chile, 1945-1971", *Jahrbuch für Geschichte Lateinamerikas* 38 (2001): 287-312.

Fernández, E., "Universidad y reconcentración de la investigación científica en Chile, 1982-2005", *Persona y Sociedad* 23, 3 (2007): 31-57.

Fernández, J., "Populismo, democracia y marxismo. El debate de la izquierda chilena y la candidatura presidencial de Salvador Allende en 1952", *Revista Igualidad y Democracia* 2 (2015a): 85-100.

_____, "Allende, el allendismo y los partidos: El Frente de Acción Popular ante las elecciones presidenciales de 1958", *Izquierdas* 23 (2015b): 157-190.

_____, *El ibañismo (1937-1952): un caso de populismo en la política chilena* (Santiago: Instituto de Historia, Pontificia Universidad Católica de Chile, 2007).

Fernández, M. E., "Beyond Partisan Politics in Chile: The Carlos Ibáñez Period and the Politics of Ultranationalism between 1952-1958" (tesis de Ph.D., University of Florida, Coral Gables, 1996).

Fernández, S., "¿Reformar al individuo o reformar la sociedad? Un punto central en el desarrollo cronológico del pensamiento social de San Alberto Hurtado", *Teología y Vida* XLIX (2008): 515-544.

Fernández Concha, R., *Filosofía del derecho o derecho natural* (Santiago: Editorial Jurídica, [1877] 1966).

Ferrari, J. *et al.*, "Las ideas teológicas en Chile", en *Materiales para una historia de la teología en América Latina*, ed. Richard, P. (San José, Costa Rica: CEHILA, 1981).

Ferreti, P. y Fuentes, L., "Enrique Espinoza y la revista *Babel*. Una mirada a su proyecto editorial y a su lugar en el campo cultural chileno", en *Babel, revista de arte y crítica* (Santiago: Lom, 2011).

Figueroa, V., "The Forgotten History of the Chilean Transition: Armed Resistance Against Pinochet and US Policy towards Chile in the 1980s", *Journal of Latin American Studies* 47, 3 (2015): 491-520.

Fischer, K., "The Influence of Neoliberals in Chile before, during, and after Pinochet", en *The Road from Mont Pèlerin. The Making of the Neoliberal*

Thought Collective, eds. Mirowski, P. y Plehve, D. (Cambridge: Harvard University Press, 2009).

Fleet, M., *The Rise and Fall of Chilean Christian Democracy* (Princeton: Princeton University Press, 1985).

Fleet, M. y Smith, B., *The Catholic Church and Democracy in Chile and Peru* (Notre Dame: University of Notre Dame Press, 1997).

Flisfisch, Á., *Situación de mercado y problemas para la profesionalización académica* (Santiago: FLACSO, 1982).

Fogg, S. L., "Positivism in Chile and its Impact on Education Development and Economic Thought, 1870-1891" (tesis doctoral, New York University, 1978).

Fontaine, A., "Chile's Elections: The New Face of the New Right", *Journal of Democracy* 11, 2 (2000): 70-7.

______, *Todos querían la revolución. Chile, 1964-1973* (Santiago: Zig-Zag, 1999).

Franco, R., *La FLACSO clásica (1957-1973): Vicisitudes de las ciencias sociales en América Latina* (Santiago: Catalonia, 2007).

Fuentes Saavedra, C., *El pacto: Poder, constitución y prácticas políticas en Chile (1990-2010)* (Santiago: Ediciones UDP, 2012).

Fuenzalida, E., "La primera FLACSO: Cooperación internacional para la actualización de la sociología en América Latina", *Recuerdos de la FLACSO* (diciembre de 2007).

______, "The Reception of Scientific Sociology in Chile", *Latin American Studies Review* 18, 2 (1983): 95-112.

Galindo, O., "Metatextos e imaginarios identitarios en la literatura chilena (1950-1970)", *Estudios Filológicos* 43 (2008): 101-114.

Gamboa, R. *et al.*, "La evolución programática de los partidos chilenos 1970-2009: de la polarización al consenso", *Revista de Ciencia Política* 33, 2 (2013): 443-467.

Gárate, M., *La revolución capitalista de Chile (1973-2003)* (Santiago: Ediciones Universidad Alberto Hurtado, 2012).

______, "Think-tanks y centros de estudios: Los nuevos mecanismos de influencia política en el Chile post-autoritario", *Nuevo Mundo Mundos Nuevos, Colloques* (2008): disponible en http://nuevomundo.revues.org/11152. DOI: 10.4000/nuevomundo.11152.

Garay, C., "Iglesia y transición en Chile: El papel del obispo Raúl Silva Henríquez, 1961-1983", *Aportes* 27, 80 (marzo de 2012): 97-114.

______, "Teoría política y carlismo en Chile. Osvaldo Lira SSCC y el hispanismo", *Aportes* 8 (1993): 63-73.

Garcés, M. y Milos, P., *FOCh, CTCh, CUT. Las centrales unitarias en la historia del sindicalismo chileno* (Santiago: ECO, Educación y Comunicaciones, 1988).

García, P. y Olave, C. G., "Chile: economía y política económica; bibliografía analítica de publicaciones desde el golpe de Estado", *Investigación Económica* 36, 140 (1977): 309-341.

García, R. V., *Memoria sobre la historia de la enseñanza en Chile* (1852).

García Reyes, A., *Memoria sobre la primera escuadra nacional* (1846).

Garretón, M. A., "Las ciencias sociales en Chile: situación, problemas, perspectivas", en *Las ciencias sociales en América Latina en perspectiva comparada*, coord. Trindade, H. (México: Siglo XXI, 2007).

_____, "Social Sciences and Society in Chile: Institutionalization, Breakdown and Rebirth", *Social Sciences Information* 44, 2-3 (2005): 359-409.

_____, *La sociedad en que vivi(re)mos. Introducción sociológica al cambio de siglo* (Santiago: Lom, 2000).

_____, "Chile's Elections: Change and Continuity", *Journal of Democracy* 11, 2 (2000): 78-84.

Gazmuri, C., *La historiografía chilena, 1842-1970* (Santiago: Centro de Investigaciones Diego Barros Arana, 2009), II.

_____, "La influencia de O. Spengler en el pensamiento histórico de Alberto Edwards", en *La historiografía chilena*, 2 tomos (Santiago: Taurus, 2006).

Gazmuri, C. y Góngora, A., "La elección presidencial de 1964. El triunfo de la revolución en libertad", en *Camino a La Moneda. Las elecciones presidenciales en la historia de Chile, 1920-2000*, eds. San Francisco, A. y Soto, A. (Santiago: Ediciones Centro de Estudios Bicentenario, Instituto de Historia, Pontificia Universidad Católica de Chile, 2005).

Gilma, C., *Entre la pluma y el fusil. Debates y dilemas del escritor revolucionario en América Latina* (Buenos Aires: Siglo XXI, 2003).

Ginebra, F. (S. J.), *Elementos de filosofía*, 2 tomos (Barcelona: Eugenio Subirana, Editor y Librero Pontificio, 6ª ed., 1915-16).

Gobierno de Chile, *Acta de la Junta de Gobierno 280-A*, 3 de septiembre de 1976, 125.

_____, *Declaración de principios del Gobierno de Chile* (Santiago: Gabriela Mistral, 1974).

Godoy, E. A., "1° de mayo de 1973: los anarquistas y el gobierno de la Unidad Popular", *Cuadernos de Historia* 39 (2013): 179-184.

_____, "La vida por la libertad: el asesinato de Osvaldo Solís Soto y el auge del anarcosindicalismo en Osorno (1929-1932)", *Espacio Regional* 9, 2 (2012): 49-71.

_____, "La generación del 50 en Chile: razones y efectos de una polémica", *América: Cahiers du CRICCAL* 21 (1998): 369-375.

Godoy, E. A. y Muñoz, V. M., "Por la vida nueva: la familia en la batalla cultural entre el anarquismo, la Iglesia católica y el Estado (Región chilena, 1893-1940)", *Revista de Pensamiento Libertario* 3 (2013): 125-138.

Godoy, H., "El ensayo social: Notas sobre la literatura sociológica en Chile", *Anales de la Universidad de Chile* 120 (1960): 76-110.

Godoy, M., "Mutualismo y educación: Las escuelas nocturnas de artesanos, 1860-1880", *Última Década* 2 (1994): 1-11.

Goicovic, I., "Surco de sangre, semilla de redención. La revuelta campesina de La Tranquilla (1923)", *Valles. Revista de Estudios Regionales* 3 (1997): 79-118.

Gómez, G., "La radicalización católica en Argentina y Chile en los sesenta", *Revista Cultura y Religión* 5, 2 (diciembre de 2011): 53-72.

Góngora, A. *et al.*, *Jaime Eyzaguirre en su tiempo* (Santiago: Universidad Finis Terrae, Zig-Zag, 2002).

Góngora, M., *Ensayo histórico sobre la noción de Estado en Chile en los siglos XIX y XX* (Santiago: Editorial Universitaria, [1986] 2006).

_____, *Civilización de masas y esperanza* (Santiago: Vivaria, 1987).

_____, "El Estado nacional chileno en el siglo XIX", en *Ensayo histórico sobre la noción de Estado en Chile en los siglos XIX y XX* (Santiago: La Ciudad, 1981): 7-28.

_____, "Portales", *Estudios* 49 (1937): 13-19.

González, E., "Panorama de la inquietud americana", *Índice*, octubre de 1930.

González, F. R., "Clotario Blest, la ANEF y la formación de la CUT. Antecedentes para una historia sindical (1943-1953)" (memoria de Licenciatura en Ciencias Jurídicas y Sociales, Universidad de Chile, 2009).

González, J. I., *El arzobispo del centenario. Juan Ignacio González Eyzaguirre* (Santiago: Ediciones Centro de Estudios Bicentenario, 2003).

González, S. y Parodi, D., *Las historias que nos unen: episodios positivos en las relaciones peruano-chilenas, siglos XIX y XX* (Santiago: RIL, 2013).

González Calderón, F., "Mil días de la Junta Militar de Gobierno. La metamorfosis subterránea de la educación chilena durante los primeros años de la dictadura militar (1973-1979)", *Cuadernos Chilenos de Historia de la Educación* 4 (2015): 34-61.

González Cuevas, P. E., *Historia de las derechas españolas de la Ilustración a nuestros días* (Madrid: Biblioteca Nueva, 2000).

Goodwin, J. y Holbo, J., eds., *Reading Graphs, Maps and Trees: Responses to Franco Moretti* (Anderson: Parlor Press, 2011).

Gramuglio, M. T., "Sur. Una minoría cosmopolita en la periferia occidental", en *Historia de los intelectuales en América Latina. Tomo II: Los avatares de la ciudad letrada en el siglo XX*, dir. Altamirano, A. (Buenos Aires: Katz, 2010).

Grayson, G. W., "Chile's Christian Democratic Party: Power, Factions, and Ideology", *The Review of Politics* 31, 2 (1969): 147-171.

Grez, S., "La izquierda chilena y las elecciones: una perspectiva histórica (1882-2013)", *Cuadernos de Historia* 40 (2013): 61-93.

_____, *Los anarquistas y el movimiento obrero: la alborada de "la Idea" en Chile, 1893-1915* (Santiago: Lom, 2007).

_____, "El escarpado camino hacia la legislación social: debates, contradicciones y encrucijadas en el movimiento obrero y popular (Chile: 1901-

1924)", *Cyber Humanitatis* 41 (2007): disponible en http://www.portaloaca.com/historia/historia-libertaria/5824-el-oprimido-los-extranjeros-y-la-prehistoria-del-anarquismo-chileno-1889-1897.html.

_____, "¿Autonomía o escudo protector? El movimiento obrero y popular y los mecanismos de conciliación y arbitraje (Chile, 1900-1924)", *Historia* 35 (2002): 91-150.

_____, *De la "regeneración del pueblo" a la huelga general. Génesis y evolución histórica del movimiento popular en Chile (1810-1890)* (Santiago: DIBAM, 1997).

Grez, S. y Salazar, G., comps., *Manifiesto de historiadores* (Santiago: Lom, 1999).

Grignani, M., "En pro de la religión y de la dignidad humana. Las fuentes chilenas de la encíclica 'Lacrimabili statu Indorum' de Pío X y la solicitud pastoral de la Santa Sede", *Teología y Vida* 54, 2 (2013): 339-373.

Grugel, J., "Populism and the Political System in Chile. Ibañismo (1952-1958)", *Bulletin of Latin American Research* 11, 2 (1992): 169-186.

_____, "Populism, Nationalism and Liberalism in Chile: The Second Administration of Carlos Ibáñez, 1952-58" (tesis de Ph.D., University of Liverpool, 1986).

Güell, P., "En Chile el futuro se hizo pasado: ¿Y ahora cuál futuro?", en *El Chile que viene: De dónde venimos, dónde estamos y a dónde vamos*, comp. Brunner, J. J. (Santiago: Ediciones UDP, 2009).

Guerra, F-X., *Modernidad e independencias: Ensayos sobre las revoluciones hispánicas* (México: Fondo de Cultura Económica, 1993).

Guerrero, C., *Liberalismo y republicanismo en Bolívar, 1819-1830: Usos de Constant por el padre fundador* (Caracas: Escuela de Estudios Políticos y Administrativos, Facultad de Ciencias Jurídicas y Políticas, Universidad Central de Venezuela, 2005).

Gunder, A., "The Underdevelopment of Development", en *The Underdevelopment of Development: Essays in Honor of Andre Gunder Frank*, eds. Chew, S. y Denemark, R. (Thousand Oaks: Sage, 1996).

Guzmán, A., "Don Juan Gómez Millas, un educador del siglo XX", *Revista de Historia de la Educación* 3 (1997): 133-146.

Guzmán, J., "Análisis crítico de la Democracia Cristiana chilena", *Realidad* 5, 53 (1983): 29-45.

_____, "El miedo. Síntoma de la realidad político social chilena", *Portada* 2 (1969).

_____, "El capitalismo y los católicos de tercera posición", *Fiducia* III, 20 (1965): 4-5.

_____, "El derecho de propiedad y el proyecto de reforma constitucional", *Fiducia* II, 14 (1964): 9.

Guzmán, J. A. y Ramos, M., *La guerra y la paz ciudadana* (Santiago: Lom, 2000).

Haas, L., "The Catholic Church in Chile: New Political Alliances", en *Latin American Religion in Motion*, eds. Smith, C. y Prokopy, J. (Nueva York: Routledge, 1999).

Hagopian, F., "The Rising Quality of Democracy in Brazil and Chile", en *The Quality of Democracy: Improvement or Subversion?*, eds. Diamond, L. y Morlino, L. (Baltimore: Johns Hopkins University Press 2005): 123-162.

Halévy, É., *The Growth of Philosophical Radicalism* (Nueva York: Kelly and Millman, 1949).

Halperin, E., *Nationalism and Communism in Chile* (Cambridge: MIT Press, 1965).

———, *The Chilean Municipal Elections of April 7, 1963* (Cambridge: Center for International Studies, MIT, 1963).

Halperin, T., *Letrados y pensadores: El perfilamiento del intelectual hispanoamericano en el siglo XIX* (Buenos Aires: Emecé, 2013).

Hanisch, W., "Viaje a Europa de Mariano Casanova, 1865-1866", *Anuario de la Historia de la Iglesia en Chile* 16 (1998): 89-101.

———, "La encíclica *Rerum novarum* y cuarenta años de su influencia en Chile, 1892-1932", *Anuario de la Historia de la Iglesia en Chile* 9 (1991): 67-103.

———, *El catecismo político-cristiano: las ideas y la época, 1810* (Santiago: Editorial Andrés Bello, 1970).

Hayek, F., *The Constitution of Liberty* (South Bend: Gateway, 1960).

Heine, J., "Democracy, Dictatorship, and the Making of Modern Political Science: Huntington's Thesis and Pinochet's Chile", *Political Science and Politics* 39, 2 (2006): 273-280.

Henríquez, C., "Proclama De Quirino Lemachez", en *Fray Camilo Henríquez: Fragmentos de una historia literaria de Chile en preparación*, ed. Silva, R. (Santiago: Editorial Universitaria, 1950).

Herf, J., *Reactionary Modernism: Technology, Culture and Politics in Weimar and the Third Reich* (Cambridge: Cambridge University Press, 1984).

Herrera, H., *La derecha en la crisis del bicentenario* (Santiago: Ediciones UDP, 2015).

Hevia, P., *El rector de los milagros. Don Carlos Casanueva Opazo, 1871-1957* (Santiago: Ediciones UC, 2004).

Hevia, P., Fernández, J. y Home, D., *Una experiencia educativa. Sociedad de Instrucción Primaria. 150 años* (Santiago: Origo, 2010).

Hidalgo, P., *El ciclo político de la Concertación (1990-2010)* (Santiago: Uqbar, 2012).

Hidalgo, R. *et al.*, "Las viviendas de la beneficencia católica en Santiago. Instituciones constructoras y efectos urbanos (1890-1920)", *Historia* 38, 2 (2005): 327-366.

Hipsher, P., "The New Electoral Right in Chile and the Poor: Strange Bedfellows", *South Eastern Latin Americanist* 39, 3/4 (1996): 17-34.

Hite, K., "The Formation and Transformation of Political Identity: Leaders of the Chilean Left, 1968-1990", *Journal of Latin American Studies* 28, 2 (1996): 299-328.

Hobsbawm, E., *Cómo cambiar el mundo: Marx y el marxismo 1840-2011* (Barcelona: Crítica, 2011).

Hofmeister, W., *Chile: Option für die Demokratie. Die Christlich- Demokratische Partei (PDC) und die politische Entwicklung in Chile 1964-1994* (Paderborn: Ferdinand Schöningh, 1995).

Hofmeister, W. y Mansilla, H. C. F., *Intelectuales y política en América Latina: el desencantamiento del espíritu crítico* (Rosario: Homo Sapiens, 2003).

Horowitz, I., ed., *The Rise and Fall of Project Camelot: Studies in the Relationship between Social Science and Practical Politics* (Cambridge: MIT Press, 1967): disponible en http://cienciassociales.edu.uy/institutodecienciapolitica/wpcontent/uploads/sites/4/2015/03/DOL_14_01_versión-marzo-2015.pdf

Huerta, M. A., *Catolicismo social en Chile* (Santiago: Ediciones Paulinas, 1991).

Huneeus, C., *La democracia semi-soberana* (Santiago: Taurus, 2014).

_____, *La guerra fría chilena. Gabriel González Videla y la Ley Maldita* (Santiago: Random House, 2008).

_____, "El lento y tardío desarrollo de la ciencia política en América Latina, 1966-2006", *Estudios Internacionales* 39,155 (2006): 137-156.

_____, "A Highly Institutionalized Political Party: Christian Democracy in Chile", en *Christian Democracy in Latin America: Electoral Competition and Regime Conflicts*, eds. Mainwaring, S. y Scully, T. (Stanford: Stanford University Press, 2003).

_____, "Technocrats and Politicians in an Authoritarian Regime: The 'ODEPLAN boys' and the 'Gremialists' in Pinochet's Chile", *Journal of Latin American Studies* 32, 2 (2000): 461-501.

_____, *El régimen de Pinochet* (Santiago: Editorial Sudamericana, 2000).

Hutchison, E. Q., "'Many Zitas': The Young Catholic Worker and Household Workers in Cold War Chile", *Labor* 6, 4 (2009): 67-94.

_____, "From 'La Mujer Esclava' to 'La Mujer Limón'. Anarchism and the Politics of Sexuality in Early Twentieth Century Chile", *Hispanic American Historical Review* 81, 3-4 (2001): 519-553.

Illanes, M. A., *Ausente, señorita. El niño chileno, la Escuela para Pobres y el auxilio. Chile. 1890-1990* (Santiago: JUNAEB, 1991).

Infante, M., *Testigos del treinta y ocho* (Santiago: Editorial Andrés Bello, 1996).

Instituto Nacional de Derechos Humanos, *Mapa de conflictos socioambientales en Chile* (2012): Disponible en http://mapaconflictos.indh.cl/

International Commission of the Latin American Studies Association to

Observe the Chilean Plebiscite 1989, "The Chilean Plebiscite: A First Step Toward Redemocratization", LASA *Forum* 19, 4 (1989): 18-36.

Irarrázaval, M. J., "Lo que no se dijo en el senado (1881)", en *Pensamiento conservador, 1815-1898*, eds. Romero, J. L. y Romero, L. A. (Caracas: Biblioteca de Ayacucho, 1978).

Jaffe, T., "In the Footsteps of *Cristo Obrero*: Chile's Young Catholic Workers Movement in the Neighborhood, Factory, and Family, 1946-1973" (disertación de Ph.D., University of Pittsburgh, 2009).

Jaksić, I., "Orígenes de *Filosofía del entendimiento*: Los aportes de Andrés Bello al periódico *El Crepúsculo*", *Anales de Literatura Chilena* 13 (2010): 53-68.

_____, *Andrés Bello. La pasión por el orden* (Caracas: Bid & Co. Editor, 2007).

_____, *Academic Rebels in Chile: The Role of Philosophy in Higher Education and Politics* (Nueva York: State University of New York Press, 1989).

Jaksić, I. y Posada Carbó, E., "Naufragios y sobrevivencias del liberalismo latinoamericano", en *Liberalismo y poder. Latinoamérica en el siglo XIX*, eds. Jaksić, I. y Posada Carbó, E. (Santiago: Fondo de Cultura Económica, 2011).

Jaksić, I. y Serrano, S., "La ruta del liberalismo chileno en el siglo XIX", en *Liberalismo y poder. Latinoamérica en el siglo XIX*, eds. Jaksić, I. y Posada Carbó, E. (Santiago: Fondo de Cultura Económica, 2011).

_____, "El gobierno y las libertades: La ruta del liberalismo chileno en el siglo XIX", *Estudios Públicos* 118 (2010): 69-105.

Jasper, J., "Las emociones y los movimientos sociales: veinte años de teoría e investigación", *Revista Latinoamericana de Estudios sobre Cuerpos, Emociones y Sociedad* 10 (diciembre de 2012-marzo de 2013): 48-68.

Jiménez, J. (S. J.), "La carta del Cardenal Pacelli de 1o de junio de 1934, al nuncio apostólico en Chile. Incidencias de su publicación", *Anuario de la Historia de la Iglesia en Chile* 2 (1984): 131-163.

Jobet, J. C., *El Partido Socialista de Chile* (Santiago: Ediciones Prensa Latinoamericana, 1972), II.

_____, *El Partido Socialista de Chile* (Santiago: Ediciones Prensa Latinoamericana, 1971), I.

_____, *Ensayo crítico del desarrollo económico-social de Chile* (Santiago: Editorial Universitaria, 1955).

Jocelyn-Holt, A., "Los intelectuales políticos chilenos. Un caso de protagonismo inequívoco", en *Intelectuales y política en América Latina: el desencantamiento del espíritu crítico*, eds. Hofmeister, W. y Mansilla, H. C. F. (Rosario: Homo Sapiens, 2003).

_____, *El peso de la noche: nuestra frágil fortaleza histórica* (Santiago: Ariel, 1999).

_____, *La independencia de Chile. Tradición, modernización y mito* (Santiago: Planeta, 1999).

_____, *El Chile perplejo. Del avanzar sin transar al transar sin parar* (Santiago: Ariel, 1998).

Jofré, G., "El sistema de subvenciones en educación: la experiencia chilena", *Estudios Públicos* 32 (1988): 193-237.

Joignant, A., "The Politics of Technopols: Resources, Political Competence and Collective Leadership in Chile, 1990-2010", *Journal of Latin American Studies* 43 (2011): 517-546.

Joignant, A. y Güell, P., *Notables, tecnócratas y mandarines. Elementos de sociología de las elites en Chile (1990-2010)* (Santiago: Ediciones UDP, 2011).

Joignant, A. y Navia, P., "De la política de individuos a los hombres del partido. Socialización, competencia política y penetración electoral de la UDI (1989-2001)", *Estudios Públicos* 89 (2003): 129-71.

Jones, H. S., "Las variedades del liberalismo europeo en el siglo XIX: Perspectivas británicas y francesas", en *Liberalismo y poder. Latinoamérica en el siglo XIX*, eds. Jaksić, I. y Posada Carbó, E. (Santiago: Fondo de Cultura Económica, 2011).

Juan XXIII, *Mater et magistra. Encíclicas sociales* (Santiago: San Pablo, 1995).

Kalyvas, A. y Katznelson, I., *Liberal Beginnings: Making a Republic for the Moderns* (Cambridge: Cambridge University Press, 2008).

Keller, C., "Chile instaura un nuevo régimen", *Dinámica Social* 25 (Buenos Aires, 1952): 31-3.

Keohane, N., *Philosophy and the State in France. The Renaissance to the Enlightenment* (Princeton: Princeton University Press, 1980).

Kirkendall, A. J., "Kennedy Men and the Fate of the Alliance for Progress in LBJ Era Brazil and Chile", *Diplomacy and Statecraft* 84 (2007): 45-72.

_____, "Paulo Freire, Eduardo Frei, Literacy Training and the Politics of Consciousness Raising in Chile, 1964 to 1970", *Journal of Latin American Studies* 36, 4 (2004): 687-717.

Klaiber, J., *The Church, Dictatorships, and Democracy in Latin America* (Nueva York: Orbis Books, 1998).

Klein, M., *Carlos Keller Rueff (1898-1974). Sobre sus vidas políticas y obras intelectuales* (inédito).

_____, "El Movimiento Nacionalsocialista, el Deutscher Jugendbund Chile y la comunidad chileno-alemana, o consideraciones sobre las tentaciones y los peligros del nazismo en los años treinta", en *Nacionalismos e identidad nacional en Chile. Siglo XX*, eds. Cid, G. y San Francisco, A. (Santiago: Centro de Estudios Bicentenario, 2010), II.

_____, "Old Habits in New Clothes, or Clientelism, Patronage and the Unión Demócrata Independiente (295-314)", en Widening Democracy: *Citizens and Participatory Schemes in Brazil and Chile*, eds. Silva, P. y Cleuren, H. (Leiden y Boston: Brill, 2009).

_____, *La Matanza del Seguro Obrero (5 de septiembre de 1938)* (Santiago: Globo, 2008).

_____, *Im langen Schatten des Nationalsozialismus: Faschistische Bewegungen in Chile zwischen der Weltwirtschaftskrise und dem En-de des Zweiten Weltkriegs* (Frankfurt am Main: Vervuert, 2004).

_____, "The New Voices of Chilean Fascism and the Popular Front, 1938-1942", *Journal of Latin American Studies* 33, 21 (2001): 347-375.

Klubock, T., "Ranquil: Violence and Peasant Politics on Chile's Southern Frontier", en *A Century of Revolution: Insurgent and Counterinsurgent Violence during Latin America's Long Cold War*, eds. Grandin, G. y Gilbert, J. (Durham: Duke University Press, 2010).

Krebs, R., ed., *La Iglesia de América Latina en el siglo XIX* (Santiago: Ediciones UC, 2002).

_____, *Catolicismo y laicismo: Las bases doctrinarias del conflicto entre la Iglesia y el Estado en Chile, 1875-1885* (Santiago: Nueva Universidad, Pontificia Universidad Católica de Chile, 1981).

Lagarrigue, J. E., "Una conversión a la Religión de la Humanidad", *Revista Chilena* 14 (1879): 228-246.

_____, "Necesidad de una gran reforma de la enseñanza", *Revista Chilena* 10 (1878): 384-393.

Landsberger, H. A. y McDaniel, T., "Hypermobilization in Chile, 1970-1973", *World Politics* 28, 4 (1976): 502-41.

Larraín Gandarillas, J., "Examen de varias cuestiones relativas a la instrucción pública", *Anales de la Universidad de Chile* 63 (1883): 501-973.

_____, *Discursos que pronunció en la Cámara de Diputados en prebendado don Joaquín Larraín Gandarillas en los debates sobre la libertad de cultos* (Santiago: Imprenta del Independiente, 1865).

Lasagni, M. C. *et al.*, *La radio en Chile: Historia, modelos, perspectivas* (Santiago: CENECA, 1987).

Lastarria, J. V., "Oposición parlamentaria", *El Crepúsculo. Periódico Literario y Científico* 7, 1° de noviembre de 1843, eds. Cartagena, N., González, I. y Lastra, P. (Santiago: Planeta, 2010).

_____, *Recuerdos Literarios. Datos de la historia literaria de la América española y del progreso intelectual de Chile* (Santiago: Librería de M. Servat, 2ª ed., 1885).

_____, *Miscelánea histórica y literaria* (Valparaíso: Imprenta de "La Patria", 1868).

_____, *Discurso de incorporación a la Sociedad Literaria de Santiago* (Santiago: La Sociedad, 1849).

_____, *Investigaciones sobre la influencia social de la Conquista i del sistema colonial de los españoles en Chile* (Santiago: Imprenta del Siglo, 1844).

Lastarria, J. V. y Errázuriz, F., *Bases de la reforma* (Santiago: Imprenta del Progreso, 1850).

Latcham, R. A., "Intelectuales y flotadores", *Multitud*, 10 de enero de 1939.

———, "El caballero y la política", *Índice*, septiembre de 1930.

———, "Crónica de la literatura chilena", *Índice*, 3 de junio de 1930.

Lavrin, A., "Women, Labor and the Left: Argentina and Chile 1890-1925", *Journal of Women's History* 1, 2 (1989): 88-116.

Leal, C., "El mundo privado de los curas y párrocos en el tránsito del siglo XIX al XX. Arzobispado de Santiago de Chile", *Tiempo y Espacio* 11-12 (2001-2002): 233-257.

Lechner, N., *La conflictiva y nunca acabada construcción del orden deseado* (Santiago: Lom, 2006).

———, *Las condiciones políticas de la ciencia política en Chile* (Santiago: FLACSO, 1990).

———, *Los patios interiores de la democracia* (México: Fondo de Cultura Económica, 1985).

Leighton, B., *Labor falangista en el Ministerio de Educación Pública* (Santiago: Departamento de Prensa y Publicaciones de la Falange Nacional, 1952).

Leiva, S., "El Partido Comunista de Chile y el levantamiento de Ránquil", *Cyber Humanitatis* 28 (2003): disponible en http://web.uchile.cl/vignette/cyberhumanitatis/CDA/texto_simple2/0,1255,SCID%253D6781%2526ISID%253D374,00.html.

León, M. A., "La labor social y pastoral de Martín Rücker Sotomayor en la ciudad de Chillán (1926-1935)", *Tiempo y Espacio* 13, 16 (2006): 103-120.

La dixième année de Pinochet, Les Temps Modernes 40 (diciembre de 1983).

Letelier, V., *La lucha por la cultura: Miscelanea de artículos políticos i estudios pedagójicos* (Santiago: Ulan Press, 2012).

———, *Filosofía de la educación* (Buenos Aires: Cabaut, 2ª ed., 1927).

———, *Ellos y nosotros. O sea los liberales i los autoritarios* (Concepción: Imprenta del Sur, 1893).

Lewis, P. H., "The 'Gender Gap' in Chile", *Journal of Latin American Studies* 36, 4 (2004): 719-742.

Lira, O., *Nostalgia de Vásquez de Mella* (Santiago: Difusión, 1942).

Lois Fraga, A., *Estado docente laico: Conferencia del Presidente Honorario de la Acción Laica América del Sur* (Santiago: s.n., 1958).

Loveman, B., *Chile: The Legacy of Hispanic Capitalism* (Nueva York: Oxford University Press, 1979).

———, "Property, Politics and Rural Labor: Agrarian Reform in Chile, 1919-1972" (tesis de Ph.D., Indiana University, Bloomington, 1973).

Loveman, B. y Lira, E., *Las ardientes cenizas del olvido. Vía chilena de reconciliación política 1932-1994* (Santiago: Lom, 2000).

Loyola, M., "Primera época de la revista *Principios* (1933-34) y la construcción del espacio intelectual marxista en Chile", *Izquierdas* 13 (2012): 29-46.

———, "'Los destructores del Partido': notas sobre el reinosismo en el Partido Comunista de Chile", *Izquierdas* 1, 2 (2008): 1-32.

Lozoya, I., "Theotonio Dos Santos, un intelectual revolucionario", *Izquierdas* 25 (2015): 258-275.

———, "Intelectuales y política en la década de los 60. Diálogo con Cristóbal Kay", *Historia, Voces y Memoria, ImagoMundi* 6 (2013).

———, "Debates y tensiones en el Chile de la Unidad Popular. ¿La traición de los Intelectuales?", *Pacarina del Sur* 17 (2003): disponible en www.pacarinadelsur.comindex.php?option=com_content&view=article&id=812&catid=45&Itemid=229.

Luna, J. P., "Segmented Party-Voter Linkages in Latin America: The Case of the UDI", *Journal of Latin American* Studies 42, 2 (2010): 325-56.

Luna, J. P. *et al.*, "Religious Parties in Chile: the Christian Democratic Party and the Independent Democratic Union", *Democratization* 20, 5 (2013): 917-938.

Lladser, M. T., "La investigación en ciencias sociales en Chile: su desarrollo en los centros privados (1973-1989)", en *Una puerta que se abre. Los organismos no gubernamentales en la Cooperación al Desarrollo* (Santiago: Taller de Cooperación al Desarrollo, 1989), 213-270.

———, *Centros privados de investigación en ciencias sociales en Chile* (Santiago: FLACSO, 1986).

Llaitul, H. y Arrate, J., *Weichan: Conversaciones con un weychafe en la prisión política* (Santiago: Ceibo, 2012).

Machuca, G., cur., *Operación Verdad o la verdad de la operación* (Santiago: Ediciones UDP, 2014).

Makoff, J. y Montecinos, V., "Del poder de las ideas económicas al poder de los economistas", en *Produciendo lo social: Usos de las ciencias sociales en el Chile reciente*, ed. Ariztía, T. (Santiago: Ediciones UDP, 2012).

Maluenda, R., "Algunos recuerdos del Ateneo", en *Historia personal de la literatura chilena*, ed. Alone (Santiago: Zig-Zag, 2ª ed., 1962).

Mallon, F., *Campesino y nación: la construcción de México y Perú poscoloniales* (México: CIESAS, 2003).

Mannhein, K., "Conservative Thought", en *From Karl Mannheim*, ed. Wolff, K. (Nueva York: Oxford University Press, 1971).

Manquilef, M., *Comentarios del pueblo araucano: La faz social* (Santiago: Imprenta Cervantes, 1911).

Marchesi, A., "Imaginación política del antiimperialismo: intelectuales y política en el Cono Sur a fines de los sesenta", *Estudios Interdisciplinarios de América Latina y el Caribe* 17 (01) (Israel, 2006): 135-160.

Marfan, M., "Políticas reactivadoras y recesión externa: Chile, 1929-1938", *Colección Estudios CIEPLAN* 12 (1984): 89-119.

Marimán, J., *Autodeterminación: Ideas políticas mapuche en el albor del siglo XXI* (Santiago: Lom, 2012).

Marimán, P., "Pensar y hacer como mapuche", LASA *Forum* 43, 1 (2012): 14-16.

Marimán, P. *et al.*, eds., *¡Escucha winka! Cuatro ensayos de historia nacional mapuche y un epílogo sobre el futuro* (Santiago: Lom, 2006).

Martínez, M., "Historia del comercio durante la Colonia", *Anales de la Universidad de Chile* (1864).

Mathiez, A., "La Place de Montesquieu dans l'histoire de doctrines politiques du XVIIIe siecle", *Annales historiques de la Révolution française* (1930): 97-112.

Max Neef, M. *et al.*, *Desarrollo a escala humana* (Madrid: ETSAM, UPM, 2010).

Mayol, A., *El derrumbe del modelo* (Santiago: Lom, 2010).

Maza, E., "Catolicismo, anticlericalismo y la extensión del sufragio a la mujer en Chile", *Estudios Públicos* 58 (1995): 137-97.

McGirr, L., "The Passion of Sacco and Vanzetti: A Global History", *The Journal of American History* 93, 4 (2007): 108-115.

Medel, I., "Huellas en el desierto. El registro fotográfico de la Caravana de la Muerte", *Rocinante. Arte, Cultura, Sociedad* (enero de 2005).

Medina, J. T., *Las medallas chilenas* (Santiago: s.n., 1901).

_____, *Biblioteca Hispano-Chilena* (Santiago: Impreso y grabado en casa del autor, 1897).

Medvetz, T., *Think Tanks in America* (Chicago: University of Chicago Press, 2012).

Meinecke, F., *Historism. The Rise of a New Historical Outlook* (Londres: Routledge & Kegan Paul, 1922).

Melgar Bao, R., "Huellas, redes y prácticas del exilio intelectual aprista en Chile", en *Historia de los intelectuales en América Latina*, ed. Altamirano, C. (Buenos Aires: Katz, 2010), II.

Mellado, V., "¡Por el derecho de asociación y de huelga! La Federación Obrera de Chile (FOCH) y el camino a la legislación laboral (1921-1924)", *Cuadernos de Historia* 42 (2015): 85-125.

Menard, A., ed., *Diario del presidente de la Federación Araucana* (Santiago: CoLibris, 2012).

Menard, A. y Pavez, J., "El Congreso Araucano. Ley, raza y escritura en la política mapuche", *Revista Política* 44 (2005).

Millar, R., *La elección presidencial de 1920* (Santiago: Editorial Universitaria, 1981).

Miller, N., *In the Shadow of the State: Intellectuals and the Quest for National Identity in Twentieth-Century Spanish America* (Londres y Nueva York: Verso, 1999).

Mizón, L., *Claudio Gay y la formación de la identidad cultural chilena* (Santiago: Editorial Universitaria, 2001).

Moncada Durruti, B., *Jaime Guzmán: El político de 1964 a 1980* (Santiago: RIL, 2006).

_____, *Jaime Guzmán. Una democracia contrarrevolucionaria* (Santiago: RIL, 2006).

Monckeberg, M., *El negocio de las universidades en Chile* (Santiago: Random House Mondadori, 2007).

_____, *La privatización de las universidades. Una historia de dinero, poder e influencias* (Santiago: La Copa Rota, 2005).

Monreal, S., "Catolicismo social en el Cono Sur: Genealogía de un ideario", en *Catolicismo social chileno: Desarrollo, crisis y actualidad*, eds. Berríos, F. *et al.* (Santiago: Ediciones Universidad Alberto Hurtado, 2009).

Monsalve, M., *"...I y el silencio comenzó a reinar". Documento para la historia de la instrucción primaria 1840-1920* (Santiago: DIBAM, 1998).

Montenegro, E., "Responso por *Babel*", *Babel*, cuarto trimestre de 1951.

Moore, B., *The Social Origins of Dictatorship and Democracy* (Boston: Beacon Press, 1966).

Moraga, F., "El asesinato de Héctor Barreto y la cultura política de la izquierda chilena en la década de 1930", *Universum* 24, 2 (2009): 114-38.

_____, *"Muchachos casi silvestres". La Federación de Estudiantes y el movimiento estudiantil chileno, 1906-1936* (Santiago: Ediciones de la Universidad de Chile, 2007).

Morales, J. J., "Exilio y sociología: Aproximación a José Medina Echavarría", *Laberintos* 14 (2012): 107-125.

Motta, S. C., "The Chilean Socialist Party (PSch): Constructing Consent and Disarticulating Dissent to Neo-liberal Hegemony in Chile", *British Journal of Politics and International Relations* 10, 2 (2008): 303-327.

Moulian, L. y Guerra, G., *Eduardo Frei M. (1911-1982): Biografía de un estadista utópico* (Santiago: Editorial Sudamericana, 2000).

Moulian, T., *Chile actual: Anatomía de un mito* (Santiago: Lom, 1999).

_____, *Chile actual. Anatomía de un mito* (Santiago: Lom, 1997).

_____, "El marxismo en Chile: Producción y utilización", en *Paradigmas de conocimiento y práctica social en Chile*, eds. Brunner, J. J. *et al.* (Santiago: FLACSO, 1993).

_____, "Evolución histórica de la izquierda chilena. Influencia del marxismo", *FLACSO-Chile, Documento de Trabajo* 139 (1982).

Moyano, C., "ONG y conocimiento sociopolítico durante la dictadura: La disputa por el tiempo histórico de la transición. El caso de los talleres de análisis de coyuntura en ECO, 1987-1992", *Izquierdas* 27 (2016): 1-31.

_____, *El MAPU durante la dictadura: saberes y prácticas políticas para una microhistoria de la renovación socialista en Chile, 1973-1989* (Chile: Ediciones Universidad Alberto Hurtado, 2010).

Muñoz, H., "Social Science in Chile: The Institute of International Studies of the University of Chile", *Latin American Research Review* 15, 3 (1980): 186-189.

Muñoz, J., "La imagen del liberalismo desde el diario *El Estandarte Católico* durante el gobierno de Aníbal Pinto Garmendia (1876-1881)", *Universum* 27, 2 (2012): 113-142.

Muñoz, V., "El anarquismo y los orígenes del movimiento sindical campesino en Osorno (1930-1940)", *Fronteras* 1, 2 (2014): 111-143.

_____, "*El Oprimido*, los extranjeros y la prehistoria del anarquismo chileno (1889-1897)", *Portal Libertario* OACA (2012): disponible en http://www.portaloaca.com/historia/historia-libertaria/5824-el-oprimido-los-extranjeros-y-la-prehistoria-del- anarquismo-chileno-1889-1897.html.

_____, *Armando Triviño: Wobblie. Hombres, ideas y problemas del anarquismo en los años veinte* (Santiago: Quimantú, 2009).

Nahuelpán, H. *et al.*, *Ta iñ fijke xipa rakizuameluwün - Historia, colonialismo y resistencia desde el país mapuche* (Temuco: Ediciones Comunidad de Historia Mapuche, 2012).

Namuncura, D., *Ralco, ¿represa o pobreza?* (Santiago: Lom, 1999).

Narodowski, M., "La utilización de periodizaciones macropolíticas en historia de la educación. Algunos problemas", en *Escuela, historia y poder. Miradas desde América Latina*, comps. Martínez Boom, A. y Narodowsky, M. (Buenos Aires: Novedades Educativas, 1996).

Navarrete, B., "Un centro excéntrico. Cambio y continuidad en la Democracia Cristiana 1957-2005", *Política* 45 (2005): 109-46.

Navia, P. y Osorio, R., "Las encuestas de opinión pública en Chile antes de 1973", *Latin American Research Review* 50, 1 (2015): 117-140.

Nazer, R. y Rosemblit, J., "Electores, sufragio y democracia en Chile: una mirada histórica", *Mapocho* 48 (2000): 215-228.

Negreto, G., "Repensando el republicanismo liberal en América Latina. Alberdi y la Constitución argentina de 1833", en *El republicanismo en Hispanoamérica. Ensayos de historia intelectual y política*, eds. Aguilar, J. A. y Rojas, R. (México: Centro de Investigación y Docencia, Sección de Historia de México, Fondo de Cultura Económica, 2002).

Neira, C. *et al.*, "Partisan Participation and Ethnic Autonomy: The Case of the Mapuche Organisation Admapu, in Chile", *Journal of Latin American Studies* 48 (2015): 1-28.

Nettlau, M., *A Contribution to an Anarchist Bibliography of Latin America* (Buenos Aires: La Protesta, 1926).

Nolte, D., "Zur sozialen Basis konterrevolutionärer Massenbewegungen. 'El paro de octubre' in Chile, 1972", *Ibero-Amerikanisches Archiv* 10, 4 (1984): 393-448.

Oakeshott, M., "Qué es ser conservador", *Estudios Públicos* 11 (1983): 245-70.

Oppenheim, L., "Democracy and social transformation in Chile: The debate within the left", *Latin American Perspectives* 12, 3 (1985): 59-76.

Ortega, L., "La radicalización de los socialistas de Chile en la década de 1960", *Universum* 23, 2 (2008): 152-68.

Ossa Santa Cruz, J. L., *Armies, Politics and Revolution: Chile, 1808-1826* (Liverpool: Liverpool University Press, 2014).

———, "Gonzalo Bulnes: Historiador nacionalista, político civilista", *Estudios Públicos* 132 (primavera de 2013): 171-200.

———, "El Estado y los particulares en la educación chilena, 1888-1920", *Estudios Públicos* 106 (2007): 23-96.

———, "Gonzalo Bulnes y su *Historia de la Campaña del Perú en 1838*", en *Seminario Simon Collier 2005*, eds. Cruz, N. y Jaksić, I. (Santiago: Instituto de Historia, Pontificia Universidad Católica de Chile, 2005).

Ossandón, C., *El crepúsculo de los sabios y la irrupción de los publicistas. Prensa y espacio público en Chile (siglo XIX)* (Santiago: Lom, Universidad ARCIS, 1998).

Ossandón, J., "Economistas en la elite: Entre tecnopolítica y tecnociencia", en *Notables, tecnócratas y mandarines: Elementos de sociología de las elites en Chile (1990-2010)*, eds. Güell, P. y Joignant, A. (Santiago: Ediciones UDP, 2011).

Otano, R., *Crónica de la transición* (Santiago: Planeta, 1995).

Ottone, E., "Una América Latina incómoda en una globalización inconfortable", *Estudios Públicos* (2015).

Oviedo, B., *La educación popular en Chile* (Santiago: Imprenta Universitaria, 1935).

Oviedo, C., *Los obispos de Chile* (Santiago: Editorial Andrés Bello, 1996).

Pacheco, L., *El pensamiento sociopolítico de los obispos chilenos 1962/1973. Perspectiva histórica* (Santiago: Editorial Salesiana, 1985).

Palacios, G., "Entre una 'nueva historia' y una 'nueva historiografía' para la historia política de América Latina en el siglo XIX", en *Ensayos sobre la nueva historia política de América Latina*, ed. Palacios, G. (México: El Colegio de México, 2007).

Paley, J., *Marketing Democracy: Power and Social Movements in Post-Dictatorship Chile* (Berkeley y Los Ángeles: University of California Press, 2001).

Palieraky, E., *¡La revolución ya viene!: el MIR chileno en los años sesenta* (Santiago: Lom, 2014).

Palmer, R. R., "Notes on the Use of the Word 'Democracy' 1789-1799", *Political Science Quarterly* 68, 2 (1953): 203-226.

Parker, C., "Religion and Culture", en *Chile in the Nineties*, eds. Toloza, C. y Lahera, E. (Stanford: Stanford University Libraries, Presidencia de la República de Chile, 2000).

Parmar, I., *Foundations of the American Century: The Ford, Carnegie, and Rockefeller Foundations in the Rise of American Power* (Nueva York: Columbia University Press, 2012).

Parra, F., "Teología del cuerpo místico, comunión de los santos y pensamiento social en San Alberto Hurtado. La influencia de Émile Mersch y Karl Adam", *Teología y Vida* 50, 4 (2009): 797-835.

Partido Conservador, "Manifiesto del Partido Conservador", en *Pensamiento conservador, 1815-1898*, eds. Romero, J. L. y Romero, L. A. (Caracas: Biblioteca de Ayacucho, 1978).

______, *La gran Convención Conservadora de 1878: Manifiestos, discursos, conclusiones* (Santiago: Imprenta de "El Independiente", 1881).

Pastor, D., "Origins of the Chilean Binominal Election System", *Revista de Ciencia Política* 24, 1 (2004): 38-57.

Patiño, R., "Las revistas literarias de vanguardia y la crítica: una historia en tres tiempos", *Mapocho* 71 (2012): 13-30.

Pavez, F., "Experiencias autogestionarias en salud: El legado de Gandulfo en La Hoja Sanitaria y el Policlínico de la Organización Sindical Industrial Workers of the World (1923-1942)", *Revista Médica de Chile* 137 (2009): 426-32.

Pavez, J., *Cartas mapuche del siglo XIX* (Santiago: CoLibris, Ocho Libros, 2008).

Pavilack, J., *Mining the Nation: The Politics of Chile's Coal Communities from the Popular Front to the Cold War* (University Park: Pennsylvania State University Press, 2011).

Pereira Larraín, T., "Lircay (1934-1938). Una expresión político-doctrinaria del joven Mario Góngora", en *Reflexiones sobre historia, política y religión*, eds. Couyoumdjian, J. R. *et al.* (Santiago: Pontificia Universidad Católica, 1988).

Pérez, C., "Historia del MIR. 'Si quieren guerra, guerra tendrán...'", *Estudios Públicos* 91 (2003): 5-44.

______, "¿En defensa de la revolución?: La expulsión de la 'Izquierda Comunista'", en *Por un rojo amanecer: hacia una historia de los comunistas chilenos*, comps. Loyola, M. y Rojas, J. (Santiago: ICAL, 2000).

Pérez, F. A., "Proclama del Senado conservador sobre el restablecimiento del Instituto en 1819: el Senado a los padres de familia", citado en Toro Blanco, P., "Close to You: Building Tutorials Relationships at the Liceo in Chile in the Long 19th Century", *Jahrbuch für Historische Bildungsforschung* 18 (2012): 74.

Petras, J., "Metamorphosis of Latin America's intellectuals", *Economic and Political Weekly* 24, 14 (1989): 719-722.

Petras, J. y Veltmeyer, H., *Social Movements and State Power: Argentina, Brazil, Bolivia and Ecuador* (Londres: Pluto Press, 2005).

Petras, J. y Vieux, S., "Selling Structural Adjustment: Intellectuals in Uniform", *Economic and Political Weekly* 31, 4 (1996): 23-28.

Picó, J. y Pecourt, J., *Los intelectuales nunca mueren: una aproximación sociohistórica (1900-2000)* (Barcelona: RBA Libros, 2013).

Picón Salas, M., "Bello y la historia", en Bello, A., *Obras completas* (Caracas: Ministerio de Educación, 1981), XXIII.

______, "Diferencias. Carta a R. Meza Fuentes", *Índice*, abril de 1930.

Pinedo, J., "Conservadores chilenos y su oposición a las reformas neoliberales de Pinochet", *Estudios Interdisciplinarios de América Latina y el Caribe* 13, 1 (enero-junio de 2002).

Pinilla, J. P. *et al.*, "Memorias de titulación en el marco de la producción en sociología hoy", *Revista de Sociología* 23 (2010): 117-138.

Pinto, J. y Luna Argudín, M., *Cien años de propuestas y combates: la historiografía chilena del siglo XX* (México: Universidad Autónoma Metropolitana, 2006).

Pinto, S., "Socialismo y salitre. Recabarren, Tarapacá y la formación del Partido Obrero Socialista", *Historia* 32 (1999): 315-66.

Pita, A., "La circulación de bienes culturales en una publicación (y una red) latinoamericanista: el Boletín Renovación", en *Revistas en América Latina: proyectos literarios, políticos y culturales*, comp. Crespo, R. (México: UNAM, Centro de Investigaciones sobre América Latina y el Caribe, Eón, 2010).

Pocock, J. G. A., *The Machiavellian Moment. Princeton Paperbacks* (Princeton: Princeton University Press, 2003), II.

Pollack, B., *The New Right in Chile: 1973-97* (Basingstoke y Nueva York: Macmillan, 1999).

_____, "The Chilean Socialist Party: Prolegomena to Its Ideology and Organization", *Journal of Latin American Studies* 10, 1 (1978): 117-52.

Pollack, B. y Matear, A., "From Left to Right: The Changing Identity of the Chilean", *Political Class. Social Identities* 2, 3 (1996): 365-94.

Pollack, B. y Rosenkranz, H., *Revolutionary Social Democracy: The Chilean Socialist Party* (Londres: Frances Pinter, 1986).

Pontificia Universidad Católica de Chile, *Teología y Vida* XLIV (2003): 3-18.

Portes, A. y Canak, W., "Latin America: Social Structures and Sociology", *Annual Review of Sociology* 7 (1981): 225-248.

Posada Carbó, E. y Jaksić, I., "Shipwrecks and Survivals: Liberalism in Nineteenth-Century Latin America", *Intellectual History Review* 23, 4 (2013): 479-498.

Posner, P., "Local Democracy and Popular Participation: Chile and Brazil in Comparative Perspective", *Democratization* 10, 3 (2003): 39-67.

_____, "Popular Representation and Political Dissatisfaction in Chile's New Democracy", *Journal of Interamerican Studies and World Affairs* 41, 1 (1999): 59-85.

Power, M., "The Engendering of Anticommunism and Fear in Chile's 1964 Presidential Election", *Diplomatic History* 32, 5 (2008): 931-953.

_____, "Anti-Allende Women and the 1973 Military Coup in Chile", *Bicentenario. Revista de Historia de Chile y América* 2, 2 (2003): 33-58.

_____, *Right-Wing Women in Chile: Feminine Power and the Struggle against Allende, 1964-1973* (University Park: Pennsylvania State University Press, 2002).

_____, "Class and Gender in the Anti-Allende Women's Movement: Chile 1970-1973", *Social Politics* 7, 3 (2000): 289-308.

Pozo, C., "Ocaso de la unidad obrera en Chile: confrontación comunista-socialista y la división de la CTCh (1946-1947)" (tesis de Magíster en Historia con mención en Historia de Chile, Universidad de Chile, Santiago, 2013).

Pradera, V., *El Estado nuevo* (Madrid: Cultura Española, 1941).

Prieto, J., "Exposición a la nación chilena", en *Pensamiento conservador, 1815-1898*, eds. Romero, J. L. y Romero, L. A. (Caracas: Biblioteca de Ayacucho, 1978).

Programa de las Nacional Unidas para el Desarrollo, *Más sociedad para gobernar el futuro* (Santiago: PNUD, 2000).

_____, *Desarrollo humano en Chile 1998. Las paradojas de la modernización* (Santiago: PNUD, 1998).

_____, *Paradojas de la modernidad: Informes de desarrollo humano en Chile* (Santiago: PNUD, 1998).

Puryear, J., *Thinking Politics: Intellectuals and Democracy in Chile 1973-1988* (Baltimore: Johns Hopkins University Press, 1994).

Quijada, M., "Sobre 'nación', 'pueblo', 'soberanía' y otros ejes de la modernidad en el mundo hispánico", en *Las nuevas naciones. España y México 1800-1850*, ed. Rodríguez O., J. E. (México: Fondo de Cultura Económica, 2008).

_____, "¿Qué nación? Dinámicas y dicotomías de la nación en el imaginario hispanoamericano", en *Inventando la nación. Iberoamérica. Siglo XIX*, coords. Annino, A. y Guerra, F-X. (México: Fondo de Cultura Económica, 2003).

Rabkin, R., "Redemocratization, Electoral Engineering, and Party Strategies in Chile, 1989-1995", *Comparative Political Studies* 29, 3 (1996): 335-356.

_____, "How Ideas become Influential: Ideological Foundations of Export-led Growth in Chile (1973-1990)", *World Affairs* 156, 1 (1993): 3-25.

Rahat, G. y Sznajder, M., "Electoral Engineering in Chile: the Electoral System and Limited Democracy", *Electoral Studies* 17, 4 (1998): 429-42.

Rama, A., *La ciudad letrada* (Hanover: Ediciones del Norte, 1984).

Ramírez, F. y Meyer, J., "Los currículos nacionales: modelos mundiales y legados históricos nacionales", en *Internacionalización. Políticas educativas y reflexión pedagógica en un medio global*, comps. Caruso, M. y Tenorth, H-E. (Buenos Aires: Granica, 2012).

Ramos, C. y Acosta, E., *El impacto de los informes de desarrollo humano del Programa de Naciones Unidas para el Desarrollo* (Santiago: Informe de Investigación, 2006).

Ramos, G. y Yannakakis, Y., eds., *Indigenous Intellectuals: Knowledge, Power and Colonial Culture in Mexico and the Andes* (Durham y Londres: Duke University Press, 2014).

Ramos, J., *Desencuentros de la modernidad en América Latina: literatura y política en el siglo XIX* (Santiago: Cuarto Propio, Callejón, 2003).

Ravecca, P., "La política de la ciencia política en Chile y Uruguay: Ciencia, poder, contexto. Primeros hallazgos de una agenda de investigación", *paper* presentado en el VII Congreso Latinoamericano de Ciencia Política (Bogotá, 2014).

Recabarren, F., *La matanza de San Gregorio 1921: crisis y tragedia* (Santiago: Lom, 2003).

Recio Palma, X., *El discurso pedagógico de Pedro Aguirre Cerda* (Valparaíso: Universidad Católica de Valparaíso, 1998).

Retamal, J., "El cabildo eclesiástico de Santiago en los prolegómenos de la independencia de Chile", *Historia* 6 (1967): 285-314.

Reyes, A., "La expedición al Perú de 1820", *Anales de la Universidad de Chile* 1, 1 (1854): 425-434.

Reyes, J., "La autodefensa de masas y las Milicias Rodriguistas: aprendizajes, experiencias y consolidación del trabajo militar de masas del Partido Comunista de Chile, 1982-1987", *Izquierdas* 26 (2016): 67-98.

Reyes Jedlicki, L., "Educando en tiempos de crisis. El movimiento de Escuelas Racionalistas de la Federación Obrera de Chile, 1921-1926", *Cuadernos de Historia* 31 (2009): 91-122.

Rivera, C. A., "La verdad está en los hechos: una tensión fuerte entre objetividad y oposición. Radio Cooperativa en dictadura", *Historia* 41, 1 (2008): 79-98.

Rivera, D., "Programa de lucha o de adaptación (a propósito de una carta de Haya de la Torre)", *Babel*, 1° de mayo de 1939, 20-23.

Robles Sepúlveda, C., "Resistencia y vanguardia: el particular caso del Museo de la Solidaridad Salvador Allende", *Rufián*, 8 de septiembre, 2013: disponible en http://rufianrevista.org/portfolio/resistencia-y-vanguardia-el-particular-caso-del-museo-de-la-solidaridad-salvador-allende-2/.

Roddick, J., "The Failure of Populism in Chile: Labour Movement and Politics before World War II", *Boletín de Estudios Latinoamericanos y del Caribe* 31 (1981): 61-89.

Rodríguez, Z., "Discurso pronunciado por don Zorobabel Rodríguez en la segunda sesión de la convención el 24 de diciembre", en *La gran Convención Conservadora de 1878: Manifiestos, discursos, conclusiones*, ed. Tocornal, E. (Santiago: Imprenta de "El Independiente", 1878).

Rojas, J., "La prensa obrera chilena: el caso de la Federación Obrera y Justicia, 1921-1927", en *El siglo de los comunistas chilenos, 1912-2012*, eds. Ulianova, O. *et al.* (Santiago: Instituto de Estudios Avanzados, USACH, 2012).

———, *La dictadura de Ibáñez y los sindicatos (1927-1931)* (Santiago: DIBAM, 1993).

Rojas, R., "El despotismo del pasado", en *Los derechos del alma: Ensayos sobre la querella liberal-conservadora en Hispanoamérica (1830-1870)* (México: Taurus, CIDE, 2014): 142-167.

_____, *Las repúblicas de aire: Utopía y desencanto en la revolución de Hispanoamérica* (México: Taurus, 2009).

Romero, J. L., "El pensamiento conservador latinoamericano en el siglo XIX", en *Pensamiento conservador, 1815-1898*, eds., Romero, J. L. y Romero, L. A. (Caracas: Biblioteca de Ayacucho, 1978).

Rosanvallon, P., "The History of the Word 'Democracy' in France", *Journal of Democracy* 6, 4 (1995): 140-153.

Rosenthal, A., "Radical Border Crossers. The Industrial Workers of the World and their Press in Latin America", *Estudios Interdisciplinarios de América Latina y el Caribe* 22, 2 (2011): 39-70.

Rubio, P., "Reacciones y respuestas de la Democracia Cristiana frente al golpe militar de 1973: ¿Colaboración u oposición?", *Revista de Historia Social y de las Mentalidades* 19, 1 (2015): 41-62.

_____, "El Cardenal Silva Henríquez frente al movimiento gremial. Progresismo y conservadurismo en la reforma universitaria de la Universidad Católica de Chile, 1967", *Revista de Historia y Geografía* 21 (2007): 159-176.

_____, "Jaime Guzmán Errázuriz y el gremialismo. La refundación de la derecha chilena (1964-1970)", *Revista de Historia* 13-4 (2003-4): 111-126.

Ruiz Schneider, C., "Neólibéralisme et conservatisme dans la pensée politique de la droite chilienne", *Raison Presente* 88 (1988): 81-102.

Ruperthuz Honorato, M., "¡Salvemos a Freud!: Juan Marín, Pablo Neruda, la Alianza de Intelectuales y las vicisitudes de un intento de asilo político al creador del psicoanálisis en Chile (1938)", *Nuevo Mundo Mundos Nuevos* (2014). DOI: 10.4000/nuevomundo.67241.

Sagredo Baeza, R., "De la historia natural a la historia nacional. La *Historia Física y Política* de Claudio Gay y la nación chilena", en Gay, C., *Historia Física y Política de Chile*, 30 tomos (Santiago: Cámara Chilena de la Construcción, Pontificia Universidad Católica de Chile, Biblioteca Nacional, 2ª ed., 2007-2008).

Salas, J. H., *Memoria sobre el servicio personal de los indígenas y su abolición* (Santiago: Imprenta de la Sociedad, 1848).

Salazar, G., "Los dilemas históricos de la auto-educación popular en Chile. ¿Integración o autonomía relativa?", *Proposiciones* 15 (1988): 84-129.

Salinas, M., *Historia del pueblo de Dios en Chile* (Santiago: Rehue, 1987).

Sánchez, L., *Lecciones de Derecho Político* (Granada: Prieto, 4ª ed., 1951).

Sanfuentes, S., *Chile desde la batalla de Chacabuco hasta la de Maipú* (Santiago: Imprenta de La República, 1850).

Sanhueza, J., "La Confederación General de Trabajadores y el anarquismo chileno de los años 30", *Historia* 30 (1997): 313-82.

Santa María, D., *Memoria histórica sobre los sucesos ocurridos desde la caída de don Bernardo O'Higgins en 1823 hasta la promulgación de la Constitución dictada en el mismo año* (Santiago: Imprenta del País, 1858).

Santoni, A., "Modelos y antimodelos de la renovación socialista. La revista *Convergencia* y la crisis del socialismo mundial (1981-1991)", *Historia* 46, 1 (2013): 153-176.

Sapiro, G., "Modèles d'intervention politique des intellectuels: Le cas français", *Actes de la recherche en sciences sociales* 176-177, 1-2 (2009): 8-31.

Saranyana, J-I. *et al.*, *Teología en América Latina. Vol.* II: *De las guerras de Independencia hasta finales del siglo* XIX *(1810-1899)* (Madrid y Frankfurt: Iberoamericana y Vervuert, 2008).

______, *Teología en América Latina. Vol.* III: *El siglo de las teologías latinoamericanistas (1899-2001)* (Madrid y Frankfurt: Iberoamericana y Vervuert, 2002).

Sarmiento, D. F., "*Historia Física y Política de Chile* por don Claudio Gay", en Sarmiento, D. F., *Obras completas*, 53 tomos (Buenos Aires: Universidad Nacional de La Matanza, 2001).

______, *De la educación popular* (Santiago: Imprenta de Julio Belin y compañía, 1849).

Scully, T. y Valenzuela, J. S., "De la democracia a la democracia. Continuidad y variaciones en las preferencias del electorado y en el sistema de partidos en Chile", *Estudios Públicos* 51 (1993): 195-228.

______, *Rethinking the Center: Party Politics in Nineteenth and Twentieth Century Chile* (Stanford: Stanford University Press, 1992).

Schidlowsky, D., *Neruda y su tiempo las furias y las penas* (Santiago: RIL, 2008).

Schwaller, J., *The History of the Catholic Church in Latin America* (Nueva York: New York University Press, 2011).

Segall, M., *Biografía social de la ficha salario* (Santiago: Ediciones Revista Mapocho, 1964).

______, *Desarrollo del capitalismo en Chile: cinco ensayos dialécticos* (Santiago: Ediciones del Pacífico, 1953).

Sehlinger, P. J., "The Educational Thought and Influence of Valentín Letelier" (tesis doctoral, University of Kentucky, 1969).

Serrano, S., *¿Qué hacer con Dios en la república? Política y secularización en Chile (1845-1885)* (Santiago: Fondo de Cultura Económica, 2008).

______, *Universidad y nación: Chile en el siglo* XIX (Santiago: Editorial Universitaria, 1994).

______, "Arturo Alessandri y la campaña electoral de 1920", en Orrego, C. *et al.*, *7 ensayos sobre Arturo Alessandri* (Santiago: Instituto Chileno de Estudios Humanísticos, 1979).

Serrano, S., Rengifo, F. y Ponce de León, M., eds., *Historia de la educación en Chile (1810-2010). Tomo I: Aprender a leer y escribir (1810-1880)* (Santiago: Taurus, 2012).

Siavelis, P. M., "Chile: The Right's Evolution from Democracy to Authoritarianism and Back Again", en *The Resilience of the Latin American Right*, eds. Luna, J. P. y Rovira, C. (Baltimore: Johns Hopkins University Press, 2014).

Sigmund, P., "Revolution, Counterrevolution, and the Catholic Church in Chile", *The Annals of the American Academy of Political and Social Science* 483 (1986): 25-35.

_____, "Chilean Universities and the Coup", *Change* 5, 10 (1974): 18-22.

Silva, F., "Expansión y crisis nacional: 1861-1924", en Villalobos, S. *et al.*, *Historia de Chile* (Santiago: Editorial Universitaria, 1974), III.

Silva, P., *In the Name of Reason: Technocrats and Politics in Chile* (University Park: Pennsylvania State University Press, 2009).

_____, "Towards Technocratic Mass Politics in Chile? The 1999-2000 Elections and the 'Lavín Phenomenon'", *European Review of Latin American and Caribbean Studies* 70 (2001): 25-39.

_____, "Intelectuales, tecnócratas y cambio social en Chile: pasado, presente y perspectivas futuras", *Revista Mexicana de Sociología* 54, 1 (1992): 139-166.

_____, "Technocrats and Politics in Chile: From the Chicago Boys to the CIEPLAN Monks", *Journal of Latin American Studies* 23, 2 (1991): 385-410.

Simon, S. F., "Anarchism and Anarcho-Syndicalism in South America", *Hispanic American Historical Review* 26, 1 (1946): 38-59.

Smith, B. H., *The Church and Politics in Chile. Challenges to Modern Catholicism* (Princeton: Princeton University Press, 1982).

Sobe, N., "Travel, Social Science and the Making of Nations in Early 19th Century Comparative Education", en *Internationalisation: Comparing Educational Systems and Semantics*, eds. Caruso, M. y Tenorth, H. E. (Frankfurt am Main: Peter Lang, 2002).

Soto, A., "La irrupción de la UDI en las poblaciones, 1983", *paper* preparado para 2001 Meeting of the Latin American Studies Association (Washington, 6-8 de septiembre de 2001).

Soto, A. y Fernández, M., "El pensamiento político de la derecha chilena en los '60: El Partido Nacional. Bicentenario", *Revista de Historia de Chile y América* 1, 2 (2002): 87-116.

Sotomayor Valdés, R., *Campaña del Ejército chileno contra la Confederación Perú-Boliviana* (Santiago: Imprenta Cervantes, 1896).

Spencer, H., *Principles of Sociology*, ed. Andreski, S. (Londres: Macmillan, 1971).

Spengler, O., *Der Untergang des Abendlandes. Vol. II: Welthistorische Perspektiven* (Munich: Beck, 1923), 518-521.

Staal, R., "The Irony of Modern Conservatism", *International Political Science Review* 8, 4 (1987): 343-353.

Stern, F., *The Politics of Cultural Despair* (Berkeley: University of California Press, 1975).

Strassner, V., "La Iglesia chilena desde 1973 a 1993: De buenos samaritanos, antiguos contrahentes y nuevos aliados. Un análisis politológico", *Teología y Vida* 47 (2006): 76-94.

Stuardo Ortiz, C., *Vida de Claudio Gay, 1800-1873* (Santiago: Nascimento, 1973-1975), II.

Stuven, A. M., "La vida política", en *Chile 1830/1880. La construcción nacional*, dir. Fermandois, J. (Madrid: MAPFRE, 2013).

_____, El 'Primer Catolicismo Social' ante la cuestión social: un momento en el proceso de consolidación nacional", *Teología y Vida* 49, 3 (2008): 483-497.

_____, "El exilio de la intelectualidad argentina: polémica y construcción de la esfera pública chilena (1840-1850)", en *Historia de los intelectuales en América Latina. Vol. I: La ciudad letrada, de la conquista al modernismo*, dir. Altamirano, C. (Buenos Aires: Katz, 2008).

_____, *La seducción de un orden. Las élites y la construcción de Chile en las polémicas culturales y políticas del siglo XIX* (Santiago: Editorial UC, 2000).

Stuven, A. M. y Cid, G., "Orden-Chile", en *Diccionario político y social del mundo iberoamericano*, ed. Leal, C. (Madrid: Centro de Estudios Políticos y Constitucionales, Universidad del País Vasco, 2014).

Subercaseaux, B., "Editoriales y círculos intelectuales en Chile 1930-1950", *Revista Chilena de Literatura* 72 (2008): 221-233.

_____, *Historia de las ideas y de la cultura en Chile* (Santiago: Editorial Universitaria, 1997), I y II.

_____, *Sociedad y cultura liberal en el siglo XIX. Historia de las ideas y de la cultura en Chile* (Santiago: Aconcagua, 1981), I.

Sywak, W., *Values in Nineteenth-Century Chilean Education: the Germanic Reform of Chilean Public Education. 1885-1910* (disertación de Ph.D., University of California, 1977).

Sznajder, M., "Jaime Guzmán, Pinochet y la ideología de la 'democracia limitada' en Chile", *Ciclos: en la historia, la economía y la sociedad* 8, 16 (Buenos Aires, 1998): 105-23.

Tavares-dos-Santos, J. V. y Baumgarten, M., "Latin American Sociology's Contribution to Sociological Imagination: Analysis, Criticism, and Social Commitment", *Sociologías* 1 (2006): 178-243.

Teitelboim, V., *Huidobro: la marcha infinita* (Santiago: Lom, 2016).

Thomas, J. R., "The Evolution of a Chilean Socialist: Marmaduke Grove", *Hispanic American Historical Review* 47, 1 (1967): 22-37.

Tironi, E., *Apología de la intuición* (Santiago: Ariel, 2014).

_____, *El sueño chileno. Comunidad, nación y familia en el bicentenario* (Santiago: Taurus, 2005).

_____, "¿Es Chile un país moderno? Comentarios al Censo de 2002", en Tironi, E. *et al.*, *¿Cuánto y cómo cambiamos los chilenos? Balance de una década. Censos 1992-2002* (Santiago: Instituto Nacional de Estadísticas, Comisión Bicentenario, 2003).

Tocornal, J., "Discurso pronunciado por don José Tocornal en la segunda sesión de la convención. El 24 de diciembre", en *La gran Convención Conservadora de 1878: Manifiestos, discursos, conclusiones*, ed. Tocornal, E. (Santiago: Imprenta de "El Independiente", 1878).

Tocornal, M. A., *Memoria sobre el primer gobierno nacional* (Santiago, 1847).

Toloza, C. y Lahera, E., eds., *Chile en los noventa* (Santiago: Dolmen, 1998).

Toro Blanco, P., "Educational Freedom or Teaching State? Political Discussion of the School Subvention Law in 1951. A Key Episode on a Deep Cleavage in the History of Chilean Education", *Hungarian Educational Research Journal* 4, 4 (2014): 1-11.

_____, "La escritura de dos historias de la educación chilena y el difícil proceso de constitución de un campo de conocimiento. José María Muñoz Hermosilla y Amanda Labarca (1918-1939)", en *História da Educação na América Latina. Ensinar & escrever*, eds. Gondra, J. y Sooma, J. C. (Río de Janeiro: EDUERJ, 2011).

_____, "Sociedades para el desarrollo de la instrucción primaria: 1870-1910", *Mapocho* 34 (1993): 137-156.

Torres, J. A., "Historia de la semana", *El Correo Literario*, 11 de diciembre de 1858.

Townsend, C., "Refusing to Travel La Vía Chilena: Working-Class Women in Allende's Chile", *Journal of Women History* 4, 3 (1993): 43-63.

Ulianova, O., "El exilio comunista chileno, 1973-1989", *Estudios Ibero-americanos* 39, 2 (2013): 212-236.

_____, "El Partido Comunista chileno durante la dictadura de Carlos Ibáñez (1927-1931): primera clandestinidad y 'bolchevización' estaliana", *Boletín de la Academia Chilena de la Historia* 111 (2002): 385-436.

Ulianova, O. y Fediakova, E., "Algunos aspectos de la ayuda financiera del Partido Comunista de la URSS al comunismo chileno durante la guerra fría", *Estudios Públicos* 72 (1998): 113-148.

Ulianova, O. *et al.*, eds., *1912-2012. El siglo de los comunistas chilenos* (Santiago: Instituto de Estudios Avanzados, USACH, 2012).

Undurraga, T., *Divergencias: Trayectorias del neoliberalismo en Argentina y Chile* (Santiago: Ediciones UDP, 2015).

Universidad de Chile, "Decretos y otras piezas sobre instrucción pública", *Anales de la Universidad de Chile* 68 (1885), 782.

_____, *Anales de la Universidad de Chile* 1 (1843-1844).

Valderrama, A., *Bosquejo histórico de la poesía chilena* (Santiago: Imprenta Chilena, 1866).

Valdés, J., *Pinochet's Economists: The Chicago School of Economics in Chile* (Cambridge: Cambridge University Press, 1995).

Valdivia, V., "Las Milicias Socialistas (1934-1941)", *Mapocho* 33 (1993): 157-180.

———, *Nacionales y gremialistas. El 'parto' de la nueva derecha política chilena, 1964-1973* (Santiago: Lom, 2008).

Valenzuela, A., *El quiebre de la democracia en Chile* (Santiago: Ediciones UDP, 2013).

Valenzuela, E., "Cristianismo, revolución y renovación en Chile: el Movimiento de Acción Popular Unitaria (MAPU), 1969-1989" (tesis doctoral, Universitat de Valéncia, 2011).

Van der Ree, G., *Contesting Modernities: Projects of Modernisation in Chile, 1964-2006* (Ámsterdam: Dutch University Press, 2007).

Varas, A., *La democracia frente al poder. Chile 1990-2010* (Santiago: Catalonia, 2012).

Vega, M., "¿Hidalguismo versus lafertismo? Crisis y disputa por la representación del comunismo en Chile, 1929-1933 (97-114)", en *1912-2012. El siglo de los comunistas chilenos*, eds. Ulianova, O. *et al.* (Santiago: Instituto de Estudios Avanzados, USACH, 2012).

Velasco, F., *La idea liberal y la idea ultramontana* (Valparaíso: Imprenta de La Patria, 1871).

Venegas, H., "El Partido Comunista de Chile y sus políticas aliancistas: Del Frente Popular a la Unión Nacional Antifacista, 1935-1943", *Revista de Historia Social y de las Mentalidades* 14, 1 (2010): 85-111.

———, "El Partido Comunista de Chile. La crisis de la Unidad Popular y la trayectoria de la política de rebelión popular de masas", *Revista de Historia Actual* 6, 6 (2008): 35-55.

Vergara, J., "Operación y movilización. Formas de acción colectiva pre-elíticas en la Falange Nacional chilena (1935-1957)", *Polis* 32 (2012): 207-39.

Vergara, S., "Iglesia y Estado en Chile, 1750-1850", *Historia* 20 (1985): 319-362.

Vial, G., *Una trascendental experiencia académica: Una historia de la Facultad de Ciencias Económicas y Administrativas de la Pontificia Universidad Católica de Chile y la nueva visión económica* (Santiago: Fundación Facultad de Ciencias Económicas y Administrativas, Pontificia Universidad Católica de Chile, 1999).

Vicuña, M., *Un juez en los infiernos: Benjamín Vicuña Mackenna* (Santiago: Ediciones UDP, 2009).

Vicuña Mackenna, B., *La guerra a muerte: Memoria sobre las últimas campañas de la independencia de Chile, 1819-1824* (Santiago: Imprenta Nacional, 1868).

Vidaurre Montes, H., *Estado docente, libertad de enseñanza y subvenciones* (Santiago: Hiram, 1959).

Villegas, S., *Funeral vigilado: la despedida a Pablo Neruda* (Santiago: Lom, 2003).

Vitale, L., "América Latina, ¿feudal o capitalista? ¿Revolución burguesa o socialista?", *Estrategia* 5 (julio de 1966).

Viu, A., "*Babel*. Revista de revistas: recortes, reproducción y culturas lectoras a mediados del siglo XX", ponencia presentada en el XLI Congreso del Instituto Internacional de Literatura Iberoamericana (Universidad Friedrich Schiller de Jena, Alemania, 19-22 de julio de 2016).

_____, "Biografías en movimiento: la construcción colectiva de lo biográfico a través de perfiles en revistas chilenas de la primera mitad del siglo XX", ponencia presentada en el Coloquio "Estéticas de la biografía" (Instituto de Estética, Pontificia Universidad Católica de Chile, 10-11 de diciembre de 2015).

Vrsalovic, S., "Las ideas filosóficas en la disputa historiográfica entre José Victorino Lastarria y Andrés Bello" (tesis de Magíster en Filosofía, Universidad de Chile, 2011).

Waiss, O., *Chile vivo: memorias de un socialista, 1928-1970* (Santiago: Centro de Estudios Salvador Allende, 1986).

Walker, C., "El liberalismo ante los principios religiosos en Chile (selección, 1887)", en *Pensamiento conservador 1815-1898*, eds. Romero, J. L. y Romero, L. A. (Caracas: Biblioteca de Ayacucho, 1978).

Walker, C. y Vicuña, A., "Manifiesto que los secretarios del directorio general del Partido Conservador dirigen a sus amigos correligionarios políticos", en *La gran Convención Conservadora de 1878: Manifiestos, discursos, conclusiones*, ed. Tocornal, E. (Santiago: Imprenta de "El Independiente", 1878).

Walker, I., *Socialismo y democracia. Chile y Europa en perspectiva comparada* (Santiago: CIEPLAN, Hachette, 1990).

Wehr, I., *Zwischen Pinochet und Perestroika. Die chilenischen Kommunisten und Sozialisten 1973-1994* (Friburgo de Brisgovia: Friedrich Bergstrasser Institut, 1996).

Weimberg, G., *Modelos educativos en la historia de América Latina* (Buenos Aires: A-Z, 1995).

Welch, C. B., *Liberty and Utility: The French Idéologues and the Transformation of Liberalism* (Nueva York: Columbia University Press, 1984).

Westergard-Thorpe, W., "Revolutionary Syndicalist Internationalism, 1913-1923: The Origins of the International Working Men's Association" (tesis de Ph.D., University of British Columbia, Vancouver, 1979).

Wiesehomeier, N. y Doyle, D., "Profiling the Electorate: Ideology and Attitude of Rightwing Voters", en *The Resilience of the Latin American Right*, eds.

Luna, J. P. y Rovira, C. (Baltimore: Johns Hopkins University Press, 2014).

Wiltshire, D., *The Social and Political Thought of Herbert Spencer* (Oxford: Oxford University Press, 1978).

Winn, P., "Lagos Defeats the Right - By a Thread", NACLA *Report on the Americas* 33, 5 (2000): 6-10.

Wolpin, M. D., "The Transnational Appeal of the Cuban Revolution: Chile, 1958-1970", *Caribbean Quarterly* 19, 1 (1973): 8-48.

Woll, A., *A Functional Past: The Uses of History in Nineteenth-Century Chile* (Baton Rouge y Londres: Louisiana State University Press, 1982).

Yocelevzky, R., "Chile: Political Parties, Democracy and Dictatorship, 1970-1990" (tesis de Ph.D., University of Warwick, 2000).

_____, "La Democracia Cristiana chilena. Trayectoria de un proyecto", *Revista Mexicana de Sociología* 47, 2 (1985): 287-352.

Young, G. F., "Jorge González von Marées: Chief of Chilean Nacism. Jahrbuch für Geschichte von Staat", *Wirtschaft und Gesellschaft Lateinamerikas* 11 (1974): 309-3.

Zapata, C., *Intelectuales indígenas en Ecuador, Bolivia y Chile: Diferencia, colonialismo y anticolonialismo* (Quito: Abya Yala, 2013).

Zegers, J., *Instrucción secundaria y superior. Apuntes inéditos redactados en el año 1900* (Santiago: Nascimento, 1936).

Zeitlin, M., *The Civil Wars in Chile* (Princeton: Princeton University Press, 1984).

Zerán, F., "Editorial", *Rocinante. Arte, Cultura y Sociedad* 8, 84 (2005).

_____, "Editorial", *Rocinante* 1, 1 (1998).

_____, *La guerrilla literaria: Huidobro, De Rokha, Neruda* (Santiago: Bat, 1992).

Zurita, R., "Presentación", en Brunner, J. J., *La cultura autoritaria en Chile* (Santiago: Facultad Latinoamericana de Ciencias Sociales, 1981).

EDITORES Y AUTORES DEL TOMO "INTELECTUALES Y PENSAMIENTO POLÍTICO"

COLECCIÓN *HISTORIA POLÍTICA DE CHILE, 1810-2010*

Editor general:

IVÁN JAKSIĆ ANDRADE: doctor en Historia de la Universidad Estatal de Nueva York. Académico de la Universidad de Stanford.

Editora del tomo:

SUSANA GAZMURI STEIN: doctora en Historia de la Pontificia Universidad Católica de Chile. Postdoctoranda de la Pontificia Universidad Católica de Chile.

Autores:

RENATO CRISTI: doctor en Filosofía de la Universidad de Toronto. Profesor Emérito de la Universidad Wilfrid Laurier.

JOANNA CROW: doctora del University College de Londres. Senior Lecturer de la Escuela de Lenguas Modernas de la Universidad de Bristol.

CLAUDIA DARRIGRANDI NAVARRO: doctora en Literatura Latinoamericana de la Universidad de California, Davis. Académica de la Facultad de Artes Liberales de la Universidad Adolfo Ibáñez.

GONZALO DELAMAZA: doctor en Sociología de la Universidad de Leiden. Investigador del Centro Regional de Desarrollo y Políticas Públicas de la Universidad de Los Lagos.

LISA M. EDWARDS: doctora en Historia Latinoamericana de la Universidad de Tulane. Chair of History y profesora de la Universidad de Massachusetts, Lowell.

MARCOS GONZÁLEZ HERNANDO: doctor en Sociología de la Universidad de Cambridge. Investigador Principal de FEPS-Think Tank para la Acción sobre el Cambio Social (TASC) y Visiting Lecturer de la Universidad de Londres.

MARCUS KLEIN: doctor en Historia de la Universidad de Londres. Profesor independendiente.

IVETTE LOZOYA LÓPEZ: doctora en Historia de la Universidad de Santiago de Chile. Académica del Departamento de Historia de la misma universidad.

PABLO TORO BLANCO: doctor en Historia de la Pontificia Universidad Católica de Chile. Director del Departamento de Historia de la Universidad Alberto Hurtado.

Historia política de Chile, 1810-2010, Tomo IV: Intelectuales y pensamiento político, Iván Jaksić (editor general), Susana Gazmuri Stein (editora del tomo), se terminó de imprimir y encuadernar en el mes de septiembre de 2018, en los talleres de Salesianos Impresores S.A., Santiago de Chile.
Se tiraron 1.500 ejemplares.

www.ingramcontent.com/pod-product-compliance
Lightning Source LLC
LaVergne TN
LVHW062042230826
846092LV00012B/1033